高等职业教育铁道供电技术专业"十三五"规划教材
全国高职院校专业教学创新系列教材——铁道运输类

牵引变电系统运行与维护

主　编　赵先堃　窦婷婷
副主编　崔景萍

西南交通大学出版社
·成都·

图书在版编目（CIP）数据

牵引变电系统运行与维护／赵先堃，窦婷婷主编.
—成都：西南交通大学出版社，2016.9（2021.12 重印）
高等职业教育铁道供电技术专业"十三五"规划教材
全国高职院校专业教学创新系列教材. 铁道运输类
ISBN 978-7-5643-5003-1

Ⅰ. ①牵… Ⅱ. ①赵… ②窦… Ⅲ. ①电气化铁道–
牵引变电所–运行–高等职业教育–教材②电气化铁道–
牵引变电所–维修–高等职业教育–教材 Ⅳ. ①U224

中国版本图书馆 CIP 数据核字（2016）第 213701 号

高等职业教育铁道供电技术专业"十三五"规划教材
全国高职院校专业教学创新系列教材——铁道运输类

牵引变电系统运行与维护

主编　赵先堃　窦婷婷

责 任 编 辑	宋彦博
助 理 编 辑	张文越
封 面 设 计	何东琳设计工作室
出 版 发 行	西南交通大学出版社 （四川省成都市二环路北一段 111 号 西南交通大学创新大厦 21 楼）
发 行 部 电 话	028-87600564　028-87600533
邮 政 编 码	610031
网 　 　 址	http://www.xnjdcbs.com
印 　 　 刷	成都蓉军广告印务有限责任公司
成 品 尺 寸	185 mm × 260 mm
印 　 　 张	21.5
字 　 　 数	537 千
版 　 　 次	2016 年 9 月第 1 版
印 　 　 次	2021 年 12 月第 4 次
书 　 　 号	ISBN 978-7-5643-5003-1
定 　 　 价	59.80 元

高等职业教育铁道供电技术专业"十三五"规划教材

编 委 会

出版说明

近年来,我国铁路建设快速发展,取得了令世人瞩目的成绩。到 2015 年年底,全国铁路运营里程达 12.1 万千米,居世界第二位。在铁路建设快速发展的当下,企业急需大量德才兼备的高技能型专业人才,这对铁路职业教育提出了更高的要求。

为适应新形势,同时为满足企业对人才培养的迫切需要,促进铁路专业课程体系与教材体系趋于完善,西南交通大学出版社与全国 19 所铁路高、中职学校共同策划、拟在今明两年内出版一套"十三五"规划教材——高等职业教育铁道供电技术专业"十三五"规划教材。这套教材包括:《安全用电》《高电压工程》《接触网施工》《牵引供电规程》《接触网实训教程》《电力线路施工与检修》《电机与电力控制技术》《接触网设备检修与维护》《变电所综合自动化技术》《牵引变电系统运行与维护》《继电保护装置运行与调试》《高压电气设备的检修与试验》等。

这套教材严格遵照教育部《普通高等学校高等职业教育专科(专业)目录(2015 年)》与《高等职业学校专业教学标准》的文件精神编写,切合高职院校专业教学与铁路现场实际,具有创新性,是目前铁道供电技术专业的最新教材,能在为我国电气化铁路行业培养出更多高素质、专业技术强的接班人方面发挥重要作用。其编写特色体现在:

1. 针对性强

主要针对高职院校铁路行业技能型人才培养目标以及目前铁道供电技术专业教学与人才培养方案。书里的内容皆对应铁道供电技术专业的核心课程或主干课程。

2. 实用性强

在编写内容布局上,遵循高职院校教学的"必需、够用、实用"原则,充分体现高等职业教育的实用特征;在编写体系设置上,坚持以"夯实基础、贴近岗位"为准则,突出可操作性,使知识与技能较好融合。为便于教学,每本书皆配有教师可用、学生可学的资料、资源。

3. 编者基础厚实

担任本套教材的主编和其他编者(不少是双师型教师),既有丰富的实践经验与课堂教学经验,又有编写出版教材的经历。在铁路建设高速发展以及中国高铁迈向世界的背景下,他们仍在继续不断地学习与钻研现代铁路技术,走访企业、现场,搜集、掌握相关技术资料,这为编写出版高质量的教材奠定了坚实基础。

4. 立体化

本套教材的出版,在纸质出版时辅以数字出版,使教材表现形态多元化、立体化。学生可通过扫二维码或使用网络媒体等多种手段，获得丰富的学习资源，提高学习效率。这样的教材，会使教学变得更加开放、便捷，从而实现更好培养高技能型人才的目标。

本套教材的出版，得到以下学校的积极响应和大力支持，我们在此表示衷心的感谢。他们是：包头铁道职业技术学院、辽宁铁道职业技术学院、北京铁路电气化学校、天津铁道职业技术学院、西安铁路职业技术学院、武汉铁路职业技术学院、山东职业学院、贵阳职业技术学院、四川管理职业学院、黑龙江交通职业技术学院、吉林铁道职业技术学院、昆明铁道职业技术学院、广州铁路职业技术学院、湖南铁道职业技术学院、湖南铁路科技职业技术学院、湖南高速铁路职业技术学院、郑州铁道职业技术学院、湖北铁路运输职业技术学院、南京铁道职业技术学院等。

同时，我们还要对在教材出版幕后做出积极贡献的相关领导及专家表示崇高的敬意。他们是：西南交通大学陈维荣教授，湖南铁路科技职业技术学院副院长石纪虎教授，黑龙江交通职业技术学院副院长宫国顺教授，包头铁道职业技术学院院长张澍东教授、广州铁路职业技术学院王亚妮教授、谢家的教授，北京铁路电气化学校林宏裔科长。此外，还要特别感谢以下做出重要贡献的老师，他们或建言献策、直抒己见，或主动担纲、揽承编写任务。他们是：杨旭清、祁瑒娟、刘德勇、郭艳红、林宏裔、谢奕波、赵先堃、江澜、支崇珏、于洪永、高秀梅、魏玉梅、曾洁、唐玲、严兴喜、袁兴伟、谢芸、杨柳、邓缅、王向东、张灵芝、龙剑、上官剑、饶金根、程波等。

教材是体现教学内容和教学方法的知识载体，是人才培养工作顺利开展的重要基础，需要社会关注与扶持。我社作为轨道交通特色出版社，一直坚持把服务高职院校教学与服务铁路企业人才培养作为出版社的重要工作之一，把规划、开发与出版更多的、更优质的轨道交通类教材作为首要任务并予以落实。希望本套教材的出版，能对高职院校的铁路专业教学与改革，对铁路企业、现场的职工培训与人才培养发挥重要作用，产生积极影响。

西南交通大学出版社

2016 年 7 月

前　言

本书作为铁路职业教育规划教材之一，既可用作铁道供电技术专业课教材，也适合现场的工程技术人员参考使用。全书共八章，全面系统地介绍了铁道供电技术的相关内容，包括牵引供电系统及其主要电气设备，电气主接线及高压配电装置，牵引变电所接地系统，牵引变电所运行维护，二次回路的基础知识，回路构成及电气二次图的分析方法，交直流自用电系统，牵引变电所典型故障处理案例分析等。

全书根据高等职业教育的特点及现场实际运行情况，结合变电所综合自动化系统的发展，对内容进行了精选，力求在注重基本概念、基本知识、基本技能的同时突出实用性和逻辑分析，以提高学生独立分析问题和解决问题的能力。同时，本书在文字表达方面力求概念清晰，深入浅出。

随着综合自动化设备在牵引供电系统中的不断更新、发展和完善，很多国外先进电气设备也不断被引进并逐渐实现国产化。因此，本书在选取内容时将滞后和已淘汰设备删除，增加了现场使用的新设备，介绍了国外电气设备二次回路的读图方法，保证了本书的可读性。同时，本书采用了大量工程实际图纸进行详细的讲解。书中所举变电所典型故障处理案例皆为现场真实案例，可满足高职铁道供电专业学生的教学及关键岗位职工的培训需求，对初涉铁道供电技术变电运行、变电检修、继电保护等的现场运行人员也有较高的参考价值。

本书第一章第二节，第五章，第六章第二、三、四、五、六、七节，第七章第二节，第八章由西安铁路职业技术学院赵先垫编写；第一章第一节，

第二章第一、二、三、四、五、七、八节，第三章第一节，第四章第二节由山东职业学院窦婷婷编写；第三章第二节由山东职业学院孔瑾编写；第四章第一节由山东职业学院崔景萍编写；第六章第一节由西安铁路职业技术学院李佳琦编写；第二章第六节由湖南高速铁路职业技术学院胡建平编写；第七章第一节由包头铁道职业技术学院祁瑒娟编写。

由于编者水平有限，书中难免存在疏漏之处，恳请广大读者批评指正。

编　者

2016 年 6 月 2 日

目　录

第一章　电力系统和牵引供电系统

本章要点：

　　本章将介绍电力系统的组成，供电质量指标，电力系统中性点运行方式的类型、特点与应用范围，重点介绍牵引供电系统的组成、各部分功能及牵引供电系统的供电方式。

第一节　电力系统

一、电力网和负荷等级

　　随着现代工业的发展，电力工业在现代化的建设中扮演着越来越重要的角色。电能是绝大多数工矿企业现代化设备的动力能源，可以既经济又方便地进行输送和分配，可以很方便地与其他形式的能量相互转换，且在使用中易于被操作和控制，因此在自动化生产等各个领域得到普及应用。

（一）电力系统的组成

　　电能的产生、输送、分配和使用组成了一个系统，称为电力系统，主要由发电厂、电力网、电能用户组成。图1.1是电力系统的结构示意图。

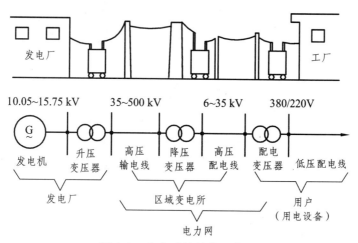

图1.1　电力系统结构示意图

1. 发电厂

发电厂是生产电能的工厂，它的生产原料是煤、水力、核能等，它的产品就是电能。也可以说，发电厂就是将煤、水力、核能等一次能源转换为电能——二次能源的工厂。按照发电厂所使用的一次能源不同，发电厂可分为：

1）火力发电厂

火力发电厂又称火电站或火电厂。火力发电厂的能源是煤、石油或天然气。在我国，火力发电厂的主要能源是煤。有的火力发电厂除了供应电能外，还向电厂附近的工矿企业或居民区供应热能。这种兼供热能的发电厂被称为热电厂。

2）水力发电厂

水力发电厂又称水电站或水电厂。水力发电厂的能源是水力。它的发电原理是将水流的势能通过水轮发电机转换为电能。水力发电站又分为三类：堤坝式水电站（如长江三峡水电站）、引水式水电站（在具有相当坡度的河段上游筑一堤坝，拦住河水，然后用引水道将水直接引到厂房内，通过水轮发电机将水的势能转换为电能）、混合式水电站（堤坝式和引水式水电站的组合）。

3）核发电厂

核发电厂又称核电站或核电厂。它的发电原理和火力发电原理相类似，只是热能的产生方式不同而已。核电站的能源是核能燃料铀或钍，利用原子能燃料裂变产生的大量热能进行发电。

火力发电和水力发电在我国的电能生产中占有很大的比例，除此之外，还有风力、地热和太阳能发电。

2. 电力网

电力网是电力系统的重要组成部分，担负着将发电厂和电能用户连接起来组成系统的任务，它对于电力系统的可靠性和经济性有重要意义。图1.2是电力网的组成示意图。

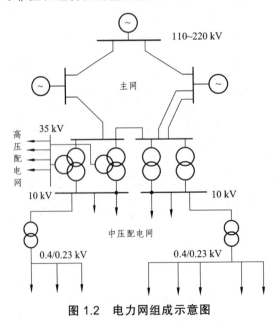

图1.2　电力网组成示意图

电力网由各种电压等级的输、配电线路和变（配）电站（所）组成。电力网的任务是将电能从发电厂输送和分配到电能用户。电力网按照功能常分为输电网和配电网两大部分。输电网是由 220 kV 及以上的输电线路和与其相连接的变电所组成，是电力系统的主要网络，其作用是将电能输送到各个地区的配电网或直接输送到大型企业用户。配电网是由 110 kV 及以下的配电线路和与其相连接的配电所（或简单的配电变压器）组成，其作用是将电能输送到各类用户。配电网又分为高压配电网（35～110 kV）、中压配电网（6～10 kV）和低压配电网（220/380 V）。为了减少在输电网络上产生的电能损耗，在远距离的输电网中，一般采用超高压（330～500 kV）输电方式。

发电厂的发电机端电压不可能过高（一般为 6～10 kV），电能用户的电压也不可能很高（一般为 10 kV 及以下），因此，电力网还担负着改变电压等级的作用，这就有赖于变、配电所（站）。变电所（站）由电力变压器和配电装置组成，它是改变电压和分配电能的场所。负责将电压升高的变电所（站）又称为升压变电所（站），负责将电压降低的变电所（站）又称为降压变电所（站），而配电所（站）只负担分配电能的任务。

（二）负荷等级

电能用户主要包括工矿企业和居民区等。按用户的重要程度和对供电可靠性的要求，用电负荷可分为三类。

1. 一级负荷

一级负荷是用电负荷中对供电可靠性要求最高的负荷，对这类负荷中断供电将造成人身伤亡、重要设备严重损坏、重要产品大量报废、生产秩序被打乱并长期不能恢复或使城市生活发生严重混乱。对这类负荷，必须有两路以上的独立电源供电。电气化铁路的牵引供电系统即属于一级负荷。

2. 二级负荷

对二级负荷中断供电将造成产品产量及质量严重下降。对这类负荷，应有两路电源供电，且当失去任何一路电源后，能保证全部或大部分二级负荷的供电。当负荷较小或地区供电条件困难时，才允许由一路 6 kV 及以上的专用架空线供电。

3. 三级负荷

三级负荷是指不属于一级负荷和二级负荷的其他负荷。这类负荷对供电可靠性要求不高，可以允许非连续性供电。这类负荷通常用一路电源供电。

二、电能质量指标

电力设备都是在一定频率的电压下工作的。电源的频率或电压偏差，都会影响用电设备的寿命和效率，甚至会直接损坏用电设备，因此供电部门应保证供电质量。电能的质量指标主要包括以下几方面：

1. 供电频率

我国国标规定工业用交流电的额定频率为 50 Hz，这也是国际电工学会规定的工业用交流电的标准频率，简称工频。电力系统的有功功率电源不足或缺乏备用容量，往往会造成低周波运行。供电频率低于额定频率，将会造成很大的危害：影响发电厂的安全运行，使电动机转速下降，影响企业产品的质量，影响电钟行走的准确性等。为此，国家《供用电规则》规定：电网容量在 3×10^6 kW 及以上者，供电频率允许偏差 ± 0.2 Hz；3×10^6 kW 以下者，允许偏差 ± 0.5 Hz；电力系统非正常状况下，供电频率允许偏差不应超过 ± 1.0 Hz。

为了不影响生产，大部分企业供电系统采用了低周减载的保护装置，当系统出现低于要求频率的运行状态时，保护装置将自动切除部分负荷，以提高系统供电频率，保证系统供电电能质量。

2. 电压偏差

我国国家标准规定的额定电压等级有三类。所谓额定电压，就是发电机、变压器和电气设备等在正常运行情况下具有最大经济效益时的电压。国家规定了标准电压等级系列，有利于电器制造业的生产标准化和系列化，有利于设计的标准化和选型，有利于电器的互相连接和更换，有利于备件的生产和维修等。国家标准规定的电压如表 1.1～1.3 所示。

第一类额定电压是指 100 V 及以下的电压，属于安全电压，主要用于安全照明、蓄电池组及开关设备的直流操作电源等。直流为 6 V、12 V、24 V、48 V，交流单相为 12 V 和 36 V，三相线电压为 36 V。

表 1.1　第一类额定电压（V）

直流	交流	
	三相（线电压）	单相
6	—	—
12	—	12
24		
	36	36
48	—	—

表 1.2　第二类额定电压（V）

用电设备			发电机		变压器				
	三相交流			三相交流	交流				
直流			直流	线电压	三相		单相		
	线电压	相电压			一次线圈	二次线圈	一次线圈	二次线圈	
110	—	—	115						
220	—	—	230	（230）	（220）	（230）	220	230	
—	380	220	—	400	380	400	（380）	—	

表 1.3　第三类额定电压（kV）

电网和用电设备额定电压	交流发电机电压	变压器线圈电压	
		一次线圈	二次线圈
3	3.15	3 及 3.15	3.15 及 3.3
6	6.3	6 及 6.3	6.3 及 6.6
10	10.5	10 及 10.5	10.5 及 11
/	13.8、15.75、18、20	13.8、15.75、18、20	/
35	—	35	38.5
66	—	66	72.6
110	—	110	121
220	—	220	242
330	—	330	363
500	—	500	550

注：铁道供电接触网额定电压为 25 kV；地下铁道直流接触网额定电压为 1500 V（如广州地铁、上海地铁）、750 V（如北京地铁）。此两种电压等级是行业特殊电压等级。

第二类额定电压是指 100 ~ 1000 V 的电压，称为低压。这类额定电压的应用最广、数量最多，主要用于动力、照明、家用电器和设备控制等。

第三类额定电压是指 1000 V 及以上的电压，称为高压，主要用于电力系统中的发电机、变压器、输配电设备和用电设备等。

电流流过电力线路或变压器时将产生电压降和电能损耗，使受电端电压较送电端电压低一定的数值。一般情况下，用户距离电源越远，其受电电压越低。为了提高线路末端的电压，可提高送电端电压，使送电端的运行电压高于其额定电压。由于负荷随时间不断变化，因此同一用电设备的受电电压也随时间而变化，即有电压波动。电压的过分升高或降低都将影响设备的运行。

当电压过低时，照明设备不能正常发光。如白炽灯的运行电压比其额定电压低 5%时，其发光效率将降低 18%；当运行电压比其额定电压低 10%时，其发光效率将降低 35%。电动机的运行电压低于其额定电压，将使电动机的转矩下降，可能导致工厂产品报废。电压过低，会造成电动机启动困难；运行中的电动机电压过低，将使绕组中电流增大而导致温升超过允许值，从而加速绝缘老化甚至烧毁电动机。电压过低将增加电网中的电能损耗，且电气设备容量不能被充分利用。电力系统的电压下降 30%左右，可能引起系统解列，造成大面积停电，这是电力系统最严重的事故。

而当电力系统的电压升高超出规定范围时，同样会造成严重的后果：加速设备绝缘老化，缩短设备寿命，甚至直接烧毁设备。

因此，国家对电压幅值波动偏差做出了相关规定：

① 35 kV 及以上高压供电用户，电压偏差值不超过额定值的 ±10%；

② 10 kV 及以下的三相用户，电压偏差值不超过额定值的 ±7%；

③ 220 V 单相供电的用户，电压偏差值不超过额定值的 +7% ~ −10%；

④ 铁路自动闭塞信号变压器的二次端子，其电压偏差值不超过额定值的 ±10%；

⑤ 在电力系统非正常情况下，用户受电端的最大电压偏差值不应超过额定值的 ±10%。

3. 电压的不对称性和波形的非正弦性

电力系统中的用电负荷，有很大一部分是冲击性负荷和单相负荷（如电力机车等）。它们除了会引起电压偏差和波动外，还会造成三相电压的不对称，引起三相系统的零点漂移现象，直接影响电气设备的运行。例如：电气化铁路采用单相牵引制，会导致电力系统三相不对称运行。

理想状态下的电力系统电压是 50 Hz 的正弦波，但系统中大量非线性电力元件（大型整流设备、荧光灯等气体放电灯等）的存在，导致高次谐波的出现，使得电压、电流波形产生畸变，严重影响电气设备的运行。高次谐波已经成为公共电网的一大"公害"，因此国家对公共电网中的谐波也有明确的规定。

4. 供电的可靠性

供电中断将导致生产停顿和人们的生活秩序被打乱，因此供电的可靠性也是电能质量的一项重要指标。供电可靠性是以年平均供电小时数占全年小时数（8 760 h）的百分数表示的。如某一企业全年的停电时间为 8.76 h，占全年小时数的 0.1%，则其供电可靠性为 99.9%。负荷等级不同的用户对供电可靠性的要求有所差别。

三、三相电力系统中性点的运行方式

三相电力系统的发电机和变压器，当采用星形接线时，存在中性点的运行方式问题。电力系统的中性点运行方式主要表现为中性点是否接地及如何接地，一般有两种形式：

（1）中性点非直接接地系统，又称小电流接地系统。中性点非直接接地系统又分为中性点不接地系统和中性点经消弧线圈接地系统。

（2）中性点直接接地系统，又称大电流接地系统。中性点直接接地系统又分为中性点直接接地和系统中性点经电抗器接地系统。

电力系统的中性点运行方式是一个比较复杂的综合性技术经济问题，对于电力系统供电的可靠性、绝缘设计、继电保护及自动装置的整定等有决定性的意义。当系统发生接地短路（特别是单相接地短路）时，中性点的运行方式对系统有明显的影响。

（一）中性点非直接接地的三相电力系统

1. 中性点不接地的三相电力系统

中性点不接地的三相电力系统接线原理如图 1.3 所示。由于任何两个相互绝缘的导体之间都存在着一定的电容，因此三相导线之间和各相对地之间，沿线路全长有分布电容存在，在电压的作用下将有附加电容电流流过。由于三相导线的型号、规格相同，各相对地电压的有效值相同，故认为三相沿线路对地分布电容的容量相等。为了讨论方便，假设沿线路导线对地均匀分布电容，以集中的等效对地电容 C 代替，而导线间的电容较小，略去不计。

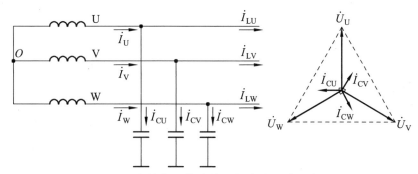

图 1.3 中性点不接地的三相电力系统示意图

1）三相系统正常运行状态

在系统正常运行时，三相系统是对称的，则各相对地电压 $\dot{U}_U$、$\dot{U}_V$、$\dot{U}_W$ 对称，中性点 O 的对地电位为零，各相对地电压等于相电压。电源各相电流 $\dot{I}_U$、$\dot{I}_V$、$\dot{I}_W$ 分别等于各相的负载电流 $\dot{I}_{LU}$、$\dot{I}_{LV}$、$\dot{I}_{LW}$ 与各相的对地电容电流 $\dot{I}_{CU}$、$\dot{I}_{CV}$、$\dot{I}_{CW}$ 之和，即 $\dot{I}_U = \dot{I}_{LU} + \dot{I}_{CU}$，$\dot{I}_V = \dot{I}_{LV} + \dot{I}_{CV}$，$\dot{I}_W = \dot{I}_{LW} + \dot{I}_{CW}$。由于三相电压对称，三相线路对地电容相等，则三相电容电流对称，其矢量和等于零，故地中无电流流过。

2）系统发生单相接地故障

当网络的绝缘被破坏，发生单相接地故障时，各相对地电压和电流将产生变化。为了分析的方便，认为系统运行在空载情况下发生单相短路，此时短路情况最严重。图 1.4 是单相（W 相）接地的电流、电压相量图。

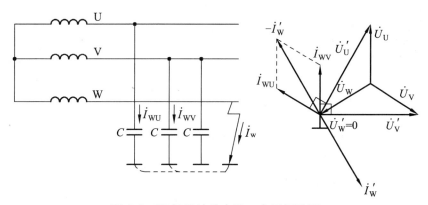

图 1.4 W 相接地的电流、电压相量图

（1）各相相电压的变化：

接地相（W 相）对地电压为零，中性点对地电压不为零，而变为 $-\dot{U}_W$，而非接地相（U、V 相）对地电压变为该相相电压加上中性点对地电压（$-\dot{U}_W$），即：

$$|\dot{U}_W'| = \dot{U}_W + (-\dot{U}_W)| = 0$$

$$|\dot{U}_V'| = |\dot{U}_V - (\dot{U}_W)| = |\dot{U}_V - \dot{U}_W| = \sqrt{3}U_V$$

$$|\dot{U}_U'| = |\dot{U}_U + (-\dot{U}_W)| = |\dot{U}_U - \dot{U}_W| = \sqrt{3}U_U$$

经分析得：三相相间电压对称关系没有改变，故障相对地电压为零，非故障相对地电压为相电压的 $\sqrt{3}$ 倍。

（2）电流的变化：

接地相（W相）对地电容被短接，非故障相对地电容上所加的电压为原来所加电压的 $\sqrt{3}$ 倍，所以非故障相（U、V 相）对地电容电流为原来对地电容电流的 $\sqrt{3}$ 倍。

从图 1.4 可知，W 相接地电流 $\dot{I}'_W = -(\dot{I}_{WV} + \dot{I}_{WU})$，而 $\dot{U}'_V$、$\dot{U}'_W$ 相位差是 60°，则 $\dot{I}_{WV}$ 与 $\dot{I}_{WU}$ 同样相差 60°（$\dot{I}_{WV}$ 超前 $\dot{U}'_V$ 90°，$\dot{I}_{WU}$ 超前 $\dot{U}'_U$ 90°）。所以，$I_W = \sqrt{3} I_{WV}$，接地相（W 相）接地电流上升为原对地电容电流的 3 倍。

（3）结论：

中性点不接地的三相电力系统发生单相接地故障时，系统的相间电压对称关系没有改变，对三相负载无影响，因此允许系统继续运行。但由于非故障相对地电压为原来对地电压的 $\sqrt{3}$ 倍，故障相接地电流上升为原对地电容电流的 3 倍，如系统仍长期运行，可能引起非故障相对地绝缘薄弱处的绝缘被破坏而接地，导致两相接地短路故障，故只允许短期运行。有关规程规定：中性点不接地三相电力系统发生单相接地故障时可继续运行 2 h，但此时系统应向值班人员发出警告。

当系统发生单相接地故障时，故障相接地电流上升为原对地电容电流的 3 倍，导致可能出现持续电弧或间歇电弧。持续电弧会引起相间短路，而间歇电弧会引起网络过电压。对于 6～10 kV 网络，当单相接地电流 I_C 大于 30 A 时，其持续电弧较大而不易熄灭，容易造成相间短路，而间歇电弧造成的危险并不显著。对于 20 kV 以上的网络，I_C 大于 10 A 就会引起接地电弧。故一般线路额定电压为 110 kV 以下、接地电流 I_C 为 10 A 及以下，或线路额定电压为 6～10 kV、接地电流 I_C 为 30 A 及以下的网络，常采用中性点不接地方式。

2. 中性点经消弧线圈接地的三相电力系统

当网络的线间电压为 110 kV 以下，单相接地电流又大于上述数值时，为了防止单相接地时产生电弧（尤其是间歇电弧），应采取减小接地电流的措施。此时常采用中性点经消弧线圈接地的运行方式，如图 1.5 所示。

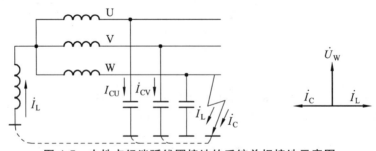

图 1.5 中性点经消弧线圈接地的系统单相接地示意图

1）工作原理

正常工作时，中性点 O 对地电压为零，消弧线圈中无电流流过。当发生单相（U 相）接地故障时，消弧线圈两端的外加电压是 $\dot{U}_C$，流过电流 $\dot{I}_L$，$\dot{I}_L$ 滞后于 $\dot{U}_C$ 90°，而接地电流 $\dot{I}_C$ 超前 $\dot{U}_C$ 90°，故 $\dot{I}_L$ 与 $\dot{I}_C$ 方向相反。选择合适的消弧线圈，可使 $\dot{I}_L$ 与 $\dot{I}_C$ 大小相等，使接地电流为 0。这种原理称为电流补偿。

2）$\dot{I}_L$ 与 $\dot{I}_C$ 的补偿关系

根据与 $\dot{I}_C$ 的补偿关系，消弧线圈对接地电流的补偿分为三种。

（1）全补偿关系：当 $\dot{I}_L = \dot{I}_C$ 时，即 $\dfrac{1}{\omega L} = 3\omega C$ 时，系统单相接地电流为零，称为全补偿。从消弧的观点来讲这种方式是最好的，但 $X_L = X_C$，容易引起系统串联谐振，产生谐振过电压，故不采用这种补偿方式。

（2）欠补偿关系：当 $\dot{I}_L < \dot{I}_C$ 时，即 $\dfrac{1}{\omega L} < 3\omega C$ 时，此时有未补偿的容性电流，称为欠补偿。当部分电网被切除而退出运行时，电网的电容 C 减小，可能出现 $\dfrac{1}{\omega L} = 3\omega C$ 的全补偿状态，故也不采用。

（3）过补偿关系：当 $\dot{I}_L > \dot{I}_C$ 时，即 $\dfrac{1}{\omega L} > 3\omega C$ 时，称为过补偿，这是常用的补偿方式。发生单相接地故障时，有一定数值的电感电流流过接地点，应控制其值不超过一定的数值。

（二）中性点直接接地的三相电力系统

中性点直接接地系统如图 1.6 所示。

这种系统发生单相接地故障时，故障相经接地点通过大地形成单相短路回路，单相短路电流很大，故又称为大电流接地系统。

在大容量中性点直接接地的三相电力系统中，为了减小单相短路电流 I_E 的数值，可以采用中性点经电抗器接地，或只将系统中部分变压器的中性点直接接地，总的要求是使其单相接地电流不超过三相短路电流。

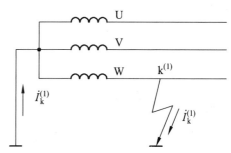

图 1.6 中性点直接接地系统

在中性点直接接地的系统中，发生单相接地故障时，短路电流很大，为了避免电气设备被破坏，必须通过保护装置断开故障线路。

中性点直接接地系统的主要特点是发生单相接地故障时，中性点的电位不变，因此非故障相对地电压也不变。故此时电压的对地绝缘水平决定于相电压，使电网造价大大降低，所以电压越高，其经济效益就越显著。我国 110 kV 及以上的电力系统多采用中性点直接接地或经电抗器接地的方式。

四、380/220 V 低压配电系统中性点接地方式

380/220 V 低压配电系统，按配电系统和用电设备接地方式的不同组合分类，分为 TN、TT、IT 三种类型。符号的第一个字母 T 表示配电系统电源端中性点直接接地。I 表示配电系统电源所有带电部分与地绝缘，或中性点经阻抗接地。符号的第二个字母 T 表示用电设备外露可导电部分直接接地，与电源端中性点是否接地无关。N 表示用电设备外露可导电部分直接和电源端中性接地点做电气连接。

为保障人身和用电设备的安全，我国低压配电系统大多数采用中性点直接接地方式，并从中性点引出线，构成三相四线制或三相五线制。中性点接地称为工作接地，从中性点引出线有三种：中性线（N）、保护线（PE）、保护中性线（PEN）。这三种线的功能各不相同。

中性线（N）是用来向单相用电设备提供电源，传导三相系统的单相电流和不均衡电流，减小负荷中性点的电位偏移。

保护线（PE）是用来保障人身安全、防止触电事故的公共接地线。系统中的设备外露可导电部分（如金属构架、金属外壳等）可通过 PE 线接地形成接地保护，当设备发生接地故障时可降低设备金属外壳等带电电压，从而降低触电危险。

保护中性线（PEN）具有以上两种线的功能，也叫"零线"或"地线"。

1. TN 系统

所有设备外壳都与保护线（PE）或保护中性线（PEN）连接的系统，称为 TN 系统。TN 系统又分为三种类型。

1）TN-C 系统

N 线与 PE 线合并为 PEN 线的系统，可称为 TN-C 系统，如图 1.7 所示。TN-C 系统从中性点引出 PEN 线，系统中设备的外露可导电部分均接于 PEN 线。此种系统由于 N 线与 PE 线合二为一，节约导线材料，比较经济。但由于 PEN 线中有电流通过，可对接于 PEN 线的某些设备（特别是电子设备）产生电磁干扰，因此该系统不适用于对抗电磁干扰要求高的场所。此外，如果 PEN 线断线，接于 PEN 线的设备外露可导电部分可能带电而造成人身触电危害，因此 TN-C 系统也不适用于安全要求高的场所。PEN 线断线，不仅会导致人身触电危险，而且当系统发生单相接地短路故障时，会造成非故障相电压大大升高而烧毁单相用电设备。因此，PEN 线一定要连接牢固可靠，PEN 线上不得装设开关和熔断器，以避免 PEN 线断开后造成事故。

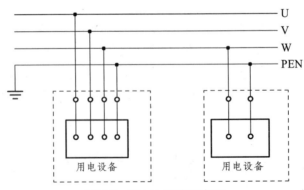

图 1.7   TN-C 系统示意图

2）TN-S 系统

N 线与 PE 线全部分开的系统，可称为 TN-S 系统，如图 1.8 所示。TN-S 系统从中性点分别引出 N 线和 PE 线，系统中设备的外露可导电部分接在 PE 线上。由于 PE 线与 N 线分开，

PE 线中没有电流通过，因此不会对设备产生电磁干扰，所以这种系统适用于对抗电磁干扰要求高的数据处理、电磁检测等实验场所。由于 PE 线与 N 线分开，PE 线断线时不会使接于 PE 线的设备外露可导电部分带电，因此比较安全，所以这种系统也适用于安全要求较高的场所。但由于 PE 线与 N 线分开，导线材料耗用较多，因此其建造投资比 TN-C 系统高。

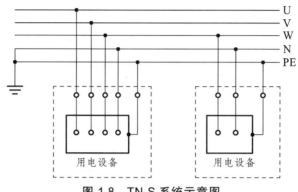

图 1.8　TN-S 系统示意图

3）TN-C-S 系统

如图 1.9 所示，系统中前部分的 N 线与 PE 线合为 PEN 线，后部分的 N 线与 PE 线分开，称为 TN-C-S 系统。设备的外露可导电部分接于 PEN 线或 PE 线。此系统比较灵活，兼有 TN-C 系统和 TN-S 系统的优越性，经济适用，因此在现代企业中的应用日益广泛。

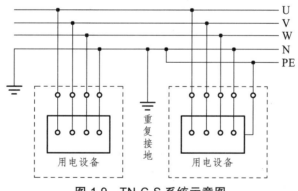

图 1.9　TN-C-S 系统示意图

2. TT 系统

所有设备外壳经各自的 PE 线单独接地的系统，称为 TT 系统，如图 1.10 所示。TT 系统的电源中性点与 TN 系统一样，也是直接接地，并同样从中性点引出中性线（N 线），但该系统中电气设备的外露可导电部分均经各自的 PE 线接地。由于各设备的 PE 线之间没有直接接地的电气联系，相互之间不会发生电磁干扰，因此这种系统适用于对抗电磁干扰要求较高的场所。但这种系统若有设备因绝缘不良或损坏而使其外露可导电部分带电，由于其漏电电流一般很小，往往不足以使线路的过电流保护装置动作，就会增加触电的危险，因此，为保障人身安全，此种系统中必须装设灵敏的漏电保护装置。

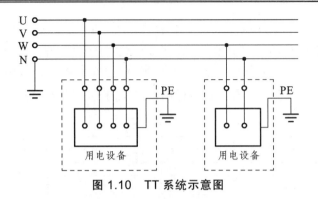

图 1.10　TT 系统示意图

3. IT 系统

IT 系统的接法与 TT 系统基本相同，只是中性点需经 1000 Ω 阻抗接地，通常不引出中性线，如图 1.11 所示。该系统也称为三相三线制系统。系统中各设备之间也不会发生电磁干扰，而且在发生一相接地时，设备仍可继续运行，但需装设单相接地保护装置（如绝缘监测装置），以便在发生一相接地故障时发出报警信号。IT 系统主要用于对连续供电要求较高及有易燃易爆物的场所，如矿山、井下等地。

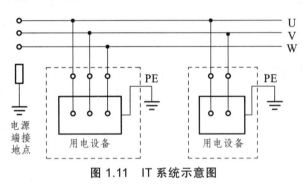

图 1.11　IT 系统示意图

第二节　牵引供电系统

一、牵引变电所的外部电源供电方式

电力牵引供电系统由国家电力系统或发电厂用专门的高压输电线路供电，其输电电压常为 110 kV 或 220 kV。牵引变电所的外部电源供电方式如图 1.12 所示，电能由两回高压输电线路引入牵引变电所，此外还有信号用电和车站用电。由于牵引供电系统为电力系统的一级负荷，为了保证供电的可靠性，由电力系统到牵引变电所的高压输电线路无一例外地采用双回线。两条线互为备用，平时均处于带电状态，一旦一条回路发生供电故障，另一条回路自动投入，从而保证不间断地给牵引供电系统供电。图 1.13 所示为电力系统通过不同类型的牵引变电所向电力机车供电的完整图示，中心和中间型牵引变电所的具体分析见第三章电气主接线部分。

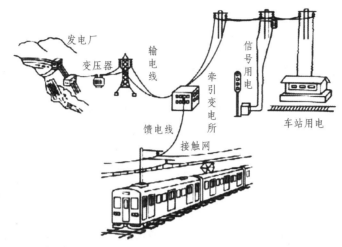

图 1.12 牵引变电所的外部电源供电方式示意图

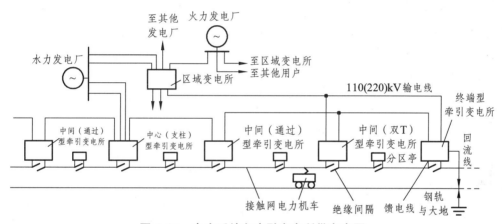

图 1.13 电力系统向牵引变电所供电意图

二、电力牵引供电系统的供电制式和组成

用电能作为铁路运输动力能源的牵引方式叫作电力牵引。由于电力机车本身不带能源装置，因此必须在电气化铁路沿线设置一套完善的能不间断地向电力机车供电的装置，称为电力牵引供电系统。

电力牵引供电系统是将电能从电力系统传送给电力机车的电力装置的总称。向电力机车提供电能的沿线供电设施从电能的传输、变换、分配角度构成牵引供电系统。

（一）电力牵引供电系统的供电制式

供电制式是指供电系统向电动车辆或电力机车供电时所采用的电流和电压制式，涉及直流制或交流制、电压等级、交流制中的频率（工频或低频）以及交流制中是单相或还是三相等。

目前各国所采用的供电制式有：直流制、低频单相交流制、工频单相交流制。我国的牵引供电系统采用工频单相交流制，电压为 25 kV（27.5 kV）或 50 kV（55 kV）。

1. 工频单相交流制的主要优点

（1）牵引供电系统结构简单。牵引变电所中不需要设置整流和变频设备，变电所从电力系统获得电能后经过电压变换，直接供给牵引网，从而使变电所结构大大简化。

（2）牵引供电系统电压增高，既可保证大功率机车的供电，提高机车的牵引定数和运行速度，又可使牵引变电所之间的距离延长，接触网导线截面面积减小，建设和运营费用显著降低。

（3）交流电力机车的黏着性能和牵引性能良好。通过机车上变压器的调压，牵引电动机可以在全并联的状态下工作。牵引电动机并联工作可以防止轮对空转，提高黏着系数。

（4）与直流制相比，交流制的地中电流对地下金属的腐蚀作用小，一般可不设专门的防护装置。与三相交流制相比，电力机车受电较为方便。与低频交流制相比，不需专设低频发电厂和专用供电系统，只需由国家电力系统供电即可。

2. 工频单相交流制存在的主要问题

（1）单相牵引负荷将会在电力系统中形成负序电流，当电力系统容量较小时，负序电流影响更显得突出。

（2）电力牵引负荷是感性负载，功率因数低。特别是采用相控整流后，牵引电流变为非正弦波，出现较大的谐波电流，使功率因数更低，并对沿线通信线路造成较大的电磁干扰。

（二）电力牵引供电系统的组成

电力牵引供电系统由发电厂用专用的高压输电线路供电。通常，将这种专用高压输电线和电力牵引供电系统称为电气化铁路供电系统。

电力牵引供电系统主要包括地方变电站、输电线路、牵引变电所、牵引网（馈电线、接触网、轨道、回流线）、电力机车和专用高压供电线路等，如图 1.14 所示。

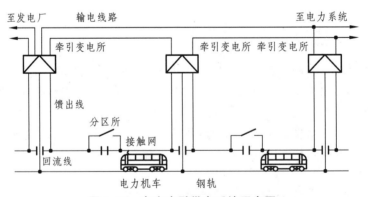

图 1.14　电力牵引供电系统示意图

牵引供电回路是由牵引变电所、馈电线、接触网、电力机车、钢轨、回流线、牵引变电所接地网组成的闭合回路。其中流通的电流称为牵引电流。闭合或断开牵引供电回路会产生强烈的电弧，若处理不当会造成严重的后果。

习惯上将馈电线、接触网、钢轨回路（包括大地）和回流线组成的输电网络统称为牵引网。

1. 高压架空输电线路

如图 1.14 所示，电力部门用 110 kV 或 220 kV 的高压输电线将电能送入牵引变电所。这一高压输电线是为牵引变电所供电的专线，其修建和维护均由电力部门负责。铁路供电部门与电力部门的责任分界线是牵引变电所高压进线门型架。

2. 牵引变电所

牵引变电所的作用是从电力系统接受电能，通过变压器将电能从三相 110 kV 或 220 kV 变换成单相 27.5 kV（对 AT 系统为 2×27.5 kV），并向铁路上、下行两个方向的牵引网供电。变电所两侧的牵引网区段被称作供电臂。

牵引变电所一般设有备用电源，采用双回路高压线路送至变电所，以便当一条回路检修或故障时由另一条线路供电。

电压的变换由牵引变压器完成。将电力系统的三相电变为单相方式输出是通过牵引变压器的电气接线实现的。我国目前采用的牵引变压器有三相式、三相/二相式和单相式三种类型（具体内容见第二章第四节）。

（1）单相变压器。一般采用两台单相变压器连成开口三角形接线，记为 V/V 接线。单相变电所的结构比较简单，变压器利用率高。

（2）三相变压器。① 三相变压器线圈接成星形-三角形连接组，连接组标号为 Y/Δ -11，原边为星形，次边为三角形。三角形一角与钢轨和接地网连接，另两角分别接至牵引变电所两边的供电分区的接触网（供电臂）上，因此接触网对地（钢轨）为单相电。② 三相 V/V 接线变压器是在单相 V/V 接线的基础上发展起来的新型结构，是将两台 V/V 接线的单相变压器安装在同一个油箱内，对相关部件进行了一些简单组合。其实质是两台单相 V/V 接线的变压器。

（3）三相/二相变压器。AT（自耦变压器）供电方式中，牵引变电所的变压器采用较特殊的接线方式，如斯科特（Scott）接线方式、伍德桥（Wood-Bridge）接线方式，这样的变电所称为三相/二相变电所。这种接线方式的特点是变压器二次边电压提高至 55 kV，在其供电臂上电压仍然为 27.5 kV。

① 斯科特接线牵引变压器由两台单相变压器连接而成。如图 1.15 所示，一台单相变压器的原边绕组两端引出，分别接到三相电力系统的两相，称为 β 座变压器；另一台单相变压器的原边绕组一端引出，接到三相电力系统的另一相，另一端接至 β 座变压器原边绕组的中点 O，称为 α 座变压器。这种接线形式把对称三相电压变换成对称两相电压，用其一相供应一边供电臂，另一相供应另一边供电臂。

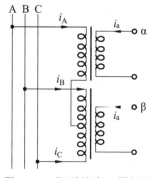

图 1.15　斯科特变压器接线

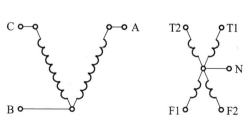

图 1.16　V/X 接线牵引变压器接线

② V/X 接线牵引变压器采用三相"十"字交叉接线。如图 1.16 所示，该牵引变压器由两个单相变压组合而成（即 AB、BC）。两个副边绕组接成"十"字交叉形式，两个副边端子分别接到两组 55 kV 牵引母线上，副边对顶端子接到 N 母线上。N 母线与轨道相连，并通过放电间隙接地，因此可省去变电所内的 AT 自耦变压器。

3. 馈电线

馈电线是连接牵引变电所和接触网的导线。馈电线一般为大截面的钢心铝绞线，用来将牵引变电所所变换的牵引用电能输送给接触网。

4. 接触网

接触网是沿铁路线上空露天架设的向电力机车供电的特殊形式的输电线路，是通过和受电弓的滑动接触把电能输送给电力机车的供电设施。接触网由接触线、承力索以及支持、悬挂和定位等装置组成。

5. 轨　道

在非电牵引的情况下，轨道只作为列车的导轨。在电牵引的情况下，轨道还起导通牵引回流的作用，是电路的组成部分。

6. 回流线

连接轨道和牵引变电所中主变压器接地相的导线称为回流线。回流线的作用是将轨道中的牵引电流引入牵引变电所。

7. 分区所

在电气化铁路上，为了提高运行的可靠性，增强供电的灵活性，在相邻两变电所供电的相邻两供电分区的分界处常用分相绝缘器断开。若在断开处设置开关设备和相应的配电装置，则组成分区所。

在单线单边供电的电气化区段，相邻两供电臂之间设分相绝缘器，并设旁路隔离开关以便实现临时越区供电即可，设置分区所的意义不大。在复线电气化区段和单线电气化区段双边供电时，一般设置分区所。

复线分区所的作用是：

（1）使同一供电分区的上、下行接触网并联工作或单独工作。并联工作时，分区所内的断路器闭合以提高接触网的末端电压；单独工作时，断路器打开。

（2）单边供电的同一供电分区上、下行接触网并联工作时，若发生短路故障，由牵引变电所中的馈线断路器和分区所中的断路器配合动作，切除故障区段，缩小故障范围。

（3）当某牵引变电所主变压器发生故障，中断供电时，可闭合分区所中与分相绝缘器并联的隔离开关（或断路器），由相邻牵引变电所向故障牵引变电所的供电分区临时越区供电。

8. 开闭所

对于某些远离牵引变电所的大宗负荷，如枢纽站、电力机务段等，接触网按作业及运行要求需要分成若干组，由多条供电线路向这些接触网分组供电。若直接从牵引变电所向这些负荷供电，不但会增加变电所的复杂程度，还会大幅增加馈电线的长度，造成一次投资过大。

为此，一般采取在大宗负荷附近建立开闭所的办法来解决这一问题。

开闭所即单相开关站，其中只有配电设备而无牵引变压器，仅用于接受和分配电能。为保证开闭所供电的可靠性，一般从相邻两供电分区上引入两路电源，互为备用，如图1.17所示。

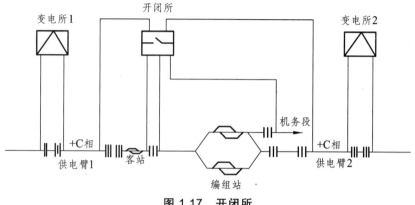

图 1.17　开闭所

三、牵引变电所向牵引网的供电方式

牵引变电所向牵引网的供电方式有两种：单边供电方式和双边供电方式。

（一）单边供电方式

单边供电方式指两牵引变电所之间相邻的两个接触网供电分区采用分相绝缘器相互绝缘，电力机车只从一个牵引变电所取用电流。我国电气化区段牵引网普遍采用单边供电方式，如图1.18所示。

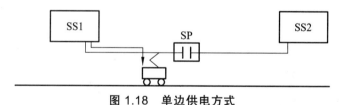

图 1.18　单边供电方式

SS（Traction Substation）—牵引变电所；SP（section post）—分区所

（二）双边供电方式

双边供电方式指两个牵引变电所之间的供电分区属于同一相，将分区所的断路器闭合，可将相邻供电分区连通，由一个牵引变电所越区供电，或实行两边供电，如图1.19所示。

图 1.19　双边供电方式

由于 SS1 与 SS2 两变电所母线电压不相等而在两所之间产生均衡电流，故一般不使用双边供电。

四、牵引供电系统的供电方式

目前单相工频 25 kV 牵引网的供电方式主要有：直接供电方式、BT（吸流变压器）供电方式、带回流线的直接供电方式和 AT（自耦变压器）供电方式。

（一）直接供电方式

直接供电方式如图 1.20 所示，牵引电流通过电力机车后直接从钢轨或大地返回牵引变电所。这种供电方式结构简单，投资最少，维护费用低，但是在负荷电流较大的情况下，钢轨电位高，并且对弱电系统的电磁干扰较大。

图 1.20 直接供电方式

（二）BT（吸流变压器）供电方式

BT 供电方式如图 1.21 所示，在接触网和回流线中串接吸流变压器，让牵引电流通过电力机车后从回流线返回牵引变电所。

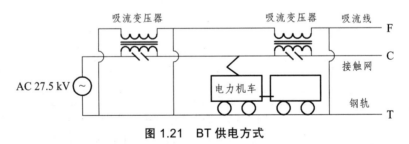

图 1.21 BT 供电方式

BT 供电方式的电磁兼容性能好，对周围环境影响小，但在接触网中串接吸流变压器后，牵引网阻抗增大，供电臂压降增大，使牵引变电所的供电距离缩短。

（三）带回流线的直接供电方式

带回流线的直接供电方式如图 1.22 所示，N 为吸流线，每隔一段距离与钢轨相连。相对于直接供电方式，带回流线的直接供电方式的钢轨电位有所降低，对通信线路等弱电系统的干扰减小。同时，其牵引网阻抗降低，供电距离增长。

相对于 BT 供电方式，带回流线的直接供电方式结构简单，投资少，维护费用低，且牵引网阻抗减小，供电距离增长。

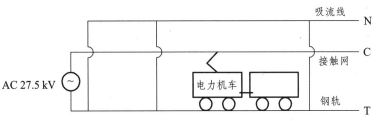

图 1.22　带回流线的直接供电方式

（四）AT（自耦变压器）供电方式

AT 供电方式如图 1.23 所示。AT 供电系统中，牵引变电所牵引侧电压为单相 55 kV 或两相 2×27.5 kV。其中 F 线称为正馈线，是与接触线并行架设的架空导线，电压等级为 27.5 kV，通过自耦变压器形成与接触线等值反向的电流流回变电所。牵引网接触线 C 和正馈线 F 接在自耦变压器的原边，构成 55 kV 供电回路，而钢轨与自耦变压器的中点连接，使接触网与钢轨间的电压仍然保持为 27.5 kV。自耦变压器的容量，视铁路运量及自耦变压器的间距大小而定，通常自耦变压器的间距为 8～12 km，自耦变压器的电磁容量为 2000～5000 kV·A。

AT 供电方式下的接触网结构复杂，供变电设施较多，运营维护难度较大。但是在牵引网中并联自耦变压器形成 AT 供电方式，不仅可以显著地降低电气化铁路对通信线路的干扰，还具有现行其他供电方式所不具备的技术优势，故被许多国家所采用。

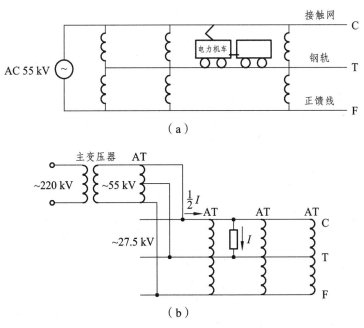

图 1.23　AT 供电方式

各种供电方式的比较如表 1.4 所示。应用于直接供电方式的牵引变压器的接线方式主要有：单相接线、V/v 接线、 YNd11 接线、三相/两相平衡接线（Scott 接线、Wood-Bridge 接线等）、阻抗匹配平衡接线。应用于 AT 供电方式的主变压器接线形式主要有：单相接线、V/X 接线、三相/两相平衡接线（Scott 接线、Wood-Bridge 接线等）、十字交叉接线。

表 1.4 牵引供电系统供电方式的比较

供电方式	直接供电方式	BT 供电方式	带回流线的直接供电方式	AT 供电方式
优点	供电回路结构简单、可靠；电气化投资小；运营维护方便；一次投资费用低	具有良好的防干扰性能	供电回路结构简单、可靠；电气化投资小；运营维护方便；一次投资费用低；电能损失较小，对通信的干扰有所改善	供电回路阻抗低，供电半径大，牵引变电所数量少；外部电源投资省；防干扰性能好
缺点	供电半径较小；外部电源投资略大；对通信干扰大	供电回路结构复杂；阻抗高，网上电压降大，供电距离短；分段间隙多；电能损耗大；运营条件较差	对通信存在干扰	供电回路结构复杂；供变电设施多；跨线建筑物和隧道净空要求高；电气化工程投资大；运营维护费用高
适用范围	低标准线路，目前较少采用	对电气化干扰有特殊要求区段	应用较广，长大干线及高速铁路	应用于重载线路及防干扰要求较高或电力系统供电电源点较少的区段
所对应既有线	站线、专用线、支线	襄渝线、阳安线、北同蒲线及大部分枢纽地区	宝兰二线、西南线、南昆线、广深准高速和秦沈客运专线	京秦线、大秦线、侯月线、神朔线

本章小结

一、电力系统的组成

电能的生产、输送、分配和使用组成了一个系统，称为电力系统，主要由发电厂、电力网、电能用户组成。用户按重要程度和对供电可靠性的要求，可分为三类，即一级负荷、二级负荷和三级负荷。负荷等级不同的工矿企业对供电可靠性的要求有所差别。电能的质量指标主要包括供电频率、电压偏差、电压的不对称性和波形的非正弦性以及供电的可靠性。

电力系统的中性点运行方式一般有两种形式：中性点非直接接地系统，又称小电流接地系统，又可分为中性点不接地系统和中性点经消弧线圈接地系统；中性点直接接地系统，又称为大电流接地系统，又可分为中性点直接接地系统和中性点经电抗器接地系统。

380/220 V 低压配电系统按配电系统和用电设备接地方式的不同组合分类，分为 TN、TT、IT 三种类型。我国低压配电系统大多数采用中性点直接接地方式，并从中性点引出线，构成三相四线制或三相五线制。

二、牵引供电系统的组成

牵引供电系统是将电能从电力系统传送给电力机车的电力装置的总称。向电力机车提供电能的沿线供电设施，从电能的传输、变换、分配角度构成牵引供电系统。牵引供电系统主要包括地方变电站、输电线路、牵引变电所、牵引网（馈电线、接触网、轨道、回流线）、电力机车和专用高压供电线路等。牵引供电回路是由牵引变电所、馈电线、接触网、电力机车、钢轨、回流线、牵引变电所接地网组成的闭合回路，其中流通的电流称牵引电流。闭合或断开牵引供电回路会产生强烈的电弧，处理不当会造成严重的后果。通常将接触网、钢轨回路（包括大地）、馈电线和回流线统称为牵引网。

三、供电方式

牵引变电所向牵引网的供电有单边供电和双边供电两种方式。牵引网的供电方式主要有直接供电方式、BT（吸流变压器）供电方式、带回流线的直接供电方式和AT（自耦变压器）供电方式。

思 考 题

1. 电力系统由哪些部分组成？
2. 电力负荷如何分级？电力牵引负荷属于哪类负荷？
3. 三相电力系统的中性点运行方式有哪几种？
4. 低压配电系统的中性点接地方式有哪几种？
5. 牵引供电系统由哪些部分组成？
6. 牵引变电所、分区所、开闭所和AT所各有何作用？
7. 什么是牵引网？
8. 牵引网的供电方式有哪些？各有何特点？

第二章　牵引供电系统主要电气设备

本章要点：

　　本章主要介绍牵引变电所中主要电气设备的分类，开关电器中常用的灭弧方法，高压断路器和高压隔离开关的作用、结构特点及其操动机构，高压熔断器的原理和应用，变压器、电流互感器和电压互感器的作用、原理及其应用，电容器和电抗器的工作原理及其特点，避雷器、放电保护器、抗雷线圈等牵引变电所的防雷设施的原理和应用，成套装置的结构及特点。

第一节　电气设备概述

一、电气设备的分类与符号

（一）电气设备的分类

　　变电所内的电气设备按所属电路性质可分为两大类：一次侧高压电路中的所有电气设备，即为一次设备；二次侧控制、信号和测量电路中的所有电气设备即为二次设备。一次设备是变配电系统的主体，二次设备是变配电系统安全可靠运行的重要保障。二者协调工作才能保证变配电系统的安全可靠运行，缺一不可。

1. 一次设备

　　在变配电所中，直接用来接受电能、改变电压和分配电能的设备及其相关的所有设备，均称为一次设备，或称为主设备。由一次设备构成的电路相应地称为一次电路或主电路。

　　变电所中的一次设备根据功能大致可分为开关电器、变换电器、保护电器、补偿电器和成套装置。

　　（1）开关电器：开关电器是指用于正常控制主电路通断的设备，主要有断路器、隔离开关和负荷开关等。其中，断路器用来在电路正常工作和发生故障时接通和开断电路；隔离开关主要用于将高压设备与电源隔离，以保证检修工作人员的安全；负荷开关用来在电路正常工作或过载时接通以及开断电路，不能开断短路电流。

　　（2）变换电器：变换电器是指变配电系统中用于变换电压或电流的设备，主要有电力变压器、电流互感器和电压互感器。

（3）保护电器：保护电器是指用于变配电系统中进行过电流保护、过电压保护和其他方式保护的设备，主要有熔断器、抗雷线圈、避雷器、限流电抗器等。

（4）补偿电器：补偿电器是变配电系统中用于补偿电路的无功功率，提高功率因数的设备，主要有电力电容器、静止无功补偿装置等。

（5）成套装置：根据一次电路的要求，将有关一次设备、二次设备组合为一个整体的电气装置称为成套装置，如高压开关柜、低压配电屏以及气体绝缘金属封闭组合电器（GIS）等。

2. 二次设备

对一次设备进行控制、保护、监测和指示的设备，称为二次设备，如各种继电器、控制开关、成套继电保护装置等。二次设备是变配电系统的重要组成部分，是变配电系统安全可靠运行的重要保障。

（二）电气设备的符号

变电所中常见电气设备的图形符号和文字符号如表 2.1 所示。

表 2.1　电气设备标准图形和符号

文字符号	图形符号	电气元件名称	文字符号	图形符号	电气元件名称
G		发电机、电力系统	W		汇流母线（三相）
T		单相变压器	F		避雷器
		三相变压器	FV		放电器
FU		熔断器	TV		电压互感器（双绕组）
QF		断路器			电压互感器（三绕组）
		小车式断路器	TA		电流互感器（两个铁芯，两个副绕组）
QS		隔离开关			电流互感器（一个铁芯，两个副绕组）
		电动隔离开关	W		电缆密封终端头
		带接地刀闸的隔离开关	LF		抗雷线圈
			LC		电抗器

二、电弧的基本知识

1. 电弧的概念

当开关电器开断电路时，如果电压超过 10～20 V，电流超过 80～100 mA，在触头刚分离后，触头之间就会产生强烈的白光，称为电弧。电弧是开关电器在开断过程中不可避免的现象。电弧的实质是一种气体放电现象。

2. 电弧放电的特征

（1）电弧由三部分组成，包括阴极区、阳极区和弧柱区。

（2）电弧的温度很高。电弧放电时，能量高度集中，弧柱中心区温度可达 10 000 ℃ 左右，电弧表面温度也会达到 3000 ~ 4000 ℃。

（3）电弧是一种自持放电现象。电极间的带电质点不断产生和消失，处于一种动平衡状态。弧柱区的电场强度很低，一般仅为 10 ~ 200 V/cm。

（4）电弧是一束游离的气体，其质量很轻，在电动力、热力和其他外力的作用下，能迅速移动、伸长、弯曲和变形。

3. 电弧的危害

由于电弧具有上述特征，所以电弧的存在会对电力系统和电气设备造成伤害，主要如下：

（1）电弧的存在延长了开关电器开断故障电路的时间，加重了电力系统短路故障的危害。

（2）电弧产生的高温，将使触头表面熔化和汽化，烧坏绝缘材料。对于充油电气设备，电弧还可能引起着火、爆炸等危险。

（3）电弧在电动力、热力的作用下能移动，很容易造成飞弧短路和伤人，或引起事故的扩大。

（4）有电弧存在时，尽管开关触头已断开，但电路中仍有电流流通，只有当电弧熄灭后，电路中才无电流通过而真正断开。

4. 电弧的产生

1）产生电弧的根本原因

产生电弧的根本原因是开关触头在分断电流时，触头间电场强度很大，使触头本身的电子及触头周围介质中的电子被游离而形成电弧电流。

2）产生电弧的游离方式

① 热电子发射：高温炽热的阴极表面能够向空间发射电子。当断路器的动、静触头分离时，触头间的接触压力及接触面积逐渐缩小，接触电阻增大，使接触部位剧烈发热，导致阴极表面温度急剧升高而发射电子，形成热电子发射。发射电子的多少与阴极表面温度及阴极的材料有关。

② 强电场发射：在开关电器分闸的瞬间，由于动、静触头的距离很小，触头间的电场强度就非常大，使触头内部的电子在强电场作用下被拉出来，就形成强电场发射。

③ 碰撞游离：从阴极表面发射出的电子在电场力的作用下高速向阳极运动，在运动过程中不断地与中性质点（原子或分子）发生碰撞。当高速运动的电子积聚足够大的动能时，就会从中性质点中打出一个或多个电子，使中性质点游离，这一过程称为碰撞游离。新产生的电子将和原有的电子一起以极高的速度向阳极运动，当碰撞其他中性质点时，将再次发生碰撞游离。这样连续不断地碰撞游离，就使气体介质中带电质点大量增加，具有很大的电导。

在外加电压作用下,气体介质被击穿,形成电弧放电。

④ 热游离:触头间电弧燃烧的间隙,称为弧隙。弧隙的温度很高,弧柱的温度可达5000~13 000 ℃。弧柱中气体分子在高温作用下产生剧烈热运动,动能很大的中性质点互相碰撞时,将被游离而形成电子和正离子,这种现象称为热游离。弧柱导电就是靠热游离来维持的。

从上述内容可见:电弧由碰撞游离产生,靠热游离维持,而阴极则借强电场或热电子发射提供传导电流的电子,因此,维持电弧稳定燃烧的电压不需要很高。

3)开关电弧形成的过程

断路器断开过程中电弧是这样形成的:触头刚分离时突然解除接触压力,阴极表面立即出现高温炽热点,产生热电子发射。同时,由于触头的间隙很小,电压强度很高,产生强电场发射。从阴极表面逸出的电子在强电场作用下,加速向阳极运动,发生碰撞游离,导致触头间隙中带电质点急剧增加,温度骤然升高,产生热游离并且成为游离的主要因素,此时,在外加电压作用下,间隙被击穿,形成电弧。

5. 电弧的熄灭

电弧中发生游离的同时,还存在着相反的过程,即去游离。若去游离作用始终大于游离作用,则电弧电流减小,直至电弧熄灭。因此,要熄灭电弧,就必须加强去游离作用。

1)电弧的去游离形式

电弧的去游离过程包括复合和扩散两种形式。

① 复合:复合是正、负带电质点相互结合变成不带电质点的现象。由于弧柱中电子的运动速度很快,约为正离子的1000倍,所以电子直接与正离子复合的概率很小。一般情况下,先是电子碰撞中性质点,被中性质点捕获变成负离子,然后再与质量和运动速度相当的正离子互相吸引而接近,交换电荷后成为中性质点。还有一种情况就是电子先被固体介质表面吸附后,再被正离子捕获成为中性质点。

② 扩散:扩散是弧柱中的带电质点逸出弧柱以外,进入周围介质的现象。扩散有三种形式:一是温度扩散,这是因为电弧和周围介质间存在很大温差,使得电弧中的高温带电质点向温度低的周围质点中扩散,使电弧中的带电质点减少;二是浓度扩散,这是因为电弧和周围介质存在浓度差,使得带电质点从浓度高的地方向浓度低的地方扩散,使电弧中的带电质点减少;三是利用吹弧扩散,即在断路器中采用高速气体吹弧,带走电弧中的大量带电质点,以加强扩散作用。

2)影响去游离的因素

① 电弧温度。电弧是由热游离维持的,降低电弧温度就可以减弱热游离,减少新的带电质点的产生。同时,降温也减少了带电质点的运动速度,加强了复合作用。通过快速拉长电弧,用气体或油吹动电弧,或使电弧与固体介质表面接触等,都可以降低电弧的温度。

② 介质的特性。电弧燃烧时所在介质的特性在很大程度上决定了电弧中去游离的强度,这些特性包括:导电系数、热容量、热游离温度、介电强度等。这些参数值越大,则去游离过程就越强,电弧就越容易熄灭。

③ 气体介质的压力。气体的压力越大，电弧中质点的浓度就越大，质点间的距离就越小，复合作用越强，电弧就越容易熄灭。在高度的真空中，由于发生碰撞的概率减小，抑制了碰撞游离，而扩散作用也很强。

④ 触头材料：当触头采用熔点高、导热能力强和热容量大的耐高温金属时，减少了热电子发射和电弧中的金属蒸气，有利于电弧熄灭。

除了上述因素以外，去游离还受电场电压等因素的影响。

6. 交流电弧的特性和熄灭的条件

1）交流电弧的特性

在交流电路中，电流瞬时值随时间变化，因而电弧的温度、直径以及电弧电压也随时间变化。电弧的这种特性称为动特性。由于弧柱的受热升温或散热降温都有一个过程，跟不上快速变化的电流，所以电弧温度的变化总滞后于电流的变化，这种现象称为电弧的热惯性。

在一个周期内交流电弧的电流及电压随时间的变化如图 2.1 所示。电弧电压呈马鞍形变化，即电流小时，电弧电压高，电流大时，电弧电压减小且接近于常数。图 2.1（a）和图 2.1（b）分别代表一般冷却和加强冷却的电流、电压变化曲线。从图中可见，加强冷却可使电弧电压尖峰增高。

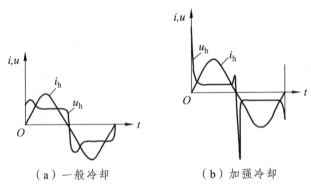

（a）一般冷却　　　　　　　（b）加强冷却

图 2.1　交流电弧的电流、电压变化曲线

总之，交流电弧在交流电流自然过零时将自动熄灭，但在下半周随着电压的增高，电弧又重燃。如果电流过零后，电弧不发生重燃，电弧就此熄灭。

由于交流电弧存在动特性，因此交流电弧比直流电弧更容易熄灭。

2）交流电弧熄灭的条件

交流电流过零后，电弧是否重燃取决于弧隙介质介电强度和弧隙电压的恢复。

弧隙介质能够承受外加电源作用而不致使弧隙击穿的电压称为弧隙的介电强度。当电弧电流过零时电弧熄灭，而弧隙介质的介电强度要恢复到正常值还需一定的时间，此恢复过程称为弧隙介质介电强度的恢复过程，以耐受的电压 $U_j(t)$ 表示。

弧隙介质介电强度的恢复过程中，$U_j(t)$ 主要取决于开关电器灭弧装置的结构和灭弧介质的性质。图 2.2 所示为不同介质的介电强度恢复过程曲线。

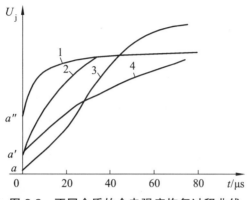

图 2.2　不同介质的介电强度恢复过程曲线

1—真空；2—SF_6；3—空气；4—油

电流过零前，弧隙电压呈马鞍形变化，电压值很低，电源电压的绝大部分降落在线路和负载阻抗上。电流过零时，弧隙电压正处于马鞍形的后峰处。电流过零后，弧隙电压从后峰值逐渐增大，一直恢复到电源电压，这一过程中的弧隙电压称为恢复电压，其电压恢复过程以 $U_{hf}(t)$ 表示。电压恢复过程与线路参数、负荷性质等有关。受线路参数等因素的影响，电压恢复过程可能是周期性的变化过程，也可能是非周期性的变化过程。

在电弧电流过零时，电弧自然熄灭。电流过零后，弧隙中同时存在着两个作用相反的恢复过程，即介质介电强度恢复过程 $U_j(t)$ 和弧隙电压的恢复过程 $U_{hf}(t)$。图 2.3 所示为恢复电压与介质介电强度曲线。从图中可见：如果弧隙介质介电强度在任何情况下都高于弧隙恢复电压，则电弧熄灭；反之，如果弧隙恢复电压高于弧隙介质介电强度，弧隙就被击穿，电弧重燃。因此，交流电弧的熄灭条件为

$$U_j(t) > U_{hf}(t)$$

式中　$U_j(t)$——弧隙介质介电强度；

$U_{hf}(t)$——弧隙恢复电压。

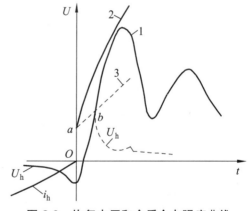

图 2.3　恢复电压和介质介电强度曲线

1—弧隙恢复电压曲线；2、3—弧隙介质介电强度曲线

三、开关电器中常用的灭弧方法

1. 提高触头的分闸速度

迅速拉长电弧，有利于迅速减小弧柱中的电位梯度，增大电弧与周围介质的接触面积，加强冷却和扩散的作用。因此，现代高压开关中都采取了迅速拉长电弧的措施灭弧，如采用强力分闸弹簧，其分闸速度已达 16 m/s。

2. 采用多断口灭弧

如图 2.4 所示为开关电器的多断口触头示意图。每一相有两个或多个断口相串联。在熄弧时，多个断口把电弧分割成多个相串联的小电弧段。多断口使电弧的总长度加长，导致弧隙的电阻增大；在触头行程、分闸速度相同的情况下，电弧被拉长的速度成倍增加，使弧隙电阻加速增大，提高了介电强度的恢复速度，缩短了灭弧时间。采用多断口时，加在每一断口上的电压成比例减小，降低了弧隙的恢复电压，也有利于熄灭电弧。在要求将电弧拉到同样的长度时，采用多断口结构成比例地减小了触头行程，也就减小了开关电器的尺寸。

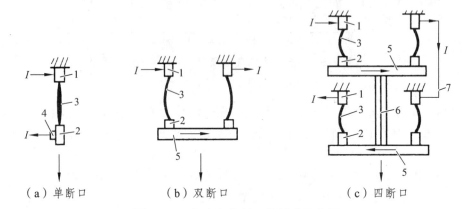

（a）单断口　　　　　（b）双断口　　　　　（c）四断口

图 2.4　一相有多个断口的触头示意图

1—静触头；2—动触头；3—电弧；4—可动触头；
5—导电横担；6—绝缘杆；7—连线

3. 吹　弧

用新鲜而且低温的介质吹拂电弧时，可以将带电质点吹到弧隙以外，从而加强了扩散。同时，由于电弧被拉长变细，弧隙的电导下降。另外，吹弧还使电弧的温度下降，热游离减弱，复合加快。

产生吹弧气流的方法如下：

（1）用油气吹弧。用油气作吹弧介质的断路器称为油断路器。在这种断路器中，有用专用材料制成的灭弧室，其中充满了绝缘油。当断路器触头分离产生电弧后，电弧的高温使一部分绝缘油迅速分解为氢气、乙炔、甲烷、乙烷、二氧化碳等气体，其中氢气的灭弧能力是空气的 7.5 倍。这些气体在灭弧室中积蓄能量，一旦打开吹口，即形成高压气流吹弧。

（2）用压缩空气或六氟化硫气体（SF_6）吹弧。将 20 个大气压左右的压缩空气或 5 个大气压左右的六氟化硫气体先储存在专门的储气罐中，断路器分闸时产生电弧，随后打开喷口，用具有一定压力的气体吹弧。

（3）用产气管吹弧。产气管由纤维、塑料等有机固体材料制成。电弧燃烧时与管的内壁紧密接触，在高温作用下，一部分管壁材料迅速分解为氢气、二氧化碳等，这些气体在管内受热膨胀，提高压力，在管的端部形成吹弧。

按吹弧方向的不同，吹弧方式可分为以下几种：

（1）纵吹：吹弧的介质（气流或油流）沿电弧方向的吹拂称为纵吹，如图 2.5（a）所示。纵吹能增强弧柱中的带电质点向外扩散，使新鲜介质更好地与炽热电弧接触，加强电弧的冷却，有利于迅速灭弧。

（2）横吹：横吹时气流或油流的方向与触头运动方向是垂直的，或者说是与电弧轴线方向垂直的，如图2.5（b）、（c）所示。横吹不但能加强冷却和增强扩散，还能将电弧迅速吹弯吹长。带介质灭弧栅的横吹灭弧室，栅片能充分地冷却和吸附电弧，加强去游离。在相同的工作条件下，横吹比纵吹的效果更好。

（3）纵横吹：由于横吹灭弧室在开断小电流时因室内压力太小，开断性能较差，为了改善开断小电流时的灭弧性能，可将纵吹和横吹结合起来。在大电流时主要靠横吹，小电流时主要靠纵吹，这就是纵横吹灭弧室，如图2.6所示。

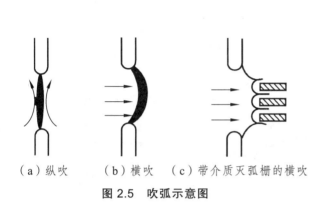

（a）纵吹　　（b）横吹　　（c）带介质灭弧栅的横吹

图2.5　吹弧示意图

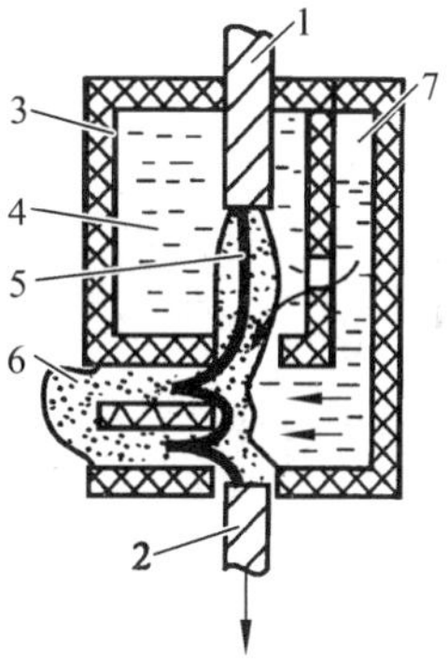

图2.6　纵横吹灭弧室示意图

1—静触头；2—动触头；3—密闭燃烧室；
4—变压器油；5—电弧；
6—横吹孔；7—空气囊

4. 短弧原理灭弧

这种灭弧方法常用于低压开关电器中，其灭弧装置是一个金属栅灭弧罩，利用将电弧分为多个串联的短弧的方法来灭弧。图2.7所示为金属灭弧栅灭弧的装置和原理。由于受到电磁力的作用，电弧从金属栅片的缺口处被引入金属栅片内，一束长弧就被多个金属片分割成多个串联的短弧。如果所有串联短弧阴极区的起始介质强度或阴极区的电压降的总和永远大于触头间的外施电压，电弧就不再重燃而熄灭。采用缺口铁质栅片，是为了减少电弧进入栅片的阻力，缩短燃弧时间。

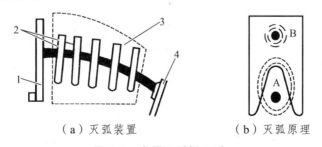

（a）灭弧装置　　　　（b）灭弧原理

图2.7　金属灭弧栅灭弧

1—静触头；2—金属栅片；3—灭弧罩；4—动触头

5. 利用固体介质的狭缝狭沟灭弧

低压开关电器中也广泛采用狭缝灭弧装置。该灭弧装置的灭弧片是由石棉水泥或陶土制成的。触头间产生电弧后，在磁吹装置产生的磁场作用下，电弧进入由灭弧片构成的狭缝中。灭弧装置在把电弧迅速拉长的同时，使电弧与灭弧片内壁紧密接触，对电弧的表面进行冷却和吸附，产生强烈的去游离。图2.8所示为狭缝灭弧装置的工作原理图。

图2.9所示是石英砂熔断器使用狭沟灭弧的原理。石英砂熔断器中的熔丝熔断时，在石英砂的狭沟中产生电弧。由于受到石英砂的冷却和表面吸附作用，电弧迅速熄灭。同时，熔丝汽化时产生的金属蒸气渗入石英砂中遇冷而迅速凝结，大大减少了弧隙中的金属蒸气，使得电弧容易熄灭。

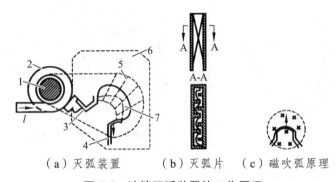

（a）灭弧装置　　（b）灭弧片　（c）磁吹弧原理

图2.8　狭缝灭弧装置的工作原理　　　　　图2.9　石英砂熔断器使用狭沟灭弧的原理

1—磁吹铁芯；2—磁吹绕组；3—静触头；　　　　　　　1—熔丝；2—铜帽；3—石英砂；4—管体
4—动触头；5—灭弧片；7—电弧移动

6. 用耐高温金属材料作触头、优质灭弧介质灭弧

触头材料对电弧中的去游离也有一定的影响，用熔点高、导热系数和热容量大的耐高温金属制作触头，可以减少热电子发射和电弧中的金属蒸气，从而减弱了游离过程，有利于熄灭电弧。

灭弧介质的特性，如导热系数、介电强度、热游离温度、热容量等，对电弧的游离程度具有很大影响，这些参数值越大，去游离作用就越强。在高压开关中，广泛采用压缩空气、六氟化硫（SF_6）气体、真空等作为灭弧介质。

第二节　高压断路器

一、高压断路器的基本知识

（一）高压断路器概述

1. 作　用

高压断路器是高压电气设备中最重要的设备，是一次电力系统中控制和保护电路的关键设备。高压断路器主要有两个作用：一是控制作用，即根据电力系统的运行要求，接通或断开工作电路；二是保护作用，即当系统中发生故障时，在继电保护装置的作用下，断路器自动断开故障部分，以保证系统中无故障部分的正常运行。

2. 对高压断路器的基本要求

根据以上所述，断路器在电力系统中承担着非常重要的作用，不仅应能接通和断开负荷电流，而且应能断开短路电流。因此，断路器必须满足以下基本要求：

（1）工作可靠。断路器应能在规定的运行条件下长期可靠地工作，并能正确地执行分、合闸的命令，顺利完成接通或断开电路的任务。

（2）具有足够的开断能力。断路器在断开短路电流时，触头间要产生能量很大的电弧。因此，断路器必须具有足够强的灭弧能力才能安全、可靠地断开电路，并且还要有足够的热稳定性。

（3）具有尽可能短的切断时间。在电路发生短路故障时，短路电流对电气设备和电力系统会造成很大的危害，所以断路器应具有尽可能短的切断时间，以减少危害，并有利于电力系统的稳定。

（4）具有自动重合闸性能。由于输电线路的短路故障大多数是瞬时的，所以采用自动重合闸可以提高电力系统的稳定性和供电可靠性，即在发生短路故障时，继电保护装置动作，使断路器跳闸，切断故障电流，经无电流间隔时间后自动重合闸，恢复供电。如果故障仍然存在，断路器则立即跳闸，再次切断故障电流。这就要求断路器具有在短时间内连续切除故障电流的能力。自断路器第一次分闸，三相电弧完全熄灭起，至重合闸成功，线路重新出现电流为止，这段时间称为自动重合闸无电流间隔时间。

（5）具有足够的机械强度和良好的稳定性能。正常运行时，断路器应能承受自身重量、风载和各种操作力的作用；系统发生短路故障时，应能承受电动力的作用，以保证具有足够的动稳定。断路器还应适应各种工作环境条件的影响，以保证在各种恶劣的气象条件下都能正常工作。

（6）结构简单、价格低廉。在满足安全、可靠要求的同时，断路器还应结构简单、体积小、质量轻、价格合理。

（二）高压断路器的分类

1. 按灭弧介质分类

1）油断路器

采用变压器油作为灭弧介质和绝缘介质的断路器叫作油断路器。变压器油只作为灭弧介质和触头开断后的弧隙绝缘介质，而带电部分与地之间的绝缘采用瓷介质的断路器，由于油量较少，被称为少油断路器。它可用于各级电压的户内、外变电所。

2）压缩空气断路器

压缩空气断路器的噪声较大，需配备一套空气压缩机系统，结构复杂，工艺要求较高，逐渐被 SF_6 断路器和真空断路器所代替。

3）SF_6 断路器

采用规定压力的、具有优良灭弧性能和绝缘性能的 SF_6 气体作为灭弧介质和弧隙绝缘介

质的断路器叫作 SF_6 断路器。它主要用于 110 kV 及以上大容量变电所及频繁操作的场所。

4）真空断路器

真空断路器是指触头在 $133.3 \times 10^{-8} \sim 133.3 \times 10^{-4}$ Pa 的真空中开闭电路的断路器。目前，它主要用于 35 kV 及以下用户中要求频繁操作的场所。

5）固体产气断路器

固体产气断路器是利用固体绝缘材料在电弧作用下分解并产生气体来灭弧的断路器。其特点是检修方便、检修周期较长、噪声小、适合频繁操作，但其端口电压不宜做得高，结构较复杂，体积、质量较大。该断路器主要用于 20 kV 以下户内频繁操作的场所。

6）磁吹断路器

磁吹断路器是靠电磁力吹弧，利用狭缝原理将电弧吹入细缝中冷却灭弧的断路器。其特点是易于维护、结构简单、质量轻、制造方便，但其额定电流和开断电流不宜做得大，断口电压也不宜做得高，且噪声大。该断路器主要用于 35 kV 以下户外小容量变电站。

2. 按安装地点分类

（1）户内式断路器，安装在室内。
（2）户外式断路器，安装在室外。

（三）高压断路器型号的含义

高压断路器的概况是通过型号来表达的。国产断路器的型号根据国家技术标准的规定，采用统一的字母（汉语拼音字母）和数字混合编制，其格式为：

$$\boxed{1}\;\boxed{2}\;\boxed{3}-\boxed{4}\;\boxed{5}-\boxed{6}-\boxed{7}\;\boxed{8}$$

各项的意义分别为：

1——断路器分类代号，用汉语拼音字母表示。S 表示少油断路器，D 表示多油断路器，L 表示六氟化硫断路器，K 表示空气断路器，Z 表示真空断路器。

2——安装场所代号。N 表示户内，W 表示户外。

3——设计序号，以数字表示。

4——额定电压（kV）。

5——其他标志。改进型以 G 表示，小车型用 C 表示。一般可省略。

6——额定电流（A）。

7——额定断流容量（MV·A）。

8——特殊环境代号。一般可省略。

例如：SN_{10}-10/3000-750 型即指额定电压为 10 kV，额定电流为 3000 A，额定容量为 750 MV·A，第 10 次设计改进型的户内式高压少油断路器。

LW7-220/3150-15000 则代表：户外 SF_6 断路器，设计序号为 7，额定电压为 220 kV，额定电流为 3150A，额定开断容量为 15 000 MV·A。

牵引变电所中常用的 ZN$_{42}$-27.5/1250 型断路器，其型号含义为：户内真空断路器，设计序号为 42，额定电压为 27.5 kV，额定电流为 1.25 kA。

（四）高压断路器的技术参数

高压断路器的特性和工作性能，可用它的基本参数来表征。断路器的基本参数如下：

（1）额定电压 U_N。额定电压是指断路器长时间运行时能承受的正常工作电压，它不仅决定了断路器的绝缘水平，而且在相当程度上决定了断路器的总体尺寸。三相电路中，额定电压均指线电压。

（2）最高工作电压。由于电网不同地点的电压可能高出额定电压 10%左右，故制造厂规定了断路器的最高工作电压。对于 220 kV 及以下设备，其最高工作电压为额定电压的 1.15倍；对于 330 kV 的设备，规定为额定电压的 1.1 倍。

（3）额定电流 I_N。额定电流是指铭牌上标明的断路器可长期通过的工作电流。断路器长期通过额定电流时，各部分的发热温度不会超过允许值。额定电流也决定了断路器触头及导电部分的截面。

（4）额定开断电流 I_{NK}。额定开断电流是指断路器在额定电压下能正常开断的最大短路电流的有效值。它表征断路器的开断能力。开断电流与电压有关，当电压不等于额定电压时，断路器能可靠切断的最大短路电流的有效值，称为该电压下的开断电流。当电压低于额定电压时，开断电流比额定开断电流大。

（5）额定断流容量 S_{NK}。额定断流容量也表征了断路器的开断能力。在三相系统中，它和额定开断电流的关系为

$$S_{NK} = \sqrt{3} U_N I_{NK}$$

式中，U_N 为断路器所在电网的额定电压；I_{NK} 为断路器的额定开断电流。由于 U_N 不是残压，故额定断流容量不是断路器开断时的实际容量。

（6）关合电流 i_{Nel}。关合电流是保证断路器能关合短路而不至于发生触头熔焊或其他损伤所允许接通的最大短路电流。

（7）动稳定电流 i_{es}。动稳定电流是指断路器在合闸位置时，允许通过的短路电流最大峰值。它是断路器的极限通过电流，其大小由导电和绝缘等部分的机械强度所决定，也受触头的结构形式的影响。

（8）热稳定电流 I_{Nt}。热稳定电流是指在规定的某一段时间内，允许通过断路器的最大短路电流。热稳定电流表明了断路器承受短路电流热效应的能力。

（9）全开断（分闸）时间 t_0。全开断时间是指从断路器接到分闸命令的瞬间起到各相电弧完全熄灭为止的时间间隔，它包括断路器固有分闸时间 t_{gf} 和燃弧时间 t_h，即 $t_0 = t_{gf} + t_h$。

断路器固有分闸时间是指从断路器接到分闸命令的瞬间到各相触头刚刚分离的时间。燃弧时间是指从断路器触头分离瞬间到各相电弧完全熄灭的时间。全开断时间 t_0 是表征断路器开断过程快慢的主要参数。t_0 越小，越有利于减小短路电流对电气设备的危害，缩小故障范围，保持电力系统的稳定。图 2.10 所示为断路器开断时间示意图。

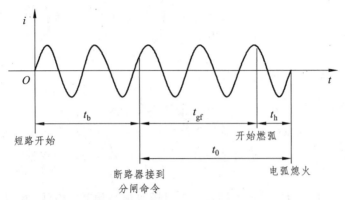

图 2.10　断路器开断时间示意图

（10）合闸时间。合闸时间是指从操动机构接到合闸命令的瞬间起到断路器接通为止所需的时间。合闸时间决定于断路器的操动机构及中间传动机构。一般合闸时间大于分闸时间。

（11）操作循环。操作循环也是表征断路器操作性能的指标。我国规定断路器的额定操作循环如下：

　　自动重合闸操作循环：分—t'—合分—t—合分。

　　非自动重合闸操作循环：分—t—合分—t—合分。

其中：分——分闸动作；

　　　合分——合闸后立即分闸的动作；

　　　t'——无电流间隔时间，标准值为 0.3 s 或 0.5 s；

　　　t——强送电时间，标准时间为 180 s。

（五）开关电器的操动机构

操动机构是用来驱使高压开关进行分合闸，并使高压开关合闸后维持在合闸状态的电气设备，简称机构。由于相同的机构可配用不同型号的高压开关，因此机构一般独立于高压开关本体，有独立的型号。根据操动机构的作用，它一般由下列几部分组成：

（1）能量转换装置。其作用是把其他形式的能量转换成机械能，使操动机构按规定目的发生机械运动。这种装置有电磁铁、电动机、液压传动工作缸、压缩空气工作缸等。该装置应能提供足够的操作功，用以克服高压开关的机械静力矩和短时的电动力矩，保证高压开关的分、合闸速度。

（2）传动机构。它是操动机构的执行元件，用以改变操作功的大小、方向、位置，使高压开关改变工作状态。它多由连杆机构、拐臂、拉杆、油气管道等元件组成。对传动机构的要求是机械惯性小，传动速度大，能量损失少，动作准确、可靠。

（3）保持与脱扣机构。既可使高压开关可靠地保持在合闸位置，又可迅速解除合闸位置，使高压开关进入自由分闸状态的装置称为保持与脱扣机构。

保持机构多由动作灵活的机械卡销组成。脱扣机构多由连杆机构组成，如四连杆等。不同的操动机构有不同形式的保持与脱扣装置，但都应稳定可靠、动作灵活。脱扣机构的失灵将使高压开关拒绝分闸或误分闸，并造成严重后果。

脱扣机构的自由脱扣是指不论合闸做功元件处在何种位置（如断路器处在合闸过程中），只要分闸做功元件启动，机构都应使断路器可靠分闸。

（4）控制系统。它有电控、气控、油控等类型，用于实现对高压开关的远距离控制，保持或释放操作功。

（5）缓冲装置。缓冲装置用于吸收做功元件完成分、合闸操作后剩余的操作功，使机构免受机械冲击。缓冲装置应有较短的复位时间，以便为下次动作做好准备。缓冲装置有弹簧缓冲器，橡皮缓冲器，油、气缓冲器等。

（6）闭锁装置。其作用在于防止高压开关的误操作和误动作。闭锁方式有位置闭锁（弹簧储能不合要求时机构拒动）、高压力与低压力闭锁（指油、气压力不合要求时机构拒动）等。

常见操动机构的类型及特点如表2.2所示。

表2.2　常见操动机构的类型及特点

类型	基本特点	使用场合
手动机构	用人力合闸，用已储能的弹簧分闸；不能遥控合闸操作及自动重合闸，结构简单，须有自由脱扣机构；关合能力决定于操作者，不易保证	可用于电压在10 kV、开断电流在6 kA以下的断路器或负荷开关
弹簧机构	用合闸弹簧（用电动机或手力储能）合闸，靠已储能的分闸弹簧分闸；动作快，能快速自动重合闸；能源功率小，结构较复杂，冲击力大，构件强度要求较高；输出力特性与本体反力特性配合较差	35 kV及以下断路器配用的操动机构的主要品种
液压机构	以高压油推动活塞实现合闸与分闸；动作快，能快速自动重合闸；结构较复杂，密封要求高、工艺要求高；操作力大、冲击力小、动作平稳	适用于110 kV及以上的断路器，是超高压断路器配用的操动机构的主要品种
弹簧储能液压机构	以碟状弹簧组压缩储能，高压油推动活塞实现合闸与分闸；动作快；综合了弹簧机构、液压机构的优点	适用于中压、高压断路器
气动机构	以压缩空气推动活塞往复运动，使断路器分、合闸，或仅用压缩空气推动活塞合闸（或分闸），而以已储能的弹簧分闸（或合闸）；动作快，能快速自动重合闸；合闸力容易调整；制造工艺要求较高；需压缩空气源，操作噪声大	适用于有压缩空气源的开关站
电动机机构	通过二级齿轮变速和蜗轮蜗杆减速，将电动机的连续旋转变换为主传动轴的一定角度的偏转	一般用来驱动隔离开关

二、SF_6断路器

1956年，美国西屋公司首先开发了SF_6断路器。由于其良好的性能，近60年来在35 kV及以上电压等级的断路器中逐渐占据了主导地位。可以预见，SF_6断路器会随着电力工业的不断发展而更完善。

（一）SF_6气体的特性

SF_6是一种无毒、不燃的气体，具有优异的绝缘性能和灭弧性能，将其应用于断路器、变压器和电缆等电气设备，显示出矿物油无可比拟的优越性。

1.SF_6气体的优良特性

（1）SF_6气体热容量大。SF_6气体的分子在分解时吸收的能量多，对弧柱的冷却作用强。

（2）SF$_6$气体环境下的电弧能量小。SF$_6$气体在高温时分解出硫、氟原子核和正负离子，与其他灭弧介质相比，在同样的弧温时有较大的游离度，在维持相同游离度时，弧柱温度较低，因此，SF$_6$气体中电弧电压较低，燃弧时的电弧能量小，对灭弧有利。

（3）SF$_6$气体分子的负电性强。所谓负电性，是指SF$_6$气体分子极易捕获、吸附自由电子而形成低活性负离子的特性。SF$_6$气体负电性强，加强了去游离，降低了导电率。在电弧电流过零后，弧柱温度将急速下降，分解物急速复合。因此，SF$_6$气体弧隙的介电性能恢复速度很快，能耐受很高恢复电压，使电弧在电流过零后难重燃。

2. SF$_6$气体的危害及其对策

SF$_6$气体的危害主要体现在两个方面，其一是高温电弧分解产物和其本身（或分解产物）与接触介质发生化学反应的生成物对生物的毒性作用；其二是 SF$_6$作为一种温室气体对环境的危害。

电气设备内的 SF$_6$气体在高温电弧作用下产生某些有毒物质，这种物质对绝缘材料、金属材料、玻璃、电瓷等含硅材料有很强的腐蚀性。例如，SF$_6$气体分解物与水发生继发性反应；与电极（Cu-W 合金）及金属材料（Al、Cu）反应而生成某些有毒产物；与含有硅成分的环氧酚醛玻璃丝布板（棒、管）等绝缘件，或以石英砂、玻璃作填料的环氧树脂浇注件、模压件以及瓷瓶、硅橡胶、硅脂等发生化学反应，生成 SiF$_4$、Si(CH$_3$)$_2$F$_2$ 等产物。

因此，在制造、运用和检修 SF$_6$断路器时，应注意以下几个方面：

（1）必须严格控制 SF$_6$气体中的水分。现在通常从以下几个方面采取措施：加强断路器的密封；组装断路器时，先要对零部件进行彻底烘干；严格控制 SF$_6$气体中的含水量；严格控制断路器充气前的含水量；在 SF$_6$断路器内部加装吸附剂。

（2）由于 SF$_6$气体在灭弧时会产生有毒气体和粉尘，在排放废气和拆开断路器灭弧部件时，应戴防毒面具、防护手套，穿长袖工作服，尽量不露出皮肤，处理有毒肥料时应戴防护手套。

（3）排出 SF$_6$废气时，应通过滤罐过滤有毒粉尘后放到大气中。

（4）断路器部件的拆装、检修一般应在干燥、清洁的室内进行，现场检修时天气应稳定无雨且空气湿度不得大于 80%。

（5）为防止断路器内部进入潮气和灰尘，拆卸处理过的部件应马上用塑料布（袋）包好并系紧。

（二）SF$_6$断路器的特点

（1）开断能力强。SF$_6$断路器是通过 SF$_6$气体来灭弧，它的吹弧速度快、燃弧时间短、开断电流大，能有效保护中、高压电路的安全。SF$_6$断路器在断开电容或电感电流后，不存在重燃和复燃的危险；其断口电压可以做得较高，无火灾危险。

（2）电气寿命长。SF$_6$断路器的使用寿命很长、检修周期长，允许连续开断次数较多，适于短时间内频繁操作，噪声小，有良好的安全性和耐用性。

（3）绝缘水平高。SF$_6$断路器是使用 SF$_6$气体作为绝缘介质，这种气体的绝缘水平极高，在 0.3 MPa 气压下，能轻松通过各种绝缘试验，并有较大裕度。

（4）密封性能好。SF$_6$断路器的结构简单、密封性好，灭弧室、电阻和支柱成独立气隔，且 SF$_6$气体本身的含水量较低。SF$_6$断路器的安装和检修方便，不需要打开断路器的内部结构，能保持 SF$_6$断路器内部良好的密闭性。

SF_6断路器的不足之处在于：其电气性能受电场均匀程度及水分等杂质影响特别大，故对SF_6断路器的密封结构、元件结构及SF_6气体本身质量的要求相当严格。

（三）SF_6断路器的结构类型

1. 按对地绝缘方式分

（1）落地罐式。这种断路器的总体结构如图2.11所示。它把触头和灭弧室装在充有SF_6气体并接地的金属罐中，触头与罐壁间的绝缘采用环氧树脂支持绝缘子，引出线靠绝缘瓷套管引出。该结构便于安装电流互感器。落地罐式断路器具有安装重心低，抗震性能好，断路器容量大等特点；但制造高压复杂，消耗金属材料多，造价较高，一般应用在地震多发区。

（2）瓷柱式。瓷柱式断路器的灭弧室装设在绝缘支柱上，断路器的触头和灭弧室安装在金属筒或绝缘筒内，其对地绝缘由支持绝缘子保证，可以通过串联几个瓷柱式灭弧室和加长支持绝缘子来组成更高电压等级的断路器。瓷柱式SF_6断路器具有耐压水平高，结构简单，运动部件少，易制造成系列性产品，充气量少，环保好，造价低廉，维修量少等优点；但断路器重心高，抗震能力差，而且电流互感器不能安装在断路器本体上，需要单独安装，使用场所受到一定限制。瓷柱式断路器外形如图2.12所示。

图 2.11　户外高压落地罐式 SF_6 断路器　　　　**图 2.12　瓷柱式 SF_6 断路器**

（3）手车式。35 kV及以下电压等级的 SF_6 断路器可安装在能移动的小车内，其结构轻巧，便于检修和备用，适合在室内使用。图2.13所示为LN2-10型手车式 SF_6 断路器。

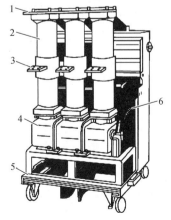

图 2.13　LN2-10 型手车式 SF_6 断路器

1—上接线端；2—绝缘筒；3—下接线端；4—操动机构；5—小车；6—分闸弹簧

2. 按灭弧室结构分

（1）单压式（压气式）灭弧室。单压式灭弧室又称压气式灭弧室，只有一个气压系统，即常态时只有单一压力的 SF_6 气体。灭弧室的可动部分带有压气装置，分闸过程中，压气缸与触头同时动作，将压气室内的气体压缩。触头分离后，电弧即受到高速气流纵吹而熄灭。灭弧室中，压气活塞是固定不动的，静触头与动触头之间的开距也是固定不变的。

（2）双压式灭弧室。它有高压和低压两个气压系统。灭弧时，高压室控制阀打开，高压 SF_6 气体经过喷嘴吹向低压系统，再吹向电弧使其熄灭。灭弧室内正常时充有高压气体的称为常充高压式，仅在灭弧过程中才充有高压气体的称为瞬时充高压式。

（四）SF_6 断路器的结构

下面以 LW_{25}-126/T 型断路器为例说明 SF_6 断路器的结构。

LW_{25}-126/T 型高压 SF_6 断路器是三相交流 50 Hz 户外高压电气设备，主要用于输变电线路和保护，也可作联络断路器使用。

LW_{25}-126/T 型断路器采用自能式灭弧结构，每极为单柱单断口，呈 I 型布置。每台断路器由三个单极组成，三极同装在一个框架上，配用一台 CT20-1XP 型弹簧操动机构进行三极机械联动操作，实现远距离电控或就地手控。

断路器的安装结构如图 2.14 所示，单极结构图如图 2.15 所示。

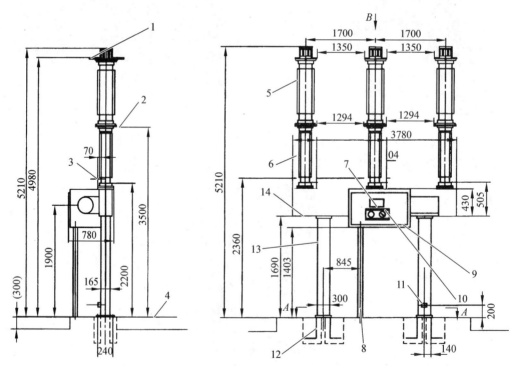

图 2.14　断路器的安装结构图

1—吸附器；2—灭弧室瓷套；3—动触头；4—压气缸；5—活塞；6—中间触指；
7—下接线端子；8—支柱瓷套；9—绝缘杆；10—上接线端子；
11—触头架；12—静弧触头；13—静触头；14—喷口

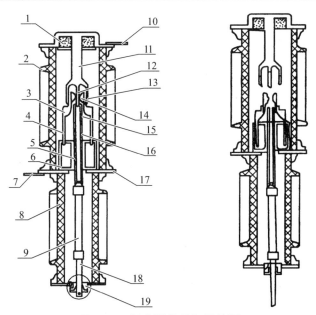

图 2.15 断路器的单极结构图

1—吸附器；2—灭弧室瓷套；3—动触头；4—压气缸；5—活塞；6—中间触指；7—下接线端子；
8—支柱瓷套；9—绝缘杆；10—上接线端子；11—触头架；12—静弧触头；13—静触头；
14—喷口；15—动弧触头；16—活塞杆；17—下法兰盘；18—操作杆；19—直动密封装置

断路器的上部瓷套为灭弧室，中间为支柱绝缘子及框架。弹簧操动机构装在框架的中间部位。电气控制、SF_6 气体密度继电器和电机储能系统均置于机构箱内。

支柱瓷套 8 用于支撑灭弧室瓷套，并承担带电部件对地绝缘。绝缘杆 9 用于连接操作杆 18 和活塞 16，并承担内部带电部件对地绝缘。

吸附剂 1 装于灭弧室帽内，用来保持 SF_6 气体干燥，并吸收由电弧分解所产生劣化气体。在维修断路器灭弧室单元时，吸附剂应予以更换。

LW_{25}-126/T 型断路器的密封采用了动密封和静密封两种形式。静密封采用 O 形圈加密封胶的办法。动密封只有一处，采用直动密封装置 19，它安装在支柱瓷套的底部，由弹簧压缩密封片实现动密封。直动密封装置在现场一般不得拆卸，因为它需要特别仔细的装配工艺与检查。

在合闸位置时，电流通过上接线端子 10、触头架 11、静触头 13、动触头 3、压气缸 4、中间触指 6、下法兰盘 17，再经下接线端子 7 与系统形成回路。

断路器的灭弧室为自能式灭弧结构。断路器分闸时，利用有压气缸内的高压膨胀气流熄灭电弧。其灭弧原理如图 2.16 所示。

断路器分闸时，在操动机构的作用下，操作杆 18、绝缘杆 9、活塞杆 16、压气缸 4、动弧触头 15 和喷口 14 一起向下拉，从合闸位置运动一段距离后，当动触头和静

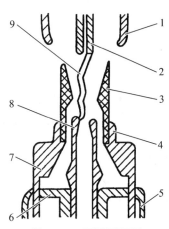

图 2.16 灭弧原理图

1—静主触头；2—静弧触头；3—喷嘴；
4—动主触头；5—中间触头；6—活塞；
7—气缸；8—动弧触头；9—电弧

触头分离时，电流沿着仍然接触的弧触头流动。当动弧触头和静弧触头分离时，动、静触头间产生电弧。动触头系统运动到一定位置时喷口打开，这时气缸内被压缩的 SF_6 气体通过喷口吹向燃弧区域，从而熄灭电弧。断路器合闸时，在操动机构的作用下，操作杆 18 将绝缘杆 9、活塞杆 16、动触头 3、压气缸 4、动弧触头 15 和喷口 14 一起向上推，运动到合闸状态，同时 SF_6 气体进入到压气缸中做好下次分闸准备。

二、真空断路器

（一）真空间隙与真空电弧

1. 真空断路器的概念

真空断路器利用真空度约为 10^{-4} Pa（在运行过程中不低于 10^{-2} Pa）的高真空作为内绝缘和灭弧介质。真空度就是气体的绝对压力与大气压的差值，表示气体稀薄的程度。气体的绝对压力值越低，真空度越高。当灭弧室内被抽成 10^{-4} Pa 的真空时，其绝缘强度比绝缘油、一个大气压下的 SF_6 和空气的绝缘强度高很多。

2. 真空间隙的绝缘性能

真空间隙的气体稀薄，分子的自由行程较大，发生碰撞游离的概率很小，因此真空间隙具有很高的绝缘强度。当真空间隙在某一电压下被击穿几次后，由于触头表面的毛刺被冲击掉，触头表面粗糙度降低，真空间隙在该电压下就不再被击穿了，击穿电压将会升高，这种现象叫作真空间隙的老化。这是真空间隙独有的特点。

真空间隙的绝缘强度与很多因素有关，主要与真空间隙的长度、真空度、电极材料、电极表面的形态和大小、所施加电压的波形和频率等因素有关。

3. 真空间隙的形成与熄灭

1）真空间隙的形成

真空电弧的形成主要有三个阶段。

第一阶段，触头蒸发形成金属蒸气。在触头带电流分离时，由于接触压力减小，触头由面接触变为点接触（触头间形成金属小桥），电流集中通过金属桥。在分断过程中，其一，金属桥被拉长，截面减小，电阻增大，桥上耗散功率大，温度急剧升高，金属桥熔化并产生高温金属蒸气；其二，触头表面结合不牢固的金属团粒（如金属加工时残留的毛刺），在静电场力作用下，离开电极表面，加速通过真空间隙轰击电极，使电极和团粒的温度升高，蒸发出高温金属蒸气；其三，触头表面尖端突起部分的电场极强，因强电场发射自由电子所形成的电子束（预放电电流，其值为 $10^{-5} \sim 10^{-3}$ A）轰击阳极，也可使阳极发热，蒸发出金属蒸气。

第二阶段，自由电子穿过高温金属蒸气。运动中带电的金属团粒与电极间形成强电场，此电场可使团粒和电极表面发射大量自由电子。高速运动的自由电子穿过高温金属蒸气云，使金属原子电离而产生带电离子。离子的定向移动形成传导电流。

　　第三阶段，形成阴极斑点。电极表面发射自由电子的尖端或突起，很快发展成阴极斑点，其温度极高，不断蒸发金属蒸气，补充金属蒸气的损失。阴极斑点发射的电子又电离金属蒸气，补充离子的损失，使触头间的预放电电流转变成真空电弧。

　　因此，真空电弧的形成是一个电离过程。阴极斑点是真空电弧的生命线。真空电弧是电离状态的金属蒸气状态。

　　2）真空电弧的形态

　　（1）扩散型电弧。

　　当电弧电流小于 100 A 时，触头间只存在一束电弧，触头上只有一个阴极斑点，并在触头表面做不规则的运动。当电弧电流大于 100 A、小于 6 kA 时，阴极斑点会从一个分裂为若干个，并在阴极表面不断向四周扩散，电弧以许多完全分离的并联电弧的形态存在。这种形态的电弧被称为扩散型电弧，如图 2.17（a）所示。

　　（2）集聚型电弧。

　　当电极上电弧电流大于 10 kA 时，阴极斑点受电磁力的作用相互吸引，使所有阴极斑点集聚成一个运动速度缓慢的阴极斑点团（其直径可达 1～2 cm），形成单束大弧柱，且电极强烈发光，触头表面将出现熔坑。这种形态的电弧被称为集聚型电弧，如图 2.17（b）所示。

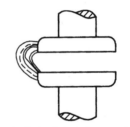

（a）扩散型真空电弧示意图　　　　（b）集聚型真空电弧示意图

图 2.17　真空电弧的形态

　　3）电弧的熄灭

　　扩散型电弧在电流过零时熄灭。阴极斑点所造成的熔区在电弧熄灭后 $10^{-8}\sim10^{-7}$ s 内便凝固，阴极和阴极斑点便不再向弧柱区提供电子和金属蒸气，而残余的等离子体内的各种粒子在数微秒内向四周扩散完，弧区介电强度迅速提高，实际上已变成了真空间隙，足以承受很高的恢复电压而不致击穿。扩散型电弧在电流过零后很容易熄灭。

　　集聚型电流在电流过零时也会熄灭，但触头表面有面积和厚度相当大的熔区，这些熔区需要毫秒数量级的时间才能冷却，在这段时间内，电极仍向弧区输送大量金属蒸气和带电粒子，在恢复电压上升过程中，弧区相当于一个充气间隙，不可避免地要发生重新击穿。只有当触头开距足够大，阴极斑点产生的金属蒸气不足以维持带电粒子扩散时，真空电弧才熄灭。故集聚型电弧难以熄灭，应设法避免。一般在触头结构上采取措施，防止触头表面发生过分严重的局部熔化和烧损。

　　总之，真空电弧的熄灭，主要取决于触头的阴极现象、电极发热程度及离子向弧柱外迅速扩散的作用。

（二）真空断路器的分类

按照不同的分类方法，真空断路器可分为以下几种：

（1）按真空断路器的布置方式分为落地式、悬挂式、综合式和接地箱式等。

（2）按真空灭弧室的外壳分为玻璃外壳式、陶瓷外壳式两种。

（3）按触头形状分为横磁吹式、纵磁吹式两种。

真空断路器由真空灭弧室、绝缘支撑、传动机构、操作机构、机座（框架）等组成。目前的城市轨道交通供电系统中，一般在 35 kV、10 kV 电压等级采用真空断路器，并且与其他电器组合后封装在 SF$_6$ 组合器（GIS）或者在空气组合电器（AIS）中。

（三）真空灭弧室

真空灭弧室是真空断路器中的核心部件，其结构如图 2.18 所示。真空灭弧室的外壳是由绝缘筒、两端的金属盖板和波纹管所组成的密封容器。灭弧室内有一对触头，分别焊接在各自的导电杆上，波纹管的另一端与动端盖的中孔焊接，动导电杆从中孔穿出外壳。由于波纹管可以在轴向上自由伸缩，所以这种结构既能实现在灭弧室外带动动触点作分合动作，又能保证真空外壳的密封性。

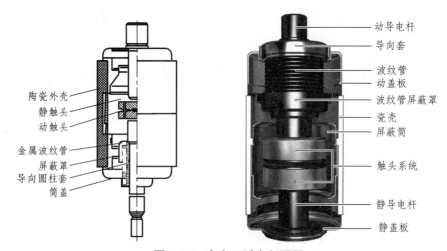

图 2.18　真空灭弧室剖面图

下面简要地介绍灭弧室中主要部件及各部分的作用。

1. 外　壳

外壳是真空灭弧室的密封容器，它不仅要容纳和支持灭弧室内的各种部件，而且当动、静触头在断开位置时起绝缘作用。因此，整个外壳通常由绝缘材料和金属组成。对外壳的要求首先是气密封要好，其次是要有一定的机械强度和绝缘性能。

2. 波纹管

波纹管既要保证灭弧室完全密封，又要在灭弧室外部操动时使触头做分合动作。常用的波纹管有液压成形和膜片焊接两种形式，所用材料以不锈钢为最好。波纹管的侧壁可在轴向上伸缩，其允许伸缩量决定了灭弧室所能获得的触头最大开距。一般情况下，波纹管的疲劳寿命也决定了灭弧室的机械寿命。

3. 屏蔽罩

触头周围的屏蔽罩主要用来吸附燃弧时触头上蒸发的金属蒸气，防止绝缘外壳因金属蒸气的污染而出现绝缘强度降低和绝缘破坏，同时，这也有利于熄弧后弧隙介质强度的迅速恢复。屏蔽罩还能起到使灭弧室内部电压均匀分布的作用。在波纹管外面设屏蔽罩，可使波纹管免遭金属蒸气的烧损。

屏蔽罩的导热性能越好，其表面冷却电弧的能力也就越好。因此，制造屏蔽罩的常用材料为无氧铜。

4. 触　头

触头是真空灭弧室内最为重要的元件。灭弧室的开断能力和电气寿命主要由触头状况来决定。目前真空灭弧室的触头系统，就接触方式而言，都是对接式的。根据触头开断时灭弧的基本原理的不同，触头可分为非磁吹触头和磁吹触头两大类。

非磁吹型圆柱状触头最简单，机械强度好，易加工，但开断电流小。

磁吹触头又分为横向磁吹触头和纵向磁吹触头两类。横向磁吹触头，当断路器分闸时，触头间产生电弧。由于触头的特殊结构，电弧电流产生横向磁场，对电弧进行横向吹弧，提高了灭弧能力。纵向磁吹触头，当开断电流时，由于流过线圈的电流在弧区产生一定的纵向磁场，使电弧电压降低和集聚电流值提高，极大地提高了触头的开断能力和电气寿命。

（四）真空断路器的典型结构

1. ZN$_{42}$-27.5 kV 型真空断路器

ZN$_{42}$-27.5 kV 型真空断路器是一种专门为电气化铁路设计的户内、单相、单断口馈线断路器，采用手车式组合电器结构，配用 CT-100 型弹簧操动结构。其外形和结构如图 2.19 所示。

① 真空灭弧室由一个金属筒与两个瓷管组成，触头被罩在灭弧室的金属壳体内，静导电杆固定在上出线座的法兰盘上，动导电杆通过波纹管、导向套与传动拐臂相连。灭弧室真空度为 1×10^{-6} Pa 以上。

② 采用铜铬合金触头，截流值小于 5 A，提高了开关的开断能力和抗烧损蚀能力，其额定电流可达 25 kA（16 kA），开断次数在 20 次以上。

③ 动、静触头开距为 26^{+2}_{-1} mm，触头超行程（触头弹簧压缩量）为 3.5 ~ 5 mm，真空灭弧室尺寸更小。

④ 动触头采用下拉式（分闸时动触头向下运动）。

⑤ 传动系统结构简单，由平面四连杆结构和偏置的摇杆滑块结构组成。

⑥ 上、下出线座是灭弧室通过两根环氧树脂绝缘子和两根绝缘支杆用螺栓和车架连成一个刚体，并与车架绝缘。车架由型钢和钢板弯制焊接组成。

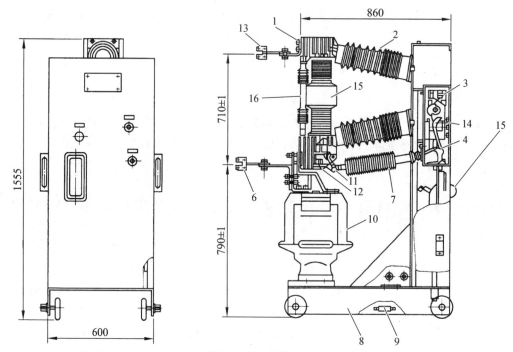

图 2.19　ZN$_{42}$-27.5 kV 型真空断路器外形和结构图（单位：mm）

1—上出线座；2—绝缘子；3—结构箱；4—转轴；5—推动联锁装置；6—触头弹簧；
7—绝缘拉杆；8—手车；9—接地装置；10—电流互感器；11—拐臂；12—下出线座；
13—隔离触指；14—传动杆；15—灭弧室；16—绝缘支杆

　⑦ 断路器小车与底板（轨道）间装有 CS6-1 型机构，通过一组四连杆与小车底架上的推进转轴相连，如图 2.20 所示。

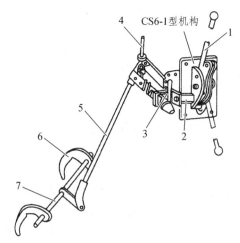

图 2.20　推进联锁装置示意图

1—手柄；2—定位销；3—联锁杆手柄；4—联锁推杆；
5—连杆；6—钩板；7—转轴

如要推进或移出断路器小车，必须使断路器处于分闸状态，然后将联锁杆手柄提至最高位置并锁定。此时拔出 CS6-1 型机构定位销后，扳动 CS6-1 型机构的操作手柄向下运动，经四连杆机构传动，使钩板与小车底板上的柱销脱扣，方能移动小车。小车移动到位后（运行位或检修位），扳动操动手柄向上运动，使钩板与小车底板上的柱销锁定，即断路器小车与底板固定牢靠后，将联锁杆手柄降至最低位置，断路器才能进行正常的分、合闸操作。联锁杆手柄处于最高位与最低位之间任何位置时，断路器不能进行分、合闸操作。

2. VG$_1$-30L-25B 型真空断路器

VG$_1$-30L-25B 型真空断路器是一种从国外引进的电气化铁路馈线断路器，是一种户内单相、单断口手车式组合电器。其额定电压为 27.5 kV，配用 VG$_1$-30L-25FBA 型弹簧操动机构。其外形如图 2.21 所示。

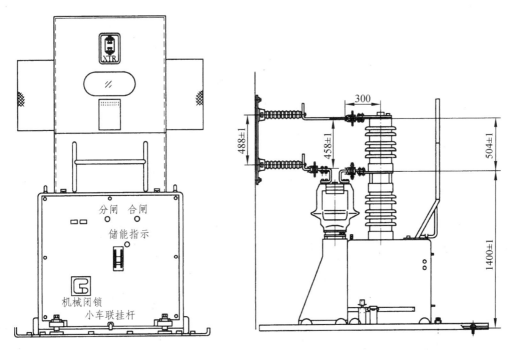

图 2.21　VG1-30L-25B 型真空断路器总体示意图

真空灭弧室采用屏蔽罩中间封接式玻璃结构，并置于密封的绝缘护套内。绝缘护套、绝缘支撑采用硅橡胶模压大裙边内衬高强度绝缘套管的结构形式，改善了真空灭弧室的外绝缘及工作条件，提高了真空灭弧室的工作稳定性。采用铜铬合金触头，为多极型纵磁场结构，使阴极斑点均匀分布在触头表面，防止真空电弧聚集，烧损触头，故具有一定的抗熔焊能力，电磨损量小，电寿命长。额定开断电流不大，为 12.5 kA，但其额定开断次数达到 30 次。采用大直径焊接波纹管，断路器机械寿命长。

触头开距较小，为 30^{+0}_{-2} mm，超行程为（6±1）mm，减小了真空灭弧室结构尺寸。

该断路器的传动系统结构简单，采用偏置摇杆滑块结构，动触头为下拉式（分闸时）。该断路器的内部结构如图 2.22 所示。

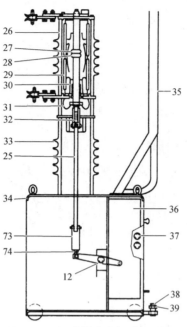

图 2.22　断路器内部结构示意图

12—拐臂；25—绝缘拉杆；26—灭弧室外瓷套；27—静触头；28—动触头；29—真空灭弧室；

30—波纹管；31—导电杆；32—触头弹簧；33—支撑瓷管套；34—操作机构箱盖；

35—隔离板；36—操作机构箱；37—位置显示窗口；38—固定螺栓；

39—螺帽；73—减震弹簧；74—连接栓

断路器小车上装有机械闭锁装置，如图 2.23 所示。

处于闭锁条件下，断路器不能够分合闸，断路器小车可以移动。在解锁条件下，断路器可以进行正常的分合闸操作，但小车闭锁不能移动，以确保断路器安全，操作无误。机械闭锁装置主要由闭锁手柄 45、闭锁杆 48、闭锁销 50、定位板 49 以及固定于轨道底板上的限位条 51 组成。

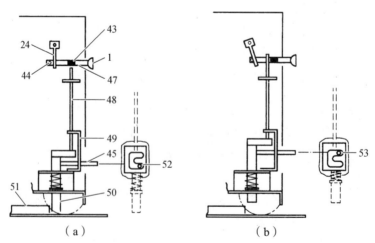

（a）　　　　　　　　　（b）

图 2.23　机械闭锁装置结构示意图

1—分闸钮；24—分闸钮复位杆；43—挡板；44—分闸杆止位钉；45—闭锁手柄；

47—分闸连杆；48—闭闸杆；49—定位板；50—闭锁销；51—限位条；

52—解锁位置指示器；53—闭锁位置指示器

图 2.23（a）所示为断路器小车停留在拉出时的隔离位的状态，闭锁装置处于解锁状态。闭锁手柄位于定位板槽孔的下槽孔中，即图中 52 所指示位置。闭锁杆位于分闸钮 1 连杆上的挡板 43 的下方。闭锁杆与挡板有互锁作用：不拉出分闸钮，闭锁杆是不能向上运动的；反之，若闭锁杆被向上抬起，分闸钮必处于拉出位且不能复原。闭锁销位于落下位，被限位条的端头所阻挡，断路器小车不能推进。

图 2.23（b）所示为断路器小车准备推进前闭锁装置进入闭锁位的状态，这时，分闸钮 1 已被拉出，挡板 43 移位，闭锁手柄被置于定位板的上槽孔之中，如图中 53 所指示位置。闭锁杆升起，卡住 43，使其不能复原。闭锁销升起，小车行进不再受限制。

断路器和电流互感器小车采用积木式结构，断路器和电流互感器可方便地分离，使得检修、试验安全方便。

三、高压断路器的操动机构

高压断路器的操动机构是驱使高压断路器进行分合闸操作，并使高压开关合闸后保持在合闸状态的机构。依据断路器合闸时所用能量形式的不同，操动机构可分为电磁操动机构、液压操动机构、弹簧储能操动机构等。

（一）高压断路器操动机构基本知识

1. 操动机构的型号

断路器的操动机构一般是独立于断路器本体之外，它有完整的结构。独立的操动机构的型号含义如下：

$$\boxed{1}\ \boxed{2}\ \boxed{3}-\boxed{4}\ \boxed{5}$$

1——操动机构，用汉语拼音首位字母 C 表示。

2——操动方式，用汉语拼音首位字母表示。S 表示手动，D 表示电磁，J 表示电动机，T 表示弹簧，Q 表示气动，Y 表示液压，Z 表示重锤。

3——设计系列顺序号。

4——其他标志，如 G 表示改进型，X 表示操动机构带箱子。

5——特征数字。一般电磁、液压、弹簧、手动等机构以其能保证的最大合闸力矩为特征数字，气动机构以其活塞直径（mm）为特征数字。

例如：CD2 为电磁式操动机构，设计序号为 2；CY3 为液压操动机构，设计序号为 3。

2. 操动机构应具有的功能

（1）合闸操作：在正常情况下和有短路故障时，操动机构都能使断路器可靠合闸。

（2）保持合闸：在合闸命令和合闸操作功消失后，操动机构应可靠地将断路器保持在合闸位置，不会因外力等原因引起触头分离。

（3）分闸操作：不仅能接受自动或遥控指令使断路器快速电动分闸，而且在紧急情况下可在操动机构上进行手动分闸。分合闸都应具有快速性。

（4）防跳跃和自由脱扣：在关合过程中，如电路发生故障，操动机构应使断路器自行分闸，即使合闸命令未解除，断路器也不能再度合闸，以避免无谓地多次分合故障电流。

　　"跳跃"现象是指断路器在关合有预伏短路故障的线路时，继电保护装置会快速动作，指令操动机构立即自动分闸，这时若合闸命令尚未解除，断路器会再次合闸于故障线路，如此反复会造成断路器多次分合短路电流。

　　自由脱扣是指操动机构在合闸过程中接到分闸命令时，机构将不再执行合闸命令而立即分闸，这样就避免了跳跃。

　　（5）复位：断路器分闸后，操动机构的各个部件应能自动恢复到准备合闸的位置。

　　（6）闭锁：为保证断路器操作的安全可靠，操动机构还需具备的闭锁功能有分、合闸位置闭锁，高、低气压（液压）闭锁，弹簧操动机构中合闸弹簧的位置闭锁。

（二）电磁操动机构

　　电磁操动机构的工作原理是通过短时接通线圈电源，将电磁能转变为机械能，作为合闸及分闸动力。因此，其机构为直接作用式机构，合闸线圈所需电流很大，达到几十安甚至几百安，而跳闸线圈只需几安电流，一般所需电流均为直流。由于电磁操动机构能量受操作电源电压影响较大，不稳定，若通电时间过长易烧坏线圈，因此基本被弹簧储能操动机构所替代。

　　电磁操动机构主要由电气部分和机械部分组成。电气部分主要包括分闸线圈、合闸线圈、合闸接触器、辅助开关等。机械部分主要包括分、合闸保持机构和传动机构，如分闸弹簧、各种拐臂、连杆和转轴等。图 2.24 所示为 CD10 型电磁操动机构结构图。

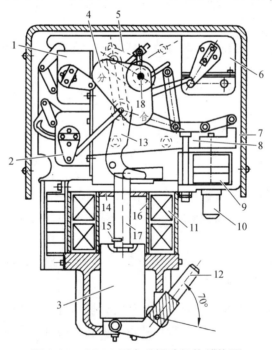

图 2.24　CD10 型电磁操动机构结构图

1、2、6—联锁接点；3—合闸铁芯；4—分合指示牌；5—拐臂；7—铁轭；8—支撑螺钉；
9—跳闸线圈；10—跳闸铁芯；11—合闸线圈；12—手动合闸手柄；13—托架；
14—黄铜垫圈；15—开口弹簧；16—金属圆筒；17—合闸顶杆；18—主轴

　　CD10 型电磁操动机构的动作原理如下：

1. 分闸状态

如图 2.25（a）所示，连杆 1 与连杆 2 的铰接锚 O_1 处于死点位置，下方被支撑螺钉 11 顶住；连杆 3 与连杆 4 的铰接锚处于托架 5 的凹槽中。

2. 合闸动作

合闸时，合闸电磁线圈通电，合闸铁芯向上吸引撞击，合闸顶杆 6 上升，推动铰接锚 O_2 上移。因铰接锚 O_1 处于死点位置，铰接锚 O_3 暂时为固定锚，所以连杆 4 只能沿顺时针方向转动，推动连杆 3，继而连杆 3 推动连杆 7，连杆 7 带动主轴 O_4 沿顺时针方向旋转，主轴 O_4 带动拐臂转动，使断路器合闸，如图 2.25（b）所示。

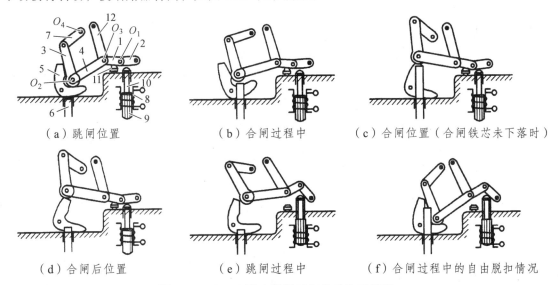

（a）跳闸位置　　　　　（b）合闸过程中　　　　（c）合闸位置（合闸铁芯未下落时）

（d）合闸后位置　　　　（e）跳闸过程中　　　　（f）合闸过程中的自由脱扣情况

图 2.25　CD10 型电磁操动机构动作示意图

1、2、3、4、7、12—连杆；5—托架；6—合闸顶杆；8—跳闸线圈；
9—跳闸铁芯；10—跳闸顶杆；11—支撑螺钉

3. 合闸状态

合闸动作结束时，轴 O_2 移至托架 5 上端，托架 5 在弹簧作用下向右转动，当合闸顶杆 6 下落后，托架 5 托住轴 O_2，使断路器处在合闸状态，如图 2.25（c）和图 2.25（d）所示。

4. 自动跳闸动作

自动跳闸时，跳闸线圈 8 通电，跳闸铁芯 9 向上吸引，跳闸顶杆 10 上升，撞击连杆 2，推动铰接锚 O_1 上移突破死点，使轴 O_2 右移，脱离托架 5 的支撑。在断路器跳闸弹簧力的作用下，主轴 O_4 逆时针转动，带动拐臂使断路器迅速跳闸，如图 2.25（e）所示。

5. 自由脱扣动作

在合闸过程中，合闸顶杆 6 顶着轴 O_2 上移时，若跳闸线圈 8 通电，跳闸顶杆 10 上升撞击连杆 2，使铰接锚 O_1 上移突破死点，使 O_3 右移，拉动轴 O_2 右移脱离托架 5 的支撑，使托架 5 顶空，可实现在合闸过程中不需要等待合闸顶杆下落便可跳闸，如图 2.25（f）所示。

6. 手动合闸和分闸

在操动机构的底部，用钢管套入合闸手柄后，用力向下压即可使断路器合闸；用钢管向上轻轻敲击分闸铁芯即可实现断路器手动分闸。因手动合闸速度缓慢，故只能在断路器检修和调试中使用。高压断路器在带电的情况下一般禁止通过手动机构操作断路器。

电磁操动机构的结构特点如下：

（1）结构简单，工作可靠，制造成本低。

（2）合闸线圈消耗的功率太大。

（3）体积笨重，合闸时间长。

（4）仅适用于 10 kV 及 35 kV 断路器。

（三）液压操动机构

液压操动机构利用高压压缩气体（氮气）作为能源，以液压油（10#航空油）作为传递能量的介质，经特定的油路和阀门将液压油注入带有活塞的工作缸中，推动活塞往复运动，驱使断路器分、合闸的机构。

下面以 CY3 型液压操动机构为例进行讲解。

1. CY3 型液压操动机构的基本结构及各部作用

CY3 型液压操动机构自成一独立部分，它通过伸出机构箱的活塞杆与断路器本体的水平拉杆相连，其余部件均封闭在机构箱内部。其结构如图 2.26 所示。

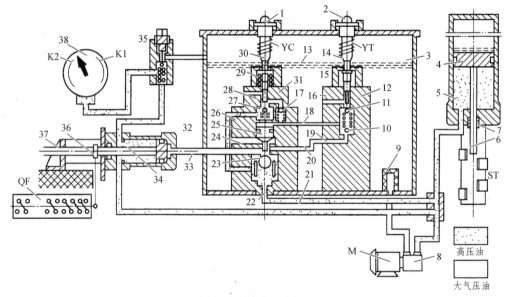

图 2.26　CY3 型液压操动机构结构示意图

1—合闸按钮；2—分闸按钮；3—密封圈；4—活塞；5—储压筒；6—活塞杆；7—密封圈；
8—油泵；9—滤油器；10、11—球阀；12—分闸电磁阀；13—油；14—分闸电磁铁；
15、29—推杆；16、24、28—泄油孔；17—逆止阀；18、20、21—油道；
19—补油道；22—接头；23—合闸二级阀；25—合闸二级活阀；
26—油管道；27—合闸一级阀；30—合闸电磁铁；31—合闸电磁阀；
32—工作缸；33—合闸管道；34—活塞杆；35—放油阀；
36—传动拉杆；37—导向支架；38—电接点压力表；
YC—合闸线圈；YT—分闸线圈；ST—微动开关；
M—电动机；QF—断路器辅助联动接点；
K₁、K₂—电接点压力表的静触点

1）油　泵

电动油泵 8 是机构的能量转换装置，负责将电能转换成油的位能，为液压系统提供一定数量和一定压力的高压油，根据技术要求升高液压系统的压力和补充高压油，以满足正常操作断路器的需要。

油泵采用双柱塞式结构，通过靠背轮与电动机做刚性连接。油泵的低压端用一根塑料软管和油箱中的滤油器 9 连接，组成吸油回路。低压油经单向阀进入油泵，经油泵升压变为高压油后通过油泵出口的单向阀进入高压油管（一般为铜管）。高压油管经单向阀与四通接头相连。高压油经从四通接头引出的高压油管分别进入储压器、工作缸、电磁阀中。

2）储压器

储压器是液压机构的能源，属于充气活塞式结构，由钢制储压筒 5、活塞 4、活塞杆 6、充气逆止阀、帽盖和密封圈 7 等组成。活塞 4 把储压器内的气和油隔离开。在储压器活塞上方预先充入一定压力的氮气。当油泵工作时，将高压油不断打入储压筒活塞下方，当油压高于氮气压力时，高压油推动活塞向上运动，进一步压缩氮气，从而使氮气储备了能量，并在储压筒内积存了足够的高压油。当油压上升到规定压力时，储能过程完成。活塞杆上升到脱离微动开关 ST，将油泵电动机电源切断，此时储压筒内油、气压力相等。由于活塞必须将氮气与油隔开，故对活塞的密封性要求很高，一般采用 O 形、V 形两道油封，以防止油、气互相渗透。活塞上表面一般有 20 mm 深的液压油，起密封和润滑作用。活塞杆经油封伸出储压筒外并与基座上的 5 个微动开关 ST 相配合，用于控制油泵电动机，监视油压（油压异常时发出信号），实现断路器在油压异常时的分、合闸闭锁等。

1ST、2ST 的主要作用是蓄能时的油压控制。它通过蓄压器活塞杆的位置直接反映蓄压器内部积蓄的高压油量（当蓄压器内预充氮气没有泄漏时，也反映了液压系统的油压）。

当机构进行合、分闸操作或泄漏油时，蓄压器内油量减少，液压系统油压降低，蓄压器活塞杆向下移动。当其圆周末端部分触动 2ST 时油泵电动机自动启动，为液压系统补充油压，直到活塞杆圆周末端部分脱离 1ST，油泵电动机自动停机。

3ST、4ST、5ST 的主要作用是进行操作时的油压控制。其中 3ST 的作用是当油压偏低，蓄压器活塞杆通过 1ST、2ST、3ST 直到其圆周末端部分触动 3ST 时，不允许合闸，实现合闸闭锁。4ST 的作用是当油压下降到蓄压器活塞杆圆周末端部分触动 4ST 时，不允许分闸或自动分闸。5ST 的作用是当蓄压器活塞杆通过 1ST、2ST 直到圆周末端部分触动 5ST 时，不允许进行重合闸操作。

3）阀系统

阀系统是机构的控制、传动系统，负责使高压油经特制的油路和阀门进入工作缸，以驱动工作缸中的活塞运动。它由油箱（储存一定量的常压油）、分合闸按钮（控制分合闸电磁阀）、滤油器（使液压油经过滤后重新使用）、加热器（低温时给液压油加热以保证液压油的工作性能）、分合闸电磁阀（控制油路）、放油阀（用于释放高压油或检修换油时释放低压油）等部分组成。

合闸电磁阀由合闸一级阀 27、逆止阀 17（两阀为 ϕ5.5 mm 钢球）、合闸二级阀 23（ϕ17 mm 钢球）和合闸二级阀活塞及相应的油路等组成。

分闸电磁阀由两个单向球阀 10、11（ϕ5.5 mm 钢球）及相应的油路组成。

4）工作缸系统

工作缸是机构的执行元件和能量转换器，负责将压缩氮气的位能经液压油的传递变换为工作活塞直线往复运动的机械能，驱使断路器改变工作状态。工作缸系统主要由工作缸、活塞、杆、油封、导向支架、辅助转换开关等组成。

工作活塞根据压差原理往复运动。工作活塞左侧装有活塞杆，致使活塞左右两侧面积不等（右侧大，左侧小）。根据压差原理，当活塞两侧压强相等时，因受力面积不等，两侧所受压力不等，活塞向左运动，断路器合闸。当活塞右侧高压油经泄油道进入油箱中时，右侧为常压，左侧为高压，则活塞向右运动，断路器分闸。

5）控制板

控制板上装有启动器（接触器）、中间继电器、辅助开关、电接点压力表、接线端子排及控制线路等，用于监视、控制系统的油压，保证机构可靠动作。

K_1、K_2 是电接点压力表的静触点，其主要作用是当油压异常升高或异常降低时接通电路以控制油压。

其中，K_1 的作用是在液压系统发生油压异常升高时接通电路，使中间继电器动作，切断油泵电动机电源，从而使油泵电动机自动停止；K_2 的作用是在液压系统发生油压异常降低时接通电路，使中间继电器动作，切断油泵电动机电源，从而使油泵电动机自动停止。

2. CY3 型液压机构的工作原理

1）分闸状态

如图 2.26 所示，储压器内的氮气已储压到额定值，此时，高压油经油道 21 进入合闸二级阀 23，使其关闭，堵塞合闸管道 33；高压油经油管道 26 进入合闸一级阀 27，使其关闭，堵塞油道 18；高压油经另一油路进入工作缸左侧，使活塞杆 34 移至最右位置，断路器处于分闸状态。同时，高压油经工作缸左侧进入放油阀 35，使其关闭，堵塞放油回路。高压油经放油阀 35 进入电接点压力表 38，使其显示正常油压。由于阀系统中的放油回路均被堵死，高压油的压力就能保持住，为断路器合闸准备好了条件。断路器辅助开关中一对接点闭合，送出分闸位置信号。

2）合闸过程

按下合闸按钮 1，合闸线圈 YC 通电，合闸电磁铁 30 向下冲击，推动杆 29 向下运动，堵塞泄油孔 28，同时打开合闸一级阀 27，从油管道 26 来的高压油经合闸一级阀 27 进入逆止阀 17，并经过其进入油道 18。从油道 18 来的高压油使合闸二级阀活塞 25 向下运动，堵塞泄油孔 24，同时打开合闸二级阀 23，使从油道 21 来的高压油经合闸二级阀 23 进入合闸管道 33，并经其进入工作缸右侧，根据压差原理，推动活塞杆 34 迅速向左运动，使断路器合闸（此时活塞两侧均有高压油）。同时油道 18 中的高压油进入分闸电磁阀 12，使球阀 11 堵塞泄油孔 16。此时合闸按钮返回，YC 失电，合闸电磁铁 30、推杆 29 返回，打开泄油孔 28。压力差使合闸一级阀 27 关闭，逆止阀 17 也复位关闭。油道 18 中保持正常工作压力使合闸二级阀活塞 25 不能复位，断路器维持在合闸状态。当合闸二级阀活塞 25 上部的油有所泄漏、油压降低时，高压油经已打开的合闸二级阀 23、油道 20、补油孔 19（$\phi 0.5$ mm）打开球阀 10 向油道 18 中补油，可使断路器维持在合闸状态。

3）分闸过程

按下分闸按钮 2，分闸线圈 YT 通电，分闸电磁铁 14 向下运动，推动杆 15 打开球阀 11，使油道 18 中的高压油经球阀 11、泄油孔 16 进入油箱。活塞 25 上部的高压力变为常压。由于压力差的存在，活塞 25 上升复位，打开泄油孔 24，使合闸二级阀 23 上升关闭；合闸管道 33、工作缸右侧的高压油变为常压油，根据压差原理，工作活塞左侧的高压油推动活塞杆 34 迅速向右运动，使断路器分闸。分闸时，节流孔的作用是限制高压油经油道 20 从分闸电磁阀泄掉，以缩短分闸电磁阀动作的时间。

CY3 型液压机构的分、合闸都是利用液压油传递能量来实现的，因此它所操纵的断路器（如 SW6—110 型断路器）中不再装设分闸弹簧。但在底架部分装有合闸保持弹簧，以免在断路器正常运行时，由于某种原因使机构工作压力降低而引起断路器缓慢分闸。

（四）弹簧储能操动机构

以前，牵引变电所中的高压开关主要采用电磁操动机构和液压操动机构。现在，牵引变电所 110 kV 侧采用的 SF$_6$ 气体断路器和 27.5 kV 侧采用的真空断路器，大都配用的是弹簧储能操动机构。弹簧储能操动机构的类型较多，但其结构和工作原理基本相同，都是通过电动机对合闸弹簧储能，并由合闸楔子保持。当断路器合闸时，利用合闸弹簧释放的能量操作断路器合闸，与此同时分闸弹簧储能，并由分闸楔子保持，断路器分闸时利用分闸弹簧释放能量操作断路器分闸。

1. 弹簧储能操动机构的主要优缺点

弹簧储能操动机构一般都由电动机对弹簧装置储能，因此它具有电磁操动机构所不具有的优点。

（1）因为对合闸弹簧储能的电动机功率很小，令分、合闸弹簧释放能量的分、合闸电磁铁的功率极小，故对新建变电所来说，直流电源容量可减小，投资减少；对已建变电所而言，可大大延长直流电源的使用寿命。

（2）分、合闸操作不受交流电源电压波动的影响，因此，既能获得恒定的分、合闸速度，又能实现快速重合闸操作，动作稳定、可靠，提高了供电的可靠性。

（3）分、合闸速度在保证整机动作性能要求的情况下，由快变慢的自然转换过程设计合理，减少了不必要的冲击，延长了整机各可动部件的工作寿命。

（4）弹簧储能操动机构均为机械部件，技术成熟，不存在工艺难题，无泄漏之忧，是诸机构中可靠性最高的，因而在高压开关中得以广泛应用。

2. VG1-30L-25B 型弹簧储能操动机构

弹簧储能操动机构一般由储能系统、电磁系统和机械系统组成。如图 2.27 所示为 VG1-30L-25B 型弹簧储能操动机构的结构示意图，它由储能电动机、合闸弹簧、分闸弹簧、主传动轴系统、棘爪、棘轮、凸轮系统、分闸系统和合闸系统等组成。

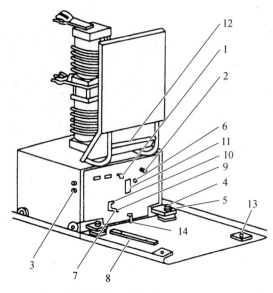

（a）机构箱外部结构示意图

1—手动分闸按钮；2—手动合闸按钮；3—二次接线插头座；4—固定螺栓；5—辅助固定螺栓；
6—储能指示窗；7—闭锁手柄；8—限位条；9—解锁位置；10—闭锁位置；
11—手动储能窗；12—手把；13—底板螺母；14—小车连挂板

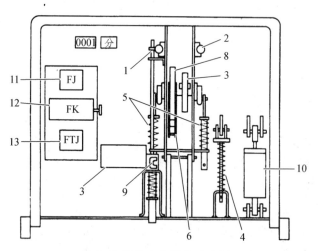

（b）机构箱内部结构示意图

1—手动分闸按钮；2—手动合闸按钮；3—凸轮；4—分闸弹簧；5—合闸弹簧；
6—手动储能板；7—储能电动机；8—棘轮；9—机械联锁手柄；10—油缓冲器；
11—辅助继电器；12—辅助开关；13—联锁继电器

图 2.27　VG1-30L-25B 型弹簧储能操动机构结构示意图

（1）弹簧储能操动机构的额定操作顺序为：

① 断路器处于分闸位，分合闸弹簧均未储能。

② 启动电动机（约7s）或手动对合闸弹簧储能。

③ 按合闸按钮时合闸弹簧释放能量，驱使断路器合闸（<0.08s），并通过机械传动装置对分闸弹簧储能。

④ 断路器合闸后自动启动电动机，对合闸弹簧储能。

⑤ 按分闸按钮时分闸弹簧释放能量，驱使断路器分闸（<0.04s），此后，操动机构按③—④—⑤—③的动作顺序循环动作。

上述操作的结果，即弹簧操动机构的储能状态与断路器的位置状态，我们可以方便地在断路器的面板上观察到，如图2.28所示。

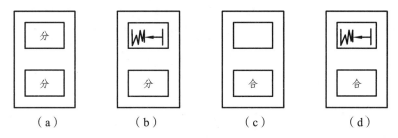

（a）　　　　　（b）　　　　　（c）　　　　　（d）

图2.28　断路器的分合闸位置及储能指示牌

图2.28中：图（a）表示断路器处于分闸位置，分合闸弹簧未储能；图（b）表示断路器处于分闸位置，合闸弹簧已储能，分闸弹簧未储能；图（c）表示断路器处于合闸位置，合闸弹簧未储能，分闸弹簧已储能；图（d）表示断路器处于合闸位置，合、分闸弹簧均已储能。

（2）弹簧储能操动地机构的结构特点是：

① 所需电源容量小。

② 暂时失去电源也能操作。

③ 交、直电流电源均可使用。

④ 成套性强，不需要配置其他附属设备。

⑤ 不受环境温度影响，性能稳定，运行可靠。

⑥ 没有油等污染问题，环保防火。

⑦ 对弹簧材料、结构、工艺要求高。

⑧ 合闸操作中，机构输出特性与断路器输出特性配合较差。

⑨ 结构复杂，检测难度大。

3. CT-100型弹簧（储能）操动机构

1）结　构

如图2.29所示，CT-100型弹簧（储能）操动机构主要由储能机构、锁扣机构、分闸弹簧、传动主轴、缓冲器及控制装置组成。

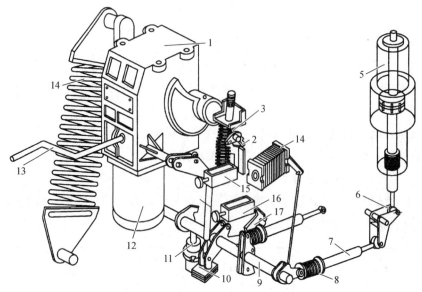

图 2.29　CT-100 型操动机构示意图

1—变速箱；2—合闸掣子；3—分闸弹簧；4—合闸弹簧；5—真空灭弧室；6—杆端关节轴承；
7—绝缘拉杆；8—触头弹簧；9—主轴；10—橡皮缓冲；11—油缓冲；12—电机；
13—摇把；14—辅助开关；15—合闸电磁铁；16—分闸电磁铁；17—分闸掣子

减速箱外壳由铸铝制成，减速箱内装有两级蜗轮、蜗杆。减速箱上部有储能轴横于减速箱中，与蜗轮、蜗杆无机械连接。储能轴上装一轴套，此轴套用键连在大蜗轮上。轴套上有一轴销，上面装一棘爪。在储能轴的右端装有一凸轮，凸轮上有一缺口，棘爪通过此缺口带动凸轮转动。在储能轴的左端（减速箱壳体外）装有一曲柄，合闸弹簧一端挂在此曲柄上。

减速箱的另一轴销上，装有一个三角拐臂。三角拐臂中的一臂与连杆和开关主传动轴上的拐臂组成一组四连杆机构。凸轮将合闸弹簧的能量通过该四连杆机构传递给开关主传动轴，通过主传动轴上另一组四连杆机构，偏置的摇杆滑块机构将合闸能量传递给断路器动导电杆，驱使断路器合闸。三角拐臂的另一臂轴销上还装有一滚针轴承，可锁住合闸掣子，使合闸弹簧维持在储能状态。

开关主传动轴的另一端通过拐臂连有分闸弹簧。开关主传动轴上还装有两对拐臂，一对拐臂作用在油缓冲器上，起分闸缓冲作用；另一对拐臂上装有滚针轴承，与分闸掣子配合，令分闸弹簧保持在储能状态。

2）工作过程

① 储能过程：

将断路器小车拉至检修位，并令推进联锁装置锁扣。电动机通电后转动，或将摇把插入变速箱手动储能轴上，操作摇把顺时针转动，经二级蜗轮、蜗杆减速，将动能传至第二级蜗轮上，再通过轴销、棘爪来驱动储能轴转动，从而使合闸弹簧被拉伸而储能。当储能轴右端的拐臂过了最高点后，减速箱外的合闸掣子将凸轮定位件锁住，保证合闸弹簧储能，以备合闸。同时通过装在储能轴上的拉杆将行程开关接点切换，电机断电，储能过程结束。

② 合闸过程：

按合闸按钮，令合闸电磁铁受电动作，合闸铁芯将撞击合闸掣子，合闸掣子与凸轮定位件解锁，合闸弹簧通过凸轮和两组四连杆机构将动能传至动导电杆上，动导电杆从而向上运动，断路器合闸。

同时，主传动轴上的拐臂带动分闸弹簧拉伸储能；主传动轴上的拐臂转到合闸位后，拐臂上的滚子被与之对应的合闸掣子锁扣，合闸弹簧处于储能状态；与储能轴相连的拉杆将行程开关接点转换，接通电动机回路，电动机转动，再令合闸弹簧储能。

③ 分闸过程：

按分闸按钮，令分闸电磁铁受电动作，其铁芯撞击分闸掣子，使其脱扣，分闸弹簧释放能量，通过拐臂使主传动轴反向转动，经传动四连杆令动电杆向下运动，断路器分闸。同时主传动轴上的拐臂撞击油缓冲器和橡皮缓冲器，起分闸缓冲和分定位作用。

4. CT$_{20}$-1XP 型弹簧操动机构

LW$_{25}$-126/T 型断路器采用 CT$_{20}$-1XP 型弹簧操动机构，其结构如图 2.28 所示。

1）结　构

在图 2.30（a）中，弹簧机构在合闸位置且分闸弹簧 2 与合闸弹簧 5 均已储能。拐臂 14 受分闸弹簧 2 逆时针方向的力矩，此力矩被合闸保持掣子 13 和分闸掣子 12 阻挡。

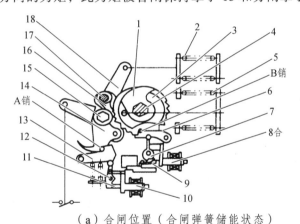

（a）合闸位置（合闸弹簧储能状态）

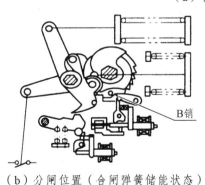

（b）分闸位置（合闸弹簧储能状态）　　　　　（c）合闸位置（合闸弹簧释放状态）

图 2.30　CT$_{20}$-1XP 型弹簧操动机构

1—凸轮；2—分闸弹簧；3—棘轮；4—棘轮轴；5—合闸弹簧；6—释放保持掣子；
7—合闸掣子；8—合闸电磁铁；9—掣子；10—分闸电磁铁；11—分闸铁芯；
12—分闸掣子；13—合闸保持掣；14、18—拐臂；
15—拐臂轴；16—棘爪；17—棘爪轴

2）工作过程

断路器分闸时，分闸电磁铁 10 的线圈接受分闸信号后带电，其铁芯 11 动作，冲击分闸掣子 12；分闸掣子 12 沿顺时针方向旋转，释放合闸保持掣子 13；合闸保持掣子 13 沿顺时针方向旋转，释放销子 A；拐臂 14 和 18 受分闸弹簧 2 的推力，向逆时针方向旋转，拐臂 18 通过连接的水平拉杆等传动元件和操作杆，使动、静触头快速分离，断路器分闸。

弹簧机构在分闸位置，合闸弹簧 5 已储能时，如图 2.30（b）所示，此时棘轮轴 4 承受连接在棘轮 3 上的合闸弹簧 5 逆时针方向的力矩，此力矩被储能保持掣子 7 锁住。

断路器合闸时，合闸电磁铁 8 的线圈接受合闸信号后带电，掣子 9 动作，冲击合闸掣子 7；合闸掣子 7 向顺时针方向旋转，释放储能保持掣子 6；储能保持掣子 6 逆时针旋转，释放 B 销；棘轮 3 在合闸弹簧的作用下，沿逆时针方向旋转，同时带动棘轮轴 4 旋转，使凸轮 1 推动拐臂 14 顺时针旋转，并带动拐臂轴 15 上的拐臂 18 顺时针旋转，同时压缩分闸弹簧 2 储能；与拐臂 18 相连接的水平拉杆和操作杆 2 使动触头快速合闸。

合闸操作完成后的机构状态如图 2.30（c）所示，A 销再次被合闸保持掣子 13 锁住。

机构合闸操作完成后，合闸弹簧 5 处于释放状态，棘爪轴 17 通过齿轮与电机相连，断路器合闸到位后，对合闸弹簧进行储能。

合闸弹簧储能动作过程如下：

电动机启动，使棘爪轴 17 旋转；偏心的棘爪轴 17 上的两个棘爪 16，在棘爪轴的传动中与棘轮 3 上齿交替进行啮合，使棘轮转动；棘轮 3 逆时针旋转，带动拉杆使合闸弹簧 5 储能；通过死点后，棘轮轴 4 由合闸弹簧 5 给以逆时针方向的转动力矩，此力矩通过 B 销被储能保持掣子 6 锁住。

5. 弹簧机构目前的发展趋势和国内外水平

近年来，弹簧机构由于其本身众多的优点而在 SF$_6$ 断路器中得到了广泛的应用。尤其是用于操作功较小的自能式和半自能式灭弧室中时，由于其具有体积小，操作噪声小，对环境无污染，耐气候条件好，免运行维护，可靠性高等一系列优点而受到电力系统广大用户的推崇。统计资料表明，国产开关与进口开关在质量上的主要差别是在操动机构上，由操动机构所造成的非计划停运次数占非计划停运总数的 63.2%。扣除操动机构的影响，国产开关与进口开关的非计划停运率相当。操作动构的专业化生产能提高国产开关的可靠性。

第三节　高压隔离开关和高压熔断器

一、高压隔离开关

（一）隔离开关的作用

隔离开关又称刀闸，是一种没有专门灭弧装置的高压开关电器。在电力系统中，其主要作用如下：

（1）隔离电源。利用隔离开关断口的可靠绝缘能力，可使需要检修或分段的线路与带电线路相互隔离，以确保检修工作的安全。

（2）隔离开关与断路器配合进行刀闸操作。操作隔离开关时必须注意：绝不允许带负荷电流分闸，否则，断口间产生的电弧将烧毁触头或形成三相弧光短路，造成供电中断。因此，当隔离开关与断路器串联于电路中运行时，操作隔离开关必须遵守"先合后分"的原则；在并联时，必须遵守"先分后合"的原则。

（3）通断小电流电路。用隔离开关可以通断电压互感器和避雷器电路，通断励磁电流不超过 2 A 的空载变压器电路，通断电容电流不超过 5 A 的空载线路，通断母线和直接接在母线上的电气设备的电容电流，通、断变压器中性点的接地线。

（4）在某些终端变电所中，快分隔离开关与接地开关相配合，代替断路器工作。

（二）隔离开关的技术要求

（1）有明显的断开点。

（2）断口应有足够可靠的绝缘强度。

（3）具有足够的动、热稳定性

（4）结构简单，分、合闸动作灵活可靠。

（5）隔离开关与断路器配合使用时，应具有机械的或电气的联锁装置，以保证正常的操作顺序。

（6）主闸刀与接地闸刀之间设有机械的或电气的联锁装置，以保证二者之间的动作顺序。

（三）隔离开关的分类

隔离开关的种类很多，按不同的分类方法分类如下：

（1）按装设地点的不同分为：户内式和户外式。

（2）按绝缘支柱数目分为：单柱式、双柱式和三柱式。

（3）按动触头运动方式分为：水平旋转式、垂直旋转式、摆动式和插入式。

（4）按有无接地闸刀分为：无接地闸刀式、一侧有接地闸刀式、两侧有接地闸刀式。

（5）按操动机构的不同分为：手动式、电动式、气动式和液压式等。

（6）按极数分为：单极式、双极式、三极式。

（7）按安装方式分为：平装式和套管式。

（四）隔离开关的技术参数

（1）额定电压：指隔离开关在长期运行时所能承受的工作电压，与安装点电网的额定电压等级 致，单位为千伏（kV）。

（2）额定电流：指隔离开关在长期工作时允许通过的最大工作电流，主要由温升来确定，单位为安（A）。额定电流的大小决定了触头和导电部分截面的大小。隔离开关长期通过额定电流时，各部分的发热不能超过允许值。

（3）热稳定电流：指隔离开关处于闭合状态时在规定时间（一般为4 s）内允许通过的最大电流有效值，它表明了隔离开关承受短路电流的热稳定能力，单位为千伏（kV）。

（4）动稳定电流：指隔离开关在闭合状态时，允许通过的最大瞬时电流冲击值，它表明了隔离开关承受短路电流的动稳定能力，与隔离开关的机械强度有关。

（5）最高工作电压：指隔离开关所能承受的超过额定电压的电压，单位为千伏（kV）。它不仅决定了隔离开关的绝缘要求，还在相当大程度上决定了隔离开关的外部尺寸。

（五）隔离开关的型号

隔离开关的型号的格式如下：

$$\boxed{1}\ \boxed{2}\ \boxed{3}-\boxed{4}\ \boxed{5}-\boxed{6}$$

1——代表产品名称：G表示隔离开关，J表示接地开关。

2——代表安装场所（装置种类）：N表示户内式，W表示户外式。

3——代表设计系列序号，用数字表示。

4——代表额定电压（kV）。

5——代表补充工作：D表示带接地开关，G表示改进型，K表示快分型，T表示统一设计，W表示防污型。

6——代表额定电流（A）。

例如：GN_{10}-10/400型是指额定电压为10 kV，额定电流为400 A，第10次设计的户内高压隔离开关。

（六）GW_4-110D型户外式隔离开关

这种开关的外形（单极）结构如图2.31所示。开关的闸刀（由紫铜棒和触头组成）由两个可以绕轴旋转（轴上装有轴承，可减小分合闸时的摩擦阻力）的棒式（支柱）绝缘子支持。

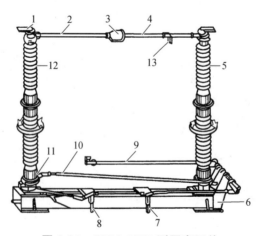

图2.31　GW4-110D型隔离开关

1—接线端；2，4—闸刀；3—主触头；5—棒式绝缘子；6—底座；
7—接地闸刀转动轴；8—主闸刀转动轴；9—接地刀；10—交叉连杆；
11—轴承座；12—棒式绝缘子；13—接地刀触头

与棒式绝缘子轴连接的交叉连杆可保证两棒式绝缘子在转动时能同步地向两个相反的方向同时转动，带动闸刀水平旋转 90°，完成分、合闸。交叉连杆由操动机构的牵引杆传动。触头应保证闸刀在分、合过程中可以自动净化（在指形触头上装有防尘罩，用以防雨、冰雪及灰尘），且闭合后应具有弹性接触压力。闸刀与接线端子用软连接导线连接起来，以利于闸刀旋转。整个开关由钢底架支持并固定在 2.5 m 高的钢架或水泥支柱上。

主闸刀和接地刀分别由两套手动操作机构操动。主闸刀靠近支柱绝缘子端装有接地刀静触头，以保证主闸刀断开且到位后，接地刀才能闭合。

隔离开关可分相操作，也可三相联动。三相联动时，操动机构装在边相，通过水平连杆机构使三相开关同步动作。

若欲使开关分闸，则应使主闸刀传动轴沿逆时针方向转动。由于交叉连杆的牵制，棒式绝缘子 5 沿逆时针方向转动，而棒式绝缘子 12 沿顺时针方向转动，并带动各自的闸刀转动，使开关分闸。分闸后两闸刀相互平行（即各自旋转 90°）。合闸的动作顺序与此相反。合闸后两闸刀成一直线。

GW$_4$-110D 型开关均属双柱式、水平断口、闸刀水平旋转的户外式隔离开关。其主要优、缺点如下：

① 结构简单，尺寸小，质量轻，零部件大部分可以通用。

② 闸刀分为两半，长度小，导电系统较稳定，而且操作时闸刀水平等速运动，可使冰层受到很大的剪力，易于破除。

③ 分闸时支柱绝缘子受弯折力、扭矩，因而要求绝缘子具有较高的机械强度。

④ 因闸刀水平转动，相间距离较大。

（七）GN$_2$-35T 型户内式单极隔离开关

这种开关用于 25 kV 高压室内，其结构如图 2.32 所示。

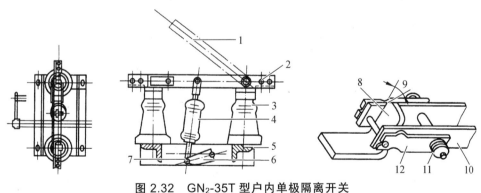

图 2.32　GN$_2$-35T 型户内单极隔离开关

1—动刀片；2—接线板；3—支柱瓷瓶；4—操作绝缘子；5—底架；6—拐臂；
7—转动主轴；8—静触头；9—导向倒角；10—闸刀；11—弹簧；12—磁锁板

这种开关由底架、支柱瓷瓶、导电部分（包括闸刀与触头）及操作绝缘子组成，采用 CS$_6$ 型手动操动机构。操作绝缘子做支起或下落运动，使闸刀垂直旋转，完成分、合闸。

隔离开关的触头采用指形线接触，其动触头由两片相互平行的紫铜闸刀片组成。两闸刀片间互相隔离并由弹簧压紧。固定静触头是以紫铜板条弯成直角而成。在合闸位置时，两个刀片因受弹簧的压力而紧紧夹在静触头两侧，形成线接触。这样的线接触在分、合闸过程中，易于擦掉接触表面的氧化物，降低接触电阻。当短路电流通过开关的闸刀片时，两平行刀片中的电流互相作用，产生较大的、互相吸引的电磁力，使接触压力增大。为了增大这种接触压力，常在平行刀片的两侧加上磁锁，即在平行刀片的外侧（GN$_2$-35T 型开关在闸刀的一端加磁锁）加装两块钢片，以增强磁场，加大电动吸力。这样可提高开关的动稳定性，且散热效果好。

（八）隔离开关常见故障及处理

隔离开关常见故障及处理如表 2.3 所示。

表 2.3　隔离开关常见故障及处理

故障现象	故障原因及处理
接触部分过热	原因： ① 导流部分的压紧零件松动，导致接触压力下降； ② 闸刀未合到位，造成接触面积偏小； ③ 触头表面氧化或烧伤，引起接地电阻增大； ④ 超负荷运行。 处理：向电调汇报，做好记录，加强监视；发热剧烈时，申请退出运行，派人按工艺检修，紧固螺栓，调整接触面接触压力
拒合、拒分及分合闸不到位	原因： ① 操动机构故障； ② 传动装置卡滞，调整不到位，造成拒动； ③ 分合闸止钉间隙调整不到位，造成分合闸不到位； ④ 刀口油泥过多，刀口熔焊，可造成拒分； ⑤ 传动装置轴销脱落。 处理：向电调汇报，做好记录，申请退出运行，派人检修
支持瓷瓶破损、掉釉、有裂纹、有放电痕迹	处理：向电调汇报，做好记录，申请退出运行，派人检修，清扫脏物；用环氧树脂修补，试验不合格时更换
误动作	原因：值班人员违章操作。 处理： ① 带负荷分隔离开关，当触头刚刚分离就已被发现时，应立即合上闸刀，若闸刀已全部拉开，则不准再重新合上； ② 带负荷合隔离开关时，将有弧光产生，此时应迅速果断地将闸刀合到位，绝不允许将闸刀重新拉开

二、高压隔离开关的操动机构

由于隔离开关是不带负荷进行操作的，对分、合闸速度和时间无严格的要求，所以多采用手动操作机构，只有在远距离控制的要求下，才采用电动操作机构。

（一）手动操动机构

手动操动机构是以人力为操作动力，由凸轮、连杆等组成的一种简单操动机构。按操作杆动作方向的不同，手动操动机构又分为垂直操作和水平操作两种方式。垂直操作方式多用于 10 kV 及以下户内断路器柜内的隔离开关，水平操作方式多用于 20～110 kV 隔离开关的主刀闸和接地刀闸，以及 220 kV 隔离开关的接地刀闸。通常三相式隔离开关的主刀闸和接地刀闸分别采用一个手动操动机构，且三相共用。一般将手动操动机构安装在中间相隔离开关的下方，利用连杆与其他两相隔离开关相连。隔离开关的主刀闸和接地刀闸均为三相联动。220 kV 隔离开关的主刀闸一般不采用手动操作，而其接地刀闸仍采用三相联动水平操作的手动操动机构。

（二）电动操动机构

当隔离开关采用远动控制操作时，常采用电动操动机构。它通过二级齿轮变速和蜗轮蜗杆减速，在无载流情况下操作高压隔离开关，以切换线路，并将电气设备与带电的高压线路进行电气隔离。CJ$_2$ 型电动操动机构是目前牵引变电所中应用最广泛的隔离开关操动机构。CJ$_2$ 型电动操动机构的内部结构如图 2.33 所示。

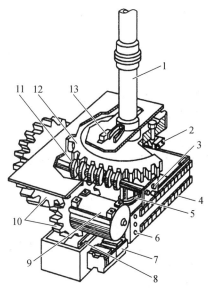

图 2.33　CJ$_2$ 型电动操动机构结构图

1—主轴；2—橡皮定位体；3—分合指示；4—接线座；5—辅助开关；
6—按钮；7—交流接触器；8—热继电器；9—电动机；
10—齿轮；11—蜗杆；12—蜗轮；13—微动开关

电动机构采用交直流两用电动机驱动，通过机械变速传动系统，将动力传递给机构输出轴，安装时借助钢管等与隔离开关相连接，以实现驱动隔离开关分、合闸。该机构主要由电动机、机械减变传递系统、电气控制系统和箱壳组成。

电动机为整流子电动机。机械减速、变速系统包括行星轮系、齿轮机构、蜗轮螺杆机构、平面四联机构。在螺杆端部设有方头，以便将手动摇柄插入进行手动操作。将手动摇柄插入时，自动切断电源，保证安全。

电气控制部分包括控制按钮（分、合、停各一个）、直流（或交流）接触器、辅助开关、电阻、延时继电器及速断保险等。

液压操动机构由于工艺和密封等原因常常发生渗漏现象，且结构复杂，制造工艺要求较高，已逐渐被电动操动机构替代。电动操动机构是以电动机为操作动力，具有结构简单、操作灵活、没有漏油问题等优点，应用广泛。

三、高压熔断器

（一）熔断器的基本知识

1. 熔断器的作用及分类

熔断器是最简单和最早采用的一种保护电器，并兼有开关作用，常和被保护的电气设备串联使用。它主要是在电路中流过短路电流时，利用熔件产生的热量使本身熔断，从而切断电路，起到保护电气设备、缩小事故范围的作用。在牵引变电所中，熔断器主要是作为电压互感器和所用变压器的保护电器。

熔断器可分为限流和不限流两大类。在熔件熔化后，其电流在达到最大值之前就立即减小到零（熔断）的熔断器称为限流熔断器。这种熔断器中装有特种灭弧物质（如一定粒度的石英砂）或熔件熔断时产生特种灭弧介质（如产气纤维管在电弧高温下分解出氢气等），故具有很强的灭弧能力。在熔件熔化后，电流几乎不减小，继续增至最大值，而在电流经一次或几次过零后，电弧才熄灭（熔件熔断），从而切断电路的熔断器称为不限流熔断器。这种熔断器中无特殊的灭弧介质或熔件熔断时不产生特种灭弧介质，仅靠熔断时产生电弧使熔件熔化，从而拉长电弧，最后使电弧熄灭，故灭弧能力较弱，熔断时间较长。

2. 熔断器的结构及工作原理

1）外壳（又称熔件管）

熔断器的熔件管有瓷、胶木、产气纤维等几种。瓷熔件管内一般充有石英砂，用于限流熔断器。胶木熔件管一般用于不限流熔断器。

2）熔体、熔件（又称保险丝）

熔体用不同材质的金属（如铜、铅、锡、锌等）制成不同形状、不同截面，以通过不同的额定电流，如丝状、片状、栅状等。

3）金属触头及触头座

熔件管两端装有金属触头（两触头间用熔件电连接），并与触头座相配合，一般由铜材料制成。它们允许通过的最大工作电流称为熔断器的额定电流。在使用熔断器时，应使熔件的额定电流小于或等于熔断器的额定电流。

4）支持绝缘子及底座

支持绝缘子固定在底座上，用于安装固定金属静触头座及熔件管。低压熔断器一般无支持绝缘子，触头座直接安装在底板上。

3. 熔断器的保护特性

熔件熔断的时间与通过熔件的电流的关系称为熔断器的保护特性。此特性用 $t = f(I)$ 曲线表示时，曲线 $t = f(I)$ 称为熔断器的保护特性曲线，如图 2.34 所示。此曲线一般由制造厂给出。从图 2.34 所示的保护特性曲线中可以看出：同一电流通过额定电流不同的熔件时，额定电流小的熔件先熔断。

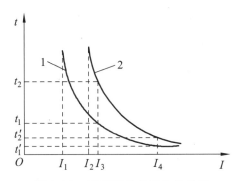

图 2.34　熔断器的保护特性曲线

熔件熔断时间的长短主要与下列两个因素有关：

1）通过熔件的电流大小

当通过熔件的电流小于或等于其额定电流时，熔件熔断的时间无限长。对于同一材质的熔件，通过熔件的电流与其额定电流相比越大，熔件的熔断时间越短。

2）熔件的材质

一般条件下（熔件的长度、截面积等），熔件的熔点越低，熔断时间越短。一般在高压熔断器中采用铜锡合金作为熔件的主要材料。

采用铜锡合金的主要优点是既利用了铜的良好导电能力，又利用了锡的熔点较低的特点，使铜丝能在较低的温度下熔断。若单纯采用铜丝作为熔件，因其熔点太高（1080 ℃），熔件不能迅速熔断，不能尽快切除故障。在铜丝上焊上小锡球后，通过大电流时小锡球因发热先融化，和铜丝作用后形成铜锡合金，其熔点较纯铜低，因此能迅速熔断。利用锡的作用来降低铜的熔化温度，这种作用称为"冶金效应"。

当熔断器多级串联使用时，应注意保护特性的配合，合理选择各级熔断器熔件的额定电流，以使熔断器有选择性地动作，缩小事故范围。为此，一般应使前一级（靠近电源）熔件的额定电流大于后一级（靠近负载）熔件的额定电流 2 ~ 3 个等级。

4. 熔断器的参数和型号

1）熔断器的主要技术参数

① 额定电压：指熔断器能够长期承受的正常工作电压，即其安装处电网的额定电压。

② 额定电流：指熔断器壳体部分和载流部分允许通过的长期最大工作电流。

③ 熔件额定电流：指熔件允许长期通过而不熔断的最大电流。熔件的额定电流可以和熔断器的额定电流不同，同一熔断器可装入不同额定电流的熔件，但熔件的最大额定电流不应超过熔断器的额定电流。

④ 极限断路电流：是指熔断器所能断开的最大电流。若被断开的电流大于此电流时，有可能使熔断器损坏，或由于电弧不能熄灭引起相间短路。

2）高压熔断器的型号

$$\boxed{1}\ \boxed{2}\ \boxed{3} - \boxed{4}\ \boxed{5}$$

1——用 R 表示熔断器；

2——用 N 表示户内，用 W 表示户外；

3——设计序号；

4——用 T 表示带热脱扣器，用 Z 表示带自动重合闸；

5——表示额定电压（kV）。

例如，RW2-35 型熔断器，表示 35 kV 户外熔断器，设计序号为 2。

5. 熔断器的主要优缺点

熔断器结构简单，安装、维修方便，故在功率较小和对保护特性要求不高的配电装置中得到广泛的应用。在 1 kV 以下低压系统中，熔断器常与闸刀开关配合，代替自动空气开关；在 10 kV 系统中，熔断器常与高压负荷开关配合，代替高压断路器。

熔断器不能用于正常地分、合电路。因熔断器动作后必须更换熔件，势必造成局部停电。另外，其保护特性易受外界因素的影响。故在 1 kV 以上高压系统中仅用于保护电压互感器和功率较小的电力变压器。

（二）高压熔断器

高压熔断器主要有户内和户外两种。常见的户内高压熔断器有 RN 系列，户外高压熔断器有 RW 系列。

1. RN 系列高压熔断器

3～35 kV 户内高压熔断器通常有 RN_1（DS）型和 RN_2（DSH）型两种。RN_1 型主要用于电力线路和变压器的过载和短路保护。RN_2 型主要用于保护电压互感器。这两种熔断器的外形相同，基本结构相同，如图 2.35 所示。二者的不同之处仅在于熔件结构不同，如图 2.36 所示。

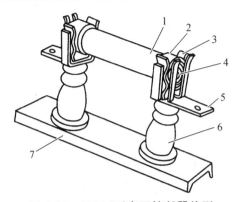

图 2.35 RN 系列高压熔断器外形

1—熔件管；2—铜管帽；3—弹性触座；4—熔断指示器；
5—接线端子；6—绝缘子；7—底座

熔断器外壳瓷管 5 两端封以铜端盖 3 和铜帽 4，熔件 6 固定于瓷管 5 中，且与 4、3 电连接。装好熔件并在内部充满洁净干燥的石英砂 7 后，两端焊以顶盖 3，使熔管密封。RN$_1$ 型熔断器中额定电流小于 7.5 A 的熔件 6 是由一根或几根镀银铜丝绕在瓷芯 1 上 [见图 2.36（a）]组成，以保持熔件在熔管内的准确位置，熔件中间焊有小锡球 2；额定电流大于 7.5 A 的熔件，则用两种不同直径的铜丝做成螺旋形 [见图 2.36（b）]，交接处焊上锡球。熔断器下端装有动作指示器 10，用挂钩和钢指示熔件 8 相连。当超负荷电流或短路电流通过熔件时，工作熔件 6 和钢指示熔件 8 依次熔断，电路立即被切断。弹簧 9 同时释放，指示器 10 及小铜帽 11 被弹簧从下部弹出。

RN$_2$ 型熔断器的熔件是由全长有三种不同截面的一根康铜丝绕在瓷芯上组成，交接处焊有小锡球；无动作指示器，可根据接于电压互感器二次回路内的电压表读数是否为零来判断熔件是否熔断。

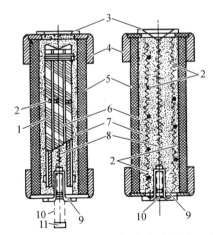

（a）额定电流 7.5 A 及以下　　（b）额定电流 10 A 及以上

图 2.36 RN$_1$ 型融件管结构图

1—瓷质芯棒；2—小锡球；3—端盖；4—端帽；5—瓷质熔管；6—熔体；
7—石英砂；8—拉丝；9—弹簧；10—动作指示装置；
10—动作指示装置动作后小铜帽；11—掉出；12—铜帽

这类熔断器的灭弧能力与熔件的截面、长度和材料有关。因为熔件熔断时，电弧产生在熔件蒸发后，填料中间形成的熔件断口里。熔件截面较大时，小洞的直径也大，熔件产生的金属蒸气就多，灭弧较困难。所以在 RN_1、RN_2 型熔断器中，熔件是用铜制成的一根或几根并联的细丝。当短路电流通过熔件时，细铜丝几乎立即沿全长熔化，小洞内压力剧增，金属蒸气向四周剧烈地喷溅，渗入石英砂中冷却、凝结，去游离强烈，使电弧迅速熄灭。这种熔断器灭弧迅速，通常在最大短路冲击电流出现之前（0.01 s 内）就能熄灭，因此属于"限流式"熔断器。

RN 系列熔断器中，过去常用的 RN_1 和 RN_2 熔断器，改进后的型号为 RN_5 和 RN6。RN_5 熔断器主要用于电力线路、变电站设备的过载和短路保护。RN_6 熔断器主要用于电压互感器的短路保护。RN_5 和 RN_6 的熔管能通用和互换，而且体积更小，质量更轻，防污性能更好。

此外还有 RN_3、RN_{4H} 和 RN_Z 型：RN_3 型主要用于电力线路短路保护，RN_4 型主要用于互感器短路保护，RN_Z 型主要用于直流系统的过载和短路保护。用于电压互感器保护的熔断器的额定电流一般为 0.5 A。

2. RW 系列高压熔断器

RW 系列熔断器主要用于户外 10 kV 的配电线路和电力变压器进线侧，作为短路及过载保护，在一定条件下可通断空载架空线路、空载变压器和小负荷电流。RW 系列熔断器一般不能带负荷操作，但 RW10-10（F）型因属于负荷型熔断器，所以可以带负荷进行操作。

RW 系列熔断器大多做成跌落式、纤维管产气熄弧的熔断器。图 2.37 所示为 RW4-10（G）型跌落式熔断器的外形。

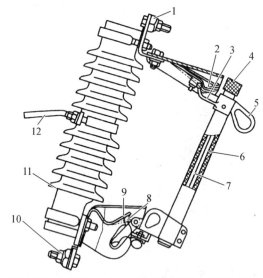

图 2.37　RW4-10（G）型跌落式熔断器的外形

1—上接线端；2—上静触头；3—上动触头；4—管帽；5—操作环；
6—熔管；7—铜熔丝；8—下动触头；9—下静触头；
10—下接线端；11—绝缘瓷瓶；12—固定安装版

这种熔断器由绝缘子、接触导电系统及熔管组成。熔管由层卷纸板制成，内壁衬以石棉套管，防止电弧与熔管接触。同时，石棉具有吸湿性，所含水分在电弧高温下蒸发并分解出氢气，有助于灭弧。熔件焊在编织导线上，并穿过熔管用螺丝固定在上、下部的触头上。此编织导线处于拉紧状态，使熔管上的活动关节锁紧。当熔件熔断时，编织导线失去拉力，使熔管的活动关节释放，熔管由于本身重量自动绕轴跌落。同时，管内受热膨胀的空气和水分解出来的氢气从管的两端喷出，电弧被拉长而熄灭。故跌落式熔断器在安装时，熔管轴线与垂直轴线成 15°~ 30°倾斜角。该熔断器用绝缘钩棒进行合、分闸。

RW 系列熔断器虽然有灭弧装置，但其灭弧速度较慢，短路电流通常会达到最大值，不像 RN 系列熔断器那样在最大冲击电流出现之前就能灭弧，所以 RW 系列熔断器属于"非限流式"熔断器。

第四节　变　压　器

一、变压器的基本概念

（一）变压器的分类

变压器是利用电磁感应原理将某一电压（电流）等级的电能转换为相同频率另一电压（电流）等级的电能的静止电器，因其主要作用是变换电压，故称为变压器。为了适应不同的使用目的和工作条件，其类型很多，结构和使用原理也不尽相同，一般可按结构、电源相数、冷却方式、绕组形式、用途等进行分类。

1. 按结构分类

变压器按铁芯类型可分为芯式和壳式。

芯式变压器：绕组包围铁芯，用于高压的电力变压器。

壳式变压器：铁芯包围绕组，用于大电流的特殊变压器。

2. 按电源相数分类

单相变压器：一、二次绕组均为单相，用于单相负荷或三相变压器组。

三相变压器：一、二次绕组均为三相，用于三相系统的升、降电压。

多相变压器：一次绕组为三相，二次绕组为多相。

3. 按冷却方式分类

油浸自冷式变压器：通过油自然对流冷却。

油浸风冷、水冷式变压器：用空气或水作冷却介质进行冷却。

空气自冷式变压器：依靠空气对流进行冷却，主要是干式变压器，一般用于小容量变压器。

强迫油循环冷却变压器：用油泵进行循环冷却。

充气式变压器：变压器身放在一个封闭的铁箱内，箱内充满特殊气体。

4. 按绕组形式分类

双绕组变压器：同一铁芯上有两个绕组，用于连接电力系统中的两个电压等级。

三绕组变压器：同一铁芯上有高、中、低压三个绕组，一般用于连接三个电压等级。

多绕组变压器：同一铁芯上有三个以上绕组的变压器。

自耦变压器：输出和输入共用一组绕组的特殊变压器，用于连接不同电压的电力系统，也可作为普通的升压或降压变压器用。

5. 按用途分类

电力变压器：用于电力系统中输配电系统的升、降电压。

特殊变压器：调压器、电炉变压器、整流变压器、工频实验变压器、矿用变压器、仪用变压器、电抗器、互感器等。

6. 电气化铁路所使用的变压器分类

根据用途不同，电气化铁路所使用的变压器分为主变压器（牵引变压器）、动力变压器、自耦变压器（AT）、所用变压器几种。

（1）牵引变压器是牵引变电所中的主变压器，为牵引负荷提供电能，容量大，电压高。高压侧电压一般为 110 kV 或 220 kV，低压侧电压为 27.5 kV，AT 供电方式时为 55 kV。

（2）动力变压器。动力变压器一般是给本所以外的非牵引负荷供电，电压等级一般为 27.5/10 kV，容量从几百至几千千伏安不等。

（3）自耦变压器。自耦变压器（AT）是 AT 供电的专用变压器，自身阻抗很小，一般沿牵引网每 10～20 km 设一台，用以降低线路阻抗，提高网压水平及减少通信干扰。

（4）自用电变压器又称所用变压器，是给本所的二次设备、检修设备以及日常生活、照明负荷供电的设备，电压等级一般为 27.5/0.4 kV 或 27.5/0.23 kV，容量从几十至几百千伏安不等。

（二）变压器的主要技术参数

① 额定容量 S_N：额定状态下变压器输出的单相或三相总视在功率，单位为千伏安（kV·A）。

② 额定电压 U_N：变压器长时间运行时，设计条件所规定的电压值（线电压），单位为千伏（kV）。

③ 额定电流 I_N：变压器在额定电压和额定环境温度下各部分温升不超过允许值的情况下长期运行时，所允许通过的电流值，单位为安（A）。

④ 空载损耗 P_0：又称铁损，是指变压器一个绕组加上额定电压，其余绕组开路时，变压器所消耗的功率。变压器的空载电流很小，它所产生的铜损可忽略不计，所以空载损耗可认为是变压器的铁损。

⑤ 负载损耗 P_L：又称短路损耗或铜损，指变压器一侧加电压而另一侧短接，使电流为额定电流时，变压器从电源吸取的有功功率。

⑥ 额定温升：变压器绕组或上层油面的温度与变压器外围空气的温度之差。

⑦ 空载电流 I_0：变压器一次侧施加额定电压，二次侧断开运行时，一次绕组中通过的电流称为空载电流或励磁电流，通常以额定电流的百分数表示。

（三）变压器的型号说明

变压器的型号通常由表示绕组耦合方式、相数、冷却方式、调压方式、绕组数量以及容量、额定电压、绕组连接方式的符号与数字组成。表示方法为：

$$\boxed{1}\ \boxed{2}\ \boxed{3}\ \boxed{4}\ \boxed{5}\ \boxed{6}\ \boxed{7}\ \boxed{8}-\boxed{9}/\boxed{10}$$

1——绕组耦合方式：O 表示自耦，F 表示非自耦。

2——相数：S 表示三相，D 表示单相。

3——绕组外绝缘介质：不标表示变压器油，C 表示成型固体绝缘，K 表示空气绝缘。

4——冷却方式：J 表示油浸自冷（可不标），F 表示油浸风冷，S 表示油浸水冷。

5——油循环方式：N 表示自然循环，P 表示强迫循环，D 表示强油导向。

6——绕组数：不标表示双绕组，S 表示三绕组，F 表示双分裂绕组。

7——调压方式：不标表示无励磁调压，Z 表示有载调压。

8——设计序号。

9——额定容量（kV·A）。

10——额定电压（kV）。

通常变压器型号只标出相数、冷却方式、设计序号、容量和高压侧电压等级。例如：SF7-20000/110 表示额定容量为 20 000 kV·A、高压侧额定电压为 110 kV 的油浸风冷三相双绕组电力变压器。

二、牵引变压器的连接方式

（一）纯单相接线

图 2.38 所示为变压器纯单相接线图。单相变压器的高压侧（110 kV 或 220 kV）引出端为 A、X，低压侧（27.5 kV）引出端为 a、x。实际应用中，单相牵引变压器的高压端子 A、X 分别接至三相系统的两个相线上，低压端子 a 接至牵引母线上，x 接至接地网和钢轨上。

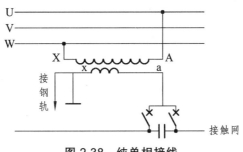

图 2.38　纯单相接线

用于牵引变电所中的单相牵引变压器与一般的单相牵引变压器是不同的。一般变压器的 X 总是接中性点，因而绝缘是按半绝缘结构设计的；而牵引变压器的 X 端是接三相系统的相线，故末端 X 的绝缘等级与首端 A 的绝缘等级是一样的，变压器绕组是按全绝缘结构要求设计的。

纯单相接地的主要优点是变压器容量得到充分利用，且变电所主接线简单，设备少，占地面积小，投资少。其缺点主要是存在两个问题，一是单相负荷在三相系统中形成的负序电流较大，虽经换相连接在主体上可减少对三相系统的影响，但在局部的影响是较大的，故只能用于电力系统容量较大、地方电网较发达地区，这样铁路的负荷电流对它们来说所占比例可忽略不计。哈（尔滨）大（连）线便是全线采用纯单相接线，接入电力系统 220 kV 的电网中。二是不能实现双边供电，且牵引变电所中无变电所自用三相电源，所需电源只能从附近电网引入或由劈相机、单相-三相变压器等方式供给。

（二）单相 Vv 接线

图 2.39 所示为变压器单相 Vv 接线图。两台单相变压器高压侧的首端分别接在不同的两个相线 U、V 上，而末端接于剩下的一个相线 W 上，成为公共端。低压侧两个末端为公共端，接于接地网和钢轨及架空回流线上，两个首端分别接于两条牵引母线上，向牵引变电所两侧牵引网供电。此时两个供电区段电压相位差为 60°，相邻接触网相对电压为 27.5 kV，必须采用分相绝缘。

单相 Vv 接线变电所的优点是变压器容量利用率高，可以供给变电所三相电源，可对牵引网实现双边供电。与纯单相接线相比，单相 Vv 接线负序电流小，对系统的影响较小。我国的阳（平关）安（康）线即采用这种接线。其缺点是当一台变压器出现故障时，备用变压器投入倒闸作业复杂。

（三）三相 Vv 接线

三相 Vv 接线是将两台 Vv 接线的单相变压器安装在同一个油箱内，并对相关部件进行一些简单组合，其实质是两台单相 Vv 接线的变压器，如图 2.40 所示。两台单相变压器的高压侧端子分别为 A1、A2、X1、X2，在变压器油箱内已将 X1 和 A2 连接在一起，这样引出油箱外时只有 3 个端子。A1 引出线标为 A，X1 与 A2 引出线标为 C，X2 引出线标为 B。低压侧四个端子 a1、X1、a2、X2 分别引出油箱，可根据需要进行连接。

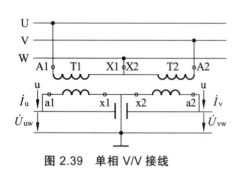

图 2.39　单相 V/V 接线

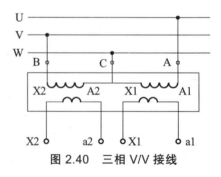

图 2.40　三相 V/V 接线

三相 Vv 接线是在单相 Vv 接线的基础上发展起来的新型结构。其电气性能类似于单相 Vv 接线，但在结构上较单相 Vv 结构紧凑，接线简单方便，易于设立固定备用变压器。

（四）三相 Yd 接线

三相牵引变电所中，一般采用双绕组油浸式变压器作为主变压器，变压器的连接绕组为

YN,d11 标准接线组，如图 2.41 所示。三相牵引变压器的高压侧接成 YN 接线方式，三相绕组端子 A、B、C 分别接 110 kV 电网的 U、V、W 相，也可根据换相的要求接其他相，端子标号有可能与系统相别不符。中性点 N 通过隔离开关 QS 接地。变压器的低压侧（牵引侧）绕组接成三角形，W 相端子总是接接地网和钢轨或回流线，a 端子和 b 端子总是分别接至牵引侧两相母线上，分别向牵引变电所两侧的牵引网供电。

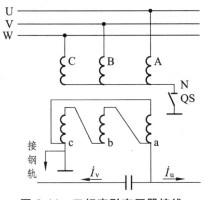

图 2.41　三相牵引变压器接线

采用三相 YNd11 接线的三相牵引变电所的优点是变压器结构简单，原边采用 YN 接线，中性点引出接线方式与电力系统 110 kV 高压电网相适应，原边绕组可采用半绝缘结构，造价降低，所内有三相电源，还可以向地方负荷供电。其缺点是变压器容量不能充分利用，与单相变电所相比，接线较复杂。三相牵引变电所在我国铁路电气化区段应用最为广泛。

（五）斯科特接线

三相-两相牵引变电所中，一般采用斯科特接线的变压器作为主变压器，如图 2.42 所示。变压器高压侧绕组连成倒 T 形，接入三相电力系统 U、V、W 中，低压侧绕组连成 V 形，公共端接接地网和钢轨或回流线，开口两端分别接入相邻的接触网区段，两侧电压相位差为 90°，额定电压为 55 kV，故相邻接触网区段须采用分相绝缘器。若两个低压侧绕组分别与两台自耦变压器并联后再接入接触网，自耦变压器绕组的中间抽头接钢轨，就构成了 AT 变电所。

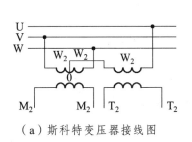

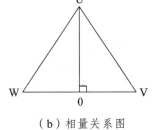

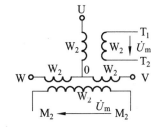

（a）斯科特变压器接线图　　　　（b）相量关系图　　　　（c）斯科特变压器接线原理图

图 2.42　斯科特接线

采用斯科特接线的三相-两相牵引变电所的优点是，将三相对称电压变换成两相对称电压，又将副边两个单相负载变成原边三相对称负载，大大降低了牵引负荷对系统的负序影响，同时利用逆斯科特接线变压器可以使变电所获得三相对称自用电源。其缺点是变压器制造难度大，绝缘要求全绝缘设计，成本高。我国（北）京秦（皇岛）线、郑（州）武（汉）线即采用这种接线。

三、牵引变压器的结构

牵引变压器的基本结构主要有铁芯、绕组（线圈）、油箱和变压器油以及其他部分（包括铭牌、温度计、吸湿器、油表、安全气道、气体继电器、高压套管、低压套管、分接开关、放油阀、小车、接地螺栓），如图 2.43 所示。

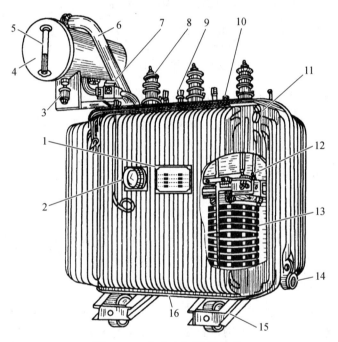

图 2.43　电力变压器的结构

1—温度计；2—铭牌；3—吸湿器；4—油枕；5—油位指示器；6—防爆管；
7—气体继电器；8—高压套管；9—低压套管；10—分接开关；11—油箱；
12—铁芯；13—绕组；14—放油阀；15—小车；16—接地端子

（一）铁　芯

铁芯是变压器的磁路部分，由铁芯柱（柱上套装绕组）和铁轭（连接铁芯以形成闭合磁路）组成。为了减小涡流和磁滞损耗，提高磁路的导磁性，铁芯采用 0.35～0.5 mm 厚的硅钢片涂绝缘漆后交错叠成。为了充分利用空间，小型变压器的铁芯截面为矩形或方形，大型变压器的铁芯截面为阶梯形。

（二）绕　组

绕组是变压器的电路部分，是电流的载体，其上产生磁通和感应电动势。绕组一般采用外包绝缘纸的铜线或铝线绕成，要求具有足够的耐压强度、机械强度和良好的冷却条件。

按照高压绕组与低压绕组在铁芯柱上排列方式的不同，绕组可分为同芯式和交叠式两种。同芯式绕组安放在铁芯柱上，一般把高压绕组套在外面，低压绕组套在里面。交叠式绕组呈盘形，高、低压绕组交替地安放在铁芯柱上。因同芯式绕组结构简单，制造方便，国产电力变压器均采用这种结构。

（三）变压器绝缘

变压器绝缘水平是指变压器能够承受的运行中各种过电压与长期最高工作电压作用的水平，是在保护用避雷器配合下的耐受电压水平，取决于设备所能承受的最高电压。根据变压器绕组线端与中性点的绝缘水平是否相同，变压器绝缘可分为全绝缘和分级绝缘两种绝缘结构。

1. 全绝缘

变压器的全绝缘是指各绕组的所有出线端都具有相同的对地工频耐受电压的绕组绝缘水平（绕组线端的绝缘水平与中性点的绝缘水平相同）。中性点不接地系统安装的变压器必须是全绝缘的变压器。

2. 分级绝缘

变压器的分级绝缘是指绕组接地端或绕组中性点的绝缘水平比出线端低的绕组绝缘水平（绕组中性点的绝缘水平低于线端的绝缘水平）。分级绝缘的变压器由于中性点的绝缘水平相对较低，因此只允许在 110 kV 及以上的中性点直接接地系统中使用。

3. 变压器常用的绝缘材料

变压器常用的绝缘材料有变压器油、气体绝缘材料（如空气、SF_6 气体等）、固体绝缘材料（如电缆纸、胶纸制品、木材和木材制品、漆布、电瓷制品、环氧树脂等）。

（四）变压器油

变压器油是变压器的重要组成部分，它具有质地纯净、绝缘性能良好、理化性能稳定、黏度较小等特点。变压器的油箱内充满了变压器油，其作用是绝缘和散热，在有载调压油箱中还起灭弧作用。

（五）辅助设备

变压器辅助设备有绝缘套管、油箱、油枕、气体继电器、安全装置、吸湿器、净油器、温度计、冷却器、调压装置等。

1. 绝缘套管

绝缘套管是将变压器内部的高、低压绕组引线引到油箱外部的出线装置。它不但作为引出线对地的外绝缘，而且担负着固定引线的作用。套管由带电部分与绝缘部分组成。变压器的电压等级决定了套管的绝缘结构，套管的通过电流决定了其导电部分的截面和接头的结构。其材料一般是陶瓷。常用的绝缘套管有瓷质绝缘套管、充油绝缘套管、电容式绝缘套管等。1 kV 以下采用实心瓷套管，10～35 kV 采用空心充气或充油式套管，110 kV 及以上采用电容式套管。为了增大外表面放电距离，套管外形做成多级伞形裙边，电压等级越高，级数越多。

2. 油　箱

油箱是变压器的外壳，内装铁芯和绕组并充满变压器油。变压器油箱一般有两个，即本体油箱和调压油箱。

油箱主要有箱式油箱、钟罩式油箱和密封式油箱。其中，箱式油箱用于中、小型变压器，需要进行检修时，将箱盖打开，吊出器身，进行检修；一般大型变压器均采用总装钟罩式油箱，检修时不必吊出笨重的器身，只要吊去较轻的箱壳，即可进行检修工作；密封式油箱是在总装全部完成后装入油箱，它的上下箱沿之间不是靠螺栓连接，而是直接焊接在一起，形成一个整体，从而实现油箱的密封。

油箱内部应采取磁屏蔽措施，以减小杂散损耗。油箱顶部应带有斜坡，以便泄水和将气体积聚后通向气体继电器。油箱底部两对角处应设有两块供油箱接地的端子。油箱应装有排污阀、取油样阀、滤油阀、抽真空阀、注油阀及紧急排油阀等阀门。

3. 油枕（储油柜）

油枕（储油柜）的作用：当变压器油的体积随着油的温度变化而膨胀或缩小时，油枕起着调节油量，保证变压器油箱内随时充满油的作用。若没有油枕，变压器油箱内的油面波动就会带来以下影响：① 油面降低时露出铁芯和绕组部分，会影响散热和绝缘。② 随着油面的波动，空气从箱盖缝里排出和吸进，又由于上层油温很高，因此油很快氧化和受潮。而油枕的油面比油箱的油面要低，从而减小油和空气的接触面，防止油过速地氧化和受潮。另外，油枕的油在平常几乎不参加油箱内的循环，它的温度要比油箱内上层油的温度低得多，而油在低温下氧化过程慢。因此，有了油枕，可防止油的过速氧化。带有有载调压的大型变压器，其分接开关油枕应低于主油枕，以防分接开关的油渗入主油枕。

油枕容量通常为变压器油箱总容量的 8%～10%。大型变压器常采用隔膜密封式油枕，如图 2.44 所示。

油枕的一端一般装有油位计，用来指示油枕中的油面。油表上画有三条刻度线，分别是环境温度为 −30 ℃、20 ℃、40 ℃ 时的正常油面高度。

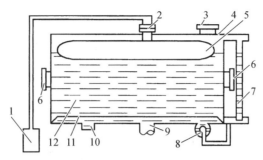

图 2.44　隔膜密封式油枕

1—吸湿器；2—呼吸器；3—注油孔；4—油枕；5—隔膜袋；6—安装孔；

7—油位计；8—压油袋；9—油箱联管；10—沉积器（集污盒）；

11—护架；12—变压器油

4. 气体继电器

当变压器内部发生绝缘击穿、线匝短路及铁芯烧毁等故障时，气体继电器动作，并向运行人员发出信号或切断电源，以保护变压器。

气体继电器是利用变压器内部故障时产生的热油流和热气流推动继电器动作的元件，安装在油箱和储油柜的连接管道中，分为轻瓦斯和重瓦斯保护。轻瓦斯保护的气体继电器由开口杯、干簧触点等组成，用于告警；重瓦斯保护的气体继电器由挡板、弹簧、干簧触点等组成，用于跳闸。正常运行时，气体继电器充满油，开口杯浸在油内，处于上浮位置，干簧触点断开。当变压器内部出现轻微故障时，变压器油由于分解而产生的气体聚集在气体继电器的上部，油面下降，上浮子下沉，当下沉到整定位置时，接通干簧触点，发出告警信号；当变压器内部发生严重故障引起变压器油快速流动时，冲击下浮子侧面的挡板，使下浮子下沉到整定位置，接通干簧触点，发出跳闸信号。

5. 安全装置

安全装置主要指安全气道（防爆管）和压力释放器，装在油箱顶盖上。变压器正常工作时，安全气道保护使变压器油与外部空气隔离。变压器发生故障或穿越性的短路未及时切除时，电弧或过电流产生的热量使变压器油发生分解，产生大量高压气体，使油箱承受巨大的压力，严重时可能使油箱变形甚至破裂，并将可燃性油喷洒满地，此时安全气道动作，排出故障产生的高压气体和油，以减轻和解除油箱所承受的压力，保证油箱的安全。图2.45 所示为普通防爆管的结构图。

6. 吸湿器（呼吸器）

吸湿器的作用是清除变压器油的杂质和进行干燥，保持变压器油的绝缘强度。吸湿器的主体为一玻璃管，其内部盛有氯化钴、

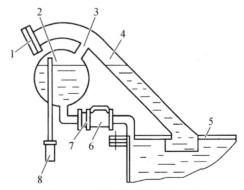

图 2.45　普通防爆管的结构图

1—防爆膜；2—油枕；3—油枕与安全气道的连通管；

4—防爆管；5—箱盖；6—气体继电器；

7—蝶形阀；8—吸湿器

浸渍过的硅胶（变色硅胶）作为吸湿剂。硅胶的作用是在变压器温度下降时对吸进的气体除潮，在干燥情况下一般呈蓝色，吸潮后渐渐变为粉红色。当硅胶变色部分达 2/3 时，值班人员应通知检修人员更换。

7. 净油器

净油器是用来改善变压器油的性能，延缓油老化的装置，其结构如图 2.46 所示。运行中的变压器，由于上下层油温存在温度差，使油在净油器中循环。净油器的金属容器内充有吸附剂，变压器油流经吸附剂时，其中的水分、游离碳和各种氧化物被吸附剂所吸收，使油得到连续再生，从而使油质能长时间保持在合格状态。

8. 温度计

一般大型变压器都装有测量上层油温的带电触点的测温装置，它装在变压器的油箱外，便于运行人员监视变压器的油温。用于测量变压器上层油温的测温装置有电触点压力式温度计和遥测温度计。

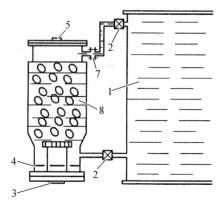

图 2.46　净油器的结构

1—油箱；2—油阀门；3—放油塞；4—集污器；
5—放气塞；6—连管；7—连接法兰盘；8—净油罐

9. 冷却装置

变压器在运行过程中由于铜损、铁损的存在而发热，它的温升直接影响到变压器绝缘材料的寿命、机械强度、负荷能力及使用年限。容量较小的变压器的铁芯和绕组的损耗所产生的热量，使油箱内部的油受热上升，热油在沿箱壁及散热管（片）向下对流的过程中，热量通过油箱壁和散热管（片）向周围的空气中散发。这种简易的冷却装置，保证了变压器在额定温度下的正常运行。随着变压器容量的增大，变压器就需要更大的散热面积，必须采取专门的冷却装置，以散发足够的热量。

10. 调压装置

在变压器绕组上设置有分接头，当变换分接头时，就减少或增加了一部分线匝，使绕组的匝数减少或增加，从而改变了变压器绕组的匝数比，电压比也相应改变，这样就达到了调压的目的。调节变压器分接头只能改变系统电压，而不能改变无功分布。

第五节　互　感　器

互感器是电流互感器与电压互感器的统称。从基本结构和工作原理来说，互感器就是一种特殊变压器。它将一次回路中的高电压或大电流按比例变换成标准低电压或小电流，以便向测量仪表、保护设备及自动控制设备提供信号。

　　互感器是测量电器，它是电力系统中一次电路与二次电路间的联络元件。电压互感器一次侧跨接在电网线间或线与地间，二次侧接电压表或功率表、电度表的电压线圈以及继电器或自动装置的电压线圈，用以测量电压。电流互感器一次侧串接在线路中，二次侧串接电流表或有关仪表、继电器或自动装置的电流线圈，用以测量线路中的电流。

　　图 2.47 中，TV、TA 分别为电压互感器和电流互感器，V、A、kW·h 分别为电压表、电流表和电度表。

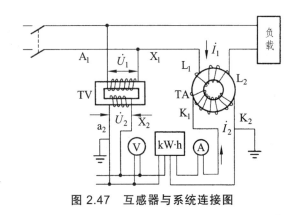

图 2.47　互感器与系统连接图

　　互感器的作用有如下三个方面：

　　（1）扩大二次设备的量程。电网电压很高，工作电流经常很大，而电气仪表和继电器只有在低电压和较小电流下才有好的技术经济性能，因此常用互感器将信号变小。

　　（2）使电气仪表和继电器标准化。电压互感器的二次侧额定电压为 100 V、$100/\sqrt{3}$ V。电流互感器的二次侧额定电流大多为 5 A（少数为 0.5 A 或 1 A）。因此，虽然电网电压及电流多种多样，但仪表和继电器大多数可以做成 100 V 或 5 A，从而使产品标准化和小型化，这样就给产品生产带来了很大的经济性。

　　（3）隔离高电压。电流互感器和电压互感器的一次侧和二次侧在电气上相互绝缘，二次侧的电压很低，可以较好地保证二次系统设备和操作人员的安全，并使二次设备的检修维护不受一次系统的限制。

　　目前，我国电力系统中采用的互感器多数还是根据电磁感应原理制成的电磁式互感器，但在 220 kV 以上变电所中电压互感器大多采用电容式电压互感器。

　　随着光电子、光纤通信和数字信号处理技术的发展和应用，新型互感器的研制工作进展很快。新型互感器按高、低压部分的耦合方式，可分为无线电电磁波耦合式、电容耦合式和光电耦合式，其中光电耦合式互感器性能最佳。光电式互感器的原理是将被测的电压、电流信号转变成光信号，经光通道传播，由接收装置进行数字化处理，将接收到的光波转变成电信号，并经过放大，供仪表和继电器使用。但这些非电磁式互感器的共同缺点是输出容量较小，需研制功率更大的放大器或采用小功率的半导体继电保护装置来减小互感器的负荷。

一、电流互感器

　　电流互感器的文字符号为 TA，它的功能是变换电流，即将一次侧的大电流变换为二次侧的小电流。其二次侧额定电流多数为 5 A，少数为 1 A 或 0.5 A。

本节介绍的是电磁式电流互感器。

（一）电流互感器的基本结构原理

电流互感器（见图 2.48）是一种小容量特殊变压器，正常运行时存在磁势平衡方程，即

$$\dot{F}_1 + \dot{F}_2 = \dot{F}_0$$

因为

$$\dot{F} = \dot{I}W$$

所以

$$\dot{I}_1 W_1 + \dot{I}_2 W_2 = \dot{I}_e W_1$$

$$\frac{\dot{I}_e - \dot{I}_1}{\dot{I}_2} = \frac{W_2}{W_1}$$

式中　F_1、F_2——原、副边电流产生的磁势；

　　　　F_0——铁芯中的励磁磁势；

　　　　I_1、I_2——分别为原、副边的电流；

　　　　I_e——正常运行时的励磁电流；

　　　　W_1、W_2——原、副绕组匝数。

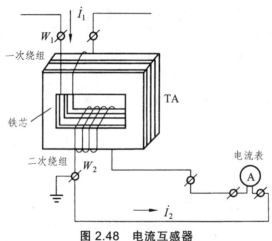

图 2.48　电流互感器

将电流互感器额定电流比定义为一、二次绕组的额定电流之比，即 $K_i = I_N / I_n$。令原、副绕组的匝数之比 $K_w = W_2 / W_1$。额定电流比并不等于原、副绕组的匝数之比，一般 K_w 的值稍小于 K_i 值。但由于励磁电流 I_e 很小，可以把它忽略，认为

$$K_i = K_w = \frac{I_N}{I_n} = \frac{W_1}{W_2} \tag{2.1}$$

电流互感器的结构特点是：其一次绕组匝数很少，有些型号的电流互感器还没有一次绕组，而是利用穿过其铁芯的一次电路作为一次绕组（相当于一次绕组匝数为 1），且一次绕组导体相当粗，而二次绕组匝数很多，导体较细。工作时，一次绕组串联在一次电路中，而二

次绕组则与仪表、继电器等的电流线圈相串联，形成一个闭合回路。由于这些电流线圈的阻抗很小，因此电流互感器工作时二次回路接近于短路状态。

（二）电流互感器的技术参数

1. 准确度

电流互感器的测量结果存在误差，包括电流幅值误差、相角误差和复合误差三种。

电流幅值误差，简称比差。其为测量二次侧电流所间接求得的一次侧电流近似值与一次侧电流实际值的差对实际值的百分比，即

$$\Delta I = \frac{K_i I_2 - I_1}{I_1} \times 100\%$$

（2.2）

相角误差，简称角差，它是将二次侧电流相量旋转 180° 后与一次侧电流相量之间的夹角，并规定旋转 180° 的二次侧电流相量超前一次侧电流相量时，相角误差为正值。

当电流互感器原边流过短路电流时，铁芯趋向饱和。此时励磁电流含大量高次谐波，即使一次电流为正弦波，二次电流也不会是正弦波，此时要用复合误差表示。复合误差是指在稳态情况下，电流互感器的二次电流瞬时值乘以额定电流比，与一次电流瞬时值之差的有效值对一次电流有效值的百分数。

$$\varepsilon_c \% = \frac{1}{I_1} \sqrt{\frac{1}{T} \int_0^T (K_i i_2 - i_1)^2 \, \mathrm{d}t} \times 100\%$$

影响电流互感器误差的因素如下：

1）互感器本身的磁路构造、铁芯材质

磁路构造、铁芯材质决定了磁路的磁阻，而减小电流互感器磁路磁阻可以使误差降低。所以减小磁路长度，增大铁芯截面，采用高磁导率材料作铁芯均可使误差减少。

2）一次电流对电流互感器误差的影响

当 $\dot{I}_1$ 过大（$I_1 \gg 1.2 I_N$）时，$\dot{F}_1 = \dot{I}_1 W_1$ 太大，使励磁磁势 $\dot{F}_e$ 过大，即 I_0 过大，但铁芯磁路已饱和，则 Φ_e 的增加不与 1 成正比，那么在二次绕组产生的感应电势 E_2 也不与 I_1 成正比增加，因此 I_2 增加较少，出现误差。

当 $\dot{I}_1$ 过小（$I_1 \ll I_N$）时，$F_1 = I_1 W_1$ 太小，使励磁磁势 F_e 过小，即 I_e 过小、Φ_e 小，因此感应电势 E_2 也过小，在二次负载不变的情况下，I_2 应按比例减小，但由于铁芯具有磁滞现象，此时铁芯中剩磁将起主导作用，也就是说 Φ_e 不随 I_1 按比例减少，E_2 由剩磁决定，相应的 I_2 不按比例减小，出现误差。

所以电流互感器应工作在额定电流附近。

3）二次负载及功率因数的影响

当一次电流及二次负载功率因数不变时，增加二次负载会使 E_2 增大，从而使励磁电流 I_e 增大，误差增大。所以要减小误差，二次负载必须限制在某个范围（额定负载）内。

当二次功率因数角增大时，电流幅值误差增大，相角减小。反之，二次功率因数角减小时，电流幅值误差减小，相角增大。

误差特性是互感器非常重要的特性。互感器的准确度等级取决于误差的极限值，并据此命名。按照我国标准，测量用电流互感器的准确级分为 0.1 级、0.2 级、0.5 级、1 级、3 级和 5 级共六种等级。通常 0.1 级和 0.2 级用于实验室作精密测量或当作标准电流互感器；0.5 级用于供电给瓦时计或瓦特表；1 级用于一般工程测量；3 级用于供电给次要电路中的仪表或过电流继电器；5 级用于供电给装在开关电器手动操动机构中的过电流脱扣器的线圈。

保护用电流互感器的准确度分为 5 P 和 10 P 两种。

2. 10%误差曲线

10%误差曲线主要是用于选择继电保护用的电流互感器，或者根据已给定的电流互感器确定其二次负载阻抗，选择二次电缆的截面。

用于保护的电流互感器在可能出现的最大短路电流范围内，最大误差不能超过 10%，当 I_1 增加到一定值时，电流互感器的比值差为 10%，此时的一次电流 I_1 与一次额定电流 I_N 之比 n 称为 10%倍数。又因为电流互感器的误差还受二次负载阻抗影响，随着互感器所带的负载不同，10%倍数也不同。电流互感器 10%倍数与二次侧允许最大负载阻抗 Z_{2n} 的关系曲线，称为 10%误差曲线。根据电网参数计算出一次电流倍数 n（$n = I_1/I_N$）。从图 2.49 中查出最大允许二次负载阻抗值，如果实际二次负载阻抗（包括该电流互感器二次侧串联的所有继电器线圈阻抗、二次电缆阻抗和接触电阻）小于该允许值，则认为电流互感器的误差满足要求。如果不满足要求，则应增大电流互感器的变比，增大二次电缆截面面积，降低接触电阻，减少电流互感器二次侧串联的线圈数量等。

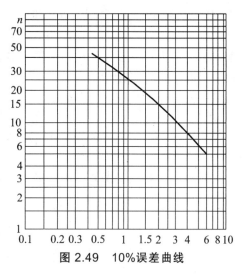

图 2.49　10%误差曲线

3. 电流互感器的额定容量

电流互感器的额定容量 S_{N2} 是指电流互感器在额定二次电流和额定二次阻抗下运行时，二次绕组输出的容量。由于电流互感器的额定二次电流为标准值（5 A 或 1 A），也为了便于计算，有的厂家提供电流互感器的额定阻抗 Z_{N2} 值。

因电流互感器的误差和二次负荷有关，故同一台电流互感器使用在不同准确级时，会有不同的额定容量。

（三）电流互感器的分类和结构

1. 电流互感器的分类

电流互感器种类很多，按一次绕组匝数可分为：① 单匝式，其中又包括贯穿式（一次绕组为一根银杆或铜管）、母线式（以线路母线作为一次绕组）、套管式（以套管导杆作一次绕组）；② 多匝式，如"8"字式、串级式等。按绝缘结构可分为干式、浇注式、油浸式等。按安装条件又可分为室外和室内两种。还可以按照用途和准确度等级等其他方法进行分类。

在电路中往往需要多个电流互感器，而且要求的准确级各不相同。实际应用中一个电流互感器往往有两个或两个以上铁芯，每一个铁芯只有一个二次绕组。

电流互感器全型号的表示和含义如下：

$$\boxed{1}\ \boxed{2}\ \boxed{3}\ \boxed{4}\ \boxed{5}\text{-}\boxed{6}/\boxed{7}$$

1——L 表示电流互感器。

2——A 表示穿墙式，B 表示支持式，C 表示瓷套式，D 表示单匝贯穿式，F 表示多匝贯穿式，M 表示母线式，Q 表示线圈式，R 表示装入式，Z 表示支柱式。

3——C 表示瓷绝缘，Z 表示浇注绝缘；W 表示户外式，L 表示电缆型。

4——B 表示过流保护用，D 或 C 表示差动保护用，J 表示加大容量，Q 表示加强型。

5——设计序号。

6——额定电压（kV）。

7——额定电流（A）。

2. 单匝式电流互感器

单匝式电流互感器的构造简单、尺寸较小，短路电流通过时的电动力稳定度较高，适当选择载流铁芯柱的截面容易获得所需要的热稳定度。它的另一优点是当一次绕组（铁芯柱）有很大的短路电流通过时，不会像多匝互感器那样，产生很高的匝间过电压。其主要缺点是：当被测量的电流很小时，准确度很低。从上面的误差分析可以看出，一次侧励磁力不足将使误差增加，而在保证准确度的情形下带负载的能力则较低。因此，仅在电流较大的回路中，才考虑安装单匝电流互感器。

图 2.50 是 LDZ-10 型电流互感器（单匝贯穿式浇注绝缘电流互感器）的原理图，其二次绕组均匀地绕在环形铁芯上，一次绕组采用母线式导体从铁芯中心穿过，并用树脂浇注成为整体。

在 10 kV 和低压配电装置中还广泛使用母线式互感器。这种互感器是中空的，利用配电装置的载流母线作为一次绕组，如图 2.51 所示。

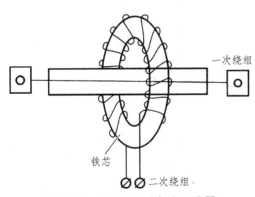

图 2.50　LDZ-10 型电流互感器

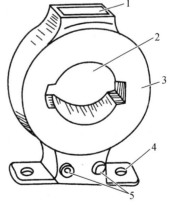

图 2.51　LMZJ1-0.5 型电流互感器

1—铭牌；2—一次母线穿孔；3—铁芯（外绕二次绕组）；
4—安装板，5—二次接线端子

额定电压在 35 kV 以上时，还广泛采用套管式电流互感器。它的环形铁芯套在油断路器的绝缘套管上，利用套管中的载流体作为一次绕组。该形式又名装入式，优点是简单、经济，不另占空间；缺点是误差较大，因为磁路长度取决于套管直径，而套管直径一般较大，故使磁阻、误差增大。

3. 多匝式电流互感器

由于单匝式电流互感器的二次绕组功率不大，为满足负荷要求，势必增加互感器的安装数目，因此，制造多匝互感器是经济的。图 2.52 是 LFZ-10 型（复匝浇注绝缘）电流互感器的原理图和外形图，该型用于室内配电装置。

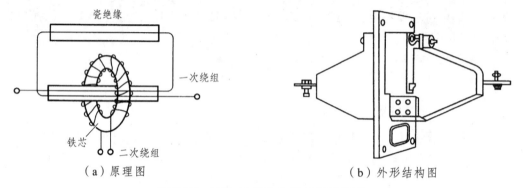

（a）原理图　　　　　　　　　　（b）外形结构图

图 2.52　LFZ-10 型电流互感器原理图

电压在 35 kV 以上时常采用"8"字形结构，如图 2.53（a）所示，一次绕组 2 与绕有二次绕组 3 的铁芯 1 像两个环相套，构成"8"字形。铁芯和绕组装于瓷外壳中，内部充满变压器油。LCW-35 型属于该种结构，其外形及内部绕组布置如图 2.53（b）所示。

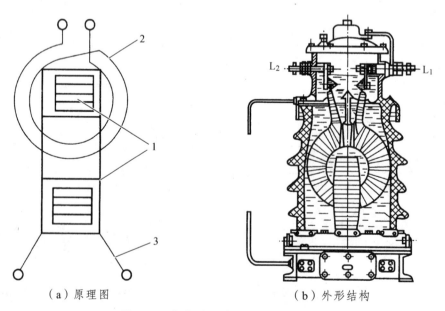

（a）原理图　　　　　　　　　　（b）外形结构

图 2.53　"8"字形电流互感器原理图

1—铁芯；2—一次绕组；3—二次绕组

电压等级为 110 kV 或更高时，常采用串级式结构的电流互感器，如图 2.54 所示。例如 L-110 型电流互感器，它由两个独立变换的单元组成，第一级互感器二次侧电流为 20 A，用它来作为第二级电流互感器的一次侧，然后由第二级电流互感器变为 5 A 电流输出。第二级电流互感器有三个带有二次绕组的环形铁芯，以满足不同用途需要。

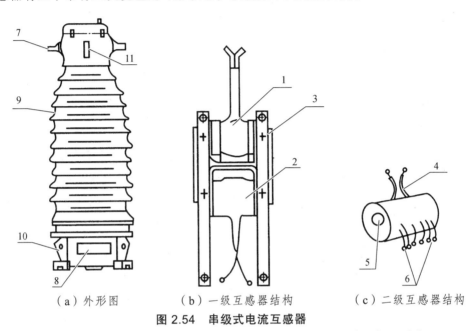

（a）外形图　　　（b）一级互感器结构　　　（c）二级互感器结构

图 2.54　串级式电流互感器

1——级互感器一次绕组；2——级互感器二次绕组；3—矩形铁芯；4—二次互感器一次绕组；
5—环形铁芯；6—二次互感器二次绕组；7——级互感器一次绕组出线头；
8—二级互感器二次绕组出线端子；9—瓷套；10—底架；11—油标

牵引变电所 27.5 kV 设备直接套用电力系统 35 kV 设备的绝缘水平是不合理的。就电流互感器来说，目前主要套用的是 LCZ-35 型电流互感器，对地承受的相电压是 $35/\sqrt{3} = 20.2$ kV，而牵引变电所对地所承受的电压是 27.5 kV，比 20.2 kV 高出 36.1%。为此，各厂家也先后开发了多种型号的电气化铁路专用电流互感器，主要型号有 JDT-27.5 型、LQZT-27.5 型、LZZB1-27.5 型及 LZBJ1-27.5 型等。

（四）电流互感器的接线方式

电流互感器在三相电路中有如图 2.55 所示 6 种常见的接线方案。

（1）一相式接线，如图 2.55（a）所示。电流线圈中通过的电流反映一次电路相应相的电流。这种接线通常用于负荷平衡的三相电路，如在低压动力线路中，供测量电流或接过负荷保护装置之用。

（2）两相不完全星形接线，如图 2.55（b）所示。在继电保护装置中，这种接线称为两相两继电器接线。此种接线方式广泛用于中性点不接地的三相三线制高压（如 6 ~ 10 kV）电路中的三相电流、电能的测量及过电流继电保护。由图 2.56 所示的相量图可知，两相不完全星形接线的公共线上的电流 $\dot{I}_u + \dot{I}_v = -\dot{I}_v$，反映的是未接电流互感器的那一相（V 相）的电流。

（3）两相电流差接线，如图 2.55（c）所示。由图 2.57 所示的相量图可知，二次侧公共线上的电流为$\dot{i}_u-\dot{i}_v$，其量值为相电流的$\sqrt{3}$倍。这种接线适用于中性点不接地的三相三线制高压（如$6\sim10\,\text{kV}$）电路中的过电流继电保护，也称为两相一继电器式接线。

（4）三相星形接线，如图2.55（d）所示。这种接线中的3个电流线圈正好反映各相电流，广泛应用在负荷一般为不平衡的三相四线制系统中，也用在负荷可能不平衡的三相三线制系统中，用作三相电流、电能测量及过电流继电保护等。

（5）三角形接线，如图2.55（e）所示，用于继电保护装置中，每相输出电流相对于二次绕组电流在相位上移动了30°，在数值上是原来的$\sqrt{3}$倍。

（6）零序接线，如图2.55（f）所示，用于测量系统中三相电流相量和，在继电保护装置中作为零序电流过滤器。

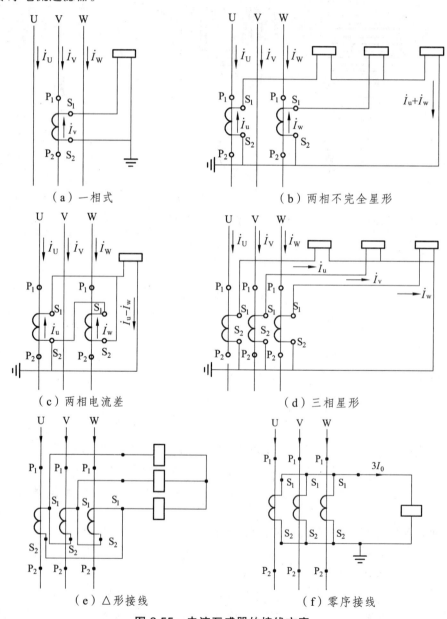

（a）一相式　　　　　　　　（b）两相不完全星形

（c）两相电流差　　　　　　　（d）三相星形

（e）△形接线　　　　　　　　（f）零序接线

图2.55　电流互感器的接线方案

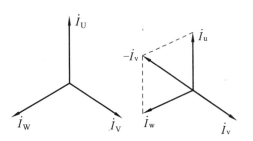
图 2.56　两相不完全星形接线电流互感器的
一、二次侧电流相量图

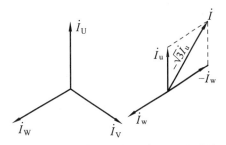
图 2.57　两相电流差接线电流互感器的
一、二次侧电流相量图

（五）电流互感器的使用注意事项

（1）极性连接要正确。电流互感器一般按减极性标注，如果极性连接不正确，就会影响计量，甚至在同一线路有多台电流互感器并联时，会造成短路事故。

（2）二次回路应设保护性接地点，并可靠连接。为防止一、二次绕组之间绝缘击穿后高电压窜入低压侧危及人身和仪表安全，电流互感器二次侧应设保护性接地点。接地点只允许接一个，一般将靠近电流互感器的箱体端子接地。

（3）运行中二次绕组不允许开路，否则会导致以下严重后果：二次侧出现高电压，危及人身和仪表安全；出现过热，可能烧坏绕组；增大计量误差。

（4）用于电能计量的电流互感器二次回路，不应再接继电保护装置和自动装置等，以防互相影响。

二、电压互感器

电压互感器的文字符号为 TV，其功能是变换电压，即将一次侧的高电压变换为二次侧的低电压。二次侧额定电压多为 100 V。

电磁式电压互感器是目前应用最广泛的电压互感器，其工作原理与变压器相同。由于负载阻抗很大，其运行条件相当于变压器空载。二次绕组匝数远小于一次绕组匝数，所以二次侧不能短路，否则将产生危险的过电流。为保证人在接触测量仪表和继电器时的安全，互感器的二次绕组应接地。这样，当互感器绝缘损坏时，可以防止在仪表上产生危险的高电压。

（一）电磁式电压互感器的基本结构原理

电压互感器的基本结构原理如图 2.58 所示。它的结构特点是：其一次绕组匝数多，二次绕组较少，相当于降压变压器。工作时，一次绕组并联在一次电路中，而二次绕组并联仪表、继电器的电压线圈。由于这些电压线圈的阻抗很大，所以电压互感器工作时二次绕组接近于空载状态。

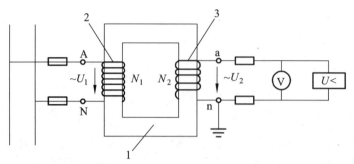

图 2.58　电压互感器的基本结构和接线

1—铁芯；2——次绕组；3—二次绕组

（二）电磁式电压互感器的技术参数

1. 额定电压比

电压互感器的额定电压比是一、二次侧额定电压之比，即 $K_u = U_{N1}/U_{N2}$。同电流互感器一样，电压互感器的额定电压比并不等于一、二次绕组的匝数比 $K_w = W_1/W_2$，$K_2 U_2$ 的值为被测一次侧电压的近似值。需要指出，接在互感器二次侧电路中的测量仪表，其刻度已包含了 K_u 倍数。

2. 误差和准确度

反映电压互感器准确度的参数是电压互感器的误差，它分为电压幅值误差（比差）和相角误差（角差）两种，其定义与电流互感器的误差类似。

电压互感器的误差与负载的大小和功率因数 $\cos\varphi$ 有关，同时其结构、绕组的阻抗也会对误差产生影响。一般地说，负载增加与 $\cos\varphi$ 的降低都将使误差增大，故运行中的负载须配置适当。

为减小误差，制造时常采用高磁导率的硅钢片，减小磁路的空气隙，以减小空载电流。为减小比差，设计中往往增加二次线圈匝数，名为"追加匝数法"，而带补偿线圈的互感器则可减小角差。运行时一次侧电网电压和频率的波动也应在规定范围内，以保证互感器的准确度。

误差特性是互感器非常重要的特性。互感器的准确度等级取决于误差的极限值，并据此命名。例如，最大比差为 $\Delta U = \pm 0.2\%$ 时，则称互感器为 0.2 级的。按我国标准将测量用电压互感器划分为 5 个精度等级，如表 2.4 所示。

表 2.4　测量用电压互感器的最大允许电压幅值误差和相角误差

级名	U_1/U_{1N} /%	ΔU_{max} /%	δ_{umax} / (°)	二次负荷条件
0.1	80～120	±0.1	±5	
0.2	80～120	±0.2	±10	二次负荷在额定负荷 25%～100% 内，负荷的功率因数 $\cos\varphi_f = 0.8$
0.5	80～120	±0.5	±20	
1.0	80～120	±1.0	±40	
3.0	80～120	±3.0	无规定	

通常 0.1 级、0.2 级互感器用于实验室精密测量，0.5 级用于供电给瓦时计，1.0 级和 3.0 级用于一般测量仪表。

保护用电压互感器的准确级分为 3P 和 6P 两种，它们的最大比差和角差如表 2.5 所示。

表 2.5　保护用电压互感器的最大允许电压幅值误差和相角误差

级名	ΔU_{max} /%	δ_{umax} / (°)	二次负荷条件
3P	3.0	120	二次负荷在额定负荷 25%~100% 内，负荷的功率因数 $\cos\varphi_f = 0.8$
6P	6.0	240	

3. 额定容量

由于互感器的误差随负载变化，故互感器容量应适应于一定的准确度，其准确度将随额定功率的增大而降低。此外，最大功率是由热稳定所确定的最大输出功率，一般都不应使互感器的负载达到这一容量。

（三）电压互感器的分类和结构

1. 电磁式电压互感器

电磁式电压互感器有多种分类方法：根据绕组数目来分有双绕组式和三绕组式，按相数来分有单相式和三相式，按冷却方式与绝缘方式来分有干式、油浸式、浇注式、瓷箱式，按结构来分有普通结构和串级结构，按安装环境来分有室内式和室外式等。

电压互感器全型号的表示和含义如下：

$$\boxed{1}\ \boxed{2}\ \boxed{3}\ \boxed{4}\ \boxed{5}\ -\ \boxed{6}$$

1——产品名称：J 表示电压互感器。

2——相数：D 表示单相，S 表示三相。

3——绝缘形式：J 表示油浸式，G 表示干式，Z 表示树脂浇注式。

4——结构形式：B 表示带补偿绕组，W 表示五铁芯柱三绕组，J 表示接地保护。

5——设计序号。

6——额定电压，单位为千伏（kV）。

35 kV 电压等级以下的电压互感器的结构与普通变压器基本相同。图 2.59 所示的是 JDZJ-10 型电压互感器。

在变电所中还常用三相五柱式电压互感器。图 2.60 所示的是 JSJW-10 型的原理接线图。它由五个铁芯柱和两个铁轭组成磁路系统，中间三个芯柱上各有三个绕组，其中一次绕组接成 Y0，两个二次绕组中一个接成 Y0，一个接成开口三角形。由于这种互感器有两个辅助芯柱，故可构成零序磁通的通路。铁芯和绕组放在装有变压器油的钢箱内，绕组端子通过固定在顶盖上的瓷套管引出。该种互感器用于户内 3 ~ 10 kV 电压级，测量线电压、相电压、监视电网对地绝缘，测量零序电压以供接地保护使用。

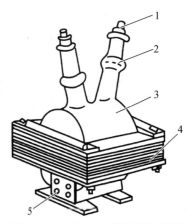

图 2.59　JDZJ-10 型电压互感器

1——次接线端子；2——高压绝缘套管；
3——、二次绕组（环氧树脂浇注）；
4——铁芯（壳式）；5——二次接线端子

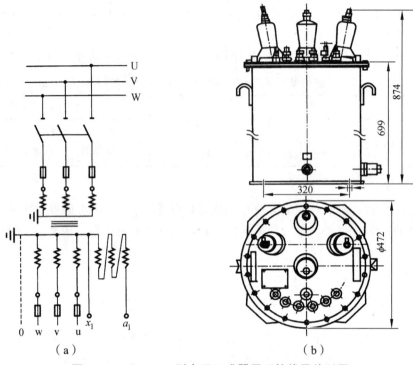

图 2.60　JSJW-10 型电压互感器原理接线及外形图

当电压在 110 kV 及以上时，一般不采用钢箱瓷套管式结构，因为这种结构使互感器显得笨重，且造价昂贵。此时采用单相串级式结构，并以瓷箱代替钢箱，可以使体积减小、质量减轻，并使造价降低。

串级式电压互感器的原理接线和外形如图 2.61（a）、（b）所示。这种互感器的铁芯为"口"

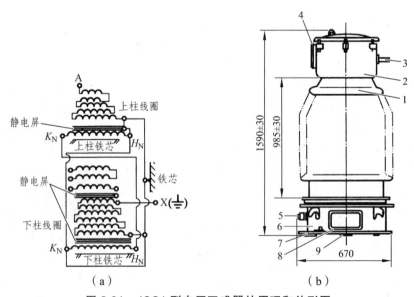

图 2.61　JCC1 型电压互感器的原理和外形图

1—瓷套；2—储油柜；3—高压出线端；4—油表；5—放油阀；
6—底座；7—接地螺栓；8—出线盒（二次线）；9—出线管

字形，由条形硅钢片叠成。铁芯的上下边柱上套有一次绕组和平衡绕组。一次绕组为串联绝缘，分成两段，每段为一绝缘分级，由上而下，绕组对地电位逐渐降低，A 端全绝缘，下端（x 端）为接地端。下边芯柱还套有二次绕组与辅助绕组以供测量和保护等用。当互感器空载时，上下芯柱磁通相等，上下绕组的空载电流相同，每一绕组承受网压的一半，由于铁芯接于绕组的两个分段之间，故使每一段绕组对铁芯间只需承受网压之半，因而降低了绝缘水平。当互感器带负荷运行时，二次绕组将有电流 I_2 流过，由它产生的磁通将引起铁芯磁通的变化，使之交链一、二次绕组的全磁通不再相等，因此，一次绕组两段承受的电压不再相等，下段一次绕组承受电压较 1/2 网压要低些，引起互感器误差增加。为避免这种现象，上下两段安装有匝数相同的平衡绕组彼此对接。负荷时平衡绕组将有平衡电流产生，使上段铁芯磁通减小，下段铁芯磁通增加，从而使电压分布均匀，误差减小。

2. 电容式电压互感器

电容式电压互感器（CVT）在技术和经济方面具有优势，国外 66～765 kV 电力系统中绝大多数采用这种类型的电压互感器，我国在 110～220 kV 变电所设备更新或新建工程中优先采用电容式电压互感器已成为明显趋势。

电容式电压互感器的工作原理如图 2.62 所示。它由电容分压器和电磁单元两部分组成。由一级或多级耦合电容器组成的电容分压器从输电线路的高电压抽取一个中间电压（通常为 10～20 kV）送入电磁单元，再降为 $100/\sqrt{3}$ V 和 100 V 低压分别供计量和继电保护装置使用。为了补偿电容分压器的容性阻抗，使二次电压不因负载的变化而变化，在中压回路中接入了补偿电抗器 K。阻尼器 Z 的作用是防止电容式互感器内部电感和电容发生谐振过电压。

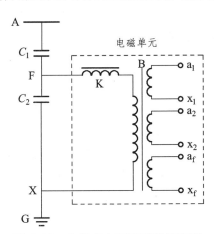

图 2.62　电容式电压互感器原理图

A、X——一次端子；a_1、x_1——主二次 1 号绕组端子；a_2、x_2——主二次 2 号绕组端子；
a_f、x_f——辅助二次绕组端子；K——补偿电抗器；B——中压变压器；
C_1——高压电容；C_2——中压电容；Z——阻尼器

若电抗器 K 的电感参数 L 按其与 $(C_1 + C_2)$ 在工频下谐振选择，即 $L = 1/[4n^2 f^2(C_1 + C_2)]$，则等值电路中内阻抗为 R，将使输出电压受负载变化的影响大为减小，这是电容式电压互感器内部接线的一个显著特点。

电力系统的频率会在 50 Hz 上下波动，这时 L 与 $(C_1 + C_2)$ 不能完全谐振，相当于增加了等值电路中的内阻抗，将造成误差，该误差称为频率误差。为保证准确度，(C_1+C_2) 不能太小。由于电容器的价格与其容量有直接关系，因此，高压电容器 C_1 的价格在互感器成本中占相当比重。

电容式电压互感器中电容器的介质，普遍采用聚丙烯膜与电容纸复合浸渍烷基苯绝缘油，产品结构向单柱式方向发展，即将电容分压器叠装在电磁单元的油箱上成为一个整体。二次输出容量在 0.5 级准确度下最大可达 500 V·A，在 0.2 级准确度下最大可达 300 V·A。

（四）电压互感器的接线方式

电压互感器在三相电路中有如图 2.63 所示四种常见的接线方案。

一个单相电压互感器的接线，如图 2.63（a）所示，可供仪表、继电器接于线电压。

两个单相电压互感器接成 V/V 形，如图 2.63（b）所示，可供仪表、继电器接于三相三线制电路中的各个线电压。它广泛应用在工厂变配电所的 6～10 kV 高压配电装置中。

三个单相电压互感器接成 Y_0/Y_0 形，如图 2.63（c）所示，供电给需线电压的仪表、继电器和需接于相电压的绝缘监视电压表。由于小接地系统在一次侧发生单相接地时，另两相电压要升高到线电压，所以绝缘监视电压表的量程不能按相电压选择，而应按线电压选择，否则在发生单相接地时，电压表可能被烧毁。

三个单相三绕组电压互感器与一个三相五芯柱式绕组电压互感器接成 $Y_0/Y_0-\triangle$（开口三角形），如图 2.63（d）所示。其接成 Y_0 的二次绕组，供电给需线电压的仪表、继电器及绝缘监视用电压表，与图 2.63（c）所示的二次接线相同。接成开口三角形的辅助二次绕组，接电压继电器。当一次电压正常时，由于 3 个相电压对称，因此开口三角形两端的电压接近于零。当一次电路有一相发生接地故障时，开口三角形两端将出现近 100 V 的零序电压，使电压继电器动作，发出故障信号。

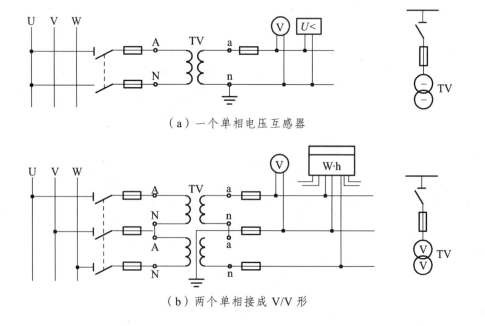

（a）一个单相电压互感器

（b）两个单相接成 V/V 形

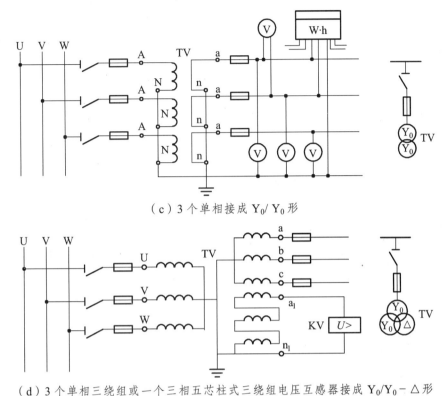

（c）3个单相接成 Y_0/Y_0 形

（d）3个单相三绕组或一个三相五芯柱式三绕组电压互感器接成 $Y_0/Y_0-\triangle$ 形

图 2.63　电压互感器的接线方案

（五）电压互感器的使用注意事项

（1）应根据用电设备的需要，选择电压互感器型号、容量、变比、额定电压和准确度等参数。

（2）接入电路之前，应校验电压互感器的极性。

（3）接入电路之后，应将二次线圈可靠接地，以防一、二次侧的绝缘击穿时，高压危及人身和设备的安全。

（4）运行中的电压互感器在任何情况下都不得短路。由于电压互感器的内阻抗很小，二次回路短路时会出现很大的短路电流，将损坏二次设备甚至威胁人身安全，因此其一、二次侧都应安装熔断器，并在一次侧装设隔离开关。

（5）在电源检修期间，为防止二次侧电源向一次侧送电，应将一次侧的刀闸和一、二次侧的熔断器都断开。

第六节　电容器和电抗器

一、电容器

（一）高压电容器的类型及作用

目前，牵引变电所中采用的高压电容器主要有三种。

1. 并联电容器（又称移相电容器）

并联电容器用于并联电容补偿装置中，补偿牵引供电系统中感性负荷的无功功率，以提高功率因数，降低负序，提高电压，改善电能质量。它一般接在牵引变电所的牵引母线上（滞后相上）。

2. 串联电容器

串联电容器用于串联电容补偿装置中，补偿牵引网感抗，起提高和稳定供电臂末端电压的作用，此外还有使电压对称及补偿部分无功功率的作用。它可接在牵引供电系统的任何一点，牵引侧一般接在滞后相、分区所或回流线上。

3. 耦合电容器

利用耦合电容器与高压进线耦合及其电容的分压作用，抽取电压，用于测量（如连同其他设备组成电容式电压互感器测量电压）、控制（如抽取电压供重合闸检压继电器用）与保护（如抽压供 110 kV 进线线路保护装置用）。还可兼用于电力线路载波通讯。

并联电容器的型号中的第一个字母 B 表示并联电容器，其他字母的含义参见相关手册。例如：BWF10.5-100-1 表示烷基苯浸负荷介质（BW），额定电压为 10.5 kV（10.5），额定容量为 100 kvar（100）的单相（1）户内并联（B）电容器。

电容器是一个封闭的箱体，主要由箱壳和器身组成，其中充满液体介质作浸渍剂。器身由一个或多个电容芯子组成。电容芯子是以膜纸复合或全膜作介质，以铝箔作极板卷绕而成。箱体则由钢板密封焊接而成。

（二）高压电容器的结构要点

常用并联电容器的结构、外形（以 BGF10.5-100-1W 型并联电容器为例）如图 2.64 所示。

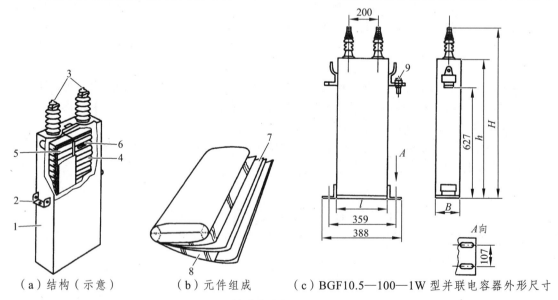

（a）结构（示意）　　（b）元件组成　　（c）BGF10.5—100—1W 型并联电容器外形尺寸

图 2.64　并联电容器结构组成与外形

1—箱壳；2—吊攀；3—出线瓷套管；4—电容器芯子元件；5—内部熔丝；
6—内装放电电阻；7—电容器纸或膜纸复合介质；8—铝箔；9—接地螺栓

二、电抗器

（一）电抗器的作用

牵引变电所中，电抗器与电容器一般串联连接。电抗器的作用是：在电容器组投入电网运行时，限制合闸涌流对电容器的袭击；防止切除电容器时，断路器触头间电弧的重燃。为防止电容补偿装置与电力系统发生高次谐波并联谐振，抑制、吸收牵引负荷的高次谐波，在并联电容器上串接约为容抗 12% 的电抗器，使其对 3 次及以上的高次谐波的合成电抗为感性，并兼滤 3 次谐波，防止电压波形畸变扩大，使牵引母线上的电压为较为严格的正弦波。

（二）电气化铁路常用的电抗器及其特点

1. 铁芯油浸式电抗器

此类电抗器与单相电力变压器相似。铁芯、线圈均装在一个充有变压器油的钢箱中，靠变压器油进行散热和绝缘。不同之处在于：电抗器是一个具有多间隙铁芯的电感线圈，即铁芯具有可调间隙，避免磁路饱和，以得到某一稳定的电抗值；铁芯上只有一组线圈，线圈上有三个抽头，可得到三个电抗值。其缺点是噪声大，损耗大，感抗的线性差，且易渗漏油，目前正逐渐被干式空心电抗器所取代。

2. 干式空心电抗器

如图 2.65 所示，这种电抗器其实就是一个空心的电感线圈。线圈用一种专用的树脂喷涂处理。

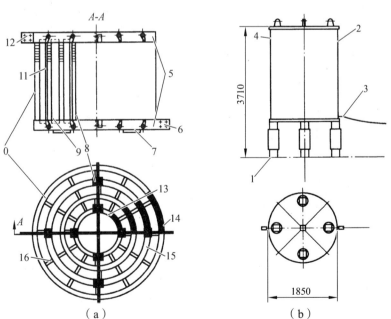

图 2.65　XDK500 619-FD 型空心电抗器外形及结构图

1—支柱绝缘子；2—电抗器线圈；3—出线端子（连至电容器组）；4—进线端子；
5、14—夹持辐条架；6、12—连接端子；7—安装凸缘；8—导线束；9—夹固结；
10—表面覆裹层；11、16—风道条；13—线圈；15—冷却风道

三、静止无功补偿装置（SVC）

对于大容量急剧变化的冲击负荷，采用上述手动投切电容器或采用机械触点控制电容器投切的无功自动补偿装置不能满足负荷变化的要求。此时可采用静止无功补偿装置（SVC）。静止无功补偿装置不需要通过机械触点动作即可控制补偿设备的投切，避免了因负荷频繁变化而影响投切开关的寿命。

（一）静止无功补偿装置的类型

静止补偿装置的类型有：
（1）PC/ TCR（固定电容器/晶闸管控制电抗器）型；
（2）TSC（晶闸管投切电容器）型；
（3）TSC/ TCR 型；
（4）SR（自饱和电抗器）型。
其中 PC/ TCR 型是应用较多的一种。TCR 和 TSC 本身产生谐波，都附有谐波消除设施。

（二）自饱和电抗器（SR）型的特点

自饱和电抗器型静止无功补偿装置的性能最为突出，其主要特点有：
（1）可靠性高。自饱和电抗器式与晶闸管式静止无功补偿装置的事故率之比约为 1：7。
（2）反应速度更快。
（3）维护方便，维护费用低。
（4）过载能力强。容量为 192 Mvar 的静止无功补偿装置，可过载到 800 Mvar（大于 4 倍），持续 0.5 s 而无问题。如晶闸管式静止无功补偿装置要达到这样大的过载能力，须大大放大阀片的尺寸，从而大幅度提高了成本。
（5）自饱和电抗器的制造工艺和电力变压器是相同的，所以一般电力变压器厂的生产设备、制造工艺和试验设备都有条件制造这种自饱和电抗器。
（6）自饱和电抗器的噪声较大，需要装在隔音室内。自饱和电抗器可靠性高、电子元件少、维护方便，是一种性能优良的补偿装置。

第七节　牵引变电所的防雷设施

一、避雷器和避雷针

（一）避雷器

1. 避雷器的基本知识

避雷器是一种能释放过电压能量、限制过电压幅值的设备，是架空线路或变电所电气设备的防雷保护设备之一。避雷器通常接在带电导线与地之间，与被保护设备并联。当过电压值达到规定的动作电压时，避雷器立即动作，流过电荷，限制过电压幅值，保护设备的绝缘；电压值正常后，避雷器又迅速恢复原状，以保证系统正常供电。避雷器能释放雷电和电力系统操作产生的过电压能量，保证电气设备免受瞬时过电压危害，同时又能截断续流，不致引起系统接地短路。

避雷器的常用类型主要有保护间隙、管式避雷器、阀式避雷器和氧化锌避雷器。

2. 常用避雷器

1）保护间隙

保护间隙是最简单的避雷器，如图 2.66 所示。其结构上有两个间隙，一个为主放电间隙，另一个为辅助间隙。辅助间隙的存在可以防止正常时主间隙被其他外物短接而造成错误动作。辅助间隙的存在并不影响雷电过电压保护时保护间隙的动作。

当雷电侵入波要危及保护间隙所保护的电气设备的绝缘时，间隙首先击穿，工作母线接地，避免了被保护设备的电压升高，从而保护了设备。这种避雷器的优点是结构简单、制造方便；缺点是伏-秒特性曲线比较陡，绝缘配合不理想，间隙动作后会形成截波，吸弧能力低。

2）管式避雷器

管式避雷器又称排气式避雷器，也是一个保护间隙，但它在放电后能自动灭弧，如图 2.67 所示。当排气式避雷器受到雷电波入侵时，内外间隙同时击穿，雷电流经间隙流入大地，限制了过电压；过电压消失后，在工作电压作用下，流经间隙的工频续流电弧的高温使管内产气材料分解出大量气体，管内压力升高，气体从环形电极处管口喷出，从而形成强烈的纵吹作用，使电弧熄灭。

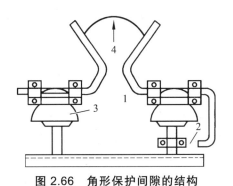

图 2.66　角形保护间隙的结构

1—主间隙；2—辅助间隙；3—绝缘子；
4—工频续流电弧运动方向

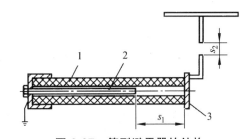

图 2.67　管型避雷器的结构

1—产气管；2—内部电极；3—端部环形电极；
s_1—内部间隙；s_2—外部间隙

该避雷器的特点是熄弧能力与工频续流大小有关：续流太大，产气过多，易使管子炸裂；续流太小，产气太少，又不足以熄弧。因此，该避雷器对工频续流的上下限有规定。

3）阀式避雷器

阀式避雷器是为了进一步改善避雷器的放电特性和保护效果，将原来的单个放电间隙分成许多短的串联间隙，同时增加了非线性电阻发展而来的。

当系统中出现过电压且其幅值超过间隙放电电压时，间隙击穿，冲击电流通过阀片流入大地，从而使设备得到保护。由于阀片的非线性特性，其电阻在流过大的冲击电流时变得很小，因此阀片上产生的残压将得到限制，使其低于被保护设备的冲击耐压，从而使设备得到保护；当过电压消失后，间隙能在工频续流第一次过零时就将电弧切断，从而保护了设备。

阀式避雷器可分为普通阀式避雷器和磁吹阀式避雷器。

普通阀式避雷器的结构如图 2.68 所示。

磁吹避雷器的基本原理和结构与普通阀式避雷器相同，主要区别在于采用了磁吹式火花间隙。它也是由许多单个间隙串联而成的，单个间隙如图 2.69 所示。火花间隙是一对羊角形电极，在磁场对电弧的作用下会产生电动力，将电弧拉长（电弧最终进入灭弧栅中，可达起始长度的数十倍）。灭弧栅由陶瓷或云母玻璃制成，电弧在其中受到强烈的去游离作用而熄灭，使间隙绝缘强度迅速恢复。

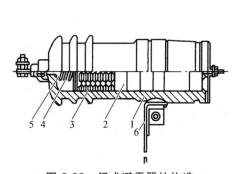

图 2.68　阀式避雷器的构造

1—瓷套；2—阀片；3—间隙；4—压紧弹簧；
5—密封橡皮；6—安装卡子

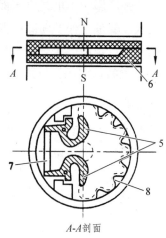

图 2.69　磁吹火花间隙

1—间隙电极；2—灭弧盒；3—并联电阻；4—灭弧栅

由于电弧被拉长，电弧电阻明显增大，可以起到限制工频续流的作用，因而这种间隙又称限流间隙。计入电弧电阻的限流作用就可以适当减少阀片电阻的数目，这样又能降低避雷器的残压。

磁吹避雷器的原理如图 2.70 所示。间隙串联回路中增加磁吹线圈 3 以后，在等值频率很高的冲击电流作用下，线圈感抗上会出现较大的电压，从而增大避雷器的残压。为了避免这种情况，将磁吹线圈 3 并以辅助间隙 2，当冲击电流流过时，线圈两端的电压会使辅助间隙击穿，磁吹线圈被短路，于是放电电流流过辅助间隙 2、主间隙 1 和阀片电阻 4 流入大地，使避雷器仍然保持较低的残压。而当工频续流流过时，磁吹线圈的压降较低，不足以维持辅助间隙放电，电流仍自线圈中流过并发挥磁吹作用。

4）氧化锌避雷器

氧化锌避雷器的阀片以氧化锌（ZnO）为主要材料，加入少量金属氧化物，在高温下烧结而成。其结构及外形如图 2.71 所示。氧化锌阀片具有很优异的非线性伏安特性。通常以 1 mA 时的电压作为起始动作电压，其值约为其最大允许工作电压峰值的 105% ~ 115%。

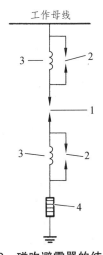

图 2.70　磁吹避雷器的结构原理

1—主间隙；2—辅助间隙；3—磁吹线圈；
4—阀片电阻

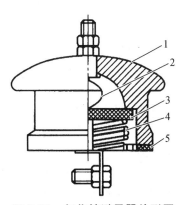

图 2.71　氧化锌避雷器外形图

1—瓷套；2—熔丝；3—氧化锌阀片；
4—弹簧；5—密封垫

在正常工作电压下，氧化锌避雷器具有极高的电阻而呈绝缘状态，流经电流仅有微安级；当遭受过电压时，由于氧化锌压敏电阻片的非线性，避雷器呈现低电阻状态泄放雷电流，流过避雷器的电流瞬间达数千安培，避雷器处于导通状态，释放过电压能量，使与避雷器并联的电气设备的残压被抑制在设备绝缘安全值以下，待有害的过电压消失后，迅速恢复高电阻而呈绝缘状态，从而有效地保护了电气设备的绝缘免受电压的损害。

氧化锌避雷器的优点：无间隙、无续流；通流容量大；可使电气设备所受过电压降低；体积小、质量轻、结构简单、运行维护方便。

目前，氧化锌避雷器已经取代了阀式避雷器，在电力系统中得到广泛应用。

（二）避雷针

1. 避雷针的作用

避雷针是由截闪器、引下线和接地装置组成的防雷保护装置。截闪器安装在构架上并高于被保护物，用于拦截雷击，使之不落在避雷针保护范围内的物体上，通过引下线和接地装置将雷电流释放到大地中。避雷针能使雷云电场发生突变，使雷电先导的发展沿着避雷针的方向发展并直击于其上。雷电流通过避雷针及接地装置泄入大地，防止避雷针周围的设备受到雷击。

避雷针按安装地点可分为独立式避雷针、组合式避雷针。

2. 避雷针的工作原理

在雷云先导发展的初始阶段，因其离地面较高，其发展方向会受一些偶然因素的影响而不固定。但当它离地面达到一定高度时，地面上高耸的避雷针因静电感应聚集了雷云先导性的大量电荷，使雷电场畸变，因而将雷云放电的通路由原来可能向其他物体发展的方向，吸引到避雷针本身，通过引下线和接地装置将雷电流放入大地，从而使被保护物体免受直接雷击。因此，避雷针实质上是引雷针，它把雷引入大地，有效地防止了直击雷。

3. 避雷针的结构

避雷针由避雷针针头、引流体和接地体三部分组成，如图 2.72 所示。

避雷针一般明显高于被保护物。当雷云放电临近地面时首先击中避雷针，避雷针的引流体将雷电流安全引入地中，从而保护了这一范围内的设备。

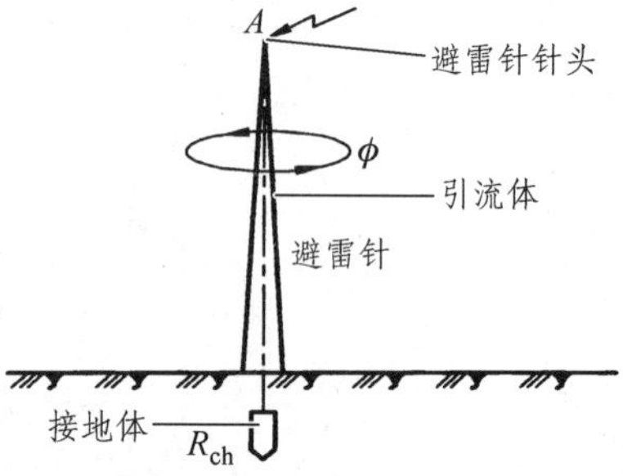

图 2.72　避雷针的结构

二、抗雷线圈和放电保护器

（一）抗雷线圈

牵引变电所进线侧架设有避雷线和避雷器，而且绝缘等级高，对雷电入侵波的耐受能力强，不易损坏。而牵引变电所馈线侧只有 27.5 kV，电压等级低，而且馈线侧均无避雷线保护，容易受到雷击。

为了防止雷电波沿接触线、馈电线袭击牵引变电所内的电气设备，常在冲击耐压绝缘水平较低的 27.5 kV 馈电线首端（27.5 kV 馈线隔离开关外侧）装设与避雷器相配合的抗雷线圈。当陡波头雷电波通过抗雷线圈后，抗雷线圈的电感产生的感抗使雷电流不能突变（依据换路定律），从而将雷电的电流波、电压波的波头拉平，使过电压（波）上升陡度减缓，并在避雷器配合下降低入侵波的幅值，因而可减小对所内电气设备绝缘的危害。

图 2.73 所示是 KLQ-1000A 型抗雷线圈的结构与外形、尺寸。抗雷线圈实际上是一个具有一定电感量的空心线圈。图 2.74 中吊架 1 上的吊板是供安装抗雷线圈时吊挂用，装固后的抗雷线圈通过上、下两接线板 2 与外线连接。

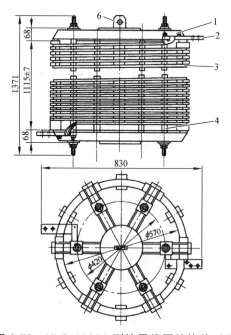

图 2.73　KLQ-1000A 型抗雷线圈结构外形图

1—吊架；2—接线板；3—线圈；4—绝缘拉杆；5—铭牌；6—吊板

（二）放电保护器

在牵引网中每隔一定距离设置自耦变压器 AT 向列车供电。AT 的中点与轨道连接（实际是与牵引网中和轨道并联的保护线 PW 连接），并通过放电器（SD）接地，如图 2.74 所示。设置保护线的目的主要是避免将接触网支柱的接地部分直接与轨道相连，以提高信号轨道电路的工作可靠性；当牵引网发生短路故障时，又可为短路电流提供一条良好的金属通路，便于继电保护动作。放电保护器的作用是当由于某种原因造成 AT 高压侧的套管闪络或避雷器短路时，放电器因电压升高使电极间隙击穿而放电，从而使接地回路通过轨道形成金属性通路，有利于变电所馈线的继电保护的动作。当牵引网的正馈线或接触悬挂发生接地故障时，轨道和非故障导线的电位显著升高。设置放电保护器，可使轨道和非故障导线的电位因电极间隙放电而得到抑制。在正常运行情况下，放电保护器还可避免 AT 中点直接与大地相连，以减少地中和接地网中的回流，提高对邻近通信线的防护效果，并提高信号轨道电路的工作可靠性。

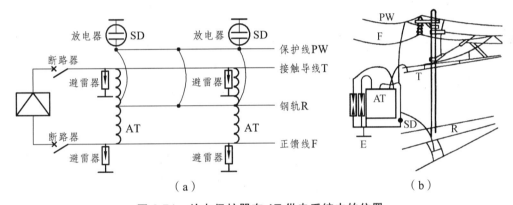

图 2.74　放电保护器在 AT 供电系统中的位置

图 2.75 是 JFl-10 型接地放电保护装置原理电路图。高压端子 N 与 N 母线或 N 线连接，接地端子 E 与地连接。P 为放电间隙的电极，LM 为放电间隙的磁吹线圈。因 AT 一次侧套管闪络等短路接地导致接地端子与高压端子间的电位差达到 3 kV 左右时，将击穿放电间隙而放电，使 N 母线经高压端子、P 及接地端子直接接地。Ll、L2 和 K 分别为旁路开关的合闸兼保持线圈、合闸线圈和主触头。P 放电时，有大电流经高压端子 L1、L2、P、LM 接地端子流过，于是 L1、L2 两线圈使主触头 K 闭合，并由 L1 保持 K 于闭合状态，使大电流安全可靠地由 K 通过，并且 P 被旁路而避免烧损。当短路故障被切除后，流过 L1 的电流骤减，不能再保持 K 于闭合状态，K 断开。C 为电容器，作用是可吸收侵入的过电压波或使波头陡度降低。这样，若因大气过电压使接地网电位升高时，由于其能量被 C 吸收且作用时间短，P 仅短暂放电，K 合不上，并且 P 的放电较易被 LM 的磁吹作用而灭弧。该装置用于 AT 供电方式牵引变电所的 N 母线上。

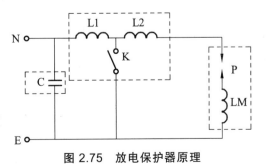

图 2.75　放电保护器原理

第八节　成套装置

一、高压开关柜

高压开关柜是常用的高压成套配电装置，根据一次电路的要求可分别组合成为进线柜、馈线柜、联络柜、电压互感器柜、避雷器柜等。

发电厂和变电站中常用的高压开关柜有固定式和手车式两大类。固定式的结构简单，成本低。手车式的检修方便，供电可靠性高。

（一）固定式高压开关柜

固定式高压开关柜的柜内所有电气部件（包括其主要设备如断路器、互感器和避雷器等）都固定安装在不能移动的台架上。固定式开关柜具有构造简单，制造成本低，安装方便等优点。但内部主要设备发生故障或需要检修时，必须中断供电，直到故障消失或检修结束后才能恢复供电，因此固定式高压开关柜一般用在企业的中小型变配电所和负荷不是很重要的场所。

目前常用的固定式高压开柜一般具有防止误操作和保证人身安全的闭锁装置。其闭锁就是为了实现"五防"功能：防止误合、误分断路器，防止带负荷分、合隔离开关，防止带电挂接地线，防止带地线误合隔离开关，防止误入带电间隔。

图 2.76 所示是固定式高压开关柜 GG-1A（F）-075 型的外形。这是一种普遍应用的配电装置，工作频率为交流 50 Hz，工作系统为电压 3～10 kV 单相单母线系统，主要用于工厂企业的变配电站，作为接受和分配电能之用。机体由角钢和彩钢板焊接而成，柜内用薄钢板隔开，上部为断路器室，下部为隔离开关室，主母线水平布置在开关柜顶部。

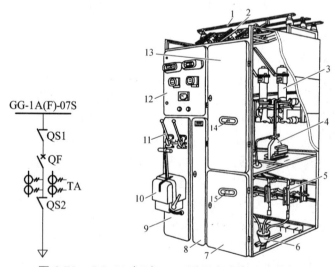

图 2.76　GG-1A（F）-075 型固定式高压开关柜

1—母线；2—母线侧隔离开关；3—断路器；4—电流互感器；5—线路侧隔离开关；
6—电缆头；7—下检修门；8—端子箱门；9—操作板；10—操动机构；
11—隔离开关操作手柄；12—仪表继电器屏；
13—上检修门；14、15—观察窗

（二）高压环网开关柜

高压环网柜是为适应高压环形电网的运行要求而设计的一种专用开关柜。高压环网开关柜与普通高压开关柜的主要区别是，一般采用高压负荷开关与熔断器串联代替高压断路器。这种负荷开关加熔断器的组合柜与采用断路器的高压开关柜相比，体积和质量都明显减小，价格也便宜很多。而一般 6~10 kV 的变配电所，负荷的通断操作较频繁，短路故障的发生却是个别的，因此，采用负荷开关加熔断器的环网柜更为经济合理。所以，高压环网柜主要适用于环网供电系统、双电源辐射供电系统或单电源配电系统，可作为变压器、电容器、电缆、架空线等电气设备的控制和保护装置，亦适用于箱式变电站，作为高压电气设备。高压环网柜具有体积小、质量轻、操作简单、操作力小、使用安全、维护方便等优点，同时本身也具备"五防"功能。

如图 2.77 所示为 HXGNI-10 高压环网柜的外形图和内部剖面图。这种开关柜适用于厂矿等额定电压为 10 kV 的三相配电系统，作为接受电能和分配电能之用。它由三个间隔组成：电缆进线间隔、电缆出线间隔、变压器回路间隔。其主要电气设备有高压负荷开关、高压熔断器、高压隔离开关、接地开关、电流和电压互感器、避雷器等，并且具有可靠的防误操作设施，有"五防"功能。它在我国城市电网改造和建设中得到广泛的应用。

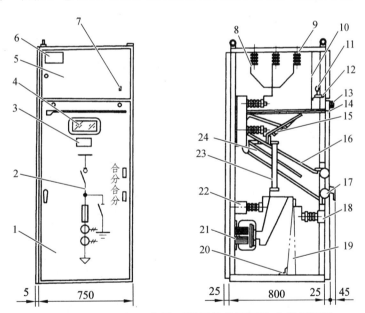

图 2.77　HXGNI-10 高压环网柜的外形图和内部剖面图

1—下门；2—模拟电路；3—显示器；4—观察窗；5—上门；6—铭牌；7—组合开关；
8—母线；9—绝缘子；10—隔板；11—照明灯；12—端子板；13—旋钮；14—隔板；
15—负荷开关；16—连杆；17—操动机构；18—支架；19—电缆；20—角钢；
21—电流互感器；22—支架；23—熔断器；24—连杆

（三）手车式（移开式）高压开关柜

手车式高压开关柜是将成套高压配电装置中的某些主要电气设备（如高压断路器、电压互感器和避雷器等）固定在可移动的手车上。另一部分电气设备则装在固定的台架上。当手车上安装的电气部件发生故障或需检修、更换时，可以随同手车一起移出柜外，再把同类备用手车（与原来的手车同设备、同型号）推入，就可以立即恢复供电。相对于固定式开关柜，手车式高压开关柜的停电时间大大缩短。因为可以把手车从柜内移开，它又被称为移开式高压开关柜。相对于固定式高压开关柜，手车式高压开关柜的运行与检修显得更加安全、灵活、恢复供电快，供电可靠性高，但价格较高，主要用于大中型变配电所和负荷较重要、供电可靠性要求较高的场所，在 35 kV 及以下的电压等级中应用最广。手车式高压开关柜一般也有"五防"功能，安全可靠。

图 2.78 所示为手车式高压开关柜 GC-10（F）型的外形。其断路器及操动机构等主要设备安装在可移动的小车上，当需要检修断路器时，将断路器分闸后再把小车拉出，再将备用的小车推入，然后合上备用小车的断路器，即可恢复供电。

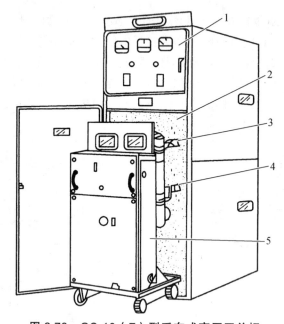

图 2.78　GC-10（F）型手车式高压开关柜

1—仪表屏；2—手车室；3—上触头；4—下触头；5—断路器手车

对手车式开关柜的运行操作需注意：只有当断路器、负荷开关或接触器处于分闸位置时，隔离插头方可抽出或插入；只有当装有断路器的小车处于确切位置时断路器、负荷开关或接触器才能进行分合操作；只有当接地开关处于分闸位置时，装有断路器的小车方能推入工作位置；只有当装有断路器的小车向外拉到试验位或随后的其他位置，即使隔离触头间存在足够大的绝缘间隙后，接地开关方允许合闸。

手车式高压开关柜的主要产品有 KYN 系列、JYN 系列等。

1. KYN 系列金属铠装移开式高压开关柜

KYN 系列户内金属铠装移开式开关柜是消化吸收国内外先进技术，根据国内特点设计研制的，用于接受和分配高压、三相交流 50 Hz 单母线及母线分段系统的电能，并对电路实行控制、保护和检测的户内成套配电装置，主要用于发电厂、中小型电动机送电、工矿企业配电，以及电力系统的二次变电所的受电、送电及大型高压电动机启动及保护等。

如图 2.79 所示为 KYN28A-12 型开关柜的外形图和内部剖面图。该开关柜可分为靠墙安装的单面维护型和不靠墙安装的双面维护型，由固定的柜体和可抽出部件（手车）两大部分组成。

该开关柜完全金属铠装，由金属板分隔成手车室、母线室、电缆室和继电器仪表室，每一单元的金属外壳均独立接地。在手车室、母线室、电缆室的上方均设有压力释放装置，当断路器或母线发生内部故障电弧时，伴随电弧的出现，开关柜内部气压上升达到一定值后，压力释放装置释放压力并排泄气体，以确保操作人员和开关柜的安全。该开关柜配用真空断路器手车，性能可靠、使用安全，可实现常年免维修。该开关柜也具有"五防"功能。

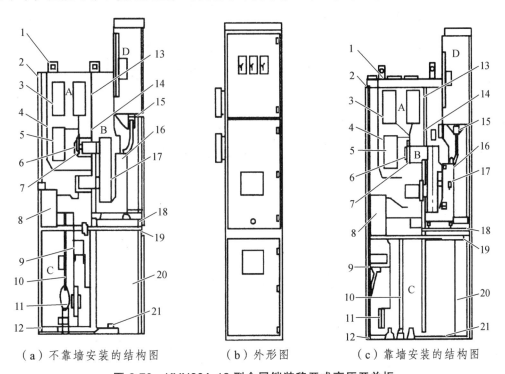

（a）不靠墙安装的结构图　　　（b）外形图　　　（c）靠墙安装的结构图

图 2.79　KYN28A-12 型金属铠装移开式高压开关柜

A—母线室；B—断路器手车室；C—电缆室；D—继电器仪表室
1—泄压装置；2—外壳；3—分支母线；4—母线套管；5—主母线；6—静触头装置；
7—静触头盒；8—电流互感器；9—接地开关；10—电缆；11—避雷器；
12—接地母线；13—装卸式隔板；14—隔板（活门）；15—二次触头；
16—断路器手车；17—加热去湿器；18—可抽出式隔板；
19—接地开关操作结构；20—控制小线槽；2—底板

2. JYN 系列户内交流金属封闭移开式高压开关柜

JYN 系列户内交流金属封闭移开式高压开关柜在高压、三相交流 50 Hz 的单母线及单母线分段系统中作为接受和分配电能用的户内成套配电装置。整个柜为间隔型结构，由固定的壳体和可移开的手车组成。柜体用钢板或绝缘板分隔成手车室、母线室、电缆室和继电器仪表室，而且具有良好的接地装置和"五防"功能。

图 2.80 所示为 JYN2A-10 型金属封闭移开式高压开关柜的外形图和内部剖面图。

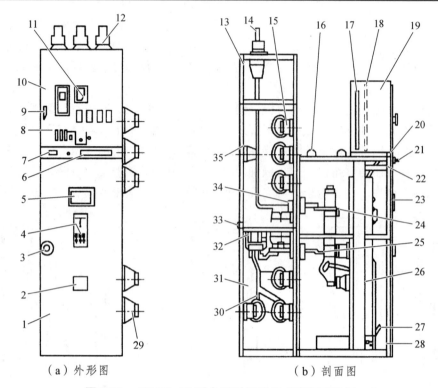

图 2.80　JYN2A-10 型金属封闭移开式高压开关柜

1—手车室门；2—铭牌；3、8—程序锁；4—模拟电路；5—观察孔；6—用途牌；7—厂标牌；
9—门锁；10—仪表室门；11—仪表；12—穿墙套管；13—上进线室；14—母线；
15—支持瓷瓶；16—吊环；17—小母线；18—继电器安装板；19—仪表室；
20—减震器；21—紧急分闸装置；22—二次插件；23—分合指示器；
24—油标；25—断路器；26—手车；27—一次锁定连锁结构；
28—手车室；29—绝缘套筒；30—支母线；31—互感器室；
32—互感器；33—高压指示装置；
34—一次触头盒；35—母线室

二、GIS（全封闭组合电器）

（一）GIS 的特点

GIS 是一种先进的新型成套电气装置，是将断路器、隔离开关、接地开关、电流互感器、电压互感器、避雷器、母线、进出线套管、电缆终端等电气设备，按照二次主接线的要求，依次组成两个整体，将高压带电部分均封闭于接地的金属体内，并充以一定压力的 SF_6 气体作为绝缘介质。图 2.81 所示是 GIS 的结构图。

GIS 具有普通成套配电装置无法比拟的优越性。GIS 的主要特点如下：

1. 小型化

因采用绝缘性能卓越的 SF_6 气体作为绝缘和灭弧介质，能实现小型化，占地面积小。GIS 的占地面积只有普通配电装置占地面积的 10% ~ 20%，所占空间只有普通配电装置所占空间的 1% ~ 10%，且电压等越高，效果越明显。

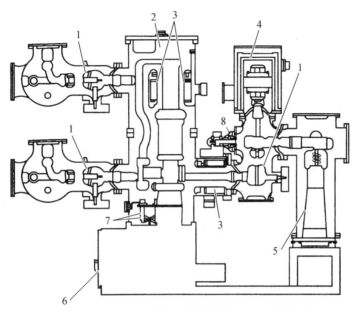

图 2.81　252 kV 三相母线共筒式 GIS 的结构图

1—隔离开关；2—断路器；3—电流互感器；4—电压互感器；5—电缆终端；
6—操动机构箱；7—接地开关；8—线路接地开关

2. 可靠性高

由于带电部分全部密封于惰性气体 SF_6 气体中，坚固的金属外壳（钢板或铝板）使其免受外界的影响，大大提高了可靠性。此外，GIS 具有优良的抗地震性能。

3. 安全性能好

带电部分完全封闭，没有触电危险。SF_6 气体为不燃烧气体，无火灾危险。

4. 杜绝对外部的不利影响

全封闭设备噪声小。对电磁和静电实现屏蔽，对外不产生电磁干扰。

5. 安装周期短

可在工厂内进行整机装配和试验合格后，以单元或间隔的形式运达现场，可缩短现场安装工期，提高可靠性，且扩建非常方便。

6. 维护方便，检修周期长

检修工作量及费用较小，平时的维护工作主要是监视 SF_6 气体的压力和定期测定气体含水量。可连续十几年不需要检修，维护工作量极少。

（二）GIS 的组合元件

GIS 由于采用了金属外壳全封闭的结构，因此其外形与前面所述的成套配电装置在外形上有很大的差别。从外表看，各种 GIS 只是形状各异的金属壳体，无法看到各种高压电气设备的连接情况。实际上其内部也是各种一次设备，但作为 GIS 的组合元件，各一次设备也有各自的特点。

（1）断路器：断路器常采用性能优良的 SF_6 气体断路器，在电压等级较低的场合，有时可以采用真空断路器，构成 SF_6 气体绝缘金属封闭的真空开关柜。

（2）隔离开关：隔离开关与传统的隔离开关有很大区别，外观上并无明显断点。按触头运动的方式，主要有转动式和直动式两种。

（3）接地开关：接地开关一般和隔离开关组合在一起，由同一机构进行操作。接地开关有低速和高速两种，快速接地开关必须具备关合短路电流的能力。

（4）电流互感器：电流互感器主要有两种结构。一种是以 SF_6 气体为主绝缘装在金属壳内的贯穿式，即一次导体就是互感器的一次绕组，可用于母线侧，又可用于断路器侧；另一种是开口式电缆结构，用于母线侧。

（5）电压互感器：电压互感器在结构上和一般电压互感器相同，分为电容式和电磁式两种。电容式主要用于电压等级较高的场合。

（6）避雷器：避雷器一般采用金属氧化物避雷器。金属氧化物避雷器体积小、保护性能优良的特点很适合 GIS。

（7）母线：母线的布置形式主要有三相共筒式和分相式两种。三相共筒式是将三相母线封闭于一个金属圆筒内。分相式是将三相母线分别封闭在三个金属圆筒内。

（8）充气套管与电缆密封终端：组合电器的进出线与架空线连接采用充气（SF_6）套管。进出线与电缆的连接则采用电缆密封终端。

GIS 是一种性能优越的成套电气装置，其应用日益广泛，特别是在室内、地下（地铁供电系统）或电压等级较高的场合，GIS 的优越性是其他成套装置无法比拟的。因此，GIS 将成为未来高压成套电气装置的主流。

本章小结

一、牵引供电系统的电气设备

牵引供电系统的电气设备可分为一次设备和二次设备两大类，一次设备是牵引供电系统的主体，二次设备是牵引供电系统安全可靠运行的重要保障。在变电所中，直接用来接受电能、改变电压和分配电能以及相关的所有设备，均称为一次设备，或称为主设备。由一次设备构成的电路称为一次电路或主电路。电气设备按功能可分为：开关电器、变换电器、保护电器、补偿电器、成套装置和组合电器。

开关电器中常用的灭弧方法有提高触头的分闸速度、采用多断口灭弧、吹弧、短弧原理灭弧、利用固体介质的狭缝狭沟灭弧。

二、高压断路器

高压开关电器主要用于高压电路中分合电路。其种类较多，主要包括高压断路器、高压隔离开关和高压负荷开关等。

最主要的开关设备是高压断路器，不但用于正常的主电路开合控制操作，也用于开断短路电流，快速切除故障。高压断路器主要有少油断路器、SF₆断路器、真空断路器、压缩空气断路器、磁吹断路器等。

三、高压隔离开关与高压熔断器

隔离开关主要用于隔离电源。隔离开关分闸后断口非常明显，而且断口在各种过电压之下都不会击穿，具有足够的绝缘能力，从而保证检修的安全。隔离开关同时可以用于通断小电流电路。隔离开关的操作原则是不带负荷操作。

高压负荷开关是介于高压断路器和隔离开关之间的一种开关设备。高压负荷开关的主要作用是通断正常的负荷电流，也可以切断一定的过载电流，断开后有明显的断口，可隔离电源。

熔断器保护是高低压电路中最简单的一种过电流保护方式。熔断器分高压熔断器和低压熔断器。高压熔断器主要用于高压线路、电力变压器和电压互感器的短路或过载保护。低压熔断器主要用于低压配电系统的短路或过载保护。

四、牵引变压器

牵引变压器是变电所中最重要的一次设备，其主要功能是变换电压和传输电能，将一次侧的电能通过电磁能量转换的方式传输到二次侧，同时根据应用的需要将电压升高或降低，完成电能的输送和分配。常用变压器可分为油浸式变压器和干式变压器两大类。牵引变压器主要采用油浸式变压器。

五、互感器

互感器是一次电路和二次设备之间的联络设备。其作用是将二次电气设备与高压、大电流的一次电路隔离，解决绝缘问题，保证操作人员和二次设备的安全；将高压、大电流统一变换成标准的低压、小电流。一方面，它与二次测量设备相配合，测量变配电所进、出线等处的电压、电流等各种参数；另一方面，它与二次控制、保护设备相配合，实现对一次设备的控制和保护。互感器分为电压互感器和电流互感器。

六、电容器、电抗器和静止无功补偿装置

目前，牵引变电所中采用的高压电容器主要有并联电容器、串联电容器和耦合电容器三种。牵引变电所中电抗器与电容器一般串联。电抗器的作用是：在电容器组投入电网运行时，限制合闸涌流对电容器的袭击；防止切除电容器时，断路器触头间电弧的重燃；防止电容补偿装置与电力系统发生高次谐波并联谐振，抑制、吸收牵引负荷的高次谐波。电气化铁路常用的电抗器有铁芯油浸式电抗器和干式空心电抗器。

七、避雷器、放电保护器、抗雷线圈及电抗器

避雷器是架空线路或变电所电气设备的防雷保护设备之一。避雷器与被保护的设备并联并且一端接地，通过避雷器放电来限制被保护电气设备电压的升高。避雷器的常用类型主要有保护间隙、管型避雷器、阀型避雷器等。

放电器的作用是当由于某种原因造成 AT 高压侧的套管闪络或避雷器短路时，有利于变电所馈线的继电保护的动作。放电器还可提高对邻近通信线的防护效果，并提高信号轨道电路的工作可靠性。

抗雷线圈实际上是一个空心的电感线圈，作用是使雷电波头被拉平，使其波形上升的陡度减小。

电抗器能防止补偿装置与系统发生高次谐波并联谐振，吸收牵引负荷高次谐波，并限制装置投入时的合闸涌流，以及在发生短路故障时限制短路电流，从而保护电容器。

八、功率因数补偿装置

电能用户在电网高峰时的负荷功率因数，高压用户应不低于 0.9，其他用户应不低于 0.85。电力电容器是最常采用的功率因素补偿装置。对于急剧变化的负荷，常采用静止无功补偿装置，不需要通过机械触点动作即可控制补偿设备的投切，避免因负荷频繁变化而影响投切开关的寿命。

九、成套配电装置

成套配电装置可分为高压成套配电装置和低压成套配电装置。高压开关柜是常用的高压成套配电装置，根据一次电路的要求可分别组合为进线柜、馈线柜、联络柜、电压互感器柜、避雷器柜等。高压开关柜分为固定式和手车式两大类。高压开关柜一般具有防止误操作和保证人身安全的闭锁装置。其闭锁就是为了实现"五防"功能。低压成套电器装置将一次、二次设备组合在一起，在低压配电系统中作为动力、照明与低压供电电源连接之用。低压成套电器装置主要有低压配电屏和动力与照明配电箱两种。

思 考 题

1. 气体电弧有什么特征？对电力系统和电气设备有哪些危害？
2. 开关电器中常采用的基本灭弧方式有哪些？
3. 高压隔离开关的作用是什么？其操作有何注意事项？
4. 高压熔断器的作用是什么？常用高压熔断器有哪些类型？各应用在什么情况下？
5. 高压断路器的主要作用是什么？其结构有何特点？
6. 常用的高压断路器有哪些类型？各有何特点？
7. 高压断路器的型号的含义是什么？
8. 真空灭弧室主要由几部分组成？各部分的作用是什么？
9. 试写出两种牵引变电所常用的隔离开关的型号。
10. 隔离开关配合断路器进行停、送电操作时，应遵守的安全操作规定是什么？
11. 什么是成套配电装置？高压开关柜的"五防"措施指的是什么？
12. 电压互感器的功能是什么？使用中有哪些注意事项？
13. 电流互感器的功能是什么？使用中有哪些注意事项？

14. 运行中的电流互感器二次侧为什么不允许开路？如何防止运行中的电流互感器二次开路？

15. 互感器的二次侧为什么必须接地？

16. 避雷器的作用是什么？主要有哪些类型？

17. 牵引供电系统中为何要进行电容补偿？

18. 什么是 GIS？GIS 有何优点？

19. 避雷器、抗雷线圈、电抗器、放电器的作用是什么？

第三章 电气主接线及高压配电装置

本章要点：

电气主接线和高压配电装置是牵引变电所和各种供变电装置的主体部分，它决定了牵引变电所的结构及运行方式，对牵引变电所的经济性、可靠性和运行安全起着决定作用。通过本章的学习，应了解电气主接线的基本概念，重点掌握牵引变电所（包括开闭所和分区所）主接线的形式、特点、运行方式，了解高压配电装置的结构要点及布置原则，为牵引变电运行、维护和管理奠定理论基础。

第一节 牵引变电所电气主接线

一、电气主接线概述

（一）电气主接线的基本概念

牵引变电所（含开闭所、分区所）的电气主接线是指由断路器、隔离开关、避雷器、主变压器、电压互感器、电流互感器、母线和电缆等高压一次设备，按一定的顺序连接起来用以接受和分配电能的电路。

表明一次电气设备相互连接关系和工作原理的电气接线图，称为主接线图。在主接线图上，各种设备以规定的文字符号、图形符号和设备之间的连线来表示，并标明各主要设备的规格、数量和型号。电气主接线构成了牵引变电所电气部分的主系统，反映了各设备的连接方式、各电气回路间的相互关系和牵引变电所的基本结构和功能。它能表明本系统在运行中与高压电网的连接方式、电能的输送和分配关系、一次设备的运行方式，是实际运行操作的依据。

主接线图一般用单线图表示。单线图是表示三相相同的交流电气装置中一相连接顺序的图，当三相不完全相同时，则用三相图表示。

在主接线图中使用的图形符号和文字符号均采用国际标准符号。电气设备的状态按正常状态画出。所谓正常状态就是指电路中无电压和外力作用下开关的状态，即断开状态。例如，隔离开关都是以断开状态画出，如果是特殊情况则应注明。供安装使用的电气主接线图，在图上要标出主要电气设备的规格、型号。

（二）对电气主接线的基本技术要求

1. 可靠性

牵引变电所电气主接线的设计应当能保证对牵引负荷和地区负荷的供电和电能质量。

牵引负荷和部分地区负荷均为一级负荷，必须保证供电的安全性和可靠性。要保证牵引变电所电源引入可靠，选择主接线时要考虑在电路的转换、设备的检修和事故的处理时供电的可靠性和连续性。为了满足电能质量的要求，主接线应在变压器接线方式、谐波补偿和调压方面注意改善电能质量。

2. 操作方便

电气主接线应力求简单、清晰且操作方便。

由于接触网事故较多，检修频繁，故牵引变电所倒闸作业较多。主接线越简单清晰，操作程序越少，操作越方便。

3. 灵活性

电气主接线应可以适应多种运行方式，且检修、维护安全方便。

在系统和变电所设备故障时，能灵活、简便、迅速倒换运作方式，且停电时间和范围最小。在占地面积一定时，接线越简单，越能满足检修设备需要的安全距离。

4. 经济性

主接线决定了电气设备的数量和运行方式，从而影响到基本的投资和运行费用。在满足供电可靠性和运行灵活性的基础上，尽量使投资和运行费用最省。

5. 发展扩建的可能性

牵引变电所主接线应在设备检修和事故处理等情况下，能保证向牵引负荷安全、可靠、灵活、经济地供电。而且在设计时应考虑将来的发展和扩建的方便。设计主接线要考虑到远景规划，在需要的时候可以很方便地改造和扩建。

二、牵引变电所常见电气主接线形式

牵引变电所是从电力系统高压电网获取电能，经变电所变压后输送给牵引网。通常把接电力系统高压电网一侧称为一次侧或高压侧，将接牵引网的一侧称为二次侧或牵引侧。

国内常用的牵引变电所一次侧电压等级是 110 kV 和 220 kV。由于牵引负荷属于一级负荷，所以引入电源最少应有两路，牵引变电所的主变压器一般为两台。牵引变电所根据在电网中的位置、重要程度和从电力系统取得电源的方式不同，可分为下列几种形式：

（1）中心变电所。具有 4 路及以上电源进线并有系统功率穿过，除了完成一般牵引变电所的功能，还向其他牵引变电所供电。

（2）中间（或终端）牵引变电所。变电所有 2 路电源进线的为中间（或终端）牵引变电所，其中有系统功率穿越的称为通过式变电所，没有系统功率穿越的称为分接式变电所。系统功率穿越是指该变电所的汇流母线上有其他变电所的负荷电流通过。

图 3.1 中 SS1、SS7 为中心牵引变电所，SS2、SS4、SS6 为分接式牵引变电所，SS3、SS5 为通过式牵引变电所。

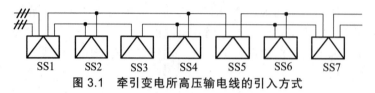

图 3.1　牵引变电所高压输电线的引入方式

不同类型的牵引变电所采用不同形式的电气主接线。一次侧主接线三相完全相同，一般用单线图表示。

（一）桥形接线

当牵引变电所只有两条电源线路和两台变压器，且有系统功率穿越时采用桥形接线。通过式牵引变电所一次侧常采用桥形接线。

两回路电源引入线分别经过断路器接至两台主变压器，在两条电源引入线之间用带断路器的横向母线将它们连接起来，这就是桥形接线。带断路器的横向母线通常称为接线桥，连接桥可以使系统功率穿越变电所。

桥形接线根据连接桥设置的位置不同，又可分为外桥接线和内桥接线两种形式，如图 3.2 所示。

1. 内桥接线

如图 3.2（a）所示，这种接线的连接桥设在两电源线进线断路器的内侧，断路器 QF1、QF2 属于电源进线回路，而变压器回路只设隔离开关控制。为了提高内桥接线的供电可靠性和运行灵活性，一般在进线断路器的外侧再设置一条带隔离开关的横向母线（称为外跨条）。外跨条上安装两组隔离开关的目的是便于它们轮流停电检修。

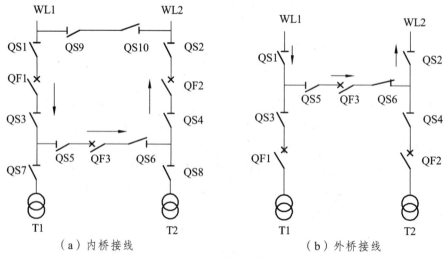

（a）内桥接线　　　　　　　　　（b）外桥接线

图 3.2　桥形接线

下面我们通过实例分析一下这种接线方式的特点。

变电所正常运行时，连接桥是接通的，系统功率从连接桥穿越变电所，外跨条的隔离开关断开。

例如，正常运行时 WL1 方向电源供电，WL2 方向电源备用，系统功率由 WL1 高压输电线经过变电所连接桥供给 WL2 方向上的其他负荷。牵引变电所内 T1 运行，T2 备用。也就是图中除了 QS8、QS9 和 QS10 断开其他开关闭合。

下面分析故障情况下的倒闸作业步骤：

（1）若 WL2 线路故障，断开 QF2，再断开 QS4、QS2，即可检修线路。

（2）若需检修 QF1，则闭合外跨条隔离开关 QS9、QS10，断开 QF1，再断开 QS3、QS1，即可检修 QF1。由于外跨条的作用，这样既不影响系统功率穿越，也不会造成主变压器停电。

（4）若需要倒换主变压器，即 T1 退出运行、T2 投入运行，操作步骤是：

① 闭合 QS9、QS10，以利于系统功率穿越；

② 断开 QF3，QF2；

③ 闭合 QS8，再闭合 T2 低压侧隔离开关（图中未画出）；

④ 闭合 QF3、QF2，再闭合 T2 低压断路器（图中未画出）；

⑤ 断开 T1 低压侧断路器（图中未画出），断开 QF1、QF3；

⑥ 断开 T1 低压侧隔离开关（图中未画出），再断开 QS7；

⑦ 闭合 QF1、QF3；

⑧ 断开 QS9、QS10。

在此倒闸作业过程中，牵引负荷侧不会停电。

从上述例子可以看出：一路电源故障时，该电源进线断路器断开故障电源，另一路电源通过桥路向两台变压器供电，不影响低压侧供电。需进行变压器故障检测或改变运行方式，高压侧要断开电源进线和桥路两个断路器，才能使变压器退出（或投入）运行。此时桥路上的穿越功率通过外跨条，由于外跨条上无断路器，所以它适合于电源线路长、电源侧故障检修机会较多、牵引变压器不需要经常切换的牵引变电所。

2. 外桥接线

当我们在内桥接线的基础上去掉外跨条，将连接桥的位置移至断路器 QF1、QF2 外侧，这就是外桥接线，如图 3-2（b）所示。此时 QF1、QF2 属于变压器回路，而电源进线回路只设隔离开关。我们仍按内桥接线的假设条件来分别进行线路停电和变压器切换的倒闸作业，会发现外桥接线与内桥接线的特点相反，因主变压器回路都有断路器，变压器故障检修或改变运行方式时，操作简单、方便，不影响电源线路正常供电；但当电源线路故障检修时，由于电源进线上无断路器，高压侧要断开对应的变压器回路和桥路两个断路器，才能切除故障电源，这将影响对变压器回路的供电。所以，它适合于电源线路不长、故障检修停电的机会少、变压器需经常切换的牵引变电所。

总之，桥形接线中，两回路电源、两台主变压器只用 3 套断路器，断路器数量较少，配电装置简单、清晰，且便于发展成单母线或双母线。因此，桥形接线广泛用于 35 kV 至 220 kV 的环形供电网络的电力系统中。

3. 双断路器桥形接线

桥形接线属于无母线的接线形式，简单清晰，设备少，造价低，也易于发展过渡为单母线分段或双母线接线。但因内桥接线中变压器的投入与切除会影响到线路的正常运行，外桥接线中线路的投入与切除会影响到变压器的运行，而且更改运行方式时需利用隔离开关作为操作电器，故桥式接线的工作可靠性和灵活性较差。

为了提高供电可靠性，克服内桥、外桥接线的不足，使运行方式的调度操作更为方便，确保安全可靠供电，可在高压母线与主变压器进线之间增设断路器，如图 3.3 所示。这种接线方式在 35/10 kV 的变电站中大量采用。

桥形接线在牵引变电所中应用较少。

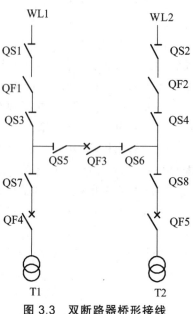

图 3.3 双断路器桥形接线

（二）分支接线（双 T 接线）

当牵引变电所只有两条电源线路和两台变压器，且电源进线较短，无系统功率穿越时，普遍采用分支接线。分接式牵引变电所采用分支接线。

分支接线的电源进线是从电力系统区域变电站高压母线上分支接入（T 形连接）变电所，因为无系统功率穿越，故两电源进线之间不需要连接桥，考虑到运行的灵活性，保留只有隔离开关的跨条，如图 3.4 所示。

目前采用分支接线的牵引变电所一般采用一回路电源线路主供（通常是电气化铁路专用线路），另一回路电源线路备用；两台主变压器采用一台投入运行，另一台备用的运行方式。这样就可以再分成两种直列供电和两种交叉供电的运行方式。直列供电是指电源线路给直接相连变压器供电，如 WL1 向 T1 供电；交叉供电是指电源线路通过跨条给变压器供电，如 WL1 向 T2 供电。

下面来看一下分支接线的运行方式的转换情况。

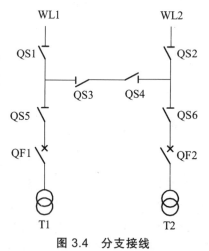

图 3.4 分支接线

1. 电源线路的转换

电源线路正常转换方式受电源参数影响，在电源引入时应与电力部门协商确定好。它可以分成下列两种方式：

（1）两路电源允许在 25 kV 牵引侧并联。

在这种条件下，如果先采用 WL1 向 T1 的直列供电方式，此时 QS1、QS5、QS3、QS6、QF1 闭合，QS2、QS4、QF2 断开；要转换成 WL2 向 T2 供电，倒闸步骤是：

① 确认 2#电源 WL2 电压正常；

② 闭合 QS2；

③ 再闭合 QF2，此时 25 kV 牵引侧并联；

④ 断开 QF1；

⑤ 再断开 QS1。

QS5、QS6 是手动隔离开关，正常运行时一般处于闭合状态，只有检修设备或试验需要时才断开。在这次倒闸作业过程中没有中断向牵引负荷供电。

（2）两路电源不允许在 25 kV 牵引侧并联。

当电源参数变化时，我们再看一下上述运行方式转换的倒闸步骤：

① 确认 2# 电源电压正常；

② 闭合 QS2；

③ 断开 QF1（中断向牵引负荷供电）；

④ 再闭合 QF2（牵引负荷恢复供电）；

⑤ 断开 QS1。

电源线路故障时，线路继电保护及自动装置会自动完成电源转换。假如正常运行时还是采用上面所述运行方式，当 WL1 线路故障时，反应该故障的继电保护装置动作，使 QF3 自动分闸，WL1 失压后，QF1 在失压保护作用下自动分闸，T1 将自动退出。电力系统的备用电源自动投入装置将使 QF4 自动合闸。在与电力系统联系后，断开 QS1，闭合 QS2，再闭合 QF2。这样就从 1# 电源直列供电转换成 2# 电源直列供电。在这个过程中会出现全所失压，牵引负荷断电。

2. 主变压器的转换

先看主变压器正常转换。正常运行还是采用 1# 电源直列供电，将 T1 退出，投入 T2，倒闸步骤如下：

① 闭合 QS4；

② 闭合 QF2（两台主变压器并联运行）；

③ 断开 QF1。

这样倒闸不会中断对牵引负荷供电。变压器故障时转换时，采用同前所述运行方式时，T1 故障，则反应该故障的继电保护装置动作，使 QF1 自动分闸，切除主变压器，同时备用电源自投装置动作，使 QS4、QF2 自动合闸，T2 投入运行，转换成 WL1 向 T2 供电的交叉供电方式。

分支接线中，两回路电源、两台主变压器只用两套断路器，主接线简单。牵引变电所电源线路不需要设置继电保护装置，使所内二次接线装置相对简单，节省了投资。分支接线在牵引变电所中的应用非常广泛。

（三）单母线接线

1. 单母线接线

前面所介绍的一次侧主接线回路数少，不需要汇流母线。对于中心牵引变电所，电源引入回路数较多，主变压器一般为两台，为使每一台主变压器能从任一电源回路获得电能，这就需要设置汇流母线，以便将各电源回路电能汇集起来，再分配到各个用电回路，以提高供电的可靠性和经济性。

如果电源回路和用电回路都通过断路器、隔离开关接在同一套母线上，则构成单母线接线，如图 3.5 所示。

这种接线的特点是：

（1）断路器的套数等于母线回路数，没有备用。

（2）结构简单、清晰，配电装置较少，经济性好，并能满足一定的可靠性。

（3）每回路都有断路器可切断负荷电流或故障电流。检修断路器时，可用两侧隔离开关将断路器与电源隔离，以保证检修人员安全。

（4）检修任一回路断路器时，仅该回路停电，其他回路不受影响。

（5）任一用电回路可从任一电源回路获得电能。

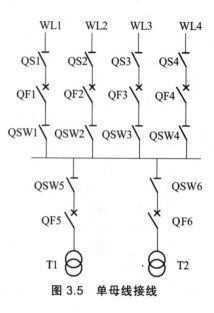

图 3.5　单母线接线

这种接线方式的缺点是任一断电器及其隔离开关故障和检修将造成该回路停电，母线或母线隔离开关故障和检修时造成全所停电，供电可靠性不高。这种接线只适用于对可靠性不高的 3～35 kV 的地区负荷。

为了克服单母线接线的缺点，可以用断路器或隔离开关将母线分段，以提高供电的可靠性和运行的灵活性；或增设旁路母线和相应的设备，使检修断路器时该回路不停电。

2. 单母线分段的接线

图 3.6 所示是断路器分段的单母线接线。这种接线的特点是用分段的断路器 QFB 将母线分成负荷大致相等的 2～3 段，电源回路和同一负荷的双回路馈电线应分别连在不同的分母线上。

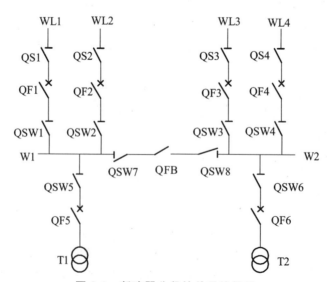

图 3.6　断路器分段的单母线接线

正常运行时，分段断路器 QFB 闭合，使系统功率穿越。这样，当检修母线或与母线相连的隔离开关时，停电范围会缩小一半；母线发生故障时，分段断路器在继电保护装置的作用下自动分闸，将故障段母线隔开，保证非故障母线继续运行。

如果仅将图 3.6 中的母线分段断路器去掉，其余接线不变，这样的接线称为隔离开关分段的单母线接线，如图 3.7 所示。当分段隔离开关 QS$_d$ 投入，两段母线同时运行期间，若任一段母线发生故障，因隔离开关不能带负荷分断，故与不分段单母线接线一样，仍将造成全所短时停电。只有与母线相连的所有断路器跳闸后，才可以用分段隔离开关 QS$_d$ 将故障段母线隔开，方能恢复非故障段母线的运行。所以，牵引变电所 110 kV 侧母线不采用隔离开关分段的单母线接线，其主要应用在牵引变电所 27.5 kV（55 kV）侧。

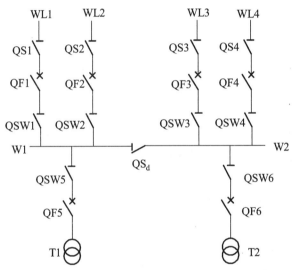

图 3.7　隔离开关分段的单母线接线

采用这种接线时，各段母线可以轮流检修，供电可靠性有所提高。它适用于功率不大的 3 ~ 35 kV 地区负荷和 110 kV 电源进线较少的变电所中。

3. 带旁路母线的单母线接线

1）单母线带旁路母线接线

如图 3.8 所示，在工作母线外侧增设一组旁路母线，并经旁路隔离开关引领到各引出线的外侧。另设一组旁路断路器 QFP（两侧带隔离开关），跨接于工作母线与旁路母线之间。

当任一回路的断路器需要停电检修时，例如 WL1 回路，该回路可经旁路隔离开关 QSR1 绕道旁路母线，再经旁路断路器 QFP 和其两侧的旁路隔离开关 QSR 和 QSW 从工作母线取得电源。此途径即为"旁路回路"，或简称"旁路"。

平时旁路断路器和隔离开关均处于分闸位置，旁路母线不带电。当需要检修某线路断路器时，首先合上旁路断路器两侧的隔离开关，然后合上旁路断路器 QFP 向旁路母线空载升压，检查旁路母线无故障后，再合上该线路的旁路隔离开关。此后，断开该出线断路器及其两侧的隔离开关，这样就由旁路断路器代替了该出线断路器工作。

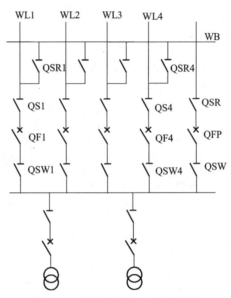

图 3.8 单母线带旁路母线接线

单母线带旁路母线接线方式的最大优点是供电可靠性高。对线路断路器进行故障检修时，该回线路可不停电进行检修，供电可靠，运行灵活，故该接线方式适用于向重要用户供电，尤其适合出线回路较多的变电所。该接线方式适用于 110 kV 及以下电压等级的母线。

旁路断路器在同一时间只能代替一个线路断路器工作。但母线出现故障或检修时，仍会造成整个主母线停止工作。为了解决这个问题，可以采用带旁路母线的单母线分段接线。

2）带专用旁路断路器的单母线接线

为了提高单母线分段接线的供电可靠性，解决断路器检修时没有备用的问题，再设置一套备用母线 WB，称为旁路母线，每段工作母线设置一套旁路断路器 QFR 与旁路母线相连，每一回路均装设一台旁路隔离开关 QSR 与旁路母线相连，这就是单母线分段带旁路母线的接线，如图 3.9 所示。

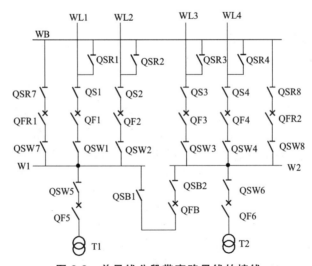

图 3.9 单母线分段带旁路母线的接线

正常运行时，旁路断路器和旁路隔离开关都是断开的，其他开关则闭合，旁路母线不带电。当任一回路断路器需要检修时，可用旁路断路器代替其工作。旁路母线的作用是通过旁路隔离开关将要检修断路器的回路接到备用的旁路断路器上。例如，QF1 需要检修，倒闸步骤是：

① 闭合 QSR7 和 QSW7；

② 闭合 QFR1，试验 WB 是否完好（如果 WB 有故障，QFR1 上的继电保护装置会作用于 QFR1 分闸）；

③ 断开 QFR1，将 QF1 的继电保护装置转换至 QFR1 或接入备用的继电保护装置；

④ 闭合 QFR1；

⑤ 闭合 QFR1，使 QFR1 与 QF1 并联；

⑥ 断开 QF1；

⑦ 断开 QSW1 和 QS1。

这种接线提供了公共备用的断路器，在检修、调试、更换断路器和继电保护装置时都可不必停电。它广泛应用于牵引负荷和 35 kV 以上线路中，特别是负荷较重要，线路断路器较多，检修断路器不允许停电的场合。其主要缺点是设备较多，接线较复杂，倒闸作业较复杂，配电装置的占地面积大。

3）分段断路器兼作旁路断路器的接线

为了减少变电所投资，根据变电所在电力系统中的重要程度，以及对供电可靠性的具体要求，可在图 3.9 的基础上进一步简化，将分段断路器和旁路断路器合并为一套断路器，这就是分段断路器兼作旁路断路器的单母线接线。

分段断路器兼作旁路断路器的接线如图 3.10 所示。该接线可以减少设备，节省投资。在正常工作时，这种接线按照单母线分段运行，即工作母线侧的隔离开关 QS1 和 QS2 接通，分段断路器 QFD 接通，Ⅰ 段母线 W1 和 Ⅱ 段母线 W2 并联工作；而分段断路器 QFD 的旁路母线侧的隔离开关 QS3 和 QS4 断开，旁路母线 WP 不带电。当 Ⅰ 段母线 W1 上的出线断路器需要检修时，为了使两个分段母线 W1 和 W2 能保持联系，先合上分段隔离开关 QSD，然后断开断路器 QFD 和隔离开关 QS2，再合上隔离开关 QS4，然后合上 QFD。如果旁路母线是完好的，QFD 不会跳开，则可合上待检修出线的旁路隔离开关，最后断开要检修的出线断路器及其两侧的隔离开关，就可对该出线断路器进行检修。检修完毕后，使该出线断路器投入运行的操作顺序与上述的相反。

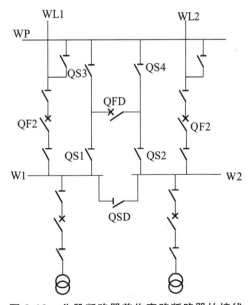

图 3.10　分段断路器兼作旁路断路器的接线

4）旁路断路器兼作分段断路器的接线

旁路断路器兼作分段断路器的接线如图 3.11 所示。这种接线正常运行时，QSB 和所有旁路隔离开关断开，其他开关均闭合，QFB 将工作母线分成两段工作母线，起到分段断路器的作用。

当其中一段工作母线需要检修时，如 W1 需检修，可以断开 QF1、QF2、QF5、QFB，此时 QSB 起到将两段母线隔离的作用，W2 及其所连接的线路和变压器正常运行，并且可以通过闭合 QSR1、QSR2 保证系统功率穿越不受影响。

当任一线路断路器需要检修时，可以用 QFB 代替其工作，具体倒闸步骤读者可根据所学知识自行练习。

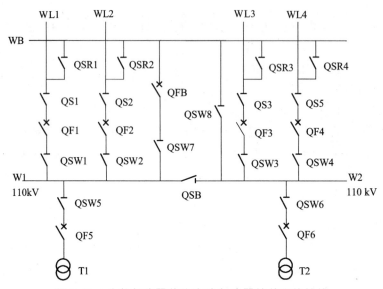

图 3.11　分段断路器兼作旁路断路器的单母线接线

（四）双母线连接

双母线接线中有两套母线，两套母线通过母联断路器 QFB 连接起来，每条电源回路和馈电线经断路器后通过两台隔离开关分别与两条母线连接，如图 3.12 所示。

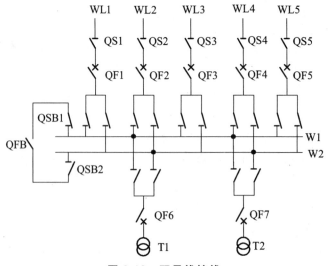

图 3.12　双母线接线

　　一般情况下，正常运行时，一套母线 W1 工作，一套母线 W2 备用，所有与工作母线连接的隔离开关闭合，与备用母线连接的隔离开关断开，母联断路器 QFB 断开，QFB 两侧隔离开关 QSB1 和 QSB2 闭合。

　　这种接线的特点：

　　（1）轮流检修母线时不中断装置工作和正常供电。

　　（2）在工作母线发生故障时，可将全部回路迅速转移到备用母线上，缩短停电时间。

　　（3）检修任一母线隔离开关只使本回路停电。

　　（4）检修任一回路断路器，可以用母联断路器代替被检修的断路器，停电时间短。

　　（5）在运行中的任一回路断路器，如果因故拒动或不允许操作，可利用母联断路器来断开该回路。

　　这种接线有较高的可靠性和运行灵活性，将来扩展增加回路也比较方便。

　　这种接线适用于变电所电源回路较多（4 回路以上），且需要给其他变电所输送大功率的枢纽变电所。

三、牵引变电所负荷侧电气主接线

　　国内用的牵引侧的电压等级是 27.5 kV 和 55 kV 两种电压等级。由于牵引负荷是单相供电，三相电气装置不尽相同，所以牵引侧的主接线是用三线图表示的。牵引负荷侧主接线包括牵引变电所低压侧、开闭所、分区所、自耦变压器所的主接线。牵引负荷侧主接线形式主要与以下因素有关。

（一）电源进线（主变压器牵引侧母线的接线）

　　电源进线主要采用的有单母线接线、隔离开关分段单母线接线。此外，它与牵引变压器的类型和接线方式以及它的备用方式有关。

1. 主变压器采用 YN，d11 接线

　　牵引侧只设 A、B 两相单母线，变压器副边 a、b 两相通过两套电流互感器和断路器分别与对应相单母线连接，变压器 c 相端子经电流互感器接至地和钢轨，如图 3.13 所示。

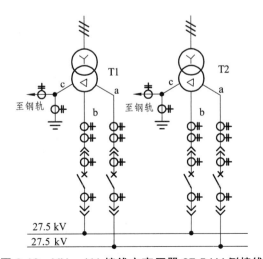

图 3.13　YN，d11 接线主变压器 27.5 kV 侧接线

2. 主变压器采用单相 V/V 接线

由于变压器是单相接线，故采用单相单母线接线，两变压器的副边一端（a 或 b 相）分别经一套断路器连接至母线上。由于相位不同，所以必须设两台隔离开关将母线分段。由于变压器采用移动备用方式，所以在两台分段隔离开关之间的母线上设置移动变压器专用断路器，如图 3.14 所示。

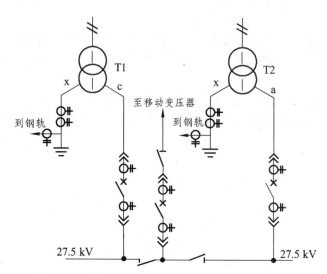

图 3.14　单相 V/V 接线主变压器 27.5 kV 侧接线

3. 主变压器采用三相−两相斯科特接线

如图 3.15 所示，变压器 M 座、T 座副边的两个端子分别引接至避雷器、反斯科特接线的自用变压器，以及经电流互感器和电动隔离开关接至牵引母线。母线采用电动隔离开关分断。

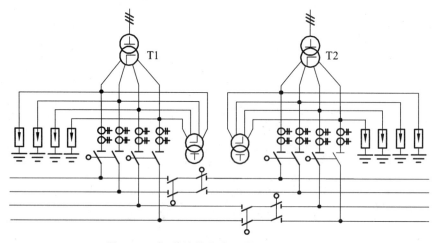

图 3.15　斯科特接线变压器 55 kV 侧接线

（二）牵引侧馈线的接线

牵引侧馈线的接线与馈线数目、电气化铁路的年运量、单线或复线以及其他铁路电力负荷和地区负荷有关。由于接触网的工作条件差且无备用，接触网比一般架空线路的故障概率高，因此对给接触网送电的馈线断路器的备用方式比一般馈线断路器的要求高。按馈线断路器的备用方式不同，牵引侧馈线分为以下几种：

1. 馈线断路器 100%备用的接线

如图 3.16 所示，这种接线在工作断路器需检修时，即备用断路器代替。断路器的转换操作简便，供电可靠性高，但一次投资较大，适合于单线电气化区段牵引母线不同的场合。

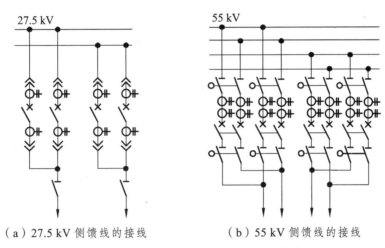

（a）27.5 kV 侧馈线的接线　　　　　（b）55 kV 侧馈线的接线

图 3.16　馈线断路器 100%备用的接线

2. 馈线断路器 50%备用的接线

如图 3.17 所示，这种接线适用于单线区段牵引母线同向的场合和复线区段每相牵引母线只有两条馈线的场合，并且馈线只向接触网供电。每两条馈线设一台备用断路器，通过隔离开关的转换，备用断路器可替代任意断路器工作。牵引母线用两台隔离开关分段是为了便于两段母线轮流检修。

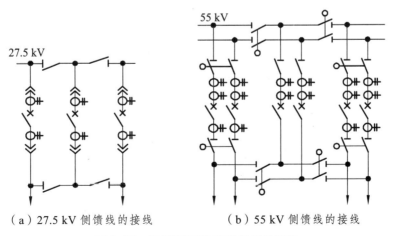

（a）27.5 kV 侧馈线的接线　　　　　（b）55 kV 侧馈线的接线

图 3.17　馈线断路器 50%备用的接线

3. 带有旁路断路器和旁路母线的接线

如图 3.18 所示，这种接线方式适用于每相牵引母线的馈线数目较多（如变电所设在枢纽地区或大的区段站处）的场合，以减少备用断路器的数量。通过旁路母线，旁路断路器可代替任一馈线断路器工作。

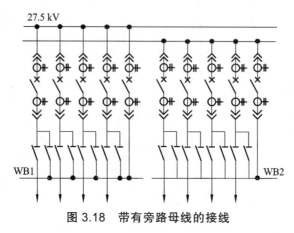

图 3.18　带有旁路母线的接线

四、开闭所、分区所、AT 所电气主接线

（一）开闭所电气主接线

开闭所也称辅助供电分区所，其作用之一是将长供电臂分段，以便发生故障时缩小停电范围；另一作用是扩大馈线数目，起到配电所的作用。

1. 直供和 BT 供电方式下的开闭所

开闭所一般设两路电源进线。在单线区段，两路电源从相邻两供电的接触网引入；复线区段，电源可由统一供电分区的上下行接触网由相邻两供电的接触网引入。开闭所的馈线所一般在三回路以上，所以采用单母线带旁路母线主接线形式，旁路断路器作为备用，如图 3.19 所示。

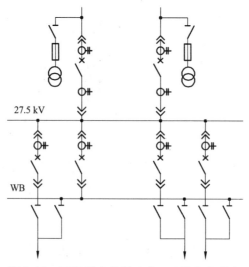

图 3.19　开闭所主接线（非 AT 供电方式）

2. AT 供电方式下的开闭所

由于 AT 供电系统的供电距离长，两变电所间可达近百千米，往往在牵引变电所与分区所之间设开闭所，将长供电分区分段，可实行上、下行牵引网并联供电，如图 3.20 所示。

正常工作时，QF1、QF2、QF3 处于合闸状态，QS1 ~ QS4 均闭合，QS5 和 QS8 或 QS8 或QS6 和 QS7 两组隔离开关中任意一组闭合，另一组断开。上、下行牵引网任一线路故障时，如上行线变电所至开闭所区段发生故障，QF1 和 QF3 在继电保护装置作用下自动分闸，上行线开闭所至分区所段以及下行线路继续工作，缩小了事故停电范围。图中 T 是指所用变压器。

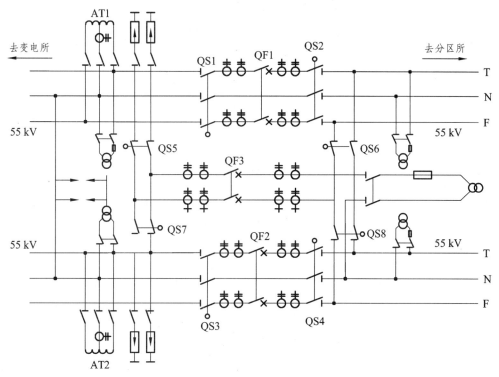

图 3.20　开闭所主接线（AT 供电方式）

（二）分区所电气主接线

分区所的作用是提高接触网末端水平电压，减少能耗以及必要时实现越区供电。单线区段的分区所主接线如图 3.21 所示。正常运行时，分区所内断路器及两侧隔离开关断开。闭合则可实现双边供电和越区供电。

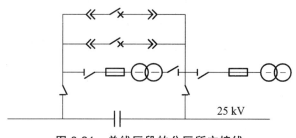

图 3.21　单线区段的分区所主接线

直供或 BT 供电方式下，复线区段分区所主接线如图 3.22 所示。图中设与分相绝缘器并联的隔离开关（或断路器）供需要时越区供电。

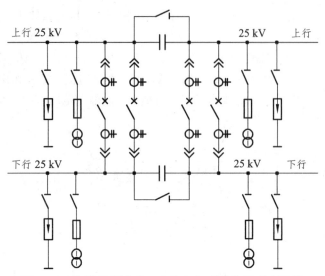

图 3.22　复线区段（非 AT 供电方式）分区所主接线

复线电气化区段用 AT 供电方式时，分区所主接线如图 3.23 所示。该分区所同侧的上、下行接触网并联供电。由相邻两牵引变电所供电的接触网分区在网上用分相绝缘器断开后，在分区所内用电动隔离开关 QS1、QS2 将两侧接触网上行与下行、下行与下行间隔离。平时 QS1、QS2 断开，只有在越区供电时，QS1、QS2 闭合。左侧上行进线及右侧下行进线上各接一台单相所用电变压器。其余两回进线上各接一台单相电压互感器供测量、保护及重合闸时检查电压所用。相邻两牵引网上、下行 T、F 线上各接一台避雷器和自耦变压器。同一侧两台自耦变压中心抽头引出的 N 线经一台接地放电保护装置接地。

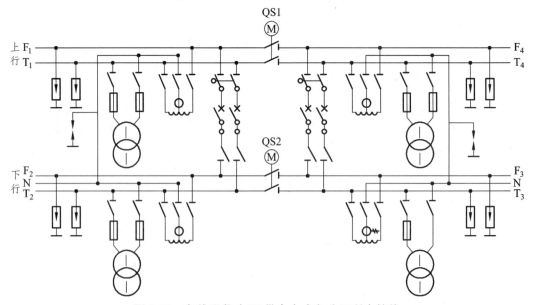

图 3.23　复线区段（AT 供电方式）分区所主接线

（三）AT所（自耦变压器站）电气主接线

AT所中自耦变压器的两个出线端子（电压为55 kV）分别经隔离开关（或断路器）跨接于接触网和正馈线间。其中点经中性线、电流互感器、隔离开关与钢轨、接触网保护线相连。接触网与钢轨间的电压仍为27.5 kV，如图3.24所示。

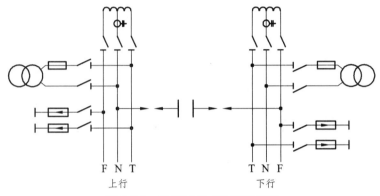

图 3.24　复线区段 AT 所主接线

五、牵引变电所主接线实例

牵引变电所电气主接线一般根据电力网的结构、变电所在电力系统中的地位及作用、牵引负荷的状况、牵引变压器的类型、馈线回路数的多少等因素确定。

下面介绍几种我国牵引变电所中常见的电气主接线的形式。

图 3.25 所示为 110 kV 侧采用线路分支接线，牵引侧采用单母线接线的单线三相牵引变

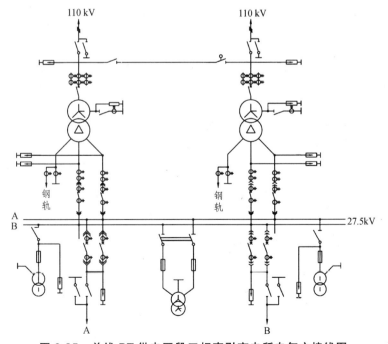

图 3.25　单线 BT 供电区段三相牵引变电所电气主接线图

电所电气主接线。变电所内设两台 Yn，d11 接线的三相双绕组变压器，固定全备用。因电力系统不要求在 110 kV 侧计费，故 110 kV 侧可不设电压互感器。牵引侧每相母线上均装有单相电压互感器、避雷器，以满足测量和继电保护的需要。因是单线区段，变电所仅有两路馈线，分别向相邻两接触网区段供电，馈线断路器采用 100%备用。

该牵引变电所内设一台 27.5 kV/0.4 kV 的三相所用电变压器，向所内提供 380 V/220 V 交流电源。

图 3.26 为高压侧采用分支接线（双 T）的三相牵引变电所主接线。该牵引变电所是"双 T"接线型，两路电源互为备用，主变压器采用固定备用方式，满足《铁路技术管理规程》对牵引变电所的双电源、双回路受电的要求。正常情况下由一路电源带一台主变压器运行，2001、2002 隔离开关在合闸位置，四条馈线同时供电。一路电源带一台主变压器运行有四种方式：1 号电源带 1 号主变压器运行，或 1 号电源带 2 号主变压器运行；2 号电源带 2 号主变压器运行，或 2 号电源带 1 号主变压器运行。110 kV 进线至 27.5 kV 母线之间的电气设备具有 100%的备用，27.5 kV 侧馈线具有 50%的备用。

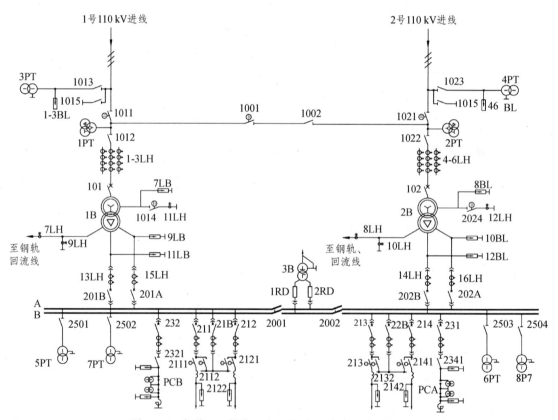

图 3.26　复线 BT 供电区段三相牵引变电所电气主接线

牵引变压器与普通电力变压器有所不同：牵引变压器多数是三相变两相的，且二次侧接触网的两相相间相差并不是 120°。目前在牵引变电所使用得较多的是阻抗匹配型平衡变压器。该变压器一般具有变压和换相功能，27.5 kV 侧 u、v 相位差为 90°。电气上的互锁关系：1011、1001、1021 三台隔离开关互锁，当其中两台投入运行时，第三台在电气控制回路上实行闭锁，其目的是防止将两路进线电源短路造成故障。许多牵引变电所还对 101、102 两台 110 kV 断路器进行互锁，但在该牵引变电所 101、102 断路器是不存在控制互锁关系的。

自动投入装置：为提高供电可靠性，牵引变电所一般设置了 4 种（有些牵引变电所设置了 8 种）自动投入方式，自动投入运行情况如下：

1 号电源带 101 断路器在运行（习惯上叫直供）。1 号电源失压而 2 号电源电压正常时，2 号电源将自动通过 1021、1001 隔离开关投入运行，这时运行方式为 2 号电源带 101 断路器运行（习惯上叫桥供）。个别牵引变电所还设置了 1 号电源失压而 2 号电源电压正常时，2 号电源自动通过 1021 隔离开关、102 断路器投入运行，这时运行方式为 2 号电源带 102 断路器运行。1 号电源电压正常，1 号主变压器故障时，2 号主变压器将自动通过 1001 隔离开关和 102 断路器投入运行，这时运行方式为 1 号电源带 102 断路器运行；还有一种自动投入方式为 2 号系统正常时由 2 号电源带 102 断路器运行。

2 号电源带 102 断路器运行的自动投入情况与上述相同。

当产生故障而无法使用主接线的四种正常运行方式时，可使用一路电源带两台主变压器同时运行，或 1 号电源带 1 号主变压器运行和 2 号电源带 2 号主变压器运行的方式进行供电。

每相牵引母线上还接有并联电容补偿装置（由电容器组、电抗器、电压互感器组成），以提高接触网的功率因数。

牵引变电所的所有进线和出线、补偿电容装置以及主变压器的中性点均装有抗雷线圈，并与避雷器配合使用，以防止接触网上落雷时，雷电波袭击牵引变电所内的设备。

图 3.27 所示为 110 kV 侧采用线路分支接线的三相牵引变电所电气主接线。该变电所采用两台三相 V/V 接线的主变压器，固定全备用。高压（一次）侧安装电压互感器，可以满足高压侧计费和自动装置的需要。

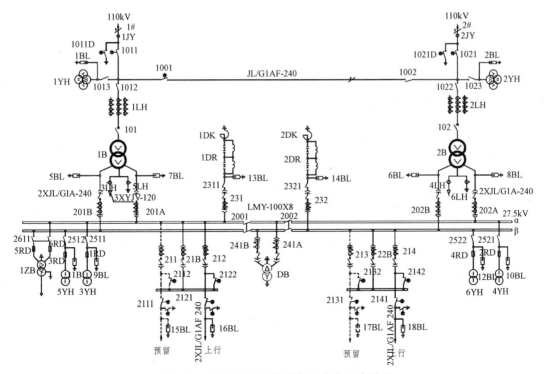

图 3.27　采用 V/V 接线的牵引变电所主接线

牵引负荷侧目前为单线供电，但根据设计需要预留馈线，故按复线供电进行设计。牵引负荷侧主母线采用单母线用隔离开关分段带旁路母线的接线方式。所用电变压器和地区供电的动力变压器接于牵引负荷侧母线上。

为了提高功率因数和接触网末端电压，目前牵引变电所中在 27.5 kV 侧一般还设置电容补偿装置。本变电所采用的是串联电容补偿装置。

该牵引变电所电气主接线中相关设备的型号和参数详见表 3.1。

表 3.1 采用 V/V 接线的牵引变电所主接线中设备的相关参数

序号	编 号	名 称	型 号 及 规 格	单位	数量	备 注
1	1B 2B	牵引变压器	$\frac{110\pm2\times25\%}{27.5}$ KV V/V	台	2	
2	1ZB	所用变压器	SC10-160W $\frac{27.5\pm5\%}{0.4}$ KV D$_1$y11	台	1	
3	DB	动力变压器	1.25MVA $\frac{27.5\pm5\%}{10.5}$ KV D$_1$y11	台	1	
4	101 102	110kV断路器	SF6-110W 1250A	台	2	
5	1LH 2LH	电流互感器	LGB-110W $\frac{2\times250/5}{2\times400/5}$	台	6	0.2S/0.5./10P/10P
6	3LH 4LH	电流互感器	LMZJ1-0.5W 1000/5 0.5	台	2	
7	5LH 6LH	电流互感器	LMZJ1-0.5W 800/5 0.5	台	2	
8	1YH 2YH	110kV电压互感器	JCC6-110W $\frac{110}{\sqrt{3}}\frac{0.1}{\sqrt{3}}\frac{0.1}{\sqrt{3}}$0.1kV	台	6	0.2/0.5/3P
9	3YH~6YH	电压互感器	JDZF-27.5W 27.5/0.1kV 0.5	台	4	
10	LJY 2JY	检压装置	TYD-110W $\frac{110}{\sqrt{3}}$/0.1kV	台	2	
11	201A 201B 202A 202B	真空断路器（附流互）	ZN-27.5 1600A 1250/5 0.5/10P	台	4	
12	212 214	真空断路器（附流互）	ZN-27.5 1600A 600/5 0.5/10P	台	2	
13	213 22B	真空断路器（附流互）	ZN-27.5 1600A 600/5 0.5/10P	台	2	
14	231 232	真空断路器（附流互）	ZN-27.5 1600A 75/5 0.5/10P	台	2	
15	1001 1011 1021	三板手动隔离开关	GW4-110W 1250A	台	3	1011 1021 带核地刀
16	1002 1012 1022 1013 1023	三板手动隔离开关	GW4-110W 1250A	台	5	
17	2001 2002	双板手动隔离开关	GN2-27.5 1600A	台	2	
18	2611	双板手动隔离开关	GN2-27.5 400A	台	1	
19	2511 2512 2521 2522	单板手动隔离开关	GN2-27.5 400A	台	4	
20	2121 2141	单板电动隔离开关	GW4-27.5DW 1600A	台	2	
21	2122 2142	单板电动隔离开关	GN2-27.5 1600A	台	2	
22	2311 2321	单板手动隔离开关	GE4-27.5W 400A	台	2	
23	1BL 2BL	氧化锌避雷器	YH5WT 100/260W	台	6	
24	5BL~12BL 16BL 18BL 13BL 14BL	氧化锌避雷器	YH5WT 42/120 Y5W-51/134	台	10 2	
25	1DR 2DR	电容器		台	2	附放电线圈
26	1DK 2DK	电抗器		台	2	
27	1RD~4RD	熔断器	RN1-35 0.5A	台	4	
28	5RD 6RD	熔断器	RN1-35 7.5/3A	台	2	
29	241A 241B	真空断路器（附流互）	ZN-27.5G 1600A 50/5 0.5/10P	台	2	

图 3.28 为 110 kV 侧采用线路分支接线的 AT 牵引变电所电气主接线。

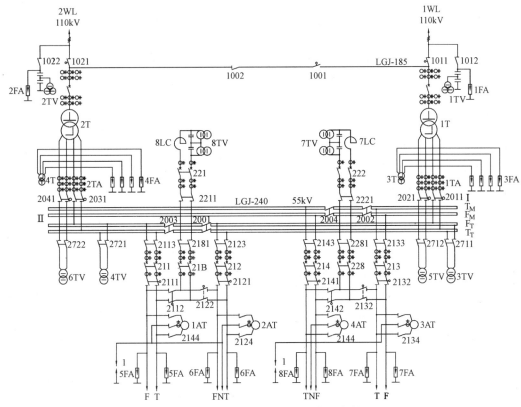

图 3.28 AT 供电系统牵引变电所主接线

该变电所采用两台斯科特接线的三相-二相变压器，固定全备用。另外两台反斯科特接线的变压器 3T、4T 的变比为 55/0.4 kV，向变电所内提供自用三相电源。主变压器牵引侧相位差为 90° 的 55 kV 两相电压，经电动隔离开关送入牵引母线 T_M、F_M 和 T_T、F_T。55 kV 侧采用隔离开关分段的单母线接线，每相母线上均接有电压互感器，供测量、保护用，馈线断路器 50%备用。由于采用 AT 供电方式，主变压器副边两相 55 kV 的电压经自耦变压器（AT）送入 AT 牵引网。自耦变压器中点经 N 线接轨并经接地放电保护装置接地，以使接触导线和钢轨间电压为 27.5 kV。各自耦变压器的中性点处都装有电流互感器，以供故障点标定装置用。为提高 AT 牵引网功率因数，设有并联电容补偿装置。由于牵引侧电压为 55 kV，主接线中的电气设备均采用户外型，布置在露天场所。

牵引变电所中日常的倒闸作业是接触网的停、送电操作，只需依据电调命令，分馈线断路器，分馈线隔离开关，在馈线出线侧验电、接地。由于其不改变电气主接线运行方式，操作比较简单。

牵引变电所中改变电气主接线运行方式的倒闸作业（倒换主变压器，倒换 110 kV 电源，检修牵引母线的停、送电操作）比较复杂，要符合安全操作的规定，要保证向牵引负荷供电的可靠性。下面以图 3.28 为例介绍一种典型的倒闸作业程序。

1. 倒换主变压器的操作（利用该牵引变电所无牵引负荷时操作）

1WL 供电，主变压器 2T 代 1T 的操作程序：

① 分 221QF、222QF，退出补偿电容器组，以减小主变压器投入运行时产生的励磁涌流及过电压值；② 分 101QF，退出主变压器 1T，中断牵引负荷供电；③ 分 2011QS、2021QS，合 1001QS；④ 合 2031QS、2041QS；⑤ 合 102QF，主变压器 2T 投入运行；⑥ 合 221QF、222QF，投入并联电容器组。

2. 倒换 110 kV 电源的操作（条件同上）

将 1WL-1T 运行倒换成 2WL-2T 运行的操作程序：

① 确认 2WL 电源电压正常；② 分 221QF、222QF，退出补偿电容器组；③ 分 101QF，退出主变压器 1T，中断牵引负荷供电；④ 分 2011QS、2021QS；⑤ 分 1011QS，退出 1WL；⑥ 合 1021QS，投入 2WL；⑦ 合 2031QS、2041QS；⑧ 合 102QF，投入主变压器 2T；⑨ 合 221QF、222QF，投入补偿电容器组。

3. 检修牵引母线的停、送电操作

2WL 电源、2T 主变压器运行，I 段牵引母线停电检修的操作程序：

① 确认 101QF 及 2011QS、2021QS 在分位；② 合 2122QS；③ 合 21BQF，使 21BQF 与 212QF 并联；④ 分 212QF 及 2121QS；⑤ 合 2132QS；⑥ 合 22BQF，使 22BQF 与 213QF 并联；⑦ 分 213QF 及 2131QS；⑧ 将 T 座、M 座的 TV 转换开关分别打到 4TV、6TV 位置；⑨ 确认中央信号盘 T 座、M 座电压表指示正常；⑩ 拉开 2711QS 并加锁，拉开 2712QS 并加锁，拉开 2001QS 并加锁，拉开 2002QS 并加锁。

2WL 电源、2T 主变压器运行，I 段牵引母线恢复送电的操作程序与上述停电操作程序相反。当然，检修牵引母线也可利用该牵引变电所无牵引负荷时进行，其操作程序略有不同。

第二节　高压配电装置

配电装置是根据电气主接线的连接方式，由开关电器、保护和测量电器、母线和必要的辅助设备组建而成的总体装置。它的作用是在正常运行时进行电能的传输和再分配，在故障情况下迅速切除故障部分，恢复运行。

配电装置的基本要求是：设备选择合理、故障率低，保证运行可靠；便于操作、巡视和检修；保证工作人员的人身安全；力求提高经济性，减少造价；节约用地，具有扩建的可能。

一、高压配电装置的形式和最小安全净距

（一）配电装置的形式

（1）按设备安装地点分：屋内配电装置和屋外配电装置。

屋内配电装置是将电气设备和载流导体安装在屋内，避开大气污染和恶劣气候的影响。它又可分为单层式、二层式、三层式。

屋外配电装置是将电气设备安装在露天场地基础、支架或构架上的配电装置。它可分为中型、半高型、高型。

（2）按组装方式分：装配式配电装置和成套式配电装置。

装配式配电装置是将各种电气设备在现场组装构成配电装置。由制造厂预先将各种电气设备按照要求装配在封闭或半封闭的金属柜中，安装时按照主接线要求组合起来构成整个配电装置，称为成套式配电装置。

（3）按电压等级分：低压配电装置（1 kV 以下）、高压配电装置（1～220 kV）、超高压配电装置（330 kV～750 kV）、特高压配电装置（1000 kV 和直流 ±800 kV）。

（二）配电装置的应用

35 kV 及以下系统多采用屋内配电装置，其中 3～10 kV 系统大多采用成套配电装置；110 kV 及以上系统多采用屋外配电装置。在特殊情况下，如农村或山区的 35 kV（甚至 10 kV）也采用屋外配电装置；城市中心或处于严重污秽地区（如沿海边或化工厂区）的 110～220 kV 系统也可采用屋内配电装置。

（三）配电装置的最小安全净距

配电装置各部分之间，为了满足配电装置运行和检修的需要，确保人身和设备安全所必须的最小电气距离，称为安全净距。

我国《高压配电装置设计技术规程》规定的屋内、屋外配电装置各有关部分之间的最小安全净距，可分为 A、B、C、D、E 五类，如表 3.2 和表 3.3 所示。最基本的最小安全净距是带电部分至接地部分之间以及不同相的带电部分之间的最小安全净距，即 A 值。在这一距离下，无论在正常最高工作电压或出现内、外过电压时，都不致使空气间隙被击穿。其他最小安全净距 B、C、D、E 是在 A 值的基础上考虑运行维护、设备移动、检修工具活动范围、施工误差等具体情况而确定的，其意义如图 3.29 和图 3.30 所示。

表 3.2　屋内配电安全净距（mm）

符号	适应范围	额定电压（kV）								
		3	6	10	15	20	35	63	110J	110
A1	带电部分至接地部分之间 网状和板状遮拦向上延伸线距地 2.3 m 处与遮拦上方带电部分之间	75	100	125	150	180	300	550	850	950
A2	不同相带电部分之间 断路器和隔离开关的断口两侧引线带电部分之间	75	100	125	150	180	300	550	900	1000
B1	栅状遮拦至带电部分之间 交叉的不同时停电检修的无遮拦带电部分之间	825	850	875	900	930	1050	1300	1600	1700

符号	适应范围	额定电压（kV）								
		3	6	10	15	20	35	63	110J	110
B2	网状遮拦至带电部分之间	175	200	225	250	280	400	650	950	1050
C	无遮拦裸导体至楼面之间	2500	2500	2500	2500	2500	2600	2850	3150	3250
D	平行的不同时停电检修的无遮拦导体之间	1875	1900	1925	1950	1980	2100	2350	2650	2750
E	通向屋外的出线套管至屋外通道的路面	4000	4000	4000	4000	4000	4000	4000	5000	5000

注：① 110J 指中性点有效接地电网。
② 当为板状遮拦时，其 B2 值可取为 A1+30 mm。
③ 海拔超过 1000 m 时，A 值应进行修正。

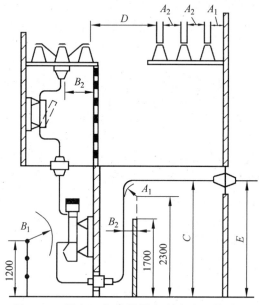

图 3.29 屋内配电装置最小安全净距校验图

表 3.3 屋外配电安全净距（mm）

符号	适应范围	额定电压（kV）				
		3～10	15～20	35（27.5）	63（55）	110J	110
A1	带电部分至接地部分之间 网状遮拦向上延伸线距地 2.5 m 处与遮拦上方带电部分之间	200	300	400	650	900	1000
A2	不同相带电部分之间 断路器和隔离开关的断口两侧引线带电部分之间	200	300	400	650	1000	1100

续表

符号	适应范围	额定电压（kV）					
		3～10	15～20	35（27.5）	63（55）	110J	110
B1	设备运输时，其外廓至无遮拦带电部分之间	950	1050	1150	1400	1650	1750
	交叉的不同时停电检修的无遮拦带电部分之间						
	栅状遮拦至绝缘体和带电部分之间						
B2	网状遮拦至带电部分之间	300	400	500	750	1000	1100
C	无遮拦裸导体至楼面之间	2700	2800	2900	3100	3400	3500
	无遮拦裸导体至建筑物、构筑物顶部之间						
D	平行的不同时停电检修的无遮拦导体之间	2200	2300	2400	2600	2900	3000
	带电部分与建筑物、构筑物的边沿部分之间						

注：① 110J 指中性点有效接地电网。
  ② 海拔超过 1000 m 时，A 值应进行修正。
  ③ 本表所列各值不适用于制造厂的产品设计。

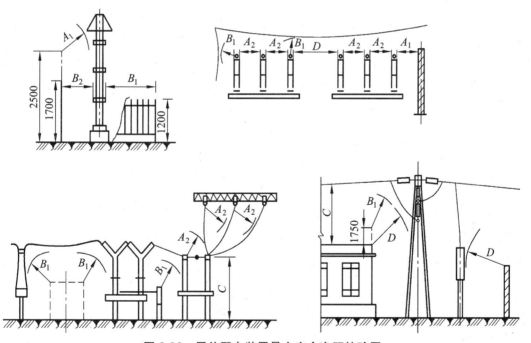

图 3.30　屋外配电装置最小安全净距校验图

　　屋外配电装置使用软导线时，由于软导线在风力、温度、覆冰等情况下，导线会伸缩和摆动，无法保证表 3.3 规定的安全净距。在不同条件下，带电部分至接地部分和不同相带电部分之间的最小安全净距，应根据表 3.4 进行校验，并采用其中的最大数值。

表 3.4　不同条件下的计算风速和安全净距（mm）

条件	校验条件	计算风速/（m/s）	A 值	额定电压/kV			
				35	66	110J	110
雷电电压	雷电过电压和风偏	10	A1	400	650	900	1100
			A2	400	650	1000	1100
操作电压	操作过电压和风偏	最大设计风速的 50%	A1	400	650	900	1100
			A2	400	650	1000	1100
工频电压	1. 最大工作电压、短路和风偏（风速取 10 m/s） 2. 最大工作电压和风偏（取最大设计风速）	10 或最大设计风速	A1	150	300	300	450
			A2	150	300	500	500

注：① 110J 指中性点有效接地电网。

二、牵引变电所的配电装置布置

（一）牵引变电所屋外配电装置结构要点与配置原则

屋外配电装置的布置及结构，与主接线形式、电压等级、母线套数、架构的结构方式、地形地势等有关，装置的结构尺寸、距离主要取决于屋外配电装置的安全净距离。

现以某牵引变电所 110 kV 侧中型配电装置为例，说明屋外配电装置的结构及布置方式。图 3.31 为该变电所电气主接线图。图 3.32 为该牵引变电所总平面布置图和 110 kV 屋外配电装置平面布置图，该图显示了变电所屋外配电装置和房屋建筑的平面布置情况。图 3.33 是该变电所 110 kV 屋外配电装置主变压器和进出线间隔图。

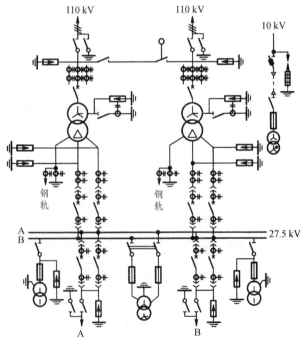

图 3.31　单相牵引变电所 BT 供电区段三相牵引变电所主接线图

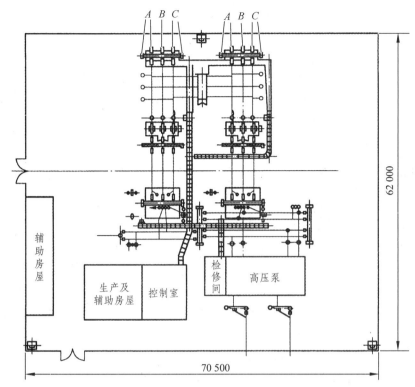

图 3.32　某牵引变电所总平面布置图和 110 kV 屋外配电装置平面布置图

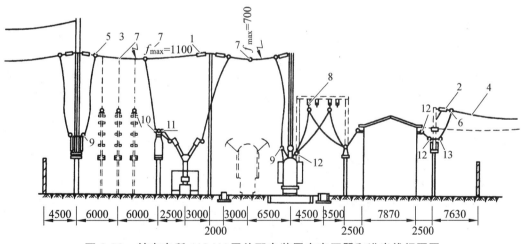

图 3.33　某变电所 110 kV 屋外配电装置主变压器和进出线间隔图

牵引变电所屋外配电装置的结构特点如下：

（1）屋外配电装置根据电气设备和母线布置的高度和层次分为中型、半高型和高型。牵引变电所屋外配电装置，通常采用中型配电装置。所有电气设备安装在较低的基础和支架上，处在同一平面内。母线一般采用软母线，用悬式绝缘子串悬挂在较高水平面的门形架构上，母线水平面高于电气设备的水平面。

如果将电气设备和母线分层布置，将一组母线与另一组母线重叠布置，为高型配电装置。

如果仅将母线与断路器、电流互感器等重叠布置，则为半高型配电装置。

（2）主接线中每一回路的电气设备组成一个间隔，间隔之间没有专门的间隔物。一般屋外配电装置是由电源进线间隔，变压器间隔，电压互感器、避雷器间隔，及母线联络（或旁路母线）断路器间隔等组成。配电装置的纵向距离与母线的套数、架构的形式等因素有关。

（3）电源进出线间隔与主变压器间隔对称布置。

（4）将电压互感器、避雷器间隔布置在母线的延长端或主变压器间隔的延长端，以靠近主变压器和减小占地面积。

（5）电源进出线间隔应布置在分段母线的中部，尽量使母线各段通过的电流比较均匀。

（6）两汇流母线架构间接入的单元间隔数一般不应超过 3~4 个。

（7）应将两主变压器间隔布置在不同的汇流母线跨距内（两母线架构为一跨距），以保证安全供电。

（8）应使设备布置整齐、规律，进出线避免交叉，维修、运输设备安全、方便。

（9）为防止大气过电压的危害，变电所四周没有单独避雷针。为防止感应过电压的危害，母线上挂有避雷器。

（10）电缆沟的配置应使控制电缆和电力电缆走的路径最短。电缆沟盖板可以揭开，以利于检修维护，平时电缆沟还可作为巡视设备的路径。

（二）27.5 kV 屋内配电装置结构要点与配置原则

屋内配电装置的布置及结构，与主接线形式、电压等级、母线套数等有关，装置的结构尺寸、距离主要取决于屋内配电装置安全净距。

屋内配电装置既可采用装配式配电装置，也可采用成套配电装置。27.5 kV 屋内配电装置的设备特点多与单相元件类似，结构与普通三相屋内配电装置有明显不同。

（1）高压室内用钢板和网栅围成一个个间隔，27.5 kV 主接线中同一回路的电气设备布置在同一间隔内，如馈线回路所有设备——母线、隔离插头、电流互感器、断路器等电气设备都安装在馈线间隔内，主接线中有多少条回路就得有多少个间隔，并且还需适当预留备用间隔。间隔走廊侧设有带瞭望孔的钢板门、隔离开关的手动操作机构或断路器合闸直流电源配电箱。

图 3.34 为图 3.31 所示牵引变电所 27.5 kV 屋内配电装置图，图中表明了电气设备分配与各配电间隔情况以及电气连接关系，并表示出各间隔之间、间隔与房屋走廊的相对位置。

（2）屋内配电装置的布置要方便设备的操作、搬运、检修和试验，间隔可单列或双列布置，布置应对称，操作通道和维护通道的最小宽度满足表 3.5 的规定。

图 3.35 是对应于图 3.31 的屋内配电装置平面布置图，是按比例绘出的房屋内平面俯视图，能反映各配电间隔、配电装置及电气设备，走廊和出口的平面结构尺寸。图中间隔双列布置，一列为电源类，如 27.5 kV 进线间隔、自用变压器间隔等，另一列是负荷类，如 27.5 kV 馈线间隔。维护通道一般可取 2760 mm。

除了平面布置图，配电装置需要按比例画出断面图。图 3.36、图 3.37、图 3.38 是屋内配电装置馈线间隔断面图、自用变压器间隔断面图和电压互感器间隔断面图。

（3）高压室内硬母线可分相布置或不分相布置。两相硬母线用支持绝缘子水平或垂直固定在墙上，布置母线时应考虑分段母线检修时互不影响，互为备用。

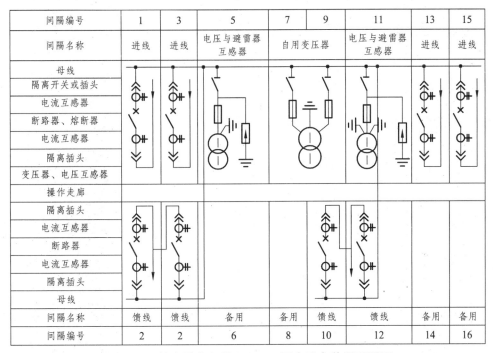

间隔编号	1	3	5	7	9	11	13	15
间隔名称	进线	进线	电压与避雷器互感器	自用变压器		电压与避雷器互感器	进线	进线
母线								
隔离开关或插头								
电流互感器								
断路器、熔断器								
电流互感器								
隔离插头								
变压器、电压互感器								
操作走廊								
隔离插头								
电流互感器								
断路器								
电流互感器								
隔离插头								
母线								
间隔名称	馈线	馈线	备用	备用	馈线	馈线	备用	备用
间隔编号	2	2	6	8	10	12	14	16

图 3.34 某牵引变电所 27.5 kV 屋内配电装置配置图

表 3.5 配电装置室内各种通道的最小宽度（mm）

设置方式	通道种类		
	维护通道	操作通道	
		固定式	手车式
设备单列布置	800	1 500	单车长+1 200
设备双列布置	1 000	2 000	双车长+900

配电间隔双列布置时，对面两墙上的同一相母线应用同一规格的硬母线连接起来，如图 3.35 所示。

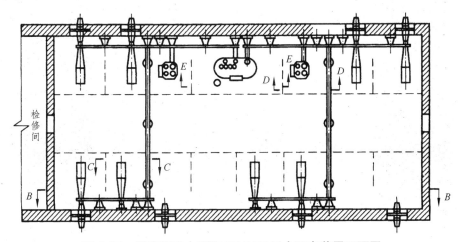

图 3.35 某牵引变电所和 27.5 kV 屋内配电装置平面图

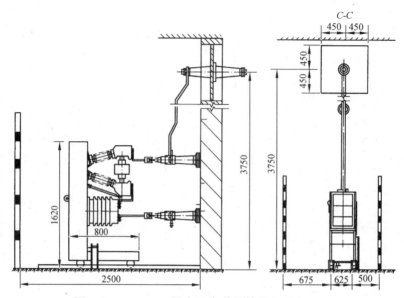

图 3.36　27.5 kV 屋内配电装置馈线间隔断面图

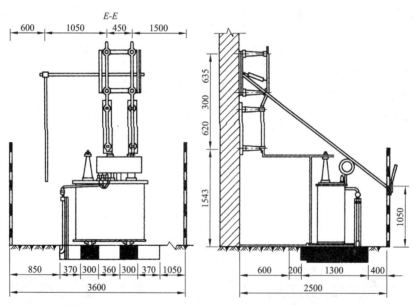

图 3.37　27.3 kV 屋内配电装置自用变压器间隔断面图

　　硬母线应涂上不同颜色的漆以示相别和增加散热能力。通常黄、绿、红色代表 A、B、C 相，黑色代表中性线。

　　（4）尽量将电源引入线（进线间隔）布置在分段母线的中部，减小母线截面通过的电流。

　　（5）电缆沟设在操作走廊地下，控制电缆经电缆沟与每个间隔的电气设备和主控室中的配电盘相连。

　　（6）对于充油电气设备（如变压器），当油量大于 100 kg 时，应安装在与其他间隔隔绝的防爆间隔（变压器间隔）内，采取密封措施以防止事故时油箱爆炸。间隔内地面上应设有能将蓄油量为变压器用油量 20% 的蓄油坑，并用排油管将事故排油引至安全地点。电压互感器（无论油量多少）或小容量自用电变压器（一般为 50 kV·A）均可安装在一般的敞开式小间内。

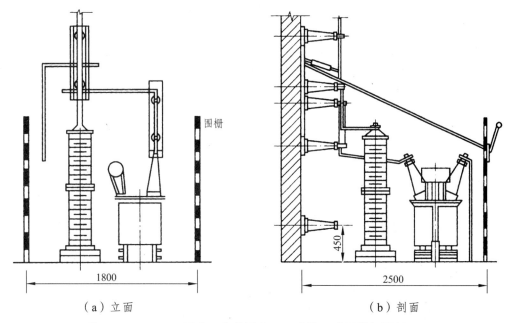

（a）立面　　　　　　　　　　　　　（b）剖面

图 3.38　27.5 kV 屋内配电装置电压互感器、避雷器间隔断面图

（7）单台容量较小的电容器组可采用高层结构组装，以减小占地面积。电容器组设在单独的电容器房间内。电容器组的布置应便于检查维护，室内电容器组应装设金属网状栅栏防护。

（8）长度大于 7 m 的配电装置应有两个出口，位于楼上的配电装置室，其中一个出口可通向楼梯的平台。配电装置室的门应向外开，并装弹簧锁。

本章小结

一、电气主接线概念

牵引变电所（包括开闭所、分区所）的电气主接线是指由隔离开关、互感器、避雷器、断路器、主变压器、母线、电缆等高压一次电气设备，按一定顺序连接的用于接受和分配电能的电路。它反映了牵引变电所的基本结构和性能，在运行中表明电能的输送和分配关系、一次设备的运行方式，成为实际运行操作的依据。表明一次电气设备相互连接关系和工作原理的电气接线图，称为主接线图。主接线图用国标图形、文字符号画出。主接线图一般用单线图表示。

二、110 kV 侧和 27.5 kV 侧电气主接线

不同类型的牵引变电所采取不同形式的电气主接线。110 kV 侧的电气主接线形式有桥形接线、分支接线（双 T 接线）和单母线接线。

27.5 kV 侧或 55 kV 侧主接线形式一般采用单母线接线、隔离开关分段的单母线接线和隔离开关分段带旁路母线的单母线接线。

思 考 题

1. 牵引变电所的主接线有何作用？
2. 内桥接线和外桥接线在结构和使用环境上有何区别？
3. 双 T 接线有何特点？
4. 牵引变电所按其位置和供电方式有哪些分类？
5. 什么是系统功率穿越？
6. 旁路母线的作用是什么？
7. 牵引变电所室内配电装置各种通道的最小宽度是多少？
8. 牵引变电所馈线侧的接线形式主要有哪些？简述其优缺点与使用范围。

第四章　牵引变电所接地系统

本章要点:

　　本章简要介绍了接地的相关概念及各种接地方式之间的区别,重点介绍了变电所的接地装置形式、要求和变电所的接地网布置及牵引回流方式。

第一节　接地的基本知识

　　牵引变电所是一线一地制系统,良好的接地是保证人身和设备安全运行的重要技术措施之一,是牵引变电所中必不可少的组成部分。

一、接地装置、流散电阻和接地电阻

(一)接地装置

　　将电力系统或建筑物电气装置、设施过电压保护装置用接地线与接地体(网)连接称为接地。埋入地中并直接与大地接触的金属导体称为接地体,或称接地极。接地体又分为人工接地体和自然接地体。

　　专门为接地而装设的接地体,称为人工接地体。人工接地体按其辐射方式可分为水平接地体、垂直接地体和复合接地网。

　　1)垂直接地体

　　埋入土中的钢管或角钢即垂直接地体,其长度为 2~3 cm,钢管的外径为 48~60 mm,管壁厚度不小于 3.5 mm,角钢尺寸为 50 mm×50 mm×5 mm。垂直接地体的根数由计算确定,但不得少于两根。

　　2)水平接地体

　　距地面0.6 m深处水平敷设的扁钢(50 mm×5 mm)或圆钢(ϕ10 mm)构成水平接地体。

　　3)复合接地网

　　仅由垂直(水平)接地体构成的接地装置为简单接地装置,如防雷接地系统。既有垂直接地体,又有水平接地体的接地装置为复合接地网,如图 4.1 所示。牵引变电所屋外配电装置中的接地装置一般采用复合接地网的形式。

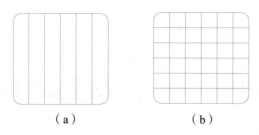

图 4.1　复合接地网类型

兼作接地体用的直接与大地接触的各种金属构件、金属井管、钢筋混凝土建筑的基础、金属管道和设备等称为自然接地体。

连接于接地体和电气设备接地部分之间的金属导线，称为接地线。接地线可分为接地干线和接地支线。接地干线一般应采用不少于两根导体在不同地点与接地网连接。由若干接地体在大地中相互用接地线连接起来的一个整体，称为接地网。接地线和接地体合称为接地装置，如图 4.2 所示。

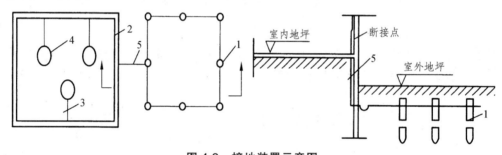

图 4.2　接地装置示意图

1—接地体；2—接地干线；3—接地支线；4—电气设备；5—接地引下线

（二）流散电流和接地电阻

凡从接地体流入地下的电流即属于接地电流。接地电流有正常接地电流和故障接地电流之分。正常接地电流指正常工作时，通过接地装置流入地下，借大地形成回路的电流；故障接地电流指系统发生故障时出现的接地电流。

接地电流流入地下之后，就通过接地体向大地呈半球状散开，如图 4.3 所示，这一接地电流叫作流散电流。

流散电流在土壤中遇到的全部电阻称为流散电阻。流散电阻与接地线的电阻之和称为接地电阻，数值上等于接地装置对地电压与接地电流之比。接地装置的电阻一般很小，可以忽略不计。一般可以近似认为流散电阻就是接地电阻。

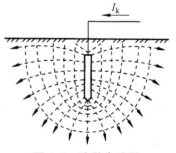

图 4.3　流散电流图

二、接触电压和跨步电压

接地电流通过接地体向大地作半球状流散，大地表面形成分布电位，距接地体越远，地导体的横截面即半球面越大，故电位越低。

当工作人员进入如图 4.4 所示的接地电流扩散区域时，两足会在不同的电位点上，两足之间会产生电位差。所谓跨步电压是指在地面上沿电流方向水平距离为 0.8 m 的两点间的电位差，如图中的 U_{b1}、U_{b2}。显而易见，跨步电压的值的大小随着接地体或者接地处间的距离而变化。当人的一脚踏在接地体（或碰地）处跨出一步时，跨步电压 U_{b2} 最大。当人的两脚站在距接地体越远处时，跨步电压越小。一般认为距接地体 20 m 处土壤电阻就小至可忽略不计。也就是说在距接地体 20 m 及以上接地电流不会产生电压降了，即认为 20 m 及远处电位为零，跨步电压接近于零。

在如图 4.5 所示的电位分布区域内，在地面上距离设备水平距离为 0.8 m 处，与沿设备外壳、架构或墙壁离地面 1.8 m 处两点间的电位差称为接触电势，人触及两点所承受的电压为接触电压。接触电压在越接近接地处越小，越远离接地处越大。在距离接地体处约 20 m 以外的地方，接触电压最大，其值可达到相电压。图中 U_{C1} 为电气设备就近接地时产生的接触电压，而 U_{C2} 是电气设备在较远处接地时产生的接触电压。很显然，为了减小接触电压，电气设备应就近接地。

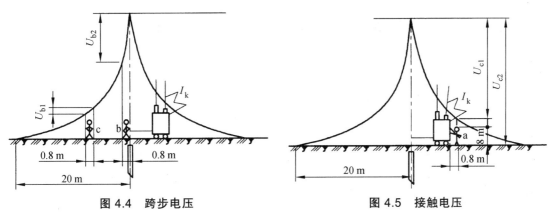

图 4.4　跨步电压　　　　　　　　图 4.5　接触电压

三、工作接地、保护接地和防雷接地

（一）工作接地

为了保证电力系统及电气设备正常且可靠运行，将电力系统中的某点与地做金属连接，称为工作接地。如 110 kV 电力系统中将变压器中性点或发电机中性点接地即工作接地。工作接地也称电力系统中性点接地。中性点运行方式如图 4.6 所示。

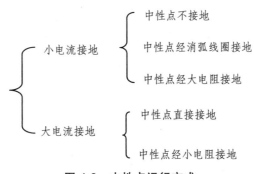

图 4.6　中性点运行方式

（二）保护接地

在中性点不接地系统中，各种电气设备的外壳、线路的金属管、电缆的金属保护层、安装电气设备的金属支架等在正常运行时不带电，但当导体的绝缘损坏时可能带电，人们一旦接触这种外壳时，就有触电的危险。为了防止绝缘损坏而产生触电的危险，将电气设备带电部分相绝缘的金属外壳或架构同接地体做良好的电气连接，称为保护接地。如牵引变电所中的变压器及电气设备的底座和外壳、配电盘的金属框架、电缆金属支架接地等。

众所周知，单相接地电流与电力系统中性点运行方式有关。在接地短路电流 $I_E > 500\ A$ 的中性点直接接地的高电压网中，发生碰壳即为短路，由继电保护装置迅速切除故障，设备外壳只短时带电，工作人员触电的机会较少。在中性点不接地（或经消弧线圈接地）系统中，发生碰壳时，由于继电保护装置仅发出信号，设备外壳可能长期处于相电压下，工作人员触电的机会较多。人若触及带电的金属外壳，就有电容电流通过人体，如图 4.7（a）所示。为了避免这种触电的危险，应尽量降低人体所接触到的接触电压，设备的金属外壳应采取保护接地。

当电气设备有保护接地时，如图 4.7（b）所示，电机外壳上的对地电压将是

$$U_E = I_E R_E$$

式中　I_E——单相接地电容电流；

　　　　R_E——接地装置的接地电阻。

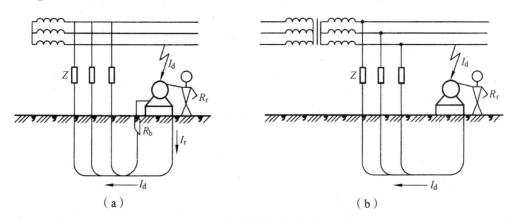

图 4.7　保护接地作用示意图

这时，当人一旦触及带电体的电机外壳时，I_E 将同时沿着接地装置和人体两条通道流过（人体和接地装置并联），流过每条通路的电流与其电阻的大小成反比，即

$$\frac{I_r}{I_E} = \frac{R_E}{R_r}$$

式中　I_r——流过人体的电流；

　　　　R_r——人体的电阻。

从公式中可以看出，接地装置的接地电阻 R_E 越小，流过人体的电流 I_r 越小。因此，适当选择接地电阻值，可将触电人员的人体分流限制在安全数值内，即可避免或减轻触电的危害。

（三）防雷接地

以防雷为目的，为了使雷电流安全地向大地泄放，以保护建筑物或电气设备免受雷击而采取的接地，称为防雷接地。防雷装置由接闪器、引下线和接地装置组成。

接闪器如避雷针，它一般用长 1.5 ~ 2 m 的镀锌铁棒或铁管制成，其顶部略成尖形即可。此外还有避雷线、避雷器等。

引下线是连接接闪器和接地体的金属导体，一般采用镀锌圆钢或扁钢，也可采用镀锌钢绞线，其尺寸要求为：圆钢直径≥8 mm；扁钢厚度≥4 mm，截面面积≥48 mm²；钢绞线截面面积≥25 mm²。引下线应避免弯曲，经最短途径接地。

接地装置通常是接地体和接地线的总称，用以向大地泄放雷电流。牵引变电所中的防雷接地装置设单独的接地体组，此接地体组泄放雷电流时不对其他设备产生影响。

四、低压电网中的保护接零和重复接地

在低压电网（0.4 kV）中，电机、电器的绕组中以及串联电源回路中某一点，与外部各接线端间的电压绝对值均相等时，称这点为中性点。当中性点接地时称为零点。由中性点引出的导线为中性线。由零点引出的导线为零线。

将与带电部分相绝缘的金属外壳或者构架与中性点直接接地系统中的零线相连称为保护接零，如图 4.8 所示。

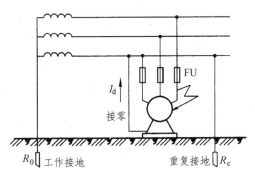

图 4.8　保护接零

保护接零通常应用于 380 V/220 V 三相四线制系统中。若电气设备采取保护接零而发生碰壳时，由于零线回路电阻很小，碰壳即形成单相接地短路，短路电流将使保护装置可靠动作而切除电源，保证了人身及设备安全。由于在低压电网中为减小接地电阻而敷设接地网不经济，故低压电网中的电气设备通常采用保护接零的方式。

采用保护接零时，通常将零线上的一点或多点通过接地体与地做良好的电气连接，称为重复接地。采用重复接地后，由于重复接地点使零线与大地可靠连接，在单相碰壳时，断线处前电动机外壳上的电压接近于零值，断线处后的电动机的保护方式变为保护接地，其外壳上的电压降低，可保证接零设备的安全，如图 4.9（b）所示。

在图 4.9（a）中，无重复接地时，在零线发生断线的同时，电动机一相绝缘损坏碰壳，在断线处前面的电动机外壳上的电压接近于零值，而在断线处后面的电动机失去保护，外壳上的电压接近于相电压值。

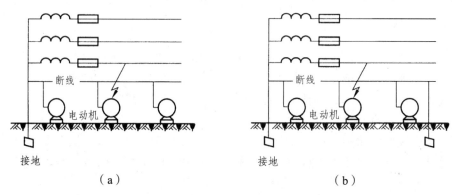

图 4.9　重复接地

五、综合接地与等电位连接

（一）综合接地

供电系统中，同时存在多个用于不同目的、不同用途的接地系统。例如，在交流系统中任一电压等级都同时存在工作接地和保护接地的问题，110/35 kV 变电所中存在 110 kV 设备的接地、35 kV 系统的工作接地和保护接地；车站 35/0.4 kV 降压变电所中存在 35 kV 设备的保护接地、0.4 kV 系统的工作接地和保护接地。

综合接地系统是指供电系统和需要接地的其他系统的系统接地、保护接地、电磁兼容接地和防雷接地等采用共同的接地装置，并实施等电位连接措施。各类接地可以采用单独的接地线，但接地极和"等电位面"是共用的，不存在不同接地系统接地导体之间的耦合问题，也避免了采用不同接地导体时产生的电位不同问题。综合接地装置的接地电阻值按照接入设备的要求和人身安全防护的要求等方面综合确定，其电阻值必须大于接入设备所要求的最小接地电阻值。

综合接地系统一般由共用接地极引出两个接地母排，一个强电接地母排，一个弱电接地母排，分别用于供电系统和通信信号等弱电系统的各类接地。

（二）等电位连接

在电气安全技术不断发展和更新进程中，人们注意到，大量电气事故是由过大的电位差引起的。为了防止过大的电位差而导致的种种电气事故，在电气装置间或某一空间内，将金属可导电部分（包括电气装置外露可导电部分和电气装置外部可导电部分）以恰当的方式相互连接，使其电位相等或相近，此类连接称为等电位连接。

等电位连接可分为总等电位连接（MEB）、辅助等电位连接和局部等电位连接（LEB）。

总等电位连接的做法是通过每一进线配电箱近旁的总等电位连接母排将下列导电部分互相连通：进线配电箱的 PE（PEN）母排，公用设施的上下水、热力、煤气等金属管道，建筑物金属结构和接地引出线。它的作用在于降低建筑物内间接接触电压和不同金属部件间的电位差，并消除自建筑物外经电气线路和各种金属管道引入的危险故障电压的危害。

辅助等电位连接是将可同时触及的两个或几个可导电部分，进行电气连通，使它们之间的故障接触电压小于接触电压安全限值。

局部等电位连接是在某一个局部电气装置范围内，通过局部等电位连接板，将该范围内的电气设备外露可导电部分和外部可导电部分进行电气连通，使局部范围内故障接触电压小于接触电压安全限值。

在变电所中，中压设备发生漏电时，将使公共接地极的电位升高，且中压接地电流越大，接地装置的电位越高。当低压配电系统接地形式采用 TN 系统时，高电位将随 PE 线或 PEN 线传导到低压配电设备，若没有等电位连接，可能存在人身安全问题。因此，在接地系统中，等电位连接是非常重要的。

第二节　牵引变电所的接地装置

一、接地装置的敷设

（一）自然接地体的利用

在设计和装设接地装置时，首先应充分利用自然接地体，以节约投资，节省钢材。可作为自然接地体的有：与大地有可靠连接的建筑物的钢结构、钢筋，行车的钢轨，埋地的输送非可燃材料的金属管道及埋地敷设的不少于两根导体电缆金属外皮等。对于变配电所来说，可利用其建筑物混凝土基础中的钢筋作为自然接地体。利用自然接地体时，一定要保证良好的金属连接。如果自然接地电阻及动、热稳定条件不能满足要求时，则应装设人工接地体。

（二）人工接地体的装设

人工接地体有垂直埋设和水平埋设两种基本结构形式，如图 4.10 所示。

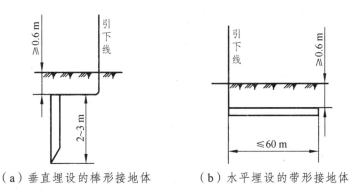

（a）垂直埋设的棒形接地体　　　（b）水平埋设的带形接地体

图 4.10　人工接地体示意图

经验表明，采用垂直接地体为直径 50 mm、长 2.5 m 的钢管，是最为经济合理的。但为了减少外界的温度变化对流散电阻的影响，埋入地下的接地体，其顶面埋设深度不宜小于 0.6 m，如图 4.10 所示。

表 4.1　地壤电阻率参考值

地壤名称	电阻率/Ω·m	地壤名称	电阻率/Ω·m
陶黏土	10	砂质黏土、可耕地	100
泥灰、泥灰岩、沼泽地	20	黄土	200
捣碎的木炭	40	含砂黏土、砂土	300
黑土、陶土	50	多石土壤	400
黏土	60	砂、砂砾	1000

土壤电阻率如表 4.1 所示。当土壤电阻率偏高时，例如土壤电阻率 $\rho \geqslant 300\ \Omega \cdot m$ 时，为降低接地装置的接地电阻，可采取以下措施：

（1）采用多支线外引接地装置。

（2）采用深埋式接地体。

（3）局部地进行土壤置换处理，换以 ρ 较低的黏土或黑土，或者进行土壤化学处理，填充以降阻剂，如图 4.11 所示。

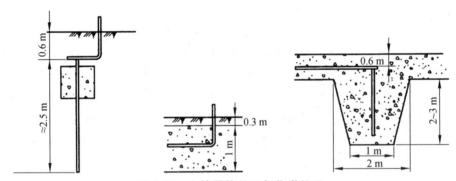

图 4.11　土壤置换处理与化学处理

按国标 GB 50192《电气装置安装工程及接地装置施工及验收规范》规定，钢接地体和接地线的截面不应小于表 4.2 所列规格。对 110 kV 及以上的变电所或腐蚀性较强场所的接地装置，应采用热镀锌钢材，或适当加大截面。

表 4.2　钢接地体和接地线的最小规格

种类、规格及单位		地面		地下	
		室内	室外	交流回路	直流回路
圆钢直径/mm		6	8	10	12
扁钢	截面/mm²	60	140	100	100
	厚度/mm	3	4	4	6
角钢厚度/mm		2	2.5	4	6
钢管管壁厚度/mm		2.5	2.5	3.5	4.5

注：① 电力线路杆塔的接地体引出线截面不应小于 50 mm²。
　　② 引出线应热镀锌。

按国标 GB 50057—2000《建筑物防雷设计规范》规定：防雷接地装置，圆钢直径不应小于 10 mm，扁钢截面不应小于 100 mm²，厚度不应小于 4 mm；角钢厚度不应小于 4 mm；钢管管壁厚不应小于 3.5 mm。作为引下线，圆钢直径不应小于 8 mm；扁钢截面不应小于 48 mm²，其厚度不应小于 4 mm。

当多根接地体相互接近时，入地电流的流散将相互排挤，其电流分布如图 4.12 所示。这种影响入地电流的流散作用，称为屏蔽效应。这种屏蔽效应会使接地装置的利用率下降，所以垂直接地体的间距一般不宜小于接地体长度的两倍，水平接地体的间距一般不宜小于 5 m。

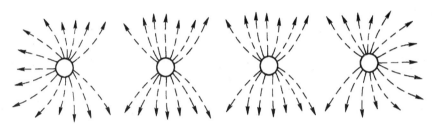

图 4.12　接地体间电流屏蔽效应

接地网的布置，应尽量使地面的电位分布均匀，以降低接触电压和跨步电压。人工地网外缘应闭合，外圆各角应做成圆弧形。变电所的接地网内应敷设水平均压带，如图 4.13 所示。为保障人身安全，应在经常有人出入的走道处，采用高绝缘路面（如沥青碎石路面），或加装帽檐式均压带。

为了减小建筑物的接触电压，接地体与建筑物的基础间应保持不小于 1.5 m 的水平距离，通常取 2～3 m。

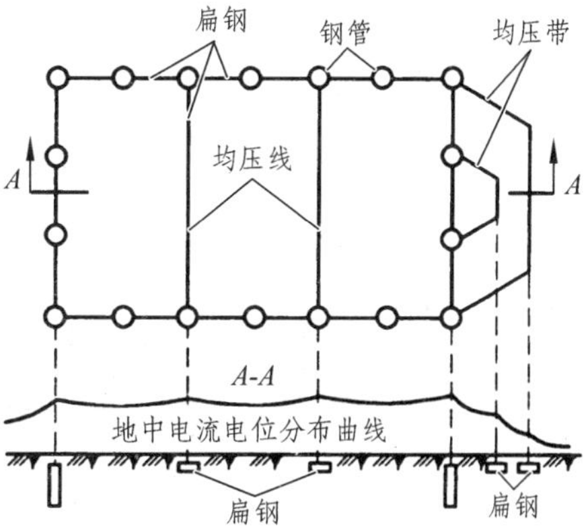

图 4.13　加装均压带的接地网

（三）防雷装置的接地装置要求

避雷针应装设独立的接地装置。防雷接地装置（包括接地体和接地线及避雷针）引下线的结构尺寸，应符合前面表 4.2 的要求。

为了避免雷击时雷电流在接地装置上产生高电位，造成被保护的设备发生闪络，危及建筑物和配电装置安全，避雷针与被保护设备之间，应有一定的安全距离。此距离与建筑物的防雷等级有关，但空气中安全距离 $S_O \geqslant 5$ m，地下接地体之间的安全距离 $S_E \geqslant 3$ m，如图 4.14 所示。

为了降低跨步电压，保障人身安全，按照 GB 50057—2000 规定，防直接雷人工接地体距建筑物的出入口或人行道的距离不应小于 3 m。当小于 3 m 时，应采取以下措施之一：

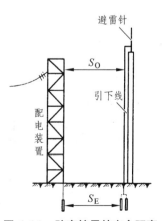

图 4.14　防直接雷的安全距离

（1）水平接地体局部深埋不应小于 1 m；

（2）水平接地体局部应包绝缘物，可采取 50～80 mm 厚的沥青层；

（3）采用沥青碎石路面或在接地体上面敷设 50～80 mm 厚的沥青层，其宽度应超过接地体 2 m。

二、牵引变电所的接地网

某牵引变电所的接地平面布置图，如图 4.15 所示。

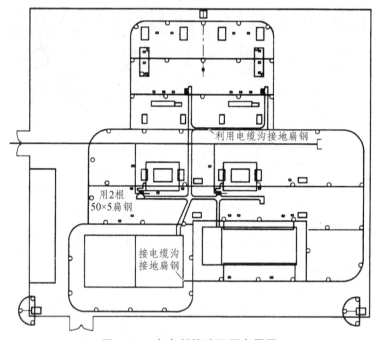

图 4.15　变电所接地平面布置图

牵引变电所复合接地网的接地电阻值，在一年中任何季节不得超过 0.5 Ω。

图中垂直接地体采用 50 mm × 50 mm × 5 mm 的角钢，长 2.5 m，埋设深度 0.5 m。水平接地体采用 50 mm × 5 mm 扁钢，埋设深度 0.5 m，与垂直接地焊接连接。

主变压器回流处（接地相入地处）采用两条扁钢并联，以提高回流效果。110 kV 电气设备和 27.5 kV 室外设备分别采用 ϕ10 mm 和 ϕ8 mm 的圆钢作接地线，与复合接地网相连。在主变压器接线端子箱中，装有轨回、地回两台电流互感器，主变压器接地相分别经两台流互与地网和钢轨相连。

110 kV 线路引入牵引变电所的架空避雷线，在进线杆塔（或门形架构）处与接地网间用螺栓连接，以供定期测试接地电阻值之用。

电缆沟中单设 40 mm × 4 mm 扁钢水平接地体，专供电缆金属外皮接地，其他电气设备的接地线不能接到此扁钢上。

避雷针设独立的接地装置，其接地电阻值不得大于 10 Ω。在高土壤电阻率地区，当要求做到规定的 10 Ω 确有困难时，允许采取较高的接地电阻值，并可与主接地网连接，但从避雷针与主接地网的地下连接点至 27.5 kV 及以下设备的接地线与主接地网的地下连接点，沿接地体的长度不得小于 15 m，且避雷针至被保护设施的空气中距离和地中距离，还应符合防止被保护设备遭受反击的要求。

三、牵引负荷电流回输牵引变电所的方式

在牵引供电系统中，牵引负荷电流一般是经接触网送给电力机车，通过电力机车经钢轨、回流线（与钢轨并联）流回牵引变电所的。由于钢轨对地存在泄漏，因此，由电力机车所在位置起，牵引负荷电流大部分经钢轨流回牵引变电所，简称轨回流。小部分由钢轨入地，经大地流回牵引变电所，简称地回流。地回流在单线区段约占牵引负荷电流的 50%，在复线区段约占 35%，如图 4.16 所示。

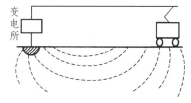

图 4.16　牵引负荷电流回输示意图

目前，绝大部分电力牵引区段钢轨的接头处一般都有良好的电连接，以保证牵引负荷电流沿轨道回输牵引变电所。轨回流一般是沿两条钢轨回输的。为了能绕过信号轨道电路的轨端绝缘，在钢轨接头处装有扼流线圈，如图 4.17 所示。

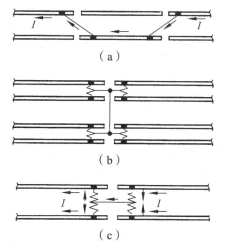

图 4.17　牵引负荷电流钢轨回输方式原理图

扼流线圈是绕在铁芯上的匝数相等的两个线圈，两线圈串联后，其两端分别接至两侧钢轨上，串联接头作为扼流线圈的中心抽头与相邻扼流线圈的中心抽头相连接。扼流线圈的作用是隔断轨道中的信号电流而仅让轨道中的牵引负荷电流顺利通过，在两轨端绝缘处为牵引负荷电流提供通路，保证轨道的导电性能。

为减少泄漏电流（地电流），增大轨回流及提高轨回流的效果，在牵引变电所设有铁路专用线。在 BT 供电区段和直供加回流线供电区段，通常是采用吸上线，将轨道中的牵引负荷电流引入架空回流线回输牵引变电所的。回流线中的电流在牵引变电所处通常经过电缆或架空线接至牵引变压器接地相，并经接地保护放电装置与接地网相连。

吸上线一端接架空回流线，另一端接扼流线圈中心抽头。相邻两吸上线间的距离在 BT

供电方式的自动闭塞区段应大于一个闭塞分区，在直供加回流线的供电方式的自动闭塞区段不应小于两个闭塞分区。

　　在 AT 供电区段，牵引负荷电流由电力机车所在位置经钢轨、保护线用连接线（CPW 线）、保护线（PW 线），流向 AT（自耦变压器）的中心抽头，通过 AT 的作用，牵引负荷电流沿正馈线（AF 线）回输到牵引变电所。如图 4.18 所示，在牵引变电所处，接触线、正馈线经架空线（供电线）接至牵引变压器 55 kV 母线上（T 座或 M 座），PW 线经供电线（N 线）接至牵引变电所内 AT 的中间抽头上，并经接地保护放电装置与接地网相连。相邻两 AT 的间距通常在 15 ~ 20 km。

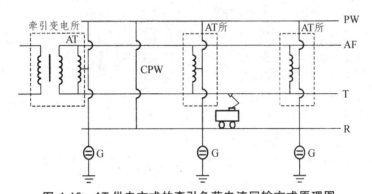

图 4.18　AT 供电方式的牵引负荷电流回输方式原理图

AT—自耦变压器；PW—保护线；AF—正馈线；T—接触网；R—钢轨；
CPW—保护线用连接线；G—接地保护放电装置

　　某些 BT 和直供加回流线电化区段，牵引变电所内设有铁路岔线。若岔线轨与正线牵引轨有电连接，则牵引变压器牵引侧接地相端子必须同时与岔线轨和接地网相连接，使接地网与岔线轨等电位。若岔线轨与正线牵引轨间互相绝缘，则岔线轨必须与接地网相连，使两者电位相等，正线牵引轨中的牵引负荷电流须经架空线或电缆接至牵引变压器牵引侧接地相端子。正常运行时，牵引变电所中的接地网仅作保护接地之用，平时接地网中无负荷电流。

四、高速铁路综合接地系统

（一）高速铁路综合接地系统的概念

　　铁路综合接地技术一直是人身安全、设备安全的重要保障措施之一。随着我国高速铁路工程建设步伐加快，以往分散的接地方式不能适应高速铁路发展的需要。针对我国高速铁路的特点，结合"以人为本"的设计理念，需要将高速铁路沿线各种接地有机、合理地结合起来，保证各系统、设备之间实现等电位连接，减少不同设备、不同系统之间存在的电位差及可能造成的人身和设备的安全隐患。经过对国内外接地技术的研究、消化吸收和试验验证，我国提出了高速铁路综合接地总体技术方案，建立了系统标准体系，并将其确定为装备中国高速铁路的重要系统之一。

　　高速铁路一般采用电力牵引供电，牵引回流和短路电流经过钢轨并在钢轨和与之相连的设施上产生对地电位差，当该电位差达到一定数量级时，将对人身和设备安全构成威胁。国外根据自身铁路建设和技术发展的特点对铁路接地方式进行了全面且系统的研究，形成了目前以法国（贯通地线、接地极、接地端子及接地连接线等构成，利用桥梁、隧道等土建结构钢筋做接地极）、德国（信号系统传输采用电缆方式，是以钢轨作为接地连接线，将沿线设备、设施及接地装置等电位连接）为代表的综合接地方式，建立了 EN 50122 铁路接地安全评价体系，采用等电位连接方式，在铁路沿线形成面积非常大的综合接地体，增强接地效果。

我国电气化普速铁路的接地系统设计一直沿用苏联模式，采用的是各系统的接地线分别设置、相互隔离的方式。随着提速、重载和高速铁路的建设，铁路系统大量运用各种电子设备，由于其耐过电压能力低，雷电高电压和雷电电磁脉冲侵入接触网 25 kV 高压线、回流线所产生的电磁效应、热效应都会对系统设备造成干扰或永久性损失。在现场已暴露出分散接地体系由于缺乏统筹考虑，不仅成本高、接地效果差、相互干扰，而且出现长大桥梁、隧道及石质路基地段现场施工困难等问题。

列车速度提高，钢轨电流增大，大幅值、强波动的牵引回流在钢轨中流动将产生钢轨电位，对人身安全、信号系统等的正常工作和设备安全，乃至于对行车安全构成非常大的影响。铁路线路的桥梁、隧道比重加大，必须采取特殊的措施对设备及人员进行安全防护。经过对国内外接地技术的调研及现场试验研究，采用综合接地系统将各专业、各类型的地线均接入此系统，在满足各系统设备防雷、接地及等电位连接要求的同时，可有效降低干扰，优化牵引回流系统。

在高速铁路中，随着电气化牵引电流不断增大，由于较高的回流电流引起的轨道对地电位超过安全值，可能危害轨道附近的电子设备和作业人员的安全。我国高速铁路采用综合接地系统，以保障人身及设备安全。

高速铁路采用综合接地系统，利用建筑物内的钢筋作为自然接地体及引下线，避免了单独设置人工接地装置需要较大场地的限制，节省投资，且金属受混凝土保护，不易腐蚀。

（二）高速铁路综合接地系统的功能

综合接地系统的优势主要体现在以下方面：

（1）铁路综合接地系统充分利用沿线设施，可有效降低钢轨电位，保证人身和设备安全，降低铁路各子系统单独接地所需的工程投资。

（2）对于场坪面积条件有限或高土壤电阻率地区，采用综合接地系统的优势特别突出，尤其是长大桥梁、隧道地段。

（3）铁路各子系统接地纳入综合接地系统后，在大大降低各子系统独立进行接地处理的实施难度的同时，可有效克服各系统设备之间的电位差。

高速铁路综合接地系统的主要作用有两个方面：一是降低钢轨电位，保护道旁人员的人身安全；二是为沿线的电气设备提供公共的参考地，防止因地电位变化导致设备损坏或误动作。因此，接地效果的评价指标也主要集中在这两个方面。综合地线的接地阻抗和它对钢轨电流的分流系数对钢轨电位影响显著。定性上看，接地阻抗越小，分流系数越大，对轨道电位的降低效果就越显著。因此，选用这两个参数作为评价指标能够很好地反映接地效果。接地阻抗和分流系数与综合地线的埋设深度、导线半径、钢轨的相邻横向连接线间的距离等参数有关。

（三）高速铁路综合接地系统的结构

铁路工程本身是一个分布式多专业协同运行的系统工程，沿线构筑物涉及桥梁、隧道、路基、信号、通信、信息、电气化、电力、机械、环卫、给排水等多个专业。电气化、电力、信号、通信等电气和电子系统设施分散设置在铁路沿线，为保证人身安全、设备安全和正常运行，各系统均有接地要求。高速铁路综合接地系统以沿线路两侧敷设的贯通地线为主干，充分利用沿线桥梁、隧道、路基地段构筑物设施内的接地装置作为接地体，形成低阻等电位综合接地平台，并将铁路沿线各专业电气和电子系统设备、构筑物内部结构钢筋、长大金属件等以等电位连接方式连接成一体，形成多专业分布式集成接地系统。

在实际工程中，综合地线与钢轨通过一定间距的横向连接线进行连接，如图 4.19 所示。B 和 C 分别是相邻的 2 个连接点，钢轨上的电流到达连接点时要进行重新分配。综合地线的分流系数反映了相邻两连接点间综合地线的电流和钢轨电流的分配比例。

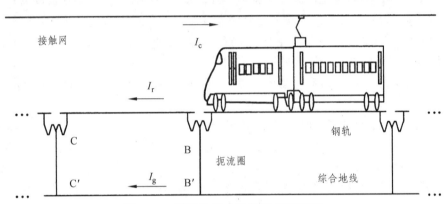

图 4.19   钢轨与综合地线连接示意图

高速铁路综合接地系统的设计原则如下：

（1）距接触网带电体 5 m 范围以内的金属结构和设备应接入综合接地系统。

（2）距铁路两侧 20 m 范围以内的铁路设备房屋的接地装置应接入综合接地系统。

（3）在综合接地系统中，建筑物、构筑物及设备在贯通地线接入处的接地电阻不应大于 1 Ω。

（4）综合接地系统应利用桥梁、隧道、接触网支柱基础结构物内的非预应力结构钢筋作为接地钢筋。

（5）不便于铁路综合接地系统等电位连接的第三方设施（如路外公共建筑物、金属管线等）必须采取可靠的隔离或绝缘等措施。

设计综合接地系统时，需要综合考虑接地电阻、等电位连接、钢轨电位、接触电压和跨步电压、系统安全、电流腐蚀等基本要素，合理制定技术方案。综合接地系统能否达到预期的效果，关键在于等电位连接和接地电阻，一个重要的指标就是"任意接入点的接地电阻不大于 1 Ω"。在综合接地总体技术方案的制定中充分反映了这两点。贯通地线是实现全线各地段接地装置、接地设备及设施等电位连接的重要载体；桥梁、隧道、路基地段接地极的设置则是有效降低接地电阻的重要保障。因此，等电位连接和接地极的设计、施工、验收等成为综合接地系统工程建设的关键。

（四）高速铁路综合接地系统在工程中的应用及取得的成效

高速铁路沿线各地段的接地装置间的等电位连接是构成综合接地系统平台的纽带和关键。因此，必须在施工工艺上要求高可靠性和可实施性。桥梁、隧道、路基、站台区及无碴轨道接地装置内的接地钢筋必须做可靠电气连接。桥墩与桥梁接地装置间、无碴轨道与接地端子间均采用不锈钢丝绳等电位连接。桥梁、隧道接地装置在电缆槽内预置接地端子，采用专用连接器与贯通地线等电位连接。路基地段的接触网支柱基础接地极通过分支引接线与贯通地线等电位连接。沿线各系统设备及金属构件等的接地均通过预留的接地端子接入综合接地系统。

在遂渝线无碴轨道试验段、合宁客专和京津城际铁路工程中开展的综合接地试验测试结果表明：综合接地系统对降低钢轨电位、提高人身和设备安全性具有明显效果；从保证人身和设备安全、提高客运专线各系统电磁兼容性角度考虑，高速铁路采用综合接地系统是必要的；贯通地线的主要作用不在于分流，而在于降低牵引回流网络的综合对地漏泄电阻；综合接地系统的接地电阻满足不大于 $1\,\Omega$ 的要求；钢轨电流不平衡度满足不大于 5% 的要求。

有关专家结合武广、郑西客专等工程的综合接地系统实施情况，根据铁路不同地段分类编制综合接地系统典型工点示意图（主要包括桥梁、隧道、路基、站台区、无碴轨道、声屏障等典型工点的综合接地系统图），通过与外方咨询人员的技术交流和专业间的沟通，对实施方案进一步理解细化和完善，完成桥梁、隧道、路基、站台综合接地通用参考图的设计。在此基础上，原铁道部组织相关部门总结经验，编制完成铁路工程建设通用参考图《铁路综合接地系统》，为其他高速铁路综合接地系统的标准化建设奠定了基础。

本章小结

一、接地基本知识

电气设备的某部分与大地之间做良好的连接，称为接地。埋入地中并直接与大地接触的金属导体，称为接地体。接地线与接地体合称接地装置。电力设备的带电部分与正常运行中的不带电接地部分或直接与大地发生电气连接称为接地短路。带电部分，由于绝缘损坏而与接地的金属外壳发生连接，称为碰壳短路或碰壳。

工作接地是保证电力系统和电力设备达到正常工作要求而进行的一种接地。为了保障人身安全，防止间接触电而将设备外露可能导电的部分接地，称为保护接地。将电力设备在正常情况下不带电的金属部分与零线之间做良好的金属连接，称为保护接零。将零线上一点或多点再次与地做金属连接，称为重复接地。

电气设备的外壳与零电位"地"或"大地"之间的电位差，称为接地部分的对地电压。设备的绝缘损坏时，在大地电流扩散的区域内，人的身体可同时触及的两部分之间出现的电位差，称为接触电压。在接地故障点附近行走，两脚之间所出现的电位差，称为跨步电压。

二、变电所接地装置

变电所户内外配电装置的金属或钢筋混凝土构架以及靠近带电部分的金属遮栏和金属门，配电、控制、保护用的屏及操作台等的金属框架和底座等，均应可靠接地。

牵引变电所的接地网的布置，接地电阻应符合规程要求，一年中任何季节不得超过 0.5 Ω。应尽量使地面的电位分布均匀，以降低接触电压和跨步电压。

在牵引供电系统中，牵引负荷电流通过电力机车经钢轨、回流线（与钢轨并联）流回牵引变电所，由于钢轨对地存在泄漏，因此牵引负荷电流部分由钢轨入地，经大地流回牵引变电所，简称地回流。

避雷针应装设独立的接地装置。防雷接地装置（包括接地体和接地线及避雷针）引下线的结构尺寸，应符合规定要求。为了避免雷击时雷电流在接地装置上产生高电位，造成被保护的设备发生闪络，危及建筑物和配电装置安全，避雷针与被保护设备之间，应有一定的安全距离。

三、变电所的防雷装置

变电所在运行的过程中，可能遭受对电气设备绝缘有危险的突然升高的电压，主要有大气过电压和内部过电压两大类。内部过电压可分为操作过电压、弧光接地过电压及谐振过电压等。大气过电压也叫雷电过电压，它又分为直击雷过电压、感应雷过电压和雷电侵入波。

为保护整个变电所设备和建筑物免遭直接雷击，变电所内应装设避雷针。在变电所进出线上方架设避雷线，可避免进出线遭受直接雷击；当进出线在避雷线保护范围外遭受直接雷击或感应过电压时，可以降低过电压的幅值，减轻对变电所内部设备的危害。在变电所 110 kV 进线和 27.5 kV 馈出线均装设架空避雷线进行保护。为防止沿线路侵入变电所的雷电冲击波对电气设备的破坏，把雷电波（或感应雷电波）限制在避雷器残压值范围内，从而使变压器及其他电气设备免受过电压的危害，在变电所每路进线终端、主变压器的低压侧出线、主变压器中性点引出线 27.5 kV 馈出线上，一般都应装设避雷器。在变电所 27.5 kV 馈出线上，串联抗雷线圈可有效地降低雷电侵入波的陡度。

思 考 题

1. 接地、接地体和接地线的定义是什么？
2. 什么叫对地电压、接触电压和跨步电压？
3. 什么叫工作接地、保护接地、保护接零和重复接地？
4. 保护接地和保护接零有何不同？
5. 在同一个系统中，为什么不能同时设置保护接地和保护接零？
6. 复合接地网的类型主要有哪几种？其主要作用是什么？
7. 工程上降低接地电阻的主要技术措施有哪些？

第五章　牵引变电所运行维护

本章要点：

　　本章将介绍牵引变电所运行中有关人员的职责，牵引变电所交接班制度，值班工作制度，巡视工作、倒闸作业、验电接地工作及安全用具的使用，牵引变电所检修工作制度，工作票制度，常见电气设备的事故处理及运行中突发性事故的应急处理方法。

第一节　牵引变电所运行管理

一、牵引变电所运行管理的任务、组织及有关人员的职责

（一）牵引变电所运行管理的任务及运行组织

　　牵引变电所运行管理工作包括运行和检修两部分。

　　牵引变电所的运行值班一般采用四班制或三班半制，在倒闸作业较少的开闭所、分区所和 AT 所也可采取两班制。每班至少设两人，其中一名为安全等级不低于三级的值班员，另一名为安全等级不低于二级的助理值班员。只有两人值班时，值班员兼任值班负责人；值班人员为两人且安全等级符合要求时，可设一名值班负责人领导值班工作。牵引变电所对安全等级的要求极为规范，未达到该安全等级的人员严禁参加该安全等级的有关工作。有关安全等级的要求见表 5.1。

表 5.1　牵引变电所工作人员安全等级的规定

等级	允许担当的工作	必须具备的条件
一级	进行停电检修较简单的工作	新工人经过教育和学习，初步了解在牵引变电所内安全作业的基本知识
二级	1. 助理值班员； 2. 停电作业； 3. 远离带电部分的作业	1. 担当一级工作半年以上； 2. 具有牵引变电所运行、检修或试验的一般知识； 3. 了解本规程； 4. 根据所担当的工作掌握电气设备的停电作业和助理值班员的工作

等级	允许担当的工作	必须具备的条件
三级	1. 值班员； 2. 停电作业和远离带电部分作业的工作领导人； 3. 进行带电作业； 4. 高压试验的工作领导人	1. 担当二级工作 1 年以上； 2. 掌握牵引变电所运行、检修或试验的有关规定； 3. 熟悉本规程； 4. 根据所担当的工作掌握电气设备的带电作业和值班员的工作； 5. 能领导作业组进行停电和远离带电部分的作业； 6. 会处理常见故障
四级	1. 牵引变电所工长； 2. 检修或试验工长； 3. 带电作业的工作领导人； 4. 工作票签发人	1. 担当三级工作 1 年以上； 2. 熟悉牵引变电所运行、检修或试验的有关规定； 3. 根据所担当的工作熟悉有关值班员的工作及电气设备的检修和试验，并了解其他部分； 4. 能领导作业组进行高压设备的带电作业； 5. 能处理较复杂的故障
五级	1. 领工员、供电调度人员； 2. 技术主任、副主任、有关技术人员； 3. 段长、副段长、总工程师	1. 担当四级工作 1 年以上，技术员及以上的各级干部具有中等专业学校或相当于中等专业学校及以上的学历者（牵引供电专业可不受此限）； 2. 熟悉并会解释牵引变电所运行、检修和安全工作规程及有关检修工艺

牵引供电系统应设电力调度。在电力调度管辖范围内，变电所的值班人员应接受他们的业务领导，当发生供电事故时，应接受他们的直接指挥，以尽快恢复正常供电。牵引变电所（包括开闭所、分区所、AT 所，下同）中的自用电变压器及额定电压为 27.5 kV 及以上的设备，包括自上述设备引出的 10 kV 信号馈电线均为电力调度管辖范围。上述设备的倒闸作业、撤除或投入继电保护和自动、远动装置，以及需一次设备停电或带电的检修、试验工作，均须有电力调度的命令方可进行。但当遇到危及人身和设备安全的紧急情况时，值班人员可先断开有关断路器和隔离开关，然后再报告电力调度。

在现场要根据实际编写变电运行规程，主要内容有：编写、审批、批准人及批准时间；变电所概况；目录；变电所现场运行规程审查记录；设备参数；一次系统主接线图；调度范围划分；正常运行方式与允许运行方式；母线及系统事故处理；主变压器、断路器、隔离开关、电抗器、电容器、电流互感器、电压互感器、过电压保护装置、所用电、直流系统等设备的一般规定，运行操作注意事项，异常与事故处理；防误闭锁装置的运行维护，紧急解锁等规定；变电所各种运行方式下，保护自动装置的投、退规定及异常处理等；各种按钮的功能、光字牌的作用；变电所交直流保险的配置原则及实际配置状况。

（二）运行人员的职责

1. 变电所所长的职责

变电所所长是全所值班人员在行政和运行业务上的领导人，应负责做好以下工作：

（1）督促全所人员并以身作则严格执行有关规程和制度，发现问题及时处理。

（2）编制本所值班轮流表并负责考勤。值日勤期间应参加交接班。每月至少参加一次熄灯巡视，对检查发现的缺陷及时提出处理意见，并督促值班人员立即向电力调度及有关部门汇报。

（3）根据供电段下达的维护检修计划，组织本所每月的设备维护和检修工作。

（4）组织保管好各种图纸、技术资料，并定期检查各种记录、工作票、工具、备品，发现问题及时解决。

（5）参加设备大修后的质量验收工作，组织本所设备的自鉴定工作，并据以提出下年度检修计划的建议。

（6）做好全所人员的技术培训工作，不断提高他们的技术业务水平。

（7）组织学习有关安全生产的文件和规程；组织进行事故预想演习；组织分析本所的事故和事故苗子，并提出防止事故措施。

（8）在变电所发生事故时，必要时可亲自负责组织处理。

（9）按时完成工作总结和填报各种报表，组织搞好全所的文明生产。

2. 值班人员的职责

值班人员在值班时间内，负责设备的正确维护与安全运行，其主要工作有：设备巡视及维护保养，表计监视和记录，倒闸操作，办理检修作业手续，事故、故障和缺陷的处理，整理资料并进行运行分析，清洁环境等。

对值班人员的要求是能做到"五熟"和"三能"。

（1）"五熟"：

① 熟悉本所主接线和二次接线的原理及其布置和走向；

② 熟悉本所电气设备型号、规格、工作原理、构造、性能、用途、检修标准、巡视项目、停运条件和装设位置；

③ 熟悉本所继电保护和远动、自动装置及仪表等的基本原理和装设位置；

④ 熟悉本岗位的各种规章、制度及标准化作业程序；

⑤ 熟悉本所正常和应急的运行方式、操作原则、操作卡片和事故处理原则。

（2）"三能"：

① 能分析、判断正常和异常的运行情况；

② 能及时发现并排除故障、缺陷；

③ 能掌握一般的维护、检修技能。

（3）值班人员的具体职责：

① 在交接班时，值班员的具体职责有：交班前，检查当班时应负责的记录；交班时，留守控制室，监视设备运行；接班时，参加交接班巡视，重点检查主要设备（变压器、断流器、隔离开关、互感器等），并检查测量、保护装置的切换片、开关等；监护助理值班员试验信号及表计；检查操作命令记录、断路器跳闸及保护动作记录、故障缺陷记录及图纸、资料等。

② 在值班时，值班员的具体职责有：接调度电话；计算供电日报、月报，填写运行日志（抄表部分除外）；主要监视直流屏表计，调整端电池放电电流、浮充电电流，监视保护装置运行；参加定时巡视，根据值班负责人的要求参加特殊巡视；处理事故及设备缺陷。

③ 在倒闸作业时，值班员的具体职责有：准备操作卡片和操作记录；要令、消令、执行操作命令、监护倒闸操作。

④ 断路器跳闸的处理：监护助理值班员确认并复归转换开关及有关信号；参加有关设备的检查；向电力调度汇报跳闸情况、设备状态，并做好记录。

⑤ 检修作业时的处理：审查工作票，向助理值班员交代准备工作；办理工作票；监护助理值班员执行及恢复安全措施；参加设备验收；随时巡视检修作业地点，了解检修及安全情况。

3. 助理值班员的具体职责

（1）在交接班时，助理值班员的具体职责有：交班前，检查当班时应负责的记录和工具、备品；交班时，参加交接班巡视并测量蓄电池；接班时，参加交接班巡视，重点检查避雷装置、高压母线电缆、端子箱、控制室内设备安装及接触情况；检查避雷器动作记录、主变压器过负荷及馈电线大负荷记录、门卫记录、工具备品及钥匙等。

（2）在值班时，助理值班员的具体职责有：接各所电话；抄表（小时负荷、主变压器过负荷、馈电线大负荷）并填写运行日志有关部分；监视控制屏、量计屏等各屏上的仪表指示及信号显示情况；根据值班负责人的要求参加各种巡视；协助值班员处理事故及设备缺陷。

（3）在倒闸作业时，助理值班员的具体职责有：准备安全工具和钥匙；在监护下进行操作；监护值班员要令、消令。

（4）断路器跳闸的处理：在监护下复归转换开关及有关信号；在监护下检查有关设备；更换断路器跳闸次数标志牌。

（5）检修作业时的处理：准备接地线、标示牌及防护栅等；在相关人员的监护下，执行及恢复工作票上规定的安全措施；根据值班负责人的安排参加检修组工作。

4. 检修、试验人员的职责

（1）按照供电段规定的设备分管范围，定期地对分管设备进行巡检、小修、中修及预防性试验。

（2）参加设备大修和设备鉴定。

（3）根据预防性试验和设备鉴定的结果，以及变电所值班人员反映的设备故障或缺陷的信息，及时对分管的设备进行检修、处理，保证设备安全、可靠地运行。

（4）在变电所发生设备事故时，应接受变电所所长或值班负责人的指挥，必要时与值班人员共同查找和处理事故。

二、牵引变电所的值班及交、接班工作

（一）牵引变电所的值班工作

220 kV 及以上变电所运行班应由正值班员、主值班员、助理值班员组成；110 kV 及以下变电所运行班应由主值班员、助理值班员组成。倒班方式要根据变电所规模和在电网中的作用等情况制定，由上级主管部门审查后，经总工程师批准。一般情况下，值班人员连续值班时间不得超过 24 小时。交通不便的偏远地区经主管领导批准，上述时间可适当放宽。运行值班班次排列和人员配备由所长（工区）编排确定，未经所长允许不得随意变动值班方式或调、替班。

两人以上值班的变电所，在正常情况下主控制室始终保持至少一人，随时掌握设备、负

荷变化等情况，按时准确地抄表和记载其他运行参数。

值班人员必须熟知《牵引变电所安全工作规程》《牵引变电所运行检修规程》及有关操作细则的规定，并经考核合格后，方可当值。

牵引变电所值班和作业时要使用标准操作术语（见表 5.2），呼叫供电调度和接电话时，首先要呼唤所名全称。在段管辖范围内，各所名称在不可能混淆的情况下可以简化。

表 5.2　变电所常用的标准操作术语

	操作术语	含　义
1	报告数字时：幺、两、三、四、五、六、拐、八、九、洞、幺洞、幺幺	相应为：一、二、三、四、五、六、七、八、九、零、一〇、一一
2	设备试运行	设备新安装，大修或事故、故障处理后投入系统运行一段时间，用以进行必要地试验或检查，视具体情况可随时停止运行
3	设备停用	运行中设备停止运行
4	设备投入	停用设备恢复运行
5	准备倒闸	从宣布时开始即算进入倒闸操作期间，并应执行有关要求和规定
6	开始模拟操作	开始在模拟图上按操作卡片或倒闸表的顺序逐项读票、复诵并操作
7	开始操作	开始在实际设备上按操作卡片或倒闸表的顺序逐项读票、复诵，确认并操作
8	倒闸结束	倒闸命令完成并消令，转入正常值班
9	发令时间	电力调度开始下达命令的时间
10	批准时间	值班员（接令人）复诵法令时间，命令内容，发令人、受令人姓名，操作卡片编号后，电力调度发布命令号及批准时间（即准许倒闸开始操作的时间）
11	完成时间	倒闸操作全部结束后，值班员汇报**号命令完成的时间
12	**时（读成点，下同）**分***跳闸，**动作	此系断路器自动跳闸时，**时**分***断路器（该断路器的运行编号）跳闸，同时**（保护名称）动作
13	**时**分***跳闸，**动作，重合成功（重合不成功，重合闸撤除，重合闸拒绝）	馈线断路器跳闸时，**时**分***断路器跳闸，**保护动作，重合闸动作使断路器合闸成功（或不成功，或该装置未投入运行，或发生拒绝动作）
14	**时**分***强送第*次成功	**时**分***断路器由操作强行合闸送电第*次成功
15	**时**分***强送第*次不成功，**动作，**欧（微安、公里，故测仪显示值）（或故测仪拒动，撤除）	**时**分***断路器由操作强行合闸送电第*次不成功，**保护动作，**欧（微安、公里为接触网故障探测装置的动作及指示情况，故测仪显示值为故障点标定装置计量部计量值
16	断（拉）开或合上***（****）	断（拉）开或合上***断路器（****隔离开关）
17	拉出或推上***手车	将运行编号为***的手车式断路器拉出至试验位置，使隔离动、静触指分开；或推上手车至运行位置，使隔离动、静触指合上
18	验明无电或有电	指线路或设备停电时检查验证隔离开关一侧或断路器两侧无电。送电时则检查验证隔离开关或断路器负荷侧有电

（二）牵引变电所交接班工作

（1）交接班前的准备工作。

① 检查、核对模拟图与实际相符。

② 做好以下运行记录：当时的运行方式；设备检修及改扩建施工进展情况；收到工作票张数及工作票执行情况；布置的安全措施，接地刀闸（线）组数、编号及位置。

③ 检查微机管理部分与实际一致，记录齐全。

④ 检查安全用具、工器具、测量仪表等应齐全完好，并存放整齐。

⑤ 清理环境卫生。

⑥ 上述准备工作应在交班前 15 min 完成。

（2）接班人员应提前 20 min 在主控室外集合，由班长（主值）检查服装仪容符合要求后，带领进入主控室。

（3）交班正值班员（主值）在模拟图前向接班人员全面介绍本值各方面情况。

① 交接班前准备好的运行记录内容。

② 本值巡视发现缺陷、异常及事故的处理情况。

③ 一、二次设备的运行及变更情况。

④ 本班完成的维护工作及未完成的原因。

⑤ 上级命令、指示及落实情况。

⑥ 本值倒闸操作及操作票执行情况。

⑦ 其他需要交代的情况。

（4）接班检查。接班正值班员（主值）要根据上一班的介绍，简要布置本班人员要进行重点交接检查项目和注意事项，然后根据下列分工，分头进行检查。

① 正值班员（主值）：巡视检查主控室内的保护、控制屏（包括直流和所用电屏）；检查继电保护及自动装置和二次回路运行及变动情况；检查、试验中央信号和测量装置；检查"两票"，了解设备检修、试验情况和接班后应进行的工作；审阅运行记录和有关记录、日报表等的填写情况。

② 主值：检查主变压器及其附属设备；检查本所最高电压等级配电装置。

③ 助理值班员：检查本所中、低压系统，所用变、蓄电池、电缆夹层；安全用具、工具、仪表、钥匙、备品备件；环境卫生，文明生产符合要求。

④ 巡视检查时，应根据巡视项目认真细致检查，按巡视路线巡视到位，对正在检修、试验的设备和有缺陷、异常的设备要认真核对检查。

⑤ 接班人员检查完毕，应立即向正值班员（主值）汇报检查结果，重点汇报发现的异常和交班人员交代不符的问题。如遇到问题，应由交班人员说明情况或处理。

（5）接班正值班员（主值）认为符合接班条件后，开始交接班。交班正值班员（主值）报告"交班准备工作已全部做好"，接班正值班员（主值）回答"接班检查未发现问题，现已具备接班条件"，然后在运行记录簿上签字。交班正值班员（主值）、助理值班员在运行记录簿上签字后，带领本班人员离开主控，交接班结束。

三、牵引变电所的巡视工作

牵引变电所设备巡视是监视设备运行情况，及时发现设备潜在的隐患，消除事故隐患，保证安全可靠运行的重要措施。变电运行人员应按时认真巡视设备。巡视一般分为交接班巡视、班中巡视、熄灯巡视和加强巡视四种。

（一）对设备巡视作业人员的要求

（1）作业人员必须经过考试评定安全等级，取得安全合格证书。

（2）作业人员着装必须符合要求。

（3）作业人员必须具备必要的电气知识，熟悉变电设备。

（4）作业人员按每天的 6 点、12 点、18 点、22 点进行整点巡视，或每班在交接班巡视外至少巡视 1 次；每周至少进行 1 次夜间熄灯巡视；每次断路器跳闸后对有关设备要进行巡视。遇有下列情况，要适当增加巡视次数：

① 设备过负荷，或负荷有显著增加时。

② 设备经过大修、改造或长期停用后重新投入系统运行。新安装的设备加入系统运行。

③ 遇有雾、雪、大风、雷雨等恶劣天气，事故跳闸和设备运行中异常和非正常运行时。

④ 值班人员对新装或大修后的变压器投入运行后 24 h 内，要每隔 2 h 巡视 1 次。无人值班的所，由维修班组负责每周至少巡视 1 次。变电所工长值日勤期间，要参加交接班巡视。

⑤ 除有权单独巡视的人员外，其他人员无权单独巡视。

有权单独巡视的人员是：牵引变电所值班员和工长；安全等级不低于四级的检修人员、技术人员和主管的领导干部。当一人单独巡视时，禁止移开、越过高压设备的防护栅或进入高压分间。如必须移开高压设备的防护栅或进入高压分间时，要与带电部分保持足够的安全距离，并要有安全等级不低于三级的人员在场监护。

⑥ 值班员巡视时，要事先通知供电调度或助理值班员；其他人巡视时要经值班员同意。在巡视时不得进行其他工作。

（二）巡视检查安全措施

巡视前检查所使用的安全工器具完好。

巡视检查时应与带电设备保持足够的安全距离。

（1）巡视检查时，不得进行其他工作，不得移开或越过高压设备的防护栅或进入高压分间。

（2）牵引变电所发生高压设备接地故障时，在切断电源之前，任何人与接地点的距离为：室内不得接近故障点 4 m 以内，室外不得接近故障点 8 m 以内。进入上述范围的人员必须穿绝缘靴；接触设备的外壳和架构时，应戴绝缘手套。

（3）在有雷、雨的情况下必须巡视室外高压设备时，要穿绝缘靴、戴安全帽，并不得接近避雷针和避雷器。

（4）进出高压室、控制室、电容器组室，必须随手关门。

（5）发现设备缺陷时，及时汇报，采取相应措施，不得擅自处理设备。

（6）严格按照巡视线路巡视。巡视检查项目和标准按照有关规定进行，采用看、听、嗅、摸、测等方法，综合分析设备运行状况。

① 看：看设备的油色、油位，导电的各连接部分，瓷件及机械部分有无异常及损坏。

② 听：听设备声音是否正常。

③ 嗅：嗅设备有无焦臭等异常气味。

④ 摸：摸运行设备外壳（接地部分）温度有无异常。

⑤ 测：测导电部分接触面发热情况。

（三）设备巡视路线图及巡视工器具

1. 巡视路线图

巡视作业前首先要确定牵引变电所的设备巡视路线图。制定巡视路线图的基本原则为：先 110 kV 侧，后 27.5 kV 侧；先室外，后室内；先高压室，后控制室。巡视时要按照设备巡视路线图进行巡视。

2. 巡视工器具

巡视作业前要检查巡视工器具，具体检查内容有：安全帽、绝缘靴每人一套，应齐全、完好，有合格证标签，未过期；望远镜一副，应完好；测温仪一台，电池充满电，开机应正常；应急灯一个，应充满电，使用正常；钥匙一套，应齐全，无遗漏。

（四）巡视内容及标准

1. 各种巡视的一般项目和标准

（1）绝缘体应清洁，无破损和裂纹，无放电痕迹及现象，瓷釉剥落面积不得超过 300 mm^2。

（2）电气连接部分（引线、二次接线）应连接牢固，接触良好，无过热、断股和散股、过紧或过松。

（3）设备音响正常，无异味。

（4）充油设备的油标、油阀、油位、油温、油色应正常，充油、充胶、充气设备应无渗漏、喷油现象。充气设备气压和气体状态应正常。

（5）设备安装牢固，无倾斜；外壳无严重锈蚀，接地良好；基础、支架应无严重破损和剥落；设备室和围栏应完好并锁住。

2. 变压器巡视内容及标准

1）变压器本体巡视内容及标准

① 温度。变压器本体温度计完好、无破损，表盘内无潮气冷凝；检查变压器上层油温数值。运行中油浸风冷和自冷变压器上层油温不宜超过 85 ℃，超过 55 ℃ 时，应启动风扇；冷却及油温测量系统正常但油温较平时在相同条件下运行时高出 10 ℃ 以上或不断上升时，均为异常；油温表引出的二次电缆应完好，无破损、松脱现象。

② 油位。油位计应无破损和渗漏油，没有影响查看油温的油垢，内部无潮气冷凝；油枕的实际油位线与环境温度值应对应，在不同的环境温度下指针应停留相应位置，无大偏差；

油位计引出的二次电缆应完好，无破损、松脱现象。

③ 渗漏油。检查变压器各部位应无渗漏油，应重点检查压力释放阀、套管法兰盘连接处、各阀门等应无渗漏油；变压器本体清洁，无附着的油垢、秒迹，必要时进行擦拭。

④ 气体继电器。气体继电器内应充满油，油色应正常，无渗漏油；气体继电器内无气体；气体继电器防雨措施完好，防雨罩牢固；气体继电器引出的二次电缆应完好，无破损，松脱现象。

⑤ 压力释放装置。压力释放阀无渗漏油，压力释放阀指示杆未突出；压力释放阀引出的二次电缆应完好，无破损、松脱现象。

⑥ 呼吸器。硅胶无受潮变色，如硅胶变色部分超过 2/3，应及时更换硅胶；呼吸器外部无油剂；油杯完好，无破损；油位正常，油位线应在上、下油位标志线之间；呼吸器呼吸应畅通。油杯中随着负荷和油温的变化会有气泡产生，如无气泡产生，则说明有堵塞现象，应及时处理。

⑦ 接地装置。检查变压器各部分接地应完好，无锈蚀；检查变压器铁芯接地线和外壳接地线，应良好。

2）高低压套管巡视内容及标准

套管油位应在规定范围之内；油位窗应无破损和渗漏油，没有影响查看油位的油垢；油色应正常；套管相位漆应无脱落。

3）冷却系统巡视内容及标准

散热器的散热片清洁，无渗漏油；风扇电机齐全，运行应正常。

4）变压器本体端子箱巡视内容及标准

变压器本体端子箱内控制、电源开关位置正常，端子排列整齐，二次接线紧固，电缆牌清晰、齐全，箱门接地良好，箱内无异味，锁闭良好。

5）设备巡视内容及标准

设备安装牢固，无倾斜；外壳无严重锈蚀，接地良好；基础、支架应无严重破损破损和剥落。

3. SF₆断路器巡视内容及标准

（1）断路器本体分、合闸指示器与实际位置相符，计数器指示应正确。

（2）气压表应指示正确，在正常范围之内。

（3）机构箱的控制、电源开关位置正常，端子排列整齐，二次接线紧固，电缆牌清晰、齐全，箱门接地良好，箱内无异味，锁闭良好。

（4）接地装置设备接地良好，无锈蚀。

（5）安装牢固、水平、无倾斜，本体无锈蚀，铭牌齐全。

（6）设备安装牢固，无倾斜，无严重锈蚀；基础、支架应无严重破损和剥落。

4. 真空断路器巡视内容及标准

（1）分合闸指示器与实际位置相符，机构已储能。

（2）动、静触头应接触良好，无发热现象。

（3）玻璃真空灭弧室内无辉光，铜部件应保持光泽。

（4）闭锁杆位置正确，止轮器良好。

（5）设备安装牢固，无倾斜，无严重锈蚀，接地良好，围栅完好并锁住。

（6）端子箱内控制、电源开关位置正常，端子排列整齐，二次接线紧固，电缆牌清晰、齐全，箱门接地良好，箱内无异味，锁闭良好。

5. 室外手动隔离开关巡视内容及标准

（1）触头位置正确，合闸触头接触良好，无过热烧伤，位置正确，分闸角度符合要求。

（2）机构安装牢固、水平、无倾斜，本体无锈蚀，铭牌齐全，接地良好。

（3）操作机构安装牢固，位置正确，锁闭良好。

（4）支柱无破损、无裂纹，基础无下陷，接地良好。

6. 室外电动隔离开关巡视内容及标准

除与室外手动隔离开关巡视内容一致外，电动隔离开关的机构箱应安装牢固，箱体无锈蚀，密封良好，接地良好；分合闸指示与实际状态相符，电源开关位置正常，无异味，锁闭良好。

7. 室内手动隔离开关巡视内容及标准

（1）位置正确，合闸触头接触良好，无过热烧伤，位置正确，分闸角度符合要求。

（2）传动杆连接牢固，锁闭良好，辅助开关安装牢固，二次接线无松动。

8. 室内电动隔离开关巡视内容及标准

除与室内手动隔离开关巡视内容的（1）一致外，电动隔离开关的机构箱应安装牢固，箱体无锈蚀，密封良好，接地良好；分合闸指示与实际状态相符，电源开关位置正常，无异味，锁闭良好。

9. 室外电压、电流互感器巡视内容及标准

（1）油标、油阀、油位正常，无渗漏、喷油现象。

（2）本体无锈蚀，铭牌齐全，二次接线盒密封良好，设备音响正常。

（3）设备安装牢固，无倾斜，支柱无破损、无裂纹，基础无下陷，接地良好。

10. 室内电压互感器巡视内容及标准

（1）高压熔断器安装牢固，无破裂，无脱落。

（2）电气连接部分引线连接牢固，接触良好，无过热，无松动。

（3）本体清洁，无破损和裂纹，无放电及烧伤痕迹，无异音、异味，接地良好。

（4）端子箱安装牢固，箱体密封良好，无锈蚀，端子排列整齐，二次接线紧固，电缆牌清晰、齐全，箱门接地良好，箱内无异味，锁闭良好。

11. 避雷针巡视内容及标准

（1）本体无锈蚀、无倾斜、无弯曲，针尖无熔化。

（2）基础无破损、无裂纹、无下陷，接地良好。

12. 避雷器巡视内容及标准

（1）整体安装牢固，无倾斜，铭牌齐全，音响正常，无异响、无异味。

（2）计数器安装牢固，无破裂，密封良好，动作正常。

（3）支柱无破损、无裂纹，基础无下陷，接地良好。

13. 电容补偿装置巡视内容及标准

（1）电容器组：电气连接部分的硬母线连接牢固，接触良好，无过热、无断裂、无脱漆现象；外壳无锈蚀、膨胀、变形，接缝处无断裂，无渗漏油，无异音、异味，接地良好；基础无裂纹、无破损、无下陷。

（2）放电线圈：本体无锈蚀、膨胀、变形，无渗漏油，无异音、无异味，二次电缆连接牢固，无松动、无脱落；基础无下陷，接地良好。

（3）电抗器安装垂直、牢固，无异音、异味，绝缘体清洁、无破损和裂纹、无放电痕迹及现象，瓷釉无剥落，接地良好。

（4）网栅安装牢固，无断裂，附近铁磁件无过热现象，接地良好。

14. 高压母线巡视内容及标准

（1）软母线多股线无断股、松股、散股。

（2）硬母线无断裂、无脱漆。

15. 所用变压器巡视内容及标准

（1）熔断器安装牢固，无爆裂、无脱落。

（2）电气连接部分硬母线连接牢固，接触良好，无过热、无断裂、无脱漆现象。

（3）本体无锈蚀，无放电痕迹及烧伤痕迹，无异音、异味，接地良好。

16. 交流屏巡视内容及标准

（1）整体无锈蚀，清洁，安装牢固。

（2）电压、电流表指示正常，运行指示灯指示正常，光子牌显示正常，转换开关位置正确，信号灯指示正常，事故照明试验正常。

（3）继电器安装牢固、内部无异音，触点无抖动，位置正常。

（4）空气开关位置正常，信号指示灯指示正常。

（5）屏内照明正常，各部件安装牢固，端子排列整齐，引线连接牢固，盘内清洁，无异音、异味，盘底密封良好，电缆盘清晰、齐全，接地良好，盘柜锁闭良好。

17. 直流屏巡视内容及标准

（1）整体无锈蚀，清洁，安装牢固。

（2）电压、电流表指示正常，转换开关位置正确，信号灯指示正常。

（3）监控显示充电方式为浮充，充电电压、充电电流、电池电压、控母电压、输出电流正常，母线绝缘监测正常，蓄电池电压正常。

（4）充电模块运行指示灯指示正常，无异音、异味，空气开关位置正常，信号指示灯指示正常。

（5）屏内照明正常，各部件安装牢固，端子排列整齐，引线连接牢固，充电模块风扇电机运行正常，各监控单元运行指示灯指示正常，各空气开关、熔断器位置正确，盘内清洁，无异音、异味，盘底密封良好，电缆盘清晰、齐全，接地良好，屏柜锁闭良好。

18. 保护测控屏巡视内容及标准

（1）整体无锈蚀，清洁，安装牢固。

（2）保护装置运行指示灯指示正常，转换开关位置正确，信号指示灯指示正常，事故音响试验正常，各连片连接牢固。

（3）屏内照明正常，各部件安装牢固，端子排列整齐，引线连接牢固。各空气开关位置正确，继电器安装牢固，触点无抖动，盘内清洁，无异音、异味，盘底密封良好。电缆盘清晰、齐全，接地良好，屏柜锁闭良好。

四、牵引变电所的倒闸作业

（一）倒闸操作的概念

要将运行中的电气设备由一种运行状态转变到另一种运行状态，就需要进行一系列的倒闸操作。所谓改变运行状态，就是拉开或合上某些断路器和隔离开关，包括断开或投入相应的直流回路；改变继电保护和自动装置的定值或运行状态；拆除或安装临时接地线等。倒闸操作主要指为了适应电力系统运行方式改变的需要，而必须进行的拉、合断路器、隔离开关、高压断路器等（一次设备）的操作；为适应一次设备运行状态的改变，继电保护及自动装置（二次设备）运行状态亦应做相应的改变，如继电保护装置的投入或退出、保护定值的调整等。

（二）电气设备的运行状态

电气设备有运行状态、热备用状态、冷备用状态和检修状态。

电气设备的运行状态，是指断路器及隔离开关都在合闸位置，将电源至负载间的电路接通（包括辅助设备如仪表、避雷器等）。

电气设备的热备用状态，是指断路器在断开位置，隔离开关仍在合闸位置，其特点是断路器一经操作即接通电源。

电气设备的冷备用状态，是指断路器和隔离开关都在断开位置。其显著特点是该设备（如断路器）与其他带电部分之间有明显的断开点。

电气设备的检修状态，是指该设备的断路器和隔离开关均已断开，设备两侧装设了保护接地线或合上接地隔离开关，并悬挂了工作标示牌，安装了临时遮拦。

（三）倒闸操作的步骤与流程

1. 倒闸操作步骤

（1）了解倒闸计划，熟悉倒闸工作内容，倒闸作业涉及的高压开关，倒闸作业时间。值班人员在交、接班后，接班的值班员随即向供电调度了解当天计划停电或送电的倒闸项目及计划时间。

（2）做好准备工作。供电调度员必须在倒闸作业之前，一般至少提前 10 min 通知变电值班员。在倒闸前 10 min，由值班员宣布"准备倒闸"。同时值班员准备倒闸操作命令记录簿，并审查操作卡片（无操作卡片者审查倒闸表）。助理值班员准备需用的安全用具、工具、钥匙。操作高压设备应戴的绝缘手套，使用前应检查有无破损和漏气。需要装设接地线时应检查接地线是否完好，接线桩头有无松动。核对所取钥匙编号是否与操作票所要操作的电气设备名称编号相符。

雨天操作还应准备好绝缘靴、雨衣。做安全措施时，应准备相应电压等级且合格的验电器、接地线活动扳手等。如执行二次设备的倒闸操作任务时，必须准备电压表、螺丝刀、短接地线等。

（3）模拟图操作。值班员在倒闸作业前，在模拟盘上进行模拟操作，熟悉和确定倒闸作业的正确工作顺序。值班负责人宣布"开始模拟操作"，而后按操作顺序在模拟图上进行核对性操作。

（4）供电调度员发布倒闸作业命令。供电调度宣布"××变电所接令"（命令包括发令时间、命令内容、操作卡片编号、发令人姓名）；值班员接令后，复诵以上全部内容，并回告接令人姓名。在整个受令过程中，助理值班员应监听，确保接收命令的正确性，校核其复诵内容与记录是否相符。经发、受令人双方核对无误后，供电调度发布命令编号和批准时间。

（5）正式进行倒闸作业。由值班员和助理值班员共同完成。

值班负责人宣布"开始操作"后，值班员及助理值班员前往现场。到达位置即核对设备名称、编号。在相互确认正确后，值班员宣读操作卡片（或倒闸表），并站在助理值班员左侧稍后处进行监护，助理值班员站在设备前用右手进行操作。每进行一步操作监护人均须随手指点应操作的设备，操作人则予以复诵，借以达到双方共同确认，保证无误的目的。

（6）检查和确认操作结果。倒闸作业后，根据高压开关的机械指示实际状态，开关指示灯的变化，验电器显示，仪表指示的变化等，进一步确保倒闸作业的正确性。

为了确保按操作票的顺序进行操作，在每操作完一项后，监护人应在该项上做一个记号"√"。同时两人一起检查被操作设备的状态，应达到操作项目的要求。操作结束，还应对票上的所有操作项目做全面检查，以防漏项。

（7）消令，倒闸作业操作结束后，值班员应即刻向供电调度员报告"××变电所××号命令完成"并报个人姓名。供电调度员复诵"××号命令××时××分完成"并报个人姓名。至此，值班员即可宣布"倒闸结束"。

（8）复查。倒闸作业结束后，值班员对操作设备状态进行检查。如检查手车断路器的闭锁杆、跳闸弹簧、凸轮位置是否正确，隔离触指接触是否良好等。

（9）倒闸作业完成后填写倒闸作业记录。

2. 倒闸操作流程

（1）接收调度员发布的操作预令（传真）。

（2）审核调度命令的正确性，拟定操作方案。

（3）操作人员依照调度命令逐项填写好倒闸操作票。

（4）监护人、值班负责人审查票面正确性。

（5）接受调度员发布的正式操作命令（电话录音，复诵核对）。

（6）监护人唱票，操作人逐项在主接线上进行模拟预演。

（7）操作人、监护人、值班负责人分别在票面上签名。

（8）操作人员带上必须的防误锁钥匙，携带必要的安全用具（雨天使用防雨罩，穿绝缘靴、雨衣，操作人双手佩戴绝缘手套，系统接地时穿绝缘靴）。

（9）操作人在前，监护人在后，进入操作现场。

（10）操作人、监护人检查所站位置是否有利（"一站"）；操作人、监护人检查所需安全措施是否完备（"二看"）；操作人、监护人检查设备名称编号、实际位置是否与操作票要求一致（"三核对"）；监护人根据操作票依照操作顺序逐项发出操作命令，要求声音洪亮（"四干"）。

（11）操作人手指设备编号大声复诵，并打开设备的防误闭锁；监护人确认无误后，发出"对，执行"的操作命令。

（12）操作人根据监护人的执行命令逐项执行操作任务。每执行完一项，监护人应核对无误，并在该项前用钢笔作"√"记号。

（13）全部操作结束后，监护人在执行完毕的操作票上加盖"已执行"的章；值班负责人向调度员汇报操作任务执行情况（电话录音）；值班负责人认真填写"运行日志"和有关记录。

（四）倒闸操作业行为规范

1. 接受操作任务

（1）正值班员（主值）接受调度操作任务时，双方应主动互通姓名、单位，并使用调度术语和双重称号。

（2）应将发令时间、发令姓名、单位、操作任务记入运行记录簿中。

（3）对照记录复诵一遍，有疑问时应主动核对清楚。

（4）正值班员（主值）按照操作任务要求，指派合格的操作人和监护人，并根据当时的运行方式、设备状态布置操作任务，交代安全注意事项及安全措施。

（5）非调度管辖的倒闸操作，正值班员（主值）应向操作人员详细布置操作任务，下令时使用双重称号，讲清操作目的和设备运行状态，同时按要求填写操作票，并将以上内容详细记入运行记录簿中。

（6）操作人员应对正值班员命令复诵无误。

2. 填写操作票（操作卡片或倒闸表）的有关规定和说明

1）填写操作票的有关规定

值班人员所进行的一切倒闸操作，包括根据调度口头指令所进行的操作和根据工作票所进行的验电、装拆接地线、取放控制回路保险器等操作，均需填写倒闸操作票。

一张操作票只能填写一个操作任务。一个操作任务指根据同一个调度命令所进行的一次不间断操作。倒闸操作票须连号使用。

下列操作可以不用操作票，但应记入运行日志中：事故处理；拉、合开关的单一操作；拉开接地闸刀或拆除全所仅有的一组接地线；主变有载调压操作。

操作票应由操作人根据操作任务、实际运行方式及正值班员交代的注意事项填写。填写必须字迹工整、清楚，关键字（如停、送、拉、合、投、退及双重编号）不得涂改。倒闸操作票任务及顺序栏均应填写双重名称，即设备名称和编号。旁路、母联、分段开关应标注电压等级。

操作票中下列三项不得涂改：设备名称编号和状态；有关参数（包括保护定值参数、调度正令时间、操作开始时间）；操作"动词"。在一项操作任务中，如同时需拉开几个开关时，允许在先行拉开几个开关后再分别拉开闸刀，但拉开闸刀时必须在每检查一个开关的相应位置后，随即分别拉开对应的两侧闸刀。操作票不得使用典型操作票及专家系统自动生成（不含调度操作任务票）。

发令人对其发布的操作任务的安全性、正确性负责。受令人对操作任务的正确性负有审核把关责任，发现疑问应及时向发令人提出。对直接威胁设备或人身安全的调度指令，值班员有权拒绝执行，并应把拒绝执行指令的理由向发令人指出，由其决定调度指令的执行或者撤销。必要时可向发令人上一级领导报告。

2）填写操作票的有关说明

① 受令后，当值值班员、助理值班员一起核对实际运行方式、一次系统模拟接线图，明确操作任务和操作目的，核对操作任务的安全性、必要性、可行性及正确性，确认无误后，即可开始填写操作票。

② 填票人应根据操作任务对照一次系统模拟图及二次保护及设备等方面的资料，认真细心、全面周到、逐项填写操作步骤，填写完毕应自行对照审核，在填票人栏内亲笔签名后交值班负责人审核。

③ 倒闸操作票票面字迹应清楚、整洁。签名栏必须由值班员本人亲自签名，不得代签或漏签。

④ 下列各项应作为单独的项目填入操作票内：

• 应拉、合的断路器和隔离开关。断路器操作后，检查其分、合闸位置。隔离开关操作后，检查其确已拉开，或合闸接触良好。断路器由冷备用转运行或热备用进行操作隔离开关前，检查断路器确在分闸位置。

• 拉、合二次电源隔离开关。取下、投入控制回路、电压互感器、电流互感器的二次熔断器，若同时取放同一设备多组二次熔断器可以并项填写，操作时分项打"√"。

⑤ 为了防止误操作，在操作前必须对所要操作的设备的运行位置进行逐项检查，并应做到在检查后立即进行该项操作。操作后应检查操作情况是否良好，除有规定外，可不作为单独的项目填写，而只要在该操作项目的后面注明，但检查后必须打"√"。

⑥ 验电及装设、拆除接地线的明确地点及接地线的编号（拉、合接地闸刀的编号），其中每处验电及装接地线（含接地闸刀）应作为一个操作项目填写。填写接地线编号只要在该项的最后注明即可，如"在××验明三相确无电压后装设接地线一组（1#）"。

⑦ 设备或线路检修结束后，恢复送电前（由冷备用或检修转运行或热备用前），对送电范围内是否有遗留接地线（接地隔离开关）等进行检查。

⑧ 两个并列运行的回路，当需停下其中一回而将负荷移至另一回时，操作前对另一回路所带负荷情况是否正常应进行检查。

⑨ 取下、放上控制回路、电压互感器回路保险。

⑩ 切除保护回路压板（连接片），在测量压板两端无电压后投入保护回路压板（包括重合闸出口压板），同时退出和投入多块压板可作为一个操作项目填写，但每操作完一块压板时应分别打"√"。

⑪ 微机保护定值更改后，核对定值是否正确。电流、电压、时间等应分项填写。同一定值同一套保护三相可以合为一项填写，但执行时间应分别打"√"。

3）遥控操作

遥控操作必须严格执行唱票、复诵和录音制度。遥控操作必须由两人进行，副值操作，正值监护。电调中心可以进行以下遥控操作：拉、合开关；拉、合主变中性点接地闸刀；主变有载调压开关及消弧线圈挡位调整；电容器组的投、切；所用电源切换；继电保护及自动装置远方更改定值及保护停启用；微机直流屏浮充电流的调整。上述遥控操作完毕，电调中心模拟图板应做相应变更。

具备远方更改保护定值及保护停启用的变电所，正常操作一般由调度发令至电调中心执行。电调中心在操作完毕后，必须认真检查核对，确认更改是否成功，并向调度汇报，做好有关记录。当遥控操作失败后，电调中心值班员应立即汇报调度，同时通知操作班到现场进行处理。

操作方式选择开关（遥控压板）的管理：

① 正常运行时，变电所所有运行或热备用状态的开关，其方式选择开关（遥控压板）须置于"遥控"（投入）位置，有控制开关的应将其置规定位置。

② 开关转冷备用或检修状态时，开关拉开后，操作人员应先将方式选择开关（遥控压板）切至"近控"（退出）位置，控制开关切至"分闸后"位置，再操作闸刀。当开关恢复至运行（或热备用）状态后，再将方式选择开关（遥控压板）切至"遥控"（投入）位置。

③ 设备检修过程中需要进行遥控操作试验时，应由电调中心值班员通知现场运行人员，将方式选择开关（遥控压板）切至"遥控"（投入）位置。试验完毕后，由现场运行人员立即将其恢复原位。

④ 事故处理和遥控操作失灵需要操作人员进行现场操作时，操作人员应先将方式选择开关（遥控压板）切至"近控"（退出）位置后再进行操作。操作完毕后，应根据设备运行方式，确定方式选择开关（遥控压板）的正确位置。

3. 审查核对操作票

（1）操作人填写操作票后，自己先参照典型操作票，对照模拟图审查一遍，如发现写错，要加盖"作废"章，然后重新填写，自审无误后，交监护人审查。"作废"章应盖在操作票"操作任务"栏右上角，同时在备注栏内注明作废原因。

（2）监护人在审查中发现填错，应立即交操作人盖"作废"章，并重新填写。复杂操作票交正值班员（主值）或所长审查。

（3）审查无误后，操作人和监护人共同进行模拟预演。监护人和操作人站在模拟盘前，由监护人持操作票逐项唱票，操作人手指模拟图上相应设备复诵，并按令改变设备状态。

（4）对模拟盘上不能演示的操作步骤也应当按操作顺序进行，由监护人下令，操作人复诵。

（5）模拟预演后，如操作有变动或撤销操作任务时，应立即恢复模拟图原状。

（6）经模拟预演确认操作票正确无误后，监护人在操作项目下面的空格处加盖"以下空白"章，然后由操作人、监护人签名，最后交正值班员（主值）审查签名。

（7）操作票经审查无误签名后，监护人应将操作票放在操作专用夹上。

（8）操作人准备合格的安全工器具，监护人准备钥匙。

（9）由正值班员汇报调度员"操作票已准备好，可以进行操作"。

4. 操作命令的接受和发布

（1）正值班员（主值）在接受调度员下达操作命令时，应将发令时间、发令姓名、单位、操作任务记录在运行记录簿中，然后按记录内容复诵一遍。

（2）接令人将发令人姓名填入操作票发令人栏内，将发令时间填入操作票命令操作时间栏内。

（3）正值班员（主值）向操作人员下达操作命令时，操作人应复诵无误。

5. 倒闸操作

（1）监护人携带操作票、钥匙，操作人携带接地线操作器具开始操作。

（2）操作人员按操作顺序，共同走到被操作设备前站好位置。

（3）操作。

① 每项操作前应共同核对设备名称、编号和运行状态。

② 核对无误后，操作人站好位置，准备操作。

③ 监护人按操作项目内容高声唱票，要求声音洪亮、清楚、准确。

④ 由监护人将钥匙交给操作人开锁，准备操作；操作人手指操作设备编号，高声复诵，监护人核对无误，发出"对、执行"命令后，按操作要领操作。

⑤ 每操作完一项后，应共同检查操作质量。

⑥ 经检查良好后，立即加锁（或检查闭锁完好），监护人在该操作项目左侧打"√"。

⑦ 对第一项、最后一项和重要项目（包括拉合断路器、投停保护、装拆接地线或拉合接地刀闸），应在该项目右侧"操作时间"栏内填写实际操作时间。

（4）全部操作完毕后，操作人员再共同进行一次复查。

（5）操作监护人应始终保持在能全面监视操作人行为的位置。

（6）汇报、盖章与记录。

① 操作全部结束后，监护人或正值班员（主值）应立即向发令人汇报操作开始、终了时间，在操作票上填上操作终了汇报时间，并在操作票"操作任务栏"右上角加盖"已执行"章。

② 在运行记录簿上做好记录。

（五）倒闸操作的有关要求

（1）倒闸操作前，必须了解系统的运行方式、继电保护及自动装置等情况，并应考虑电源及负荷的合理分布以及系统运行的情况。

（2）在电气设备服役前必须检查有关工作票，并检查安全措施拆除情况，如拉开接地隔离开关或拆除接地线及警告牌和临时遮拦；恢复常设遮拦；对必要的设备测量绝缘电阻等。在测量绝缘电阻时必须隔离电源，并进行放电。此外还应检查断路器、隔离开关均在断开位置，工作票应全部收回，并办理好工作票终结手续，汇报调度，等待送电。

（3）倒闸操作前应考虑继电器保护及自动装置整定值的调整，以适应新的运行方式的需要，防止因继电保护及自动装置误动或拒动而造成事故。

二次部分的调整有如下要求：

① 电压互感器二次负荷的切换；

② 所用变压器电源的切换；

③ 直流电源的切换；

④ 交流电源、电压回路和直路回路的切换；

⑤ 根据一次接线，调整二次跳闸回路（例如继电保护及自动装置改接和联跳断路器的调整等）；

⑥ 断路器停役，二次回路工作需要将电流互感器短路退出，以及断路器停役时根据现场规程决定断路器失灵保护停用；

⑦ 现场规程规定的二次回路需作调整的其他有关内容。

（4）备用电源自动投入装置、重合闸装置必须在所属设备停运前退出运行，在所属主备送电后投入运行。

（5）在倒闸操作过程中应注意分析表计指示，如倒母线时应注意电源分布的功率平衡，并尽量减少母联断路器电流，使其不超过限额，以防止过负荷而跳闸。

（6）在下列情况下，应将断路器的操作电源切断，即取下直流操作回路熔断器。

① 检修断路器；

② 在二次回路及保护装置上工作；

③ 在倒母线操作过程中拉合母线隔离开关，必须先取下母线断路器的操作回路熔断器，以防止在拉合隔离开关时母联断路器跳闸而造成带负荷拉、合隔离开关；

④ 操作隔离开关前应先检查断路器在分闸位置，以防止在操作隔离开关时断路器在合闸位置而造成带负荷拉、合隔离开关；

⑤ 在继电保护故障情况下，应取下直流操作回路熔断器，以防止因断路器误合、误跳而造成停电事故。

（7）操作中应使用合格的安全工具，以防止因安全工具不合格，在操作时造成人身和设备事故。

（8）倒闸操作的其他注意事项：

① 变电所的断路器和隔离开关的倒闸操作，有需电调下令和无需电调下令的操作。倒闸作业命令每次只能发一个，并有命令编号和批准时间。

② 倒闸过程中，遇有无法完成的情况，值班员应立即向供电调度员报告。

③ 高压开关的倒闸作业必须按照严格的倒闸作业程序来进行操作，即要编写倒闸作业卡片。在牵引变电所一般都事先做好了常用倒闸的作业卡片，接到命令后按照相关操作卡片的内容，填写倒闸作业表，严格按照规定的顺序逐项进行。变电所设有操作模拟盘，值班员可以事先在模拟盘上进行模拟操作，确认无误后，对实际设备进行操作。操作过程中，执行"三准、二清、一稳"操作制度。三准：倒闸作业卡片看得准，设备编号对得准，操作位置站得准。二清：唱票指位清，复诵回示清。一稳：操作开关稳。

④ 倒闸操作是将电气设备从一种状态转变到另一种状态的过程。新的状态出现后，势必会出现负荷的重新分配和潮流方向的重新调整，因此倒闸操作前必须了解系统的运行是否合理，继电保护及自动装置是否与一次运行方式相适应，继电保护定值是否要调整等。在倒闸操作中，应注意监视表计，分析其指示是否正常。

⑤ 倒闸操作必须由两人进行，其中对设备较为熟悉者作监护人（单人值班的变电所，倒闸操作由一人执行）。特别重要和复杂的倒闸操作由熟练的值班员操作，值班负责人监护。操作中执行监护制度，可及时纠正操作人在操作中可能出现的错误操作。同时，当在操作中万一发生意外时，监护人可及时对其进行救护。

⑥ 用绝缘棒拉、合隔离开关或经传动机构拉、合隔离开关和断路器，均应戴绝缘手套。雨天操作时绝缘棒应加装防雨罩，还应穿绝缘靴。有雷电时，禁止进行倒闸操作。

⑦ 装有闭锁装置（电气闭锁或机械闭锁）的隔离开关，应按闭锁装置要求进行操作，不得擅自解除闭锁。

五、验电接地工作及安全用具的使用

（一）验电接地工作

1. 接　地

接地是为了在作业地点突然来电时，确保作业人员安全的唯一可靠措施。在接地之前须先行验明设备无电。验电时应使用与被验电导体电压等级相同、试验合格、易于判断是否有电的验电器或绝缘棒。接地前的验电程序不能省去，绝对不能以断路器和隔离开关跳闸信号、允许进入分间的信号，以及常设仪表的无电来代替验电。

所装设的接地线要采用截面不小于 25 mm^2 的多股裸铜软、绞线，且不得有断股、散股和绞接接头。接地线应与带电部分保持规定的安全距离，并应设在作业人员可以见到的地方。如作业人员无法看到时，应派专人监护接地线或在可看见的地方加设辅助接地线。

对于可能误送电至停电作业设备上的有关部分亦要装设接地线。在停电作业设备上如可能产生感应电压且危及人身安全时，应增设接地线。

当变电所全所停电时，在可能来电的各路进、出线均要分别验电、接地，其余部分不必再分段接地。当变电所部分设备停电时，若作业地点分布在电气上互不相连的几个部分时，例如在以断路器、隔离开关和熔断器分段的两段母线或其所连的设备上作业时，各作业地点应分别验电、接地。当设备单独停电时，变压器和电压互感器的高、低压侧以及变压器中性点，高压断路器、隔离开关和熔断器进、出线侧各相导线，母线两端均要分别验电、接地。当电容器组停电时，还必须对每个电容器逐个放电，然后在每组电容器两端验电、接地。

2. 验　电

要检修的电气设备和线路停电后，在装设接地线之前必须进行验电，通过验电可以明显地验证停电设备是否确实无电压，以防发生带电装设地线或带电合接地刀闸或误入带电间隔等恶性事故发生。验电时应在被检修设备进出线处两侧各相应位置分别验电。高压验电时必须戴绝缘手套。若因电压高，没有专用验电器时，可用绝缘棒代替，依据绝缘棒有无火花和放电声来判断。

1）高压验电器

高压验电器是一种检测高压线路及设备是否带有运行电压的专用仪器，主要用来检验设备对地电压在 250 V 以上的高压电气设备。目前，广泛采用的有发光型、声光型、风车式三种类型。它们一般都是由检测部分（指示器部分或风车）、绝缘部分、握手部分三大部分组成。绝缘部分是指自指示器下部金属衔接螺丝起至罩护环止的部分，握手部分是指罩护环以下的部分。其中绝缘部分、握手部分根据电压等级的不同其长度也不相同。高压验电器适用于200 V ~ 500 V、6 kV、10 kV、35 kV、110 kV、220 kV、500 kV 交流输配电线路和设备的验电，无论是白天或夜晚、室内变电所站或室外架空线上，都能正确、可靠地工作。

2）高压验电器的使用方法

在使用高压验电器进行验电时，首先必须认真执行操作监护制，一人操作，一人监护。操作者在前，监护人在后。使用验电器时，必须注意其额定电压要和被测电气设备的电压等级相适应，否则可能会危及操作人员的人身安全或造成错误判断。验电时，操作人员一定要戴绝缘手套，穿绝缘靴，防止跨步电压或接触电压对人体的伤害。操作者应手握罩护环以下的握手部分，先在有电设备上进行检验。检验时，应渐渐地移近带电设备至发光或发声止，以验证验电器的完好性。然后再在需要进行验电的设备上检测。同杆架设的多层线路验电时，应先验低压，后验高压，先验下层，后验上层。

需要特别说明的是，在使用高压验电器验电前，一定要认真检查验电器的高压试验是否超过周期，外表是否损坏、破伤。例如，高压风车式验电器在从包中取出时，首先应观察电转指示器叶片是否有脱轴现象，脱轴者不得使用。然后将电转指示器拿在手中轻轻摇晃，其叶片应稍有摆动。然后检查报警部分，证明音响良好。对于高压声光型验电器，在操作前应对指示器进行自检试验，才能将指示器旋转固定在操作杆上，并将操作杆拉伸至规定长度，再做一次自检。注意，高压验电器不能检测直流电压。

3）验电器的注意事项

① 电气设备上使用验电器进行验电操作，应遵照电业安全工作规程的有关规定进行。

② 使用前，应根据被验电气设备的额定电压，选用合适型号的验电器。

③ 操作人员必须手握操作手柄并将操作杆全部拉出定位后方可按有关规定顺序进行验电操作。

④ 在非全部停电场合进行验电操作，应先将验电器在有电部位上测试，再到施工部位进行测试，然后回到有电部位上复测，以确保安全。不得以验电器的自检按钮试验替代本项操作。自检按钮试验仅供参考。验电器的电子元件有自然老化的过程，为确保验电操作的安全可靠，保障电网设备及验电操作人员的人身安全，验电器的正常使用寿命自出厂之日起定为三年，特殊情况需延长使用年限时，须征得制造厂同意，办妥有关复检手续并出具同意延长使用证明后方可继续使用，但最长使用年限不得超过五年。

⑤ 为保证人身和设备的安全，验电器必须根据电业安全工作规程规定的期限，定期进行预防性试验。

⑥ 进行预防性试验前，应先进行外观检查，当发现验电指示器的外壳有缺损，绝缘杆有裂纹等明显缺陷时，不宜进行预防性试验，应及时送交修理或更换。

⑦ 验电器应在空气流通、环境干燥的专用地点存放。

⑧ 在保管和运输中，不要使高压验电器强烈振动或受冲击，不准擅自调整拆装。凡有雨、雾、雪等影响绝缘性能的环境，一定不能使用高压验电器。不要把高压验电器放在露天烈日下暴晒，应保存在干燥通风处。不要用带腐蚀性的化学溶剂和洗涤剂进行擦拭或接触。

⑨ 验电时，工作人员手握电器护环以下的握柄部分，并根据规定，先在有电设施上进行检验，验证电器确实性能完好，方能使用。

3. 装设接地线

接地线是对突然来电的唯一防护措施。接地线一般是指携带型接地线。在牵引变电所，接地线一般是一组一根。接地线一般由四部分组成：夹头部分、绝缘棒或操作杆部分、接地线部分及接地端。

（1）装设接地线的目的：防止工作地点突然来电；消除停电设备或线路上的静电感应电压和泄放停电设备上的剩余电荷，保证工作人员的安全。接地线应设置在停电设备可能来电的部位和可能产生感应电压的部位。

（2）装设接地线的方法：装拆接地线均应使用绝缘棒或戴绝缘手套。装设接地线应由两人进行，用接地隔离开关接地也必须有监护人在场；装设接地线必须先接接地端，再接导体端，连接接触要良好。拆接地线顺序则与此相反。

（3）对接地线的要求。

① 接地线须用专用的线夹，连接牢固，接触良好，严禁缠绕。

② 每组接地线均要编号并放在固定的地点。

③ 接地线要采用截面积不小于 25 mm^2 的裸铜软绞线，且不得有断股、散股和接头。

④ 装设接地线时要做好记录，交接班时要将接地线的数目、号码和装设地点逐一交接清楚。

注意：接地闸刀和接地线具有同样功效。

4. 悬挂标示牌和装设遮拦

根据电气安全的有关要求，标示牌根据其用途分为警告类和指示类。如"禁止合闸，有人工作！"、"禁止合闸，线路有人工作！"、"止步，高压危险！"、"禁止攀登，高压危险！"属于警告类；"在此工作！"、"从此上下！"属于指示类。

① 为了防止工作人员走错位置，误合断路器及隔离开关而造成事故，在一经合闸即可送电到工作地点的断路器和隔离开关的操作把手上，均应悬挂"禁止合闸，有人工作！"的标示牌，白底红字。

② 若线路有人工作，在线路断路器和隔离开关的操作把手上，均应悬挂"禁止合闸，线路有人工作！"的标示牌，红底白字。

③ 在部分停电设备上工作时与未停电设备之间小于安全距离者，应装设临时遮拦，在临时遮拦上应悬挂"止步，高压危险！"的标示牌，白底、红边、黑字，有红色箭头。

④ 在室内外的工作地点处或施工设备上悬挂"在此工作！"的标示牌，绿底，黑字写于白圆圈中。

⑤ 在工作人员上下用的铁架或梯子上，应悬挂"从此上下！"的标示牌，绿底，黑字写于白圆圈中。

⑥ 在临近其他可能误登的架构上、工作人员上下的架构上、运行中变压器的梯子上，应悬挂"禁止攀登，高压危险！"的标示牌，白底、红边、黑字。

（二）安全用具的使用

1. 绝缘安全用具

1）绝缘操作用具

绝缘操作用具一般包括绝缘操作杆、绝缘夹钳等，用来进行带电操作、测量和其他需要直接触及电气设备的特定工作。

绝缘操作用具必须具备和被操作设备相适应的足够的绝缘强度，一般由工作部分、绝缘部分和握手部分组成。工作部分大多由金属材料制作，安装在绝缘部分的顶部，样式因功能不同而异，起特定操作的作用。绝缘部分一般采用电木、胶木等绝缘材料制成，起到绝缘隔离的作用。握手部分用与绝缘部分相同的材料制成，为操作人手握的部位。绝缘部分与握手部分交接处设有绝缘的罩护环，起到明显的隔离作用。为了保证人体和带电体之间有一定的绝缘距离，操作人员在操作时，握手部位不得超越罩护环。

使用绝缘操作用具须注意以下内容：

① 绝缘操作用具必须具备合格的绝缘性能和机械强度。

② 只能在和其绝缘性能相适应的电气设备上正确使用。

2）绝缘防护用具

常用的绝缘防护用具有绝缘手套、绝缘靴、绝缘垫等，都由特制橡胶制成，主要用来对泄漏电流、接触电压、跨步电压触电等进行防护。绝缘防护用具一般不直接和电气设备进行接触，而只有当它的绝缘强度足以承受设备运行电压时，才可用来进行直接触及电气设备的工作。

绝缘手套可以防止泄漏电流，对接触电压也具有一定的防护作用。在使用前应做检查，确认良好方可使用。若发现绝缘手套有粘胶、破损和漏气现象，应立即停止使用。

绝缘靴的使用方法与绝缘手套基本相同，可不做漏气试验。绝缘靴的作用主要是防止跨步电压的伤害，同时对泄漏电流和接触电压也具有一定的防护作用。

绝缘垫与绝缘靴的作用相同，一般在控制屏、保护屏、高压室配电柜（或网栅）等处放置，可起到良好的保护效果。

2. 高空作业安全用具

在牵引变电所高空作业中，常用的安全用具有安全带、安全帽、梯子等。

1）安全带

安全带是防止发生高空坠落的主要安全用具。安全带一般有皮带和尼龙带两种。安全绳一般有棕绳和尼龙绳。安全带应保持良好的机械强度，并按《牵引变电所安全工作规程》（简称《安规》）有关规定进行定期试验。

2）安全帽

安全帽是用来防护高空落物，减轻对头部冲击伤害的一种防护用具。因此，它应符合冲击吸收性能要求：用三顶安全帽分别在 (50 ± 2) ℃、(-10 ± 2) ℃ 和浸水三种情况下放置 3 小时，然后用 5 kg 重锤自 1 m 高处落下进行冲击试验，测得试验用头模所受的冲击力的最大值不应超过 1 900 N。安全帽还应符合耐穿透性能要求：选上述三种安全帽中头模受力最大的一种进行试验，用 3 kg 钢锤自 1 m 高处落下进行冲击试验，要求钢锤不应与头模接触。

3）梯　子

梯子是在牵引变电所内进行高空作业的常用工具之一，其性能应符合《安规》的有关要求。作业使用的梯子要结实、轻便、稳固并按《安规》的规定进行试验。

4）高空作业安全注意事项

① 高空作业（距离地面 3 m 以上）人员要系好安全带，戴好安全帽。在作业范围内的地面上，作业人员也必须戴好安全帽。

② 高空作业时要使用专用的用具传递工具、零部件和材料等，不得抛掷传递。

③ 作业使用的梯子要结实、轻便、稳固并按有关规定进行试验。当用梯子作业时，梯子放置的位置要保证梯子各部分与带电部分之间保持足够的安全距离，且有专人扶梯。登梯前作业人员要先检查梯子是否牢靠，梯脚要放稳固，严防滑移。梯子上只能有一人作业。使用人字梯时，必须有限制开度的拉链。

3. 使用安全用具时的注意事项

① 每次使用前，必须认真检查安全用具表面有无损伤，绝缘手套、绝缘靴有无裂缝，绝缘垫有无破洞，安全用具上的磁件有无裂纹等。

② 使用前应将安全用具擦拭干净，验电器使用前要做检查，以免使用中得出错误结论，造成事故。

③ 使用完的安全用具应擦拭干净，放到固定位置，不可随意乱扔乱放，不准另作他用，更不能用其他工具来代替安全用具。不能用短路法代替接地线。接地线与导线连接必须使用专用的线夹。不能用普通绳代替安全带。

④ 安全用具应由专人负责妥善保管，防止受潮，防止脏污和损坏。绝缘操作杆应放在固定的木架上，不得贴墙放置或横放在墙根。绝缘靴、绝缘手套应放在干燥、通风的木架上，不应放置在阳光下暴晒，或有酸、碱、油的地方。

（三）测量仪表的使用

1. 兆欧表的使用

兆欧表也称摇表，主要用于测量电气设备的绝缘电阻。它是由交流发电机倍压整流电路、表头、摇柄等部件组成。摇动兆欧表时，产生直流电压。当在绝缘材料上加上一定电压后，绝缘材料中就会流过极其微弱的电流，这个电流由三部分组成，即电容电流、吸收电流和泄漏电流。兆欧表产生的直流电压与泄漏电流之比为绝缘电阻。用兆欧表检查绝缘材料是否合格的试验叫作绝缘电阻试验，它能发现绝缘材料是否受潮、损伤、老化，从而发现设备缺陷。

1）兆欧表的选用

选用兆欧表时，其额定电压一定要与被测电气设备或线路的工作电压相适应，测量范围也应与被测绝缘电阻的范围相吻合。兆欧表的额定电压有 250 V、500 V、1 000 V、2 500 V 等几种，测量范围有 500 MΩ、1 000 MΩ、2 000 MΩ等几种。变电所一般用 500 V、1 000 V 或 2 500 V 的兆欧表。

2）兆欧表的接线

兆欧表有三个接线柱，上面分别标有线路（L）、接地（E）和屏蔽或保护环（G）。用兆欧表测量绝缘电阻时，一般线路（L）端子接被测体的芯线，接地（E）端子接大地，屏蔽或保护环（G）端子接钢铠。

3）使用注意事项

① 要将兆欧表置于水平位置，并保证放置牢稳。

② 使用前先空载摇测检查仪表指示是否正确：接线之前，先摇动兆欧表，指针应在"∞"处；再将 L 和 E 两接线柱短路，慢慢摇动兆欧表，指针应在零处，方证实兆欧表良好。

③ 使用时接线要正确，端钮要拧紧；兆欧表的引线应用多股软线，且两根引线切忌绞在一起，以免造成测量数据不准确。

④ 使用兆欧表摇测绝缘时，被测物必须从各方面与其他电源断开。测量完毕后，应将被测物充分放电。在兆欧表停止转动和被测物放电完毕之前，不可用手去触及被测物的测量部位或进行拆线，以防止人身触电。

⑤ 兆欧表摇把在转动时，其端钮间不允许短路。摇测电容时，应在摇把转动的情况下将接线断开，以免造成反充电而损坏仪表。

⑥ 手摇速度开始要慢，逐渐均匀加快至 120 r/min，以转动 1 min 后读数为准。

⑦ 被测物表面应擦拭干净，不得有污物（如漆等），以免造成测量数据不准确。

⑧ 所测绝缘电阻的准确性，与测量方法和测量时的天气情况有非常密切的关系，测量时应注意选择湿度在 70%以下的天气进行。

⑨ 禁止在有雷电时或邻近高压设备时使用兆欧表，以免发生危险。

4）用兆欧表测量高压电缆芯线对钢铠的绝缘电阻的方法

① 断电与放电：将被测电缆停电后断开其与设备的连接，并将芯线短接对钢铠进行放电。

② 选表：因为是高压电缆故选择 2 500 V 摇表。

③ 检查摇表：将摇表放平时，指针应指在"∞"处，慢速转动摇表，瞬时短接 L、E 接线柱，指针应指在"0"处。

④ 接线：将 E（接地）柱接铠装，L（线路）柱接被测芯线，G（屏蔽）柱绕接在电缆的绝缘表层上（测量电缆的绝缘电阻时，为消除绝缘表面泄漏电流的影响）；端钮要拧紧；摇表引线应用多股软线且绝缘良好；摇表引线与带电体间应注意安全距离，防止触电。

⑤ 摇测、读数及断线：将摇表置于水平位置；手摇速度开始要慢，逐渐均匀加快至 120 r/min，以转动 1 min 后的读数为准；因较长的高压电缆被测时有寄存电容，结束时应先断开摇表线，然后停止摇动。

⑥ 放电：对被测电缆进行放电。

⑦ 恢复送电：将被测电缆恢复接线，按规定程序送电。

2. 指针式万用表的使用

1）使用方法

指针式万用表的种类和结构是多种多样的，使用时，只有掌握正确的方法，才能确保测试结果的准确性，才能保证人身与设备的安全。

① 插孔和转换开关的使用：首先要根据测试目的选择插孔或转换开关的位置。切不可用测量电流或电阻的挡位去测量电压。如果用直流电流或电阻挡去测量 220 V 的交流电压，万用表会被烧坏。

② 测试表笔的使用：万用表有红、黑表笔，如果接反，可能会导致测试错误或烧坏表头。一般红表笔为"+"，黑表笔为"−"。

测直流电压或直流电流时，一定要注意正负极性。测电流时，表笔与电路串联；测电压时，表笔与电路并联。

③ 读数：使用万用表前应检查指针是否在零位上，如不在零位，可调整表盖上的机械调节器，调至零位。

万用表有多条标尺，一定要认清对应的读数标尺，不能图省事而把交流和直流标尺任意混用，更不能看错。

万用表的同一测量项目有多个量程，例如直流电压量程有 1 V、10 V、15 V、25 V、100 V、500 V 等，量程选择应使指针指在满刻度的 2/3 附近。测电阻时，应使指针指向该挡中心电阻值附近，这样才能使测量准确。

2）常用器件的测量

① 电阻的测量：用万用表测量电阻时，首先应该将表笔短接，拧动调零电位器调零，使

指针在欧姆零位上。而且每次换挡之后也需重新调整调零电位器调零。在选择欧姆挡位时，尽量选择被测阻值在接近表盘中心阻值读数的位置，以提高测量结果的精确度。如果被电阻在电路板上，则应焊开其中一脚方可测试，否则被测电阻有其他分流器件，读数就会不准确。测量电阻阻值时，不要用两手手指分别接触表笔与电阻的引脚，以防人体的分流，增加误差。

② 交流电压的测量：测量时把万用表与被测电路以并联的形式连接上。要选择表头指针接近满刻度 2/3 的量程。如果电路上的电压大小估计不出来，就要先用大的量程，粗略测量后再用合适的量程，这样可以防止被测电压过高而损坏万用表。在测量直流电压时，要用红表笔接触被测电路的正极，用黑笔接触被测电路的负极，千万不能接反。在测量比较高的电压时，应该特别注意两只手分别握住红、黑表笔的绝缘部分去测量。

3）注意事项

（1）使用万用表之前，应充分了解各转换开关、专用插口、测量插孔以及相应附件的作用，了解其刻度盘的量程。

（2）万用表一般应水平放置在干燥、无振动、无强磁场的环境中使用。

（3）测量完毕，应将量程选择开关调到最大电压挡，以防止下次开始测量时不慎烧坏万用表。

3. 数字式万用表的使用（以 VC9802 型数字万用表为例）

1）使用方法

① 使用前，应认真阅读有关的使用说明书，熟悉电源开关、量程开关、插孔、特殊插口的作用。

② 将电源开关置于 ON 位置。

③ 交直流电压的测量：根据需要将量程开关拨至 DCV（直流）或 ACV（交流）的合适量程，红表笔插入 V/Ω 孔，黑表笔插入 COM 孔，并将表笔与被测线路并联，读数即显示。

④ 交直流电流的测量：将量程开关拨至 DCA（直流）或 ACA（交流）的合适量程，红表笔插入 mA 孔（＜200 mA 时）或 10A 孔（＞200 mA 时），黑表笔插入 COM 孔，并将万用表串联在被测电路中即可。测量直流量时，数字万用表能自动显示极性。

⑤ 电阻的测量：将量程开关拨至测量电阻的合适量程，红表笔插入 V/Ω 孔，黑表笔插入 COM 孔。如果被测电阻值超出所选择量程的最大值，万用表将显示"1"，这时应选择更高的量程。测量电阻时，红表笔为正极，黑表笔为负极，这与指针式万用表正好相反。因此，测量晶体管、电解电容器等有极性的元器件时，必须注意表笔的极性。

2）使用注意事项

① 如果无法预先估计被测电压或电流的大小，则应先拨至最高量程挡测量一次，再视情况逐渐把量程减小到合适位置。测量完毕，应将量程开关拨到最高电压挡，并关闭电源。

② 满量程时，仪表仅在最高位显示数字"1"，其他位均消失，这时应选择更高的量程。

③ 测量电压时，应将数字万用表与被测电路并联；测量电流时，应将数字式万用表与被测电路串联。测直流量时不必考虑正、负极性。

④ 当误用交流电压挡去测量直流电压，或者误用直流电压挡去测量交流电压时，显示屏将显示"000"，或低位上的数字出现跳动。

⑤ 禁止在测量高电压（220 V 以上）或大电流（0.5 A 以上）时换量程，以防止产生电弧，烧毁开关触点。

⑥ 当显示 "BATT" 或 "LOW BAT" 时，表示电池电压低于工作电压。

⑦ 使用完毕，应将选择开关旋至 "OFF" 挡，若无此挡，应旋至交流电压最大量程挡。若长期不用，应将表内电池取出，以防电池电解液渗漏而腐蚀内部电路。

第二节　变电设备的检修

一、检修作业的管理

牵引变电所电气设备检修作业的管理，是提高设备检修质量，保证安全运行的重要环节。

（一）检修组织

牵引变电所检修作业的组织形式主要是根据专业化的特点设置的。这些单位或部门都有明确的分工，履行各自的职责，在统一的领导指挥下，相互协作，从而保证检修任务的顺利完成。牵引变电所检修作业的组织分工如表 5.3 所示。

表 5.3　牵引变电所检修作业的组织分工

检修作业组	检修任务
变压器检修组	检查并修理变压器、互感器、电抗器、电容器、电机等
高压开关检修组	检查并修理断路器（包括断路器本身带有的电流互感器）、负荷开关
继电保护组	检查、试验及修理继电保护及自动装置、远动装置
高压试验组	对所有高压电气设备、绝缘油、接地装置进行绝缘及特性试验
维修组	检查及修理隔离开关，高压母线，控制屏（盘），端子箱，交、直流自用电系统，按地装置，构架，避雷针，回流线及低压电缆等，并负责所有设备的日常保维护工作

（二）检修的原则

电气设备经过长期运行，随着绝缘的老化及有形的磨耗达到一定程度后，性能急剧变坏，这就需要对设备进行定期检修。电气设备的定期检修分为大修、中修、小修三种修程。有些设备只需要大修和小修两个修程。

小修：属维持性修理，即对设备进行参数测试、检查、清扫、调整、涂油以及更换或整修磨损较人的零部件，使设备满足安全供电的要求。

中修：属恢复性修理，除进行小修的全部项目外，还需进行部分解体检修，通过检修及更换主要零部件，恢复设备电气和机械性能。

大修：属彻底性修理，即对设备进行全部解体检修，更换不符合标准的零部件，恢复设备原有的性能。必要时，可对设备进行技术改造。

当前，实行设备检修的原则如下：

1. 计划检修与维护保养并重，以预防为主

计划检修与维护保养是相辅相成的。设备维护保养得好，操作使用得当，可能就会延长检修周期或者减少检修工作量。计划检修得好，维护保养也就容易做好。因此，两者都不能忽视。

2. 检修组必须在保证检修质量的前提下，尽量缩短设备停运时间

安全、可靠，质量良好地供电，是供电段的主要经营活动，检修则必须为变电所的安全、可靠运行服务。

3. 采用现代化管理手段和方法，实行"三定四化"和"记名检修"

"三定四化"和"记名检修"在牵引变电所电气的检修工作中起到了重要作用，是一种行之有效的方法。"三定"是指定设备、定人（班组）、定检修周期和范围。"四化"就是作业制度化、质量标准化、检修工艺化、检修机械和手段现代化。"记名检修"指记录检修者和检修者的姓名。

（三）检修计划

检修计划是设备检修的依据，其主要内容是确定计划期内设备检修的类别、时间、劳动量、检修费用预算及停运时间等。

在检修计划中，应明确规定应修设备的名称、数量、修理日期、修理工时及修理费用等。必要时，还可规定所需主要材料及其备件等。检修计划应按年、季、月编制。年度检修计划由供电段编制，报请上级主管部门审批后，下达给车间。季、月检修计划，一般是由车间根据年度检修计划详细编制后，下达给检修班组及变电所。设备检修计划的组织实施是一件严肃的工作，要认真对待，坚决贯彻。

1. 检修计划的主要内容

（1）充分做好检修前的技术准备。

检修前的准备包括检修工艺、工装、前次检修资料、各种记录及修前预测、预检准备等。

（2）充分做好检修前的物资准备。

及时准备好修理所需要的材料、备品、备件、工具等，并使其状态良好。

（3）做好修理人员的准备。

合理安排人员的技术力量，提高技术水平，缩短劳动时间，以保证检修质量。

（4）修中尽量采用先进的修理方法，提倡改善型修理。

即在保证质量的前提下，提高修理效率，降低修理成本，减少停运时间。

（5）严格实行修理计划执行情况的检查和修后评定、验收工作。

为了保证检修工作质量，必须做好各种设备的检修记录。此外，还应定期对这些记录进行分析研究，从中找出规律，以便不断改进工艺，提高设备检修质量。 检修记录分析，通常

采用排列图法、因果分析图法、相关图法、直方图法等。

设备检修后，应进行质量验收工作。这项工作是以检修范围和质量标准为依据进行的。验收时应审查电气特性的试验报告，主要技术参数的测试结果以及检修记录所记载的检修项目和有关内容等。此外，还应对被修理的设备进行详细检查，必要时可以复测有关技术参数。

2."五不验收"的规定

进行设备检修质量验收时，推行"五不验收"的规定，以此保证设备检修全过程的质量。

（1）检修项目和内容不完成不验收；

（2）检修质量达不到标准不验收；

（3）检修记录、试验报告不完备，无签章手续不验收；

（4）检修后场地不净不验收；

（5）设备外观不洁不验收。

二、工作票制度

工作票制度是检修作业的安全保证措施。在牵引变电所中进行电气设备检修作业时，为保证人身和设备安全，统一实行工作票制度。有关人员应按工作票上相关人员的职责范围和牵引变电所安全工作规程进行标准化检修作业。

（一）工作票的种类

工作票是在牵引变电所内进行检修作业的书面依据。根据作业性质的不同，工作票分三种。

第一种工作票：用于高压设备停电作业，即在停电的高压设备上进行的作业以及在低压设备和二次回路上进行的需要高压设备停电的作业。

第二种工作票：用于高压设备带电作业，即在带电的高压设备上进行的作业。

第三种工作票：用于远离带电部分的作业、低压设备上的作业，以及在二次回路上进行的不需要高压设备停电的作业。

（二）有关人员的职责和要求

1. 工作票签发人

工作票签发人应由安全等级不低于四级的人担任，通常由检修设备所属的牵引变电所所长或非当班值班员担当。

签发工作票时应保证达到以下各项要求：

（1）确认所安排的作业项目是必要的和可能的。安排检修的依据应是年度或月度检修计划，或因设备事故、故障，缺陷处理的需要。计划内检修应保证不会影响铁路运输，否则应经上级部门批准后方可安排。

（2）所采取的安全措施应正确、完备。应根据不同的作业性质采取不同的安全措施。

（3）配备的工作领导人和作业组成员人数及条件应符合规定。

（4）检修作业结束后工作票签发人应保存该工作票三个月。

2. 工作领导人

工作领导人要做好下列各项工作：

（1）核对负责进行的检修工作内容及作业范围、时间、作业组成员等与工作票是否相符。如在审查工作票并发现不符时，可向工作票签发人提出，以便修改。如未修改或经签认已开始工作后，则应按工作票所载执行。但作业组成员遇有特殊情况时可按规定在办理手续后再予以改变。

（2）会同当班值班员共同复查值班人员所做的安全措施是否符合规定。这里有两个意思，即既要考虑所做安全措施与工作票所载是否相同，还要考虑是否足够和正确。

（3）时刻监护作业组成员的安全，即监护作业人员按工作票指定的作业范围和时间并按有关的安全规定进行作业。如高空作业应系好安全带，高压试验结束时应将设备数次接地放电，作业中与附近有电设备的导体保持足够的安全距离，使用梯子时应有人扶持等。如工作领导人必须短时离开作业地点时，应指定安全等级与工作领导人相同的作业组成员作为临时代理人，如无合乎要求的代理人应停止作业，将人员和机具撤至安全地带。当作业地点分散，作业人员较多时，应另指定安全等级符合规定的监护人分别监护。

工作领导人是作业组的组织领导者，不得兼任本组作业的工作票签发人，同时也不能兼任作业当天的值班员。作业过程中工作领导人一般不能更换，特殊情况需要更换时须经工作票签发人同意并通知电力调度、当班值班员，同时还应按规定办理手续后方可退出工作。

（三）检修作业开工和收工的标准化程序

当需在牵引变电所内进行计划检修时，应在检修前一天由检修车间车主任或牵引变电所所长向电力调度提出申请。申请内容包括变电所名称、检修设备名称及编号、检修开始时间、检修修程。其标准格式为"××牵引变电所××××（设备名称及编号如 1#主变、211 馈电线断路器等）请求于×月×日××时开始××检修"。对于事故、故障或缺陷处理所进行的检修需办理工作票的可随时提出申请，并应及时通知工作票签发人。

电力调度对计划内检修最迟于检修当日早晨交班前，将同意检修的设备通知牵引变电所或检修车间。上述单位接到同意检修的通知后，工作票签发人即可签发工作票，并将工作内容、作业组成员通知承担该项设备检修的工作领导人。

1. 开工程序

开工可按审票、申请、准备、倒闸、要令、办理安全措施、会检签认、点名、开工的顺序进行。

（1）审票。即由值班负责人与值班员共同审查工作票，并由值班员向助理值班员讲述工作票中各项要求后，交工作领导人审核。

（2）申请。在检修预定开始之前半小时内，由值班员向电力调度提出办理工作票的申请，并向电力调度逐项宣读工作票的检修内容、要求及工作时间。如作业时间受停电时间限制在1、2 h 内时，可同时宣读工作票上所载的其他内容，即工作领导人、作业组成员、所采取的安全措施等，供电力调度一次性审查。

（3）准备。助理值班员经值班员同意后准备倒闸，并准备好采取安全措施所用的工具备品。其中包括倒闸用的防护用具及钥匙、接地线，并检查所用接地杆、地线及连接情况，将地线理顺，接地杆放在固定位置（室外沿待接地导体顺向置于其下方，室内应放在待接地导体所在分间外，且沿过道方向顺向放置），在安全等级不低于三级的人员监护下将接地线与接地端子连接牢固（注意不能挂接地线）。标示牌、分隔标志和防护栅等应暂放在桌子上和应设置的设备下或分间外。

（4）倒闸。按倒闸操作标准化程序将检修需要的倒闸操作逐项完成。

（5）要令（或通知）。使用第一、二种工作票的检修作业由值班员向电力调度申请作业命令，电力调度发布作业命令及作业起止时间；使用第三种工作票的检修作业，由值班员通知电力调度作业起止时间。当作业时间不受限制时，事先由值班员向电力调度宣读工作票，此后再申请作业命令。在发布作业命令时，电力调度和值班员均在各自的作业命令记录、工作票上记录并签字。

（6）办理安全措施。助理值班员在值班员监护下按顺序办理工作票上所载的除倒闸操作以外的其他安全措施。办理过程中应对安全措施的内容进行宣读、复诵并相互确认。办理安全措施的顺序为：先负荷侧后电源侧；先 A 相后 B 相，最后 C 相；先室外后室内，并在每个地点按顺序一次办完验电、接地、悬挂标示牌和设置防护栅或分隔标志，拉开低压回路闸刀及取下低压熔断器、拆下端子等安全措施。在办理验电接地的安全措施时，应按程序进行。

（7）会检签认。值班员会同工作领导人按室外、高压室、控制室的顺序检查各项安全措施，确认无误后，工作领导人在工作票上签字并填上作业开始时。

（8）点名。工作领导人召集作业组全体成员在作业地点附近点名并宣读工作票，实地指出作业范围（附近有电停电作业时）或接地（带电作业时）的设备以及所采取的各项安全措施，提出检修作业时的安全注意事项。

（9）开工。工作领导人宣布"××号工作票××检修开始"，作业组成员即可接近作业设备并开始作业。宣布开始前严禁接近作业设备及作业。

2. 收工程序

收工一般按清理、验收、恢复安全措施、结束工作票、消令、记录、总结的顺序进行。

（1）清理。工作领导人检查设备及作业范围内是否已清理完毕，并确认作业组人员已全部撤出后，通知值班员"××号工作票工作结束"。

（2）验收。工作领导人会同值班员按检修标准逐项验收设备是否合乎要求，检查设备与其他部分连接是否符合运行要求，作业范围内有无影响送电的杂物，进行整组试验，必要时恢复安全措施后，经电力调度同意进行试送电。在验收合格后，工作领导人在工作票上签字，并填上作业结束时间，随即召集作业组全体人员宣布"××号工作票工作结束"。自宣布结束后，严禁作业组成员接近检修设备或进行作业。

（3）恢复安全措施。由值班员监护助理值班员进行，其顺序与办理时相反。

（4）结束工作票。值班负责人确认安全措施已全部恢复后，宣布"××号工作票可以结束"。

（5）消令。值班员向电力调度汇报设备验收情况后，宣布"××号作业命令完成"，电力调度则下达消除作业命令时间，经复诵确认无误后，双方记录并签字。

（6）记录。结束工作票后，工作领导人负责填写检修记录，值班员负责检查记录，双方确认完整无误后签字。

（7）总结。工作领导人召集作业组成员总结检修及安全情况，最后宣布"××检修收工"，至此，检修作业全部结束。

（四）检修作业的技术安全措施

在牵引变电所内进行电气设备检修时，为保证人员安全，在技术上需采取有效的安全措施。

1. 高压设备停电作业

高压设备停电作业时，应采取切断电源、验电、接地、悬挂标示牌和设置防护栅、办理其他安全措施等来保证作业人员的安全。

（1）切断电源。即对应停电的设备，必须从可能来电的各个方面切断电源，并要有明显的断开点。

（2）应停电的设备是指需检修的高压设备，带电部分与作业人员的距离小于规定的高压设备，在低压设备或二次回路上作业可能引起一次设备中断或影响其安全运行时的高压设备。各个方面的电源一般是指各侧的高压电源。为防止反变电，还应包括变压器、电压互感器的各低压侧，以及运用星形接线设备的中性点侧。为实现有明显的断开点，除断开电源侧有关的断路器或取下熔断器外，还必须拉开相应的隔离开关或拉出断路器手车至试验位置。但检修牵引变电所引入线、引出线及其相应的隔离开关时，可按检修线路办理，即在线路侧允许没有明显的断开点。

（3）验电、接地。接地是在作业地点突然来电时，确保作业人员安全的唯一可靠措施。在接地之前须先行验明设备无电。验电时应使用与被验电导体电压等级相同、试验合格、易于判断是否有电的验电器或绝缘棒。

所装设的接地线要采用截面不小于 25 mm² 的多股裸铜软、绞线，且不得有断股、散股和绞接接头。接地线应与带电部分保持规定的安全距离，并应设在作业人员可以见到的地方。如作业人员无法看到时，应派专人监护接地线或在可看见的地方加设辅助接地线。

对于可能误送电至停电作业设备上的有关部分亦要装设接地线。在停电作业设备上如可能产生感应电压且危及人身安全时，应增设接地线。

当变电所全所停电时，在可能来电的各路进、出线均要分别验电、接地，其余部分不必再分段接地。当变电所部分设备停电时，若作业地点分布在电气上互不相连的几个部分时，例如在以断路器、隔离开关和熔断器分段的两段母线或其所连的设备上作业时，各作业地点应分别验电、接地。当设备单独停电时，变压器和电压互感器的高、低压侧以及变压器中性点，高压断路器、隔离开关和熔断器进、出线侧各相导线，母线两端均要分别验电、接地。当电容器组停电时，还必须对每个电容器逐个放电，然后在每组电容器两端验电、接地。

（4）悬挂标示牌和设置防护栅。标示牌是为了保证作业人员安全及运行设备正常供电而给值班人员及作业人员做出的标记，一般有"有人工作，禁止合闸"、"禁止分闸"、"止步，高压危险！"、"在此工作"等几种。

在工作票中所涉及的应断开的断路器和隔离开关的控制开关手柄上，以及接触网和线路有人作业的馈电线的隔离开关手动操作机构手柄上，均要悬挂"有人工作，禁止合闸"的标示牌。但需检修的隔离开关手动操作机构的手柄上可不悬挂此标示牌。

检修工作中需进行远程操作的控制开关旁边，如有运行设备的控制开关，则应悬挂"禁止分闸"标示牌。

在室内设备上作业时，与作业地点相邻的四周的分间栅栏以及增设的防护栅上，均应面向作业地点悬挂"止步，高压危险！"标示牌。室外检修设备与附近带电设备间要有明显的区别标志，一般可采用在设备上悬挂"在此工作"标示牌，也可采用以栅栏和细绳（或白布带）等配合将检修设备与附近的带电设备隔开，并面向作业地点悬挂"止步，高压危险"的标示牌或小红旗。当作业人员活动范围与带电部分超过不设防护栅所规定的距离时，应设置临时防护栅或绝缘挡板。

进行室内作业时，在禁止人员通行的过道和必要的处所，例如需进入高压分间作业时，该分间与其他分间的通道，以及距离墙上高压母线为规定距离的地方（设防护栅时安全距离）均应装设临时防护栅。

防护栅设置的位置应符合规定，且应考虑到作业人员遇有紧急情况时，能迅速地撤出作业地点。

与停电检修的设备相距在 3 m 以内时，一般可列为附近的带电设备。距离 3 m 以上的可由工作票签发人根据工作性质、作业组成员对设备装设的熟悉程度等各种因素决定是否列为附近的带电设备。例如，邻近型号相似的带电设备、运行编号相似的带电设备与停电检修设备距离虽在 3 m 以上，为安全起见最好列为附近的带电设备。

（5）办理其他安全措施。其他安全措施一般是指辅助的（或补充的）安全措施。它是在工作票中，上述（1）～（3）项主要安全措施未包括在内的安全措施，通常在低压设备或二次回路上执行，内容比较广泛。以下仅介绍经常采取的几类补充安全措施。

① 切断低压交、直流电源，例如主变压器的通风电源，断路器和隔离开关操作机构的操作电源或能源，控制、信号、继电保护回路的电源等。切断电源的原则与高压电相同。为实现有明显的断开点，应断开作业设备、回路各可能来电方向上的空气开关、闸刀开关，取下其熔断器。无闸刀或熔断器的回路要取下来电方向上的试验端子或连接端子，并用绝缘胶布将线头包好。

② 指出作业部分附近有电的低压设备和回路，并采取明显的隔离措施。进行作业的屏附近的带电屏或同一屏上的带电设备可分别锁住及用红绳或白布带在屏前屏后围上。

③ 某些继电保护和自动装置应撤出运行。

④ 对断开的隔离开关应加锁，需检修的手车式断路器要拉出分间外，并采取防止内滑的措施。

⑤ 某些特殊的作业或在某些情况下需采取的补充安全措施：例如在主变压器至钢轨之间的回流线上作业且需断开回路时，应先做好可靠的旁路线；同一作业组中设备检修和高压试验同时进行时，要求试验人员在断开点的检修作业侧装设接地线，高压试验侧面向检修地点悬挂"止步，高压危险！"标示牌等。

2. 远离带电部分的作业、低压设备上的作业以及在二次回路上进行的不需要高压设备停电的作业

此类作业根据作业性质和地点不同可采取不同的安全措施，主要有以下几类。

（1）远离带电部分的作业开始前须检查检修设备的保护接地的连接是否紧固，明确该设备上带电部分的位置，以及禁止攀登超越的部位等。

（2）在低压设备停电或部分停电作业开始前应切断停电部分的电源，其原则和方法与高压设备停电作业的其他安全措施中切断电源相同，在来电方向的开关操作手柄上应悬挂"有人工作，禁止合闸"标示牌。此外，在同一屏或端子箱上邻近的有电的控制开关上要悬挂"禁止分闸"标示牌，以及在附近的带电设备处设置绝缘挡板等。低压设备带电作业时，作业人员应穿紧袖口工作服，戴好工作帽、手套和防护眼镜，并穿绝缘靴（或鞋）或站在绝缘垫上。所使用的工具应有良好绝缘的手柄。附近的其他带电部分用绝缘挡板隔开。同时，作业前要明确不得断开的回路及所在位置。

（3）在二次回路上进行不需要高压设备停电的作业开始前，要检查作业范围内所有互感器二次回路的保护接地是否可靠。作业中要注意直流回路不得接地。在带电的互感器二次回路上作业，除上述措施外，还要严格注意电压互感器二次回路不得短路和接地，电流互感器二次回路不得开路。当需要断开电流互感器二次回路进行作业时，应使用短路线或短路片将电流互感器二次侧短路，并保证短路连接牢固、接触良好，严禁用导线缠绕方式短路，并不得在短路线与电流互感器二次侧线圈间的回路上进行任何作业。当上述作业有可能造成继电保护装置不正确动作时，在作业前应撤出有关保护。进行上述作业时，作业人员均不得进入高压分间或防护栅内。无分间或防护栅时，应在作业地点增设防护栅，并面向作业地点悬挂"止步，高压危险"标示牌，也可在作业设备上或作业回路所在的屏、箱、柜上悬挂"在此工作"标示牌。

3. 专项作业

不管是前述的哪一类检修工作，凡包括有下列专项作业，均应采取下述的技术安全措施。

（1）凡离地面 3 m 以上的高空作业，其登高作业人员要系好安全带，作业范围内的地面人员须戴好安全帽。作业过程中传递工具、物件时不得抛掷，而应将工具、物件系于绳子中部传递，且下部应有人扶持。

（2）使用梯子作业时，梯子上端应靠在固定的构架或墙上，梯脚应全部着地。在光滑的地面使用梯子作业时，梯脚要有橡皮垫，并注意其各部与带电部分保持足够的安全距离。对于人字梯还须有限制开度的拉链。梯子上的作业人员仅以 1 人为限，并须有专人扶持。

（3）使用喷灯及火炉的作业，不得在带电的导线、设备以及充油设备附近点火；作业时火焰与带电部分应保持足够的安全距离（电压为 10 kV 及以下者不得小于 1.5 m，10 kV 以上者不得小于 3 m）。

（五）牵引变电所检修维护工作安全措施要求及实施标准程序

在检修车间将停电申请单传入所内后，当班值班人员根据停电申请单内容，按照以下标准编写安全措施实施步骤表，交所长审核，如有异议报主管安全生产技术的部门审核，并需在召开预想会时宣读。

1）熟悉工作票内容

值班员、助理值班员在实施工作票安全措施前要熟知作业的地点、范围、任务、要求以及各项安全措施等。

2）实施过程中根据工作票实施安全措施

值班员监护，助理值班员操作，逐条办理，呼唤应答，共同确认，并对工作票上已完成的安全措施画钩。

3）安全工具的使用

（1）检查安全工具状态是否良好。

（2）实施安全措施的工作人员，在进行相关安全措施实施过程中必须按照《牵引变电所安全工作规程》的规定穿戴安全防护工具。

4）安全措施实施顺序

先断断路器，再断隔离开关；先断负荷侧，再断电源侧；先在盘前实施，再到盘后实施；先在主控室和电源室实施，再到室外高压场地或高压室（电容室）实施。撤除安全措施时顺序相反。

5）安全措施实施顺序应注意的细节

（1）对设备进行验电接地过程，应先对要与接地端连接的接地装置进行检查（接地线要接到专用的接地端上），查看有无生锈、涂漆等情况，如有以上情况要进行处理。先将接地线的接地端牢固连接在接地装置上，再对设备验电，验明无电后立即悬挂接地线。

（2）需要拆除高压熔断管作业时，应先将接地线悬挂在高压熔断管电源侧无电处，待高压熔断管拆除后再将接地线悬挂在规定位置；撤销安全措施时顺序相反。

（3）如果检修设备须放电，应先使用接地线对设备充分放电（电容设备要将电容器两极短路且逐个放电），再将接地线悬挂在规定位置。

（4）同一设备的"远方当地转换开关"与"控制回路电源"，应先进行"远方当地开关"的转换，再进行断"控制回路电源"；多台设备执行"远方当地转换开关"转换与断开"控制回路电源"时，应先在盘前依次转换各设备的"远方当地转换开关"，再到盘后依次断开各台设备"操作电源"；撤除安全措施时顺序相反。如果需要断开保护装置电源，则应将保护装置电源最后断开。

（5）备用断路器代主用断路器运行，应先确认备用断路器保护定值与主用断路器保护定值是否一致（应预先设定并记录好备用断路器各定值区域对应的主断路器运行编号，直接进行定值区域的切换）。

（6）如果检修时需要退出保护装置的某项保护功能，应先断开屏下与保护项目对应的保护出口连片，再使用后台机退出该项保护。

（7）将真空断路器本体拉出高压分间后立即锁闭高压网栅门。

（8）需要将断路器本体拉出高压分间外检修时，应先将断路器本体拉至断路器试验位。助理值班员戴绝缘手套、穿绝缘靴，拆除接在断路器本体上的航空插头，再将断路器本体拉出高压分间外（注：沪昆线变电所应先断端子箱内断路器电机电源后再拆除航空插头）。撤除安全措施时顺序相反。

（9）将手动隔离开关分或合后立即将隔离开关操作手柄上锁。

在检修所用变压器时应先拉断交流盘相应进线空气开关，再拉断所用变压器高压侧隔离开关；撤除安全措施时顺序相反。

（10）值班员会同工作领导人、作业组安全员按工作票的要求共同检查作业的安全措施。在工作领导人宣布开工之前，参加检修的作业组成员不得进入作业场地。

（11）检修结束后，检修人员清理现场，待人员、工具撤至安全区域，工作领导人同值班员共同查看被检修的设备，双方同意投运，工作领导人在工作票上签字并记录下完成时间，之后再按规定恢复安全措施。

（12）在检修（维护）隔离开关时，要在隔离开关两端挂接短接线，且短接线的装设要在工作票中的"其他安全措施"一栏中明确。

（六）变配电所检修作业安全关键点及卡控措施

1. 变、配电室内作业

在牵引变电所或配电室内搬动梯子、长大工具、材料部件时要时刻注意与带电部分保持足够的安全距离，且长大部件及梯子移动时应 2 人平抬；使用梯子时应由专人防护，并采取防滑措施；在室内开关柜上部进行停电清扫作业时，注意脚下站稳，防止摔倒造成伤害。

2. 变、配电室发生接地故障时的措施

变、配电室发生高压（对地电压 250 V 以上）接地故障时，在切断电源之前，任何人与接地点的距离为室内不得小于 4 m，室外不得小于 8 m，待采取断电接地措施后方可进行作业。

3. 巡视设备

（1）当一人单独巡视时，禁止移开、越过高压设备的防护栅。

（2）如果必须移开高压设备的防护栅或进入高压分间时，要有安全等级不低于三级的人员在场监护，并要与带电体保持足够的安全距离。其他人员对所内设备进行巡视时，要有助理值班员进行陪同巡视。

（3）在有雷、雨的情况下巡视室外高压设备时，要穿绝缘靴、戴安全帽，并不得靠近避雷针和避雷器。

4. 绝缘工具的使用

绝缘工具在每次使用前要仔细检查确认是否合格，并用清洁干燥的抹布擦拭有效绝缘部分。在检修过程中，不得用绝缘工具碰触设备高压带电部分，以防有效绝缘距离不足，造成对设备及人身的伤害。

5. 验电及装拆接地线

（1）每个变电所需配备 110 kV 验电器 2 个，27.5 kV 验电器 2 个，10 kV 验电器 2 个，且必须放置在控制室交替使用。

（2）地线需用线鼻子连接牢靠，且地线在工作票内应标明编号。

（3）高压设备验电及装设或拆除接地线时，必须两人同时作业：助理值班员操作，值班员监护。

（4）验电前要将验电器在有电的设备上试验，确认良好后方准使用。

（5）在断路器或负荷侧隔离开关的出线上逐项验电，确认无电后再挂地线，并装设标示牌。接地线与接地体连接应牢固、可靠。完成作业任务后要确认地线已拆除后再送电。

（6）操作联动的隔离开关时，必须确认主刀及地刀都分合到位。

6. 倒闸作业

（1）各项倒闸作业必须两人同时进行，一人操作，一人监护。

（2）变、配电值班人员倒闸之前必须熟悉倒闸线路的名称、各控制回路及所内应采取的安全措施。

（3）在接到调度命令后，由值班员监视唱票，助理值班员操作复诵，在模拟屏上准确模拟后，方可实际操作。

（4）对使用倒闸操作票的配电室，每操作完一项打一个"√"记号。如发现疑问不准擅自更改操作票，必须向值班调度或工区值班员报告，待清楚后再进行操作。

7. 检修作业

（1）变电所的检修作业均实行工前预想会和工后收工会制度。做到工前预想充分，安全卡控措施到位，工后分析总结，做好下一步工作准备。

（2）变电所所内的设备小修维护保养实行有计划检修，且在征得车间允许后方可执行。规定需要报计划停电或网工区配合的设备小修，则须在保养周期内计划小修的前一个月（每月 15 日）填写检修计划表，上报车间，由车间安排进行。

（3）遇有需做的安全措施较多或作业比较复杂时，必须在发工作票时由所长或首席技工组织召开预想分析会，使相关人员必须明确整个做安全措施的范围、内容和程序，并做好记录。

（4）在进行室外端子箱、机构箱等设备清扫维护作业时，严格执行第三种工作票。在作业中戴线手套，严禁用手触及各端子或导体，并注意随时与周围高压带电设备保持安规规定的安全距离。

（5）严禁一人单独在高压室和二次回路作业。二次回路作业时作业人员必须穿紧袖工作服，戴线手套，必须有专人监护，防止发生错误操作或触电事故。

（6）在作业过程中，各作业组及作业组成员间应及时沟通，严格执行呼唤应答制度。检修电动隔离开关时，隔离开关上部检修人员应与操作机构检修人员协调配合好，防止配合不当致使开关误动伤人。

（7）主变压器检修试验时，必须将一、二次设备全部停电，并挂接地线；电压互感器、自用变、动力变检修、试验时，必须将一、二次设备全部停电，一次侧挂接地线，一、二次已断开的开关操作手柄上悬挂"禁止合闸、有人工作"标示牌，并将设备二次侧用短封线牢固短封，以防止二次低电压反送至一次，形成高电压，误伤作业人员。

（8）更换配电变压器熔管的熔丝时，必须使用绝缘夹钳，并有专人监护，夹钳应夹牢；身高不够时可踩专用梯，不得踮脚去操作；操作时其他人员不得触及设备。

（9）有雷电时严禁进行倒闸操作和更换熔丝的工作。

（10）更换放电计数器时，必须将设备停电，并用旁路线旁路放电计数器后，再进行更换，以防止泄漏电流伤害作业人员。

（11）高压设备检修作业前必须将设备可靠放电。高压试验完毕，应对被试设备彻底放电。进行直流泄漏电流测试时作业场所附近禁止其他作业，并不得触摸金属物品，防止感应电伤人。

（12）在回流线上作业时必须停电作业，填写第一种工作票，严禁一人单独作业，作业人员安全等级不低于三级。断开回流线（包括断开的主地网连接扁钢）时必须有可靠的旁路短接线，在作业中戴绝缘手套，且不得用手触及导体。所内检修需断开回主变端子箱内的地网回流扁铁及主回流线电缆时，需全所停电后方可进行。网工区检修回牵引变电所的主回流线时，该所馈线必须停电后方可进行，否则禁止检修该段回流线。

（13）在高压设备外壳上作业时，作业前要先检查设备的接地必须完好。

（14）在高压一次设备上设置接地线和短封线的安全措施中，要求必须先挂接地线后设短封线，短封线要设在已挂地线的保护范围之内。接地线和短封线必须设置牢固可靠。所有需用短接线短接的作业，在未连接短接线的情况下，严禁断开设备接地线和连接线，且检修中不得随意拆除和发生脱落。接地线的悬挂位置要保证在检修过程中检修人员不得触及接地线。短封线应使用 $25\ \text{mm}^2$ 的裸铜线制作，在用前必须严格检查其状态，确认良好和确保连接牢靠。

（15）对低压设备的带电作业和二次回路上简单的清扫测量作业，除按规定操作人和监护人必须穿绝缘鞋、戴安全帽外，还要戴防护眼镜和手套，并站在绝缘垫上。作业必须借助有良好的绝缘手柄工具进行，人体不得触及任何带电设备。附近其他设备的带电部分必须用绝缘板隔开。

（16）遇有高压试验和测量作业时，在同一个连接部分高压试验和检修必须分开进行，同时在加压时变电所人员必须听从检修工作领导人的指挥，远离被试设备站在安全地带，待充分放电，作业地点清理后方准安排所内检修作业。

（17）对电缆、电容等必须考虑到其具有储能作用，在停电后必须充分放电或挂接地线后，方准开始作业。

（18）在进行牵引变电所馈线隔离开关的检修作业（包括更换隔离开关两侧设备线夹和抗雷线圈两侧设备线夹）中，除应完成常规安全措施外，还应按下列程序做好以下安全措施：

① 在需检修且已停电的隔离开关两侧验明无电后，及时设置接地线，两根接地线的接地端须安装在同一接地点上，且安装牢固。若两根接地线的接地端无法安装在同一接地点上，则需在确认隔离开关两端接地线设置正确且牢固后，用 $25\ \text{mm}^2$ 的裸铜线短封隔离开关两端。

② 更换抗雷线圈外侧引线及上部 T 型线夹或馈线隔离开关外侧引线及上部线夹时，由所在接触网工区配合在相对应馈线的供电线上（或接触网上）设置一组接地线，该接地线尽量靠近变电所馈出线侧。

③ 检修结束后，在隔离开关闭合的状态下撤除短封线。检修人员到地面后恢复隔离开关到原断开状态，最后撤除接地线。其他安全措施按规定程序进行。

第三节　事故的分析和处理

一、事故处理的原则

（一）事故的分类

在牵引供电系统中，凡是由于工作失误、设备状态不良或自然灾害致使牵引供电设备破损、中断供电，以及严重威胁供电安全者，均列为供电事故。

根据事故的性质和损失，供电事故分为重大事故、大事故、一般事故和障碍 4 种，如表 5.4 所示。根据发生事故的原因，事故分为责任、关系及自然灾害 3 种。

表 5.4　供电事故分类表

重大事故	① 接触网停电时间超过 5 h； ② 牵引变电所全所停电超过 3 h； ③ 牵引变电所主变压器破损需整组更换线圈或必须拆卸线圈才能进行的铁芯检修； ④ 牵引变电所一次侧的断路器破损达到报废程度
大事故	① 接触网停电时间超过 4 h； ② 牵引变电所全所停电超过 2 h； ③ 由于牵引供电设备反常、工作失误迫使列车降低牵引重量或限制列车对数超过 48 h； ④ 牵引变电所主变压器破损需检修线圈或铁芯； ⑤ 额定电压为 27.5 kV（包括 35 kV 和 55 kV）的变压器或断路器破损达到报废程度
一般事故	① 接触网停电时间超过 30 min； ② 牵引变电所全所停电（重合闸成功或备用电源自动投入供电者除外）； ③ 由于牵引供电设备反常、工作失误迫使列车降低牵引重量或限制列车对数； ④ 由于供电调度错发命令或人员误操作造成断路器跳闸，或者造成接触网误停电、误送电； ⑤ 由于供电调度错发命令或人员误操作或牵引变电所保护拒动（避雷器除外），造成电力系统断路器跳闸且重合闸不成功； ⑥ 正线承力索、接触线或馈电线断线
供电障碍	① 接触网停电时间超过 10 min； ② 由于牵引供电设备反常、工作失误迫使列车降低运行速度或降弓运行通过故障处所； ③ 由于设备状态不良或供电方面准备工作不充分，使备用设备不能按要求投入运行； ④ 保护装置（避雷器除外）误动、拒动

牵引变电所全所停电是指牵引变电所内除自用电设备外，所有的设备均停电（不包括牵引变电所电源侧隔离开关与电源连接的部分）。

接触网停电时间是自接触网中断供电时开始（不能按时送电时，自规定送电的时间开始），至恢复供电时为止的连续停电时间。故障停电时间与计划停电时间重复者，在计算停电时间时应将计划停电时间扣除。由于事故损坏的设备抢修完毕，已具备送电条件，但由于其他原因不能及时送电时，应以具备送电条件的时间作为恢复供电时间。

接触网中断供电是指区间接触网停电或车站因接触网停电不能接发电力牵引的列车；双线区段为其中之一线、车站部分股道或专用线的接触网停电。该站仍能接发电力牵引的列车，不算接触网中断供电。

耽误列车是指列车在区间内停车；通过列车在站内停车；列车在始发站或停车站晚开超过运行图规定的停车时间或列车调度制定的时间（包括早到不能早开、晚点列车增晚）；列车停运、合并、保留。

耽误列车时间是指接触网停电时间范围内正在运行的列车因受事故的影响造成阻碍的时间、加运行的列车被迫途停或通过列车在站内停车，应自停车时开始至再开车时为止的连续停车时间；若列车在始发站或停车站晚开，超过规定时间（运行图规定或列车调度时间），自规定开车时间开始到实际开车时间为止。

在巡视、检查、修理或试验过程中，发现设备异常，有计划地进行设备整修，不算供电事故。由于同一原因同时构成行车和供电事故时，应分别上报，但供电段总事故件数仍算一件，统计为行车事故，在填写牵引变电所事故报告时，在事故类别栏中应同时填写两项即供电事故和行车事故的类别。

（二）牵引变电所事故处理的原则

牵引变电所中发生电气设备事故（故障）时，值班人员应迅速报告电力调度，除按规定进行现场防护外，还应在力所能及的范围内采取措施，防止事故的发展，尽可能消除事故根源，减少事故损失。

在危及人身安全或设备安全的紧急情况下，如触电、火灾、爆炸等事故，值班员有权先处理，可先行断开有关的断路器和隔离开关，解除对人身、设备安全的危及后，再将情况报告电力调度。

在事故发生后，电力调度要和行车调度加强联系、密切配合，采取有效措施，适当调整运行方式，尽可能减少对行车的影响，及时安排抢修或处理时间，尽快恢复对接触网的供电和正常行车秩序。

发生事故后，值班人员不准盲目处理，不能慌乱，以免扩大事故；必须沉着、迅速地根据仪表指示、设备外部征象、继电保护动作状态、信号指示等情况判断事故性质，准确地处理。

事故抢修时，牵引变电所所长应尽快赶到现场并担任事故抢修工作领导人，如所长不在即由当班值班负责人自动担任抢修领导工作。事故抢修工作领导人应沉着冷静，首先根据断路器、继电保护及自动装置运行情况，各种信号及表计显示情况以及各种异常现象进行综合分析判断，然后组织值班人员以及在变电所的检修人员共同进行检修。切忌慌乱匆忙或未经慎重考虑即行处理，以免事故扩大，造成不应有的损失。

事故抢修时应有明确的分工，并指定专人负责与电力调度保持联系。各级领导及有关技术人员应通过电力调度了解现场情况和下达指示，不宜分别直接与发生事故的变电所联系，以免造成混乱。

事故抢修可不开工作票，除非危及人身、设备安全，但必须向供电调度报告概况，有电力调度的命令，听从供电调度的指挥，在作业前必须按规定做好安全措施，并将作业的时间、地点、内容及批准人的姓名等记入值班日志中。

事故处理后，应将事故发生及处理经过详尽如实地记录下来，并及时组织有关人员分析事故原因，讨论处理措施是否得当，同时制订出预防措施等。

断路器跳闸后，不管什么原因造成，值班人员均应按照"断路器自动跳闸后的处理作业程序"进行。

发生事故后除了遵循上述一般原则外，还要遵循以下原则：

（1）故障处理及事故抢修，要遵循"先通后复"的原则。

（2）有备用设备，首先考虑投入备用，采用正确、可行的方案，迅速、果断地进行处理和事故抢修，以最快的速度设法先行送电，并及时通知有关部门再修复或更换故障设备，恢复正常运行状态。

（3）迅速限制事故、故障的发展，消除事故、故障根源及对人身和设备安全的威胁。

（4）用一切可能的办法保持设备的继续运行，保持对接触网的正常供电。

（5）与电力调度联系，调整或改变运行方式，尽快对已停电的设备恢复送电。

（6）处理事故时，除领导和有关人员外，其他外来人员应立即退出事故现场。

（7）在事故处理过程中，值班员除积极处理外，还应有明确分工，并将事故发生和处理经过，详细记录在事故等级簿中。

（8）如遇交接时发生事故，由交班的值班员处理，准备接班的值班员协助，待恢复正常后，再进行交班。若一时不能恢复，应在事故处理告一段落后，得到领导同意才能交接班。

根据供电事故管理规程的要求，对每件供电事故都要按照"三不放过"的原则处理，即事故原因不清不放过，事故责任者和群众没有受到教育不放过，没有防范措施不放过。这样才能及时正确地分析事故，可以早找出发生事故的原因，采取有效防范措施，避免同类事故发生。

事故报告分为电话速报和书面报告两种。电话速报是于故障发生后用电话向上级机关的报告，书面报告是于事故处理后用书面向有关上级机关的报告。供电调度接到供电故障报告后在尽快组织抢修的同时要按照电话速报的内容要求迅速用电话报告供电段、铁路局供电调度。对每一件责任供电事故，供电段均要填写《牵引供电事故报告》，必要时附图和说明。

（三）故障处理中的安全注意事项

（1）当为变电所某供电回路故障时，应在其进、出线刀闸内侧分别验电并加挂接地线。

（2）一切作业必须有供电调度命令，严禁无令操作，臆测行事。

（3）一切作业均应做好安全措施，确保人身安全和设备正常运行。

（4）在作业过程中，若发现危及人身安全和设备安全，应果断中断作业后，方可向供电调度汇报。

（5）在设备异常情况下，值班人员应加强设备巡视，认真细致地监视各类仪表及信号显示，若发现新问题及时汇报，及时处理。

（6）事故情况不可能如上单一，各所应根据具体情况参照进行，切忌生搬硬套。

二、电气设备的事故处理

（一）变压器的事故分析和处理

1. 变压器运行中出现的异常现象

1）音响异常

变压器正常运行时，由于交流电通过变压器绕组，在铁芯中产生周期性的交变磁通，铁芯的接缝与叠层之间的磁力作用以及绕组的导线之间的电磁力作用引起振动，发出均匀的"嗡嗡"响声。

牵引变压器由于用电对象是电力机车，机车的上坡、下坡、启动、滑行各时期的用电量有较大的变化，因此会造成变压器的响声或高或低，但其响声亦应该是连续且均匀的。

值班人员一旦发现变压器响声异常时，应立即报告供电调度并做外观检查，还应查看变压器控制屏上的电流表和功率表，把有关数据认真分析、判断。必要时向供电调度员申请停电，做好安全措施后进行处理。

① 当变压器内部有"咕噜咕噜"水的沸腾声时，可能是绕组有较严重的故障或分接开关接触不良而局部严重过热引起。

② 变压器声响明显增大，内部有爆裂声时，可能是变压器的器身绝缘有击穿现象。

③ 响声中夹有连续的有规律的撞击或摩擦声，可能是变压器的某些部件因铁芯振动而造成机械接触。

2）油温、油位异常

① 当发现变压器的油温较高，而其所应有的油位显著降低时，应立即加油。加油时应遵守规定，还要考虑天气变化和空气湿度影响。如因大量漏油而使油位迅速下降时，应将瓦斯保护改为只动作于信号，而且必须迅速采取堵塞漏油的措施，并立即加油。

② 变压器运行中如遇漏油、油位过高或过低，温度异常，音响不正常及冷却系统不正常等，应根据情况立即停止运行，设法尽快消除故障。

③ 当变压器的负荷超过允许的正常过负荷值时，汇报上级主管部门，减少列车运行对数，应按规定降低变压器的负荷。

④ 变压器油位因温度上升而逐渐升高时，若最高温度时的油位可能高出油位指示计，则应放油，使油位降至适当的高度，以免溢油。

2. 变压器运行中的检查

（1）检查变压器上层油温是否超过允许范围。由于每台变压器负荷大小、冷却条件及季节环境温度不同，运行中的变压器不能以上层油温不超过允许值为依据，还应根据以往运行经验及在上述情况下与上次的油温比较。如油温突然增高，则应检查冷却装置是否正常，油循环是否畅通及破坏等，来判断变压器内部是否有故障。

（2）检查油质，应为透明、微带黄色，由此可判断油质的好坏。油面应符合周围温度的标准线，如油面过低应检查变压器是否漏油等。油面过高应检查冷却装置的使用情况，是否有内部故障。

（3）变压器的声音应正常。正常运行时一般有均匀的嗡嗡电磁声。如声音有所改变，应细心检查，并迅速汇报供电调度和生产调度员，并申请检修车间负责处理。

（4）应检查绝缘套管是否清洁，有无裂纹和放电痕迹。冷却装置应正常，工作、备用电源及油泵应符合运行要求。

（5）天气有变化时，应进行特殊巡视检查。大风时，检查引线有无剧烈摆动，线间距离是否达到要求，变压器顶盖、套管引线处应无杂物；大雪天，各部触点在落雪后，不应立即熔化或有放电现象；大雾天，各部有无火花放电现象；大雨后应检查基础等。

3. 变压器的事故处理

为了正确地处理事故，应掌握下列情况：系统运行方式，负荷状态；变压器上层油温，温升与电压情况；事故发生时天气情况；变压器周围有无检修及其他工作；运行人员有无操作；系统有无操作；何种保护装置动作，事故现象等。

牵引变电所主变压器的事故主要发生在绕组、套管、铁芯、放电、电压分接开关、瓦斯保护、油和油纸绝缘等部位，而油箱及其他附件的故障较少。常见的几种主要故障有：

1）绕组故障

多年的运行经验表明，绕组故障主要有匝间短路，相间短路，绕组股间短路，断线及接头开焊，高低压绕组发生接地、短路、击穿和烧毁，系统短路和冲击电流造成绕组机械损伤和绕组内部组件变形等。产生这些故障的原因有以下几点：

① 在制造或检修时，局部绝缘受到损害，遗留下缺陷和隐患。

② 导线的匝间绝缘不够，在运行中因散热不良或长期过载，绕组内有杂物落入，使局部温度过高，绝缘老化，变形、松脆。

③ 制造工艺不良，压制不紧，机械强度不能经受长期工作电压和短路冲击电压的作用，长期运行使绕组变形、绝缘损坏。

④ 绕组受潮，绝缘膨胀堵塞油道，引起局部过热。

⑤ 绝缘油内混入水分而劣化，或与空气接触面积过大，使油的酸价过高、绝缘水平下降，或油面太低，部分绕组露在空气中未能及时处理。

⑥ 检修操作不当，两相线圈引线上的软铜接线卡相碰引起相间短路；偶然有金属丝之类的导体，也会将两相线匝绝缘划破而构成短路。

⑦ 分接开关错位严重时，将导致两相分接开关短路而烧坏，引起两相绕组相间短路。

⑧ 用多股导线并绕的绕组常发生股间短路故障，主要原因有：质量问题导致外绝缘层包绕不均，其全导线裸露，在绕制过程中因弯曲、毛刺等使绝缘受损伤，在安装整形过程中挤伤并绕导线的绝缘层；卡线过紧和换位不当，导致拧绞或刮伤导线绝缘。

由于上述种种原因，在运行中一旦发生绝缘击穿，就会造成绕组的短路或接地故障。匝间短路时的故障现象是变压器过热、油温增高，电源侧电流略有增大，各相直流电阻不平衡，有时油中有"吱吱"声和"咕嘟咕嘟"的冒泡声。轻微的匝间短路可以引起瓦斯保护动作，严重时差动保护或电源侧的过流保护也会动作。发现匝间短路时应及时处理，因为绕组匝间短路常常会引起更为严重的单相接地或相间短路等故障。当绕组的几个线匝之间绝缘出现老化、龟裂、机械损伤后，将构成一个闭合的短路环路，使相绕组匝数减少，短路电流使变压器过热而造成内部组件变形，甚至使变压器烧毁。导线绝缘损伤的绕组在压装过程中往往未形成短路，但在运行中若受过电压和过载大电流作用及其他故障的影响，最终将形成股间短路，使绕组绝缘局部老化，而导致绕组相间短路。

2）套管故障

这种故障常见的是炸毁、闪络和漏油，其原因有：

① 密封不良，绝缘受潮劣化。

② 呼吸器配置不当或者吸入水分未及时处理。

③ 分接开关故障。

牵引变压器一般采用无载和有载调压。充油变压器有载调压开关常见的故障是表面熔化与灼伤，相间触头放电或各接头放电。主要原因有：连接螺丝松动；带负荷调整装置不良和调整不当；分接头绝缘板绝缘不良；接头焊锡不满，接触不良；制造工艺不好，弹簧压力不足；油的酸价过高，使分接开关接触面被腐蚀；因密封不良使雨水侵入而导致绝缘性能降低；选择开关分接引线与静触头的固定绝缘杆变形。

以上故障将产生故障气体，使油中溶解的组分含量发生变化。

④ 铁芯故障。

导致铁芯故障的大部分原因是铁芯柱的穿心螺杆或铁轮的夹紧螺杆的绝缘损坏，其后果可能使穿心螺杆与铁芯叠片两点连接，出现环流引起局部发热，甚至引起铁芯的局部熔毁。也可能造成铁芯叠片局部短路，产生涡流过热，引起叠片间绝缘层损坏，使变压器空载损失增大，绝缘油劣化。铁芯组件中铜质夹件松动或损伤而碰接铁芯，压铁松动引起铁芯安装不正和不齐造成空洞声，铁芯片叠装不良造成铁损增大而铁芯局部发热。铁芯发生的故障主要有铁芯接地故障，铁芯发热故障，此时将产生特征气体 CH_4、H_2、C_2H_2、C_2H_6，色谱分析发现油中溶解气体含量超标，变压器内部伴有清脆的响声。

运行中变压器发生故障后，如判明是绕组或铁芯故障应吊芯检查。首先测量各相绕组的直流电阻并进行比较，如差别较大，则为绕组故障。然后进行铁芯外观检查，再用直流电压、电流表法测量片间绝缘电阻。如损坏不大，在损坏处涂漆即可。

⑤ 瓦斯保护故障。

瓦斯保护是变压器的主保护，轻瓦斯作用于信号，重瓦斯作用于跳闸。下面分析瓦斯保护动作的原因及处理方法：

轻瓦斯保护动作后发出信号。其原因是：变压器内部有轻微故障；变压器内部存在空气；二次回路故障等。运行人员应立即检查，如未发现异常现象，应进行气体取样分析。

重瓦斯保护动作跳闸时，可能是变压器内部发生严重故障，引起油分解出大量气体，也可能是二次回路故障等。出现瓦斯保护动作跳闸，应先投入备用变压器，然后进行外部检查。检查油枕防爆管，各焊接缝是否裂开，变压器外壳是否变形，最后检查气体的可燃性。

变压器自动跳闸时，应查明保护动作情况，进行外部检查。经检查不是内部故障而是由于外部故障（穿越性故障）或人员误动作等引起的，则不经内部检查即可投入送电。如差动保护动作，应对该保护范围内的设备进行全部检查。

3）放电故障

通常，按照放电的能量密度将变压器内部的故障分为局部放电、火花放电和电弧放电三类。局部放电故障是引起火花放电故障的前兆。局部放电的能量密度不大，一旦发展将形成高能量放电，并导致绝缘击穿或损坏。火花放电故障一般不会引起绝缘快速击穿，其油中溶解的故障特征气体主要有 C_2H_2、CH_4、C_2H_4、C_2H_6。电弧故障属于高能量放电，放电能量密度大，产气急剧，使绝缘纸穿孔、烧焦和碳化，金属材料变形和熔化，具有突发性，往往造成变压器和部件烧损，甚至发生爆炸事故。

5）油和油纸绝缘故障

在充油变压器中，内绝缘的主要绝缘材料是变压器油和绝缘纸、纸板、木板等主要成分为纤维素的固体绝缘材料。这些绝缘材料受环境因素的影响将产生分解而老化，甚至丧失绝缘强度，造成绝缘故障。

变压器长期运行，固体绝缘过度变热，水分从纤维中脱离加速纤维材料脆裂，同时脆化后收缩使夹紧力降低，可能引起收缩移动摩擦损伤绝缘，在机械振动、电场力和操作波等冲击力作用下导致绝缘故障。

变压器油混入水分和杂质后，绝缘性能下降，击穿强度降低，介质损耗增大并加速油的氧化过程。当变压器的工作温度升高时，固体绝缘的纤维素要发生解环、断链伴随产生的 CO、CO_2 的规律增大。通常温度升高时，固体绝缘的水分向油中析出，油中微水含量增多，导致油的火花放电电压降低，介质损耗增大，造成变压器油劣化。

6）变压器着火

变压器着火也是一种危险事故，因变压器有许多可燃物质，处理不及时可能发生爆炸或使火灾扩大。变压器着火的主要原因是：套管的破损和闪络，油在油枕的压力下流出并在顶盖上燃烧；变压器内部故障使外壳或散热器破裂，使燃烧着的变压器油溢出。发生这类事故时，变压器保护应动作使断路器断开。若因故断路器未断开，应用手动来立即断开断路器，拉开可能通向变压器电源的隔离开关，停止冷却设备，进行灭火。变压器灭火时，最好用泡沫式灭火器，必要时可用砂子灭火。

4. 牵引变电所主变故障处理应急预案

1）运行中变压器轻瓦斯保护动作的应急措施

信号显示为警铃响，发出主变轻瓦斯光字牌，信号继电器未复归。处理方法为：

① 首先巡视变压器的油箱看有无异常，观察瓦斯继电器（集气盒）内有无气体，若无气体，则复归信号主变继续运行并作好相应的记录。

② 若有气体，则向供电调度和段生产调度汇报相关情况，在条件许可情况下向电调申请倒主变，改变运行方式。

③ 保护好变压器状态，等待分析处理。

2）低电压过电流保护出口的处理措施

先行巡视观察主变的状态是否正常，如若正常可不倒闸。

3）瓦斯，压力释放，差动，过热动作后的处理

主变自投应该启动，若没有启动则要手动合闸。出现异常可以直接短接断路器的1DL01和1DL12（或2DL01和2DL12）触点，合上101（或102）。

4）运行中的变压器应该立即停止运行的情况

① 变压器音响很大且不均匀或有爆裂声；

② 油枕或防爆管喷油；

③ 冷却及油温测量系统正常，但油温较平常相同条件下运行时高出10度以上，或不断上升时；

④ 套管严重破损和放电；

⑤ 由于漏油使油位不断下降或低于下限；

⑥ 油色不正常（隔膜式油枕者除外），或油内有碳质等杂物；

⑦ 变压器着火；

⑧ 重瓦斯保护工作；

⑨ 因变压器内部故障引起纵差动保护动作。

5）变压器音响异常

（1）过电压、过电流引起的异音。

出现上述异音时，值班人员应迅速观察该变压器的电流表和电压表。若指针与声音同时摆动，一般可认为正常。可以通过观察供电臂内机车运行情况以及查问所内动力负荷使用情况。大功率的电机（如滤油泵，电焊机，电力机车）启动，电力机车过分相绝缘器换相，馈电线短路等均会出现上述异音。

（2）安装在变压器上的附件撞击外壳或振动引起的异音。

原因是变压器内部铁芯振动引起其他附件振动，或在两部件接触处相互撞击造成。出现上述情况时，如果变压器各部运行正常，各种表计指示也符合规定，值班人员仍应认真寻找声源，在最响的一侧用手或木棒按住可能发出声响的部件，再听声音有何变化。如按住后不再发出异音，可稍改变该部件安装位置或进行局部加固，以便尽量消除这种干扰性杂音音响。

（3）外部放电引起的异音。

在雨、雾、雪天气下，因套管电晕放电或辉光放电，套管与引线连接不良，测试介损用的引出小套管损坏或与地间的连线连接不良等造成放电。这些放电均为均匀的"嘶嘶"声。在进行夜间熄灯巡视时，可发现蓝色小火花，外部引线连接不良处还可能有过热发红的现象。

对于此类现象值班人员应及时向电力调度提出停电申请，将该主变压器解列进行清扫及紧固等处理。在没有处理以前应该密切监视放电的发展。

（4）变压器内部接触不良或短路而放电的异音。

现象：这时会产生剧烈的"噼啪"声或"嗤嗤"声，伴之有变压器油局部沸腾的"咕嘟"声。通常还会随之出现轻瓦斯动作的信号或油色加深等外部现象。

处理：发生上述现象时，值班人员应将耳朵紧贴变压器外壳，或通过管子按在外壳上仔

细分辨声音，并结合轻瓦斯动作后应采取的措施进行必要的检查。有条件的可立即进行红外线测温，以及用超声波探测局部放电等，以确定是否存在有局部过热的部位。经检查和综合分析确认有异常时，应停止运行并进行调芯检查。

（5）变压器内部固定用的个别零件松动而引起的异音。

现象：一般情况下初发现时声音多呈间歇性，逐渐发展至频繁出现以致持续的声音，且声响逐渐增大，但是油色、油温、油位均正常。

处理：值班人员除加强巡视、认真辨别外，在负荷较大时或发生穿越性短路时应有意识地注意声音的变化。经过一段时期的观察，排除外部声源的可能，确认为内部异音或异音已频繁出现时，应请求将发生内部异音的主变压器停止运行并吊芯检查。

（6）油温不断急剧升高。

变压器油温超过规定值后，值班员要检查原因，采取降温措施，进行下列工作：

① 检查变压器负荷和温度，并与正常情况下油温核对。

② 核对油温温度计是否正常，指示是否正确。

③ 检查冷却装置及通风情况，如散热器阀门是否全部开启，通风电机是否全部开，叶片安装位置及转动方向是否正确等。

④ 经上述检查没有发现异常时，应增加巡视次数，密切监视变压器上的负荷和温度。一旦发现油温比相同条件下高出 10 ℃ 以上，且仍继续上升或油温已达到 75 ℃ 以上超过 20 min 时，一般可认为变压器有内部故障。若油温持续升高，变压器油色转暗，则预示着油有燃着的危险，应该及时将其退出，等待检查。

6）油位异常

① 影响油位变化的因素为负荷、环境温度、冷却装置运行情况、渗漏油等因素。

② 若由于渗漏油严重使油位过低，则在加油同时采取堵漏、防渗措施。

③ 若因突然降温，油位已低至不见，在没有处理以前，值班人员应该关闭部分散热器，以免油温降得太快而暴露线圈。

④ 若油温变化正常，而油标管内油位不变或变化异常，应检查是否油标管、吸湿器、防爆管气孔堵塞，这时不应加油或放油，而应该安排检查和处理。

7）冷却装置失常

① 油浸风冷式变压器若故障前已超过 55 ℃，通风电机在运行中失常，则当变压器发出过热信号时，单台变压器运行的牵引变电所应投运备用变压器；若没有备用变压器，当变压器油温达到 85 ℃ 及以上时，则应该报告电力调度，此时应减少列车对数以减轻负荷。

② 强迫油循环水冷或风冷的变压器，冷却装置全停时，如有备用变压器，应该将其迅速投运，然后再将故障变压器解列后排除故障；如没有备用变压器，容量在 120 000 kVA 以下的，一般允许运行 20 min，当超过 20 min 时，若变压器油温还没有达到 75 ℃，还可延长运行至上层油温达 75 ℃。但停运冷却系统时间不得超过 1 h。

8）变压器着火

① 值班人员首先应该切断电源。

② 若变压器顶盖上部着火，应立即打开事故放油阀，将油放至低于着火处。

③ 救火时应采用四氯化碳灭火机或砂子，严禁用水灭火，并应注意油流方向，防止火灾扩展到其他设备上。

9）变压器故障后应该检查试验的项目

① 绝缘电阻及吸收比的测量；② 直流电阻的测量；③ 介损的测试；④ 泄漏电流试验；⑤ 气体继电器中的气体分析；⑥ 油中溶解气体的气相色谱分析；⑦ 油分析及试验；⑧ 红外线测温；⑨ 空载试验；⑩ 超声波探测。

（二）断路器的事故分析和处理

1. 断路器自动跳闸后处理的一般步骤

断路器自动跳闸后应全面检查跳闸断路器及所在系统内的有关设备，查明跳闸原因，继电保护和自动装置动作情况、信号动作情况，采取措施尽快恢复供电。跳闸后逐台统计跳闸次数。

1）根据断路器的位置指示灯，确认跳闸断路器

① 解除事故音响及预告音响信号。

② 确认跳闸时间。

③ 根据保护装置面板显示、光字牌指示及事故报告单信号继电器的吊牌确定是哪个设备的哪套保护和自动装置动作后，逐一将信号复归。

④ 根据故障报告单及继电保护范围，推判出故障范围，明确故障点。

2）向电力调度汇报跳闸情况

由值班员汇报，助理值班员复核，依次汇报跳闸时间、跳闸断路器的运行编号、动作的保护名称、自动装置动作情况、故测仪的指示值、信号情况。根据电力调度命令进行必要的倒闸作业，即为尽快恢复向接触网供电，在确认可保证安全送电时进行倒闸。

3）检查本所内有关的一次设备和有故障的二次回路

结合设备外观检查情况，确定故障设备是否需要退出，如需退出，可申请投入备用设备或改变运行方式。

4）做好记录

值班员在向电力调度汇报以及处理故障后，应分别将跳闸情况和发现的设备异常及处理经过记录在运行日志、断路器跳闸及保护动作记录、故障缺陷记录等有关记录簿上。

确认跳闸的断路器时按馈电线侧、主变压器低压侧、主变压器高压侧、110 kV 线路侧，先 A 相后 B 相，先 1# 系统后 2# 系统的顺序进行。

若确认为馈线断路器跳闸，还应检查故测仪的指示及动作情况，记下测量值后将动作信号复归。

检查一次设备时按确认断路器跳闸的顺序逐一检查跳闸断路器的状态，即气压、气色等，触头有无严重烧损，绝缘部件有无破损和放电，操动机构动作是否正常等。最后由值班负责人判定该断路器能否继续投入运行。

检查保护动作范围内的各一次设备时，重点为绝缘部件有无破损和放电，连接部件有无变形过热，有无因断路器跳闸而出现危及送电的故障设备，并由值班负责人决定该设备或该系统能否投入运行。如发现有喷气、部件爆裂以及电弧放电痕迹的设备和绝缘件时，还应检查该故障设备周围的其他设备有无受此影响，以致危及安全送电的情况。

上述检查后发现有不能继续运行的设备或已发生异常的设备时，应随即向电力调度报告，必要时根据电力调度命令，组织人员进行必要的临时处理。

检查有故障的二次回路时，如在跳闸的同时根据信号显示情况判断出二次回路有故障时，在完成了步骤一、二，并检查完一次设备后，由值班员带领助理值班员按控制、保护、信号及其他回路的顺序进行故障的检查、判断及处理。经确认或排除二次回路故障达不到危及安全运行后，方可投入与发生故障回路有关的设备。

2．各种保护动作使断路器跳闸后的判断及处理

（1）当由继电保护动作使主变压器的断路器自动跳闸时，如此时为单台运行，值班人员只须确认主变压器系统共用的母线及所连设备、支持绝缘子等无故障后，即可先行投入另一台主变压器并恢复供电，然后再对发生故障的主变压器及其系统进行检查。两台以上主变压器同时投入运行的变电所，其中一台主变压器的断路器自动跳闸后，只须立即将其解列待查，若两台主变压器的断路器同时自动跳闸，则应检查后方可投入运行。

（2）反映主变压器内部故障的瓦斯保护工作跳闸后，一般不应该继续投入运行，只有确认保护误动或经过试验排除内部故障后，方可再投入运行。

（3）差动保护和110 kV侧过电流保护动作跳闸后应首先检查主变压器，如未发现异常，则需要进一步检查该主变压器所在系统其他外部设备及二次回路。当确认是因外部故障引起保护动作并跳闸时，可将故障设备隔离后继续将该主变压器投入运行。

（4）27.5 kV过电流保护动作后，由于该保护动作系由主变压器外部故障所引起，故只需检查该保护所配置的电流互感器至馈电线断路器间支持绝缘子及母线所连设备即可。当确认此范围内无故障或已将故障隔离后，该主变压器系统便可继续投入运行。

（5）若27.5 kV侧过电流保护与馈电线保护同时动作，多是馈电线路故障引起。为尽快恢复正常供电，对于单台主变压器运行的牵引变电所，该主变压器系统可暂不解列，经查找并排除馈电线故障后，认为尚需对主变压器系统电气设备作出进一步检查时，才通过必要的倒闸操作将该主变压器解列，而将另一台变压器投入运行。

（6）馈线断路器跳闸。

①　对于跳闸后重合成功的，应确认并复归信号、确认跳闸时间、检查并记录故测仪指示值，对相关设备进行巡视检查，确认设备运行状态，并向供电调度报告情况。

②　对于跳闸后重合失败的，应确认并复归信号、确认跳闸时间、检查并记录故测仪指示值，对相关设备进行巡视，确认所内设备是否正常。值班人员通过保护启动情况、故测仪打印参数进行分析故障点的基本情况，如是接触网发生短路故障、保护误动还是馈线过负荷跳闸等。

a. 如所内设备正常，向供电调度报告跳闸及重合失败情况，按供电调度命令进行强送。如强送不成功，则应再次汇报后等待供电调度命令再次强送或组织事故抢修。

b. 如检查跳闸或重合失败是本所设备故障原因引起，则应向供电调度报告跳闸、重合失败及设备异常情况，申请倒换断路器送电，并迅速查明故障原因进行处理，并向主管部门报告情况，必要时请求试验检修人员处理设备故障。

c. 对于短时间内发生两次及以上跳闸的还要分析是否为同一故障点引起的跳闸，如为供电臂上同一故障点引起的，则要立即向供电调度汇报情况并立即通知网工区。

3. 110 kV 少油断路器故障应急措施

（1）根据电调命令合上 110 kV 少油断路器时，发现烧毁合闸线圈、合闸保险甚至击穿保险底座，造成直流接地，给出直流接地信号。

（2）液压操作机构打压装置异常，压力保持不住，液压机构渗油不能保证断路器合闸。

如果发生以上两种情况，应立即向供电调度汇报，并申请改变运行方式，经供电调度同意后，按有关倒闸作业程序撤除事故断路器和保护装置，并拔掉相应的保险。在投送另一台主变及断路器之前，必须检查其保护装置和相应的保险是否良好后，严格按供电调度命令和倒闸程序进行倒闸，尽快恢复送电。

（三）馈线隔离开关的事故应急处理

（1）接触部分过热、发热、发红、熔焊现象时应及时向供电调度汇报，根据具体情况采取停电后临时处理措施。

（2）馈线隔离开关在引线处烧断应及时向供电调度汇报事故概况，经供电调度同意后，在做好安全措施的前提下，用同型号（或载流量相同）的导线和线夹将烧断的接通，并尽快送电，等有停电点时再更换整个引线。

（3）馈线隔离开关电动操作失灵，将盘上转换开关打至单独位，操作机构箱开关打至手动位，进行手动操作，并将具体情况汇报供电调度及段生产调度，在停电时进行相应处理。

（4）隔离开关瓷柱有破损、裂纹，放电严重，爆炸时，根据设备具体情况处理。若放电不严重时，可暂时不停电，但必须加强巡视、观察，并向供电调度和段生产调度汇报，做好随时抢修的准备，等有停电点时进行更换处理；若放电严重造成直接接地，必须向供电调度和段生产调度说明情况，经供电调度同意后，在做好安全措施的前提下将爆炸瓷柱拆除掉，并将两引线用线夹按规定连接在一起，尽快供电，并加强巡视、观察，等有停电点时再更换，恢复正常运行。

（四）电容补偿装置故障

（1）并补电容保护动作，各种信号显示正常，向供电调度汇报具体情况，若不是装置本身原因造成跳闸则立即投入并补，若是装置本身原因造成跳闸则向供电调度申请经供电调度同意后，撤除并补装置，并根据信号显示，查找原因并处理。

（2）并补电容装置电容击穿、电容器烧损或放电线圈二次线烧断，应及时向供电调度汇报，撤除并补装置，在不影响供电的前提下，进行更换处理，并向段生产调度汇报情况。

（五）穿墙套管击穿

发现穿墙套管击穿、爆炸时，首先向供电调度如实汇报，经供电调度同意后，在能改变运行方式且不影响供电的前提下，先改变运行方式，尽快供电。然后，根据电调命令，撤除故障穿墙套管的断路器，并做好安全措施，进行穿墙套管的更换，尽快使设备达到正常运行方式；若其不能，则考虑将故障穿墙套管所在进线或馈线断路器小车拉出，并断开与其相连的隔离开关，使击穿的穿墙套管处于隔离状态；在做好安全措施的前提下，根据实际情况，从两供电线相距较近且容易接线处将两供电线短接，先行送电，等有停电点后再更换穿墙套管，恢复设备运行状态。

（六）高压室硬母线支持绝缘子击穿

（1）高压室内支持绝缘子因表面脏污、裂纹，釉质老化等，使绝缘性能降低引起绝缘件闪络，若是轻微放电、闪络，应对其表面进行清扫或涂以快干型有机硅树脂，以提高其绝缘水平。然后，经供电调度同意下可强送，并加强设备巡视、观察。

（2）如果母线支持瓷瓶因误操作或因潮湿，湿闪严重烧伤或者爆炸，应在不影响母线与接地部分之间安全距离的条件下，拆掉其严重烧伤或爆炸的绝缘件，尽快恢复送电，加强巡视。等有停电点，再安装支持瓷瓶，恢复正常运行状态。

（3）如果室内隔离开关支持瓷瓶严重烧伤或爆炸时，在不影响开关带电部分与接地距离的条件下，应砸掉严重烧伤绝缘件，用手动使开关良好接触，恢复送电。等到条件许可后再申请停电处理，并加强巡视。

（4）无论哪种原因，必须向供电调度和段生产调度如实汇报，随时保持联系。

（七）直流系统故障

1. 蓄电池组故障

应首先将蓄电池组退出运行，利用充电机独立向直流母线供电。值班人员必须向供电调度和段生产调度说明情况，迅速查明原因，进行相应处理，然后立即将蓄电池组投入，恢复正常浮充状态。在此期间，值班人员加强巡视、检测，并了解清楚，此时为不正常运行状态，一旦发生交流失压，则各种信号无法显示，故障打印无法进行。若出现变电所近点短路，造成直流母线电压过低，开关拒动，值班人员应迅速采用手动，将馈线开关断开。

2. 交流自用电系统故障或失压

交流自用电系统故障或失压，充电装置将失去电源而无法工作，则此时无法向蓄电池充电，由蓄电池组完全承担直流母线上的负荷，值班人员应通过调节蓄电池电压调节手柄位置，来维持直流母线水平。

（八）失压后的处理原则

1. 110 kV 电源进线母线失压

当运行中的主变压器失去正常"嗡嗡"音响时，即可判断为 110 kV 电源进线母线失压。

这种失压在双 T 接线牵引变电所中 110 kV 侧断路器不会跳闸，在桥式接线牵引变电所中有可能是桥断路器及主变压器进线断路器跳闸引起。

1）失压原因

电源进线母线失压可以是电力系统事故引起，也可能是本所设备或误操作造成电力系统电源侧断路器跳闸引起断电。

在 110 kV 电源进线母线失压时，值班人员首先应断开并联电容补偿装置的断路器，以避免重新来电或合闸时出现冲击涌流及操作过电压，然后根据仪表指示、信号显示、继电保护及自动装置动作情况，本所电气设备运行及操作情况，迅速判明失压原因，采取果断措施。

电源进线母线失压，而本所设备未发现异常且断路器均未跳闸时，一般是电力系统事故引起，则不必进行其他处理和操作，可等候来电。此时因随时有来电可能，故未经电力调度准许，禁止在设备上工作。

若电源进线母线失压系由本所设备事故或误操作引起短路造成，而此时断路器又未跳闸时，值班人员应迅速将短路电源侧的断路器手动断开（如已自动跳闸则可按自动跳闸后的处理程序进行）。

双 T 接线牵引变电所电源进线母线失压时，值班人员应立即通知电力调度。电力调度可根据与电力系统调度部门的调度协议中有关管辖范围和电源失压时操作程序的规定，发布倒至另一电源供电的操作命令，以恢复供电。恢复后电力调度应立即通知电力系统调度。倒回路时，值班人员在确认另一电源进线有电后，可只断开主变压器高压侧断路器即进行隔离开关的倒闸操作，隔离开关操作完成后再合上主变压器高压侧断路器，恢复供电（可事先编出操作卡片或倒闸表）。

桥式接线牵引变电所的 110 kV 线路保护动作使断路器及主变压器高压侧断路器跳闸，从而引起 110 kV 电源进线母线失压时，可按前述断路器自动跳闸后的处理程序进行处理。

对于双 T 接线牵引变电所主变压器保护范围以外的设备（即 110 kV 电流互感器及所连的设备和母线，如 110 kV 进线侧和外跨条上的隔离开关、110 kV 避雷器、电压互感器等）发生事故或误操作引起短路时，因本所断路器不会跳闸而使电力系统电源侧断路器跳闸，从而引起 110 kV 电源进线母线失压。

此外，各种接线牵引变电所保护范围内设备事故或误操作引起短路时，由于保护拒动或电源侧断路器拒动也会造成电力系统跳闸，因而引起 110 kV 电源进线母线失压。

对上述两种情况，值班人员均应立即报告电力调度。电力调度随即通知电力系统调度，以便迅速查明电力系统失压或跳闸的原因，采取措施尽快恢复送电。因本所设备事故引起电源进线母线失压时，只有值班人员将事故设备有效隔离，并确认不会危及供电安全后，方可受令恢复供电。

2）110 kV 线路失压的处理

① 有线路自备投装置投入的变电所，失压后自投装置动作，监测有电后向供电调度报告。

② 有电压监测装置的变电所，观察另一回路是否有电，如有电应立即建议供电调度切换到另一回路。

③ 无电压监测装置的变电所, 应立即在另一回路验电, 如有电应立即建议电调切换到另一回路。

2. 27.5 kV 电源进线母线失压

主变压器高压侧有电而 27.5 kV 侧无电, 一般称为 27.5 kV 母线失压。出现 27.5 kV 母线失压时, 会给出 "母线失压" 光字牌信号。

27.5 kV 母线失压多是由于主变压器 27.5 kV 侧断路器至馈电线断路器之间的设备事故或误操作引起短路所致, 也可能是牵引网事故而馈电线保护或断路器拒动造成主变压器 27.5 kV 侧过电流保护动作跳闸引起。总之, 无论何因均会出现主变压器 27.5 kV 侧断路器的跳闸, 因此, 可按断路器自动跳闸后的处理原则进行处理。由于后一种原因造成的 27.5 kV 母线失压, 应将故障的馈电线断路器手动断开后, 再恢复母线及其他馈电线的送电。

需要注意的是, 牵引变电所 27.5 kV 侧多采用单相断路器, 且 27.5 kV 自用电变压器为交流自用电系统的主用电源, 所以常因发生 27.5 kV 单相母线失压而造成自用电变压器的缺相运行, 尤其在单台主变压器运行时, 更是如此。由于牵引变电所硅整流充电装置或通风电机等设备电源侧接触器的电压脱扣线圈所接相序不同, 出现缺相运行时不一定脱扣跳闸。为了保护交直流自用电系统的安全运行, 在交流自用电变压器未装设备用电源自动投入装置的牵引变电所内, 值班人员在判明 27.5 kV 单相母线失压后, 应迅速停用 27.5 kV 自用电变压器, 投入备用的 10 kV 自用电变压器。设有大容量蓄电池的牵引变电所可暂时不投入 10 kV 自用电变压器, 而暂由蓄电池组向直流用电设备供电。

3. 馈电线失压

牵引变电所 27.5 kV 母线有电而馈线无电, 一般称为馈电线失压。

馈电线失压是由馈电线保护范围内的设备 (即馈电线、接触网等) 事故或误操作引起短路所产生。它必然造成馈电线断路器跳闸, 这时值班人员应按前述断路器自动跳闸的处理原则处理。

电力调度在接到有关断路器自动跳闸的报告后, 应根据保护动作情况、故测仪的指示、行车和检修以及气候等情况进行综合分析, 查找跳闸原因, 排除故障, 尽快回复供电。

自动重合闸装置投入运行的馈电线断路器自动跳闸后, 如重合闸不成功, 电力调度经初步查找未排除故障时, 一般可以强送一次。若自动重合闸装置未投入或未动作时, 一般可强送两次。如强送不成功或强送成功后几分钟内又再次跳闸时, 则应通知有关接触网工区进行事故巡线查找故障, 不宜再盲目强送。

因接触网带电作业而暂时撤除自动重合闸装置的馈电线断路器自动跳闸后, 在未与作业地点有关人员联系, 并得知作业人员已全部撤离接触网之前, 绝对不得强送, 以确保作业人员的安全。

(九) 安全注意事项

(1) 一切作业必须有供电调度命令, 严禁无令操作, 臆测行事。

(2) 一切作业均应做好安全措施, 确保人身安全和设备正常运行。

（3）在作业过程中，若发现危及人身安全和设备安全的情况，应果断中断作业后，方可向供电调度汇报。

（4）在设备异常情况下，值班人员应加强设备巡视，认真细致地监视各类仪表及信号显示，若发现新问题及时汇报、及时处理。

（5）事故情况不可能都是单一的，现场实际处理事故时应根据具体情况参照执行，切忌生搬硬套。

本章小结

一、牵引变电所运行管理工作包括运行和检修两部分。不断提高运行人员的技术和管理水平也是保证安全运行、提高供电质量的重要条件之一。检修作业的管理是提高检修质量，保证安全运行的重要环节。

变电运行工作有值班、交接班、设备巡视和倒闸操作等。值班人员在值班时间内负责设备的正确维护与安全运行，其主要工作包括设备巡视及维护保养，表计监视和记录，倒闸操作，办理检修作业手续，事故、故障和缺陷的处理，整理资料并进行运行分析，清洁环境等。工作票制度是检修作业的安全保证措施。在牵引变电所中进行电气设备检修作业时，为保证人身和设备安全，统一实行工作票制度。检修作业的开工和收工要按照标准化程序执行。

二、在牵引供电系统中，凡是由于工作失误、设备状态不良或自然灾害致使牵引供电设备破损、中断供电，以及严重威胁供电安全者，均列为供电事故。根据事故的性质和损失，供电事故分为重大事故、大事故、一般事故和障碍。

牵引变电所的故障处理包括主变压器的故障和事故处理，断路器、隔离开关、电容补偿装置的故障处理，穿墙套管击穿、高压室硬母线支持绝缘子击穿、110 kV 和 27.5 kV 电源进线母线失压、馈电线失压的处理等。

思 考 题

1. 安全等级为三级和四级的牵引变电所工作人员分别应具备什么条件？
2. 电力调度的管辖范围是什么？
3. 对值班人员"五熟"和"三能"的要求具体指什么？
4. 牵引变电所交接班工作有哪些程序？
5. 对设备巡视作业人员的要求有哪些？
6. 各种巡视的一般项目和标准有哪些？
7. 牵引变电所常见电气设备的巡视项目有哪些？
8. 倒闸作业的标准化操作程序是什么？
9. 停电和送电时的倒闸作业程序是什么？

10. 兆欧表和万用表应如何正确使用？

11. 装拆接地线的顺序是什么？

12. 办理工作票的顺序是什么？

11. 供电事故是如何划分的？

12. 牵引变压器的油温、油位异常时值班员应怎么做？

13. 馈线隔离开关发生事故后应如何应急处理？

第六章 牵引变电所二次回路

本章要点：

　　本章将介绍二次回路的基本概念，二次回路电气图的符号和基本表示方法，牵引变电所二次图的分类。通过对典型二次回路的学习，学生应学会分析主要电气二次图的作用、组成和工作原理。

第一节 二次回路的基本知识

　　牵引变电所的设备可以分为一次设备和二次设备。

　　一次设备是指直接用于生产、变换、输送、分配和使用电能的电气设备。它包括发电机、变压器、断路器、隔离开关、母线、输电线路、电力电缆、电抗器、电动机、避雷器等。

　　二次设备是指对一次设备进行监察、测量、控制、保护、调节的设备，即不直接和电能产生联系的设备。它包括：测量表计，如电压表、电流表、功率表、电能表，用于测量电路中的电气参数；绝缘监察装置；控制和信号装置，如实现配电装置中断路器合闸、跳闸的按钮等操作电器，断路器的位置信号灯，主控制室中用于反映电气设备状态的中央信号装置等；直流电源设备，如蓄电池组、充电装置等，供给控制保护装置使用及用直流负荷和事故照明用电等；继电保护及自动装置，如主变保护装置、馈线保护装置、自动重合闸装置等。继电保护装置用于监视一次系统的运行状况，迅速反应异常和事故，然后作用于断路器，进行保护控制。自动装置用于实现输电线路自动重合闸、备用电源自动投入等。

　　二次设备之间按一定的功能要求连接在一起所构成的电气回路统称为二次接线或称为二次回路，它是确保电气化铁路安全生产、经济运行和可靠供电不可缺少的重要组成部分。

　　一次设备与二次设备构成一个整体，只有二者都处在良好状态，才能保证电力系统的安全。尤其是在中心牵引变电所中，二次设备的重要性更显突出。

一、二次回路的分类

（一）按电源性质分

二次回路按电源性质可分为交流电流回路、交流电压回路、直流回路。

（1）交流电流回路：由电流互感器二次侧供电给测量仪表及继电器的电流线圈等所有电流元件的全部回路。

（2）交流电压回路：由电压互感器二次侧供电给测量仪表及继电器的电压线圈等所有电压元件的全部回路。

（3）直流回路：由所用变压器输出，经变压、整流后的直流电源。

（二）按工作性质分

二次回路按工作性质可分为控制回路、保护回路、信号回路、测量回路、自动和远动回路等。

（1）监视、测量回路：主要由测量元件及显示仪表组成，其作用是监视、测量一次设备的工作状态，为运行管理、事故分析提供参数。

（2）控制回路、合闸回路：主要有控制开关和相应的控制继电器，其作用是对高压开关进行分、合闸操作。

（3）信号回路：主要有开关设备的位置信号、继电保护和自动装置的动作信号和中央信号三部分，其作用是反映一次设备和二次设备的工作状态。

（4）保护回路：主要有继电保护、自动装置和相应的辅助元件，其作用是自动判别一次设备的工作状态，在事故和不正常运行状态下，继电保护装置能够自动切除故障和消除不良状态并发出报警信号。

（5）自动、远动装置回路：牵引变电所的继电保护和远动装置属于二次接线范畴，但因为它们自成一个完整的体系，将其独立看待。

二、二次回路电气图的符号和基本表示方法

为了使变电所的二次回路原理及功能更加清晰，一般采用国际或国家标准的电气图形符号及文字符号来表示二次回路。因此，熟悉有关电气设备的图形符号及文字符号是掌握二次回路的前提。

（一）二次回路图形符号

二次回路中的电气设备，一般用反映该设备特征或含义的图形表示，称为图形符号。我国参照国际电工委员会发布的图形符号标准，制订出国家标准《电气图用图形符号》（GB4728）。表 6.1 列出其中的一些图形符号。

电气设备的图形符号是按无电压、无外力作用的正常状态表示。对具有可动部分的元器件（高压断路器的辅助触点、继电器触点等）的图形符号一般按如下状态表示：

（1）单稳态的机电设备为不带电状态。例如表 6.1 中，在继电器线圈不带电状态时，继电器动断触点是闭合的，而继电器动合触点是打开的。

（2）高压断路器的辅助触点均在其断开位置。例如表 6.1 中，高压断路器在断开位置时，其图形符号用动合触点表示。

（3）可动部分的元器件动作方向规定：在横向布置的二次回路中，元器件动作方向一律向上；在纵向布置的二次回路中，元器件动作方向一律向右。

表 6.1　《电气图用图形符号》中的一些图形符号

二次回路设备名称	图形符号	二次回路设备名称	图形符号
继电器延时断开的动断触点		动合按钮开关	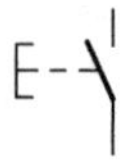
继电器、接触器线圈一般符号	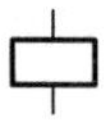	动合（常开）触点	
电流互感器		接通的连接片	
控制或转换开关的两对触点（三条纵向虚线表示开关有三个位置）		缓慢释放继电器的线圈	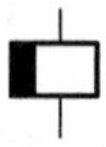
缓慢吸合继电器的线圈	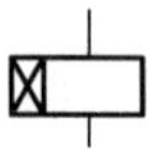	接触器动合触点	
继电器延时闭合的动合触点		断路器	
隔离开关		接地隔离开关	
蓄电池组		三极开关	
动断（常闭）触点		断路器一般符号	
半导体二极管一般符号		灯的一般符号	
热继电器动断触点		交流电动机	

（二）图形符号的表示方法

电气设备内部一般由多个元器件组成，例如：继电器是由线圈及多对触点等组成。多个元器件由于作用不同，其（线圈与多对触点间）布置位置也不同。电气设备的图形符号有下列几种表示方法：

（1）集中表示法。如图 6.1（a）所示，把继电器的线圈及多对触点均绘制在一起，以一个整体的形式表示继电器的图形符号。

（2）分开表示法。如图 6.1（b）所示，同一个继电器的线圈及多对触点分别布置在不同位置，并用文字符号 K（在以下内容介绍）表示它们之间的关系。用相同的文字符号，表示它们属于同一个设备。

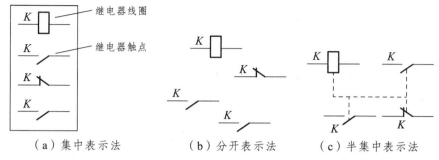

图 6.1　图形符号的表示方法

（3）半集中表示法。如图 6.1（c）所示，把同一个继电器的线圈及多对触点分别布置在不同位置，并用连线表示它们之间的关系。连线涉及的元器件均属于同一个设备内部的元器件。

（三）二次回路文字符号

二次回路中，除了用图形符号表示电气设备外，还在图形符号旁标注相应文字符号，表示电气设备名称、种类、功能、状态及特征等。牵引变电所二次回路常用文字符号如表 6.2 所示。

表 6.2　二次回路常用文字符号

序号	元件名称	新文字符号	旧文字符号	序号	元件名称	新文字符号	旧文字符号
1	继电器	K	J	33	分段断路器	QFB	FD
2	电流继电器	KA	LJ	34	旁路断路器	QFR	PD
3	电压继电器	KU	YJ	35	隔离开关	QS	GK
4	时间继电器	KT	SJ	36	分段隔离开关	QSB	FG
5	中间继电器	KAM	ZJ	37	旁路隔离开关	QSR	PG
6	信号继电器	KS	XJ	38	母线隔离开关	QSW	MG
7	瓦斯继电器	KG	WSJ	39	熔断器	FU	RD
8	压力继电器	KP	PJ	40	红色指示灯	HLR	HD
9	差动继电器	KD	CDJ	41	绿色指示灯	HLG	LD
10	合闸继电器	KC	HJ	42	白色指示灯	HLW	BD
11	分闸继电器	KO	TJ，FJ	43	光字牌	LMP	GP
12	自动合闸继电器	KCA	ZHJ	44	直流信号回路电源小母线	WS	XM
13	合闸位置继电器	KCP	HWJ	45	直流合闸回路电源小母线	WO	HM
14	分闸位置继电器	KTP	TWJ，FWJ	46	控制回路断线小母线	WCB	KDM
15	保护出口继电器	KPE	BCJ	47	闪光电源小母线	WF	SM
16	闭锁继电器	KLA	BSJ	48	事故音响小母线	WAS	SYM

续表

序号	元件名称	新文字符号	旧文字符号	序号	元件名称	新文字符号	旧文字符号
17	防跳继电器	KML	TBJ	49	预告音响小母线	WPS	YBM
18	合闸线圈	YC	HQ	50	辅助小母线	WA	FM
19	分闸线圈	YT	TQ	51	变压器	T	B
20	接触器	KM	C	52	脉冲变压器	TI	MB
21	合闸继电器	KMC	HC	53	电压互感器	TV, PT	YH
22	分闸接触器	KMO	FC	54	电流互感器	TA, CT	LH
23	合闸按钮	SBC	HA	55	电流表	PA	A
24	分闸按钮	SBO	TA	56	电压表	PV	V
25	紧急停机按钮	SBE	KA	57	电阻	R	R
26	试验按钮	SBT	SA	58	二极管	VD	D
27	复归按钮	SR	FA	59	三极管	VT	BG
28	控制开关	SA	KK, WK	60	连接片	XB	LP
29	转换开关	SA	ZK	61	电铃	HA	JL
30	低压闸刀开关	QK	HK	62	蜂鸣器	HA	FM
31	行程开关	ST	CK	63	端子板、接线柱	X	D
32	断路器	QF	DL	64	直流控制电源小母线	WC	KM

（四）二次回路图

用图形符号和文字符号表示的二次回路有三种形式：原理接线图、展开式接线图和安装接线图。本节主要介绍原理接线图和展开式接线图。安装接线图将在下一节单独进行介绍。

1. 原理接线图

原理接线图通常表示二次回路的组成及工作原理，图中各二次设备用整体图形符号形式表示，并将与二次回路有关联的一次回路绘制在一起。

图 6.2 为 10 kV 线路过电流保护原理接线图。其中：KA1、KA2 为电流继电器，KT 为时间继电器，KS 为信号继电器，XB 为保护用连接片，TA 为保护用电流互感器，QS 为 10 kV 线路母线侧隔离开关，QF 为 10 kV 线路断路器，YT 为 10 kV 线路断路器操作机构的跳闸线圈。10 kV 线路过电流保护工作原理：当

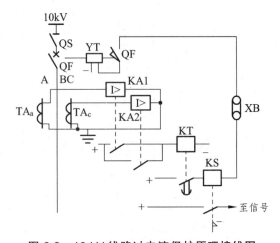

图 6.2　10 kV 线路过电流保护原理接线图

10 kV 线路内部发生相间短路故障时，电流继电器 KA1、KA2 动作，其动合触点闭合并启动时间继电器 KT；经 T 秒延时 KT 延时动合触点闭合，启动信号继电器 KS，同时启动断路器操作机构，使断路器自动跳闸，切除短路故障，信号继电器 KS 发出保护动作信号。

原理接线图具有如下特点：

（1）二次电气设备以半集中形式的图形符号表示，例如：电流继电器 KA1 的线圈与触点等。

（2）将与二次接线有关的一次接线画在一起，例如：10 kV 线路断路器、隔离开关、电流互感器与过电流保护接线画在一起。

（3）二次电气设备内部结构、接线端子等一般没有画出，例如：电流继电器 KA1 的线圈与触点的接线端子、电流继电器内部结构。

2. 展开式接线图

展开式接线图通常表示二次回路的动作原理，图中二次设备的各组成元件，分别绘制在不同性质回路中，即交流电压回路、交流电流回路、直流回路及信号回路等。图 6.3 为 10 kV 线路过电流保护展开式接线图。

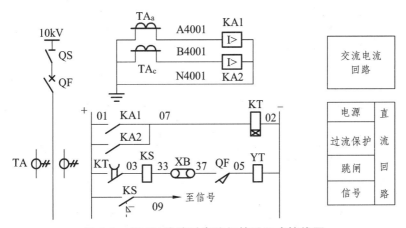

图 6.3　10 kV 线路过电流保护展开式接线图

展开接线图具有如下特点：

（1）按二次电气设备的供电电源不同，展开接线图由交流电流（电压）回路、直流电压（信号）回路组成。

（2）二次电气设备不同组成部分，分别画在不同回路中；同一二次电气设备不同组成部分，用同一文字符号表示。例如：电流继电器线圈画在交流电流回路，触点画在直流电压回路，均用 KA1（KA2）表示。

（3）交流电流（电压）回路按 A、B、C 相序，直流电压（信号）回路按继电器动作顺序，组成许多不同的行；不同的行按从上到下排列，每一行右侧常有对应文字说明。

（4）不同的回路，用不同的字母和数字标注，表示回路的性质和特征，如表 6.3、6.4 所示。

表 6.3　直流回路数字标号

序号	回路名称	数字标号				附注
		Ⅰ	Ⅱ	Ⅲ	Ⅳ	①
1	正电源回路	1	101	201	301	
2	负电源回路	2	102	202	302	
3	合闸回路	3～31	103～131	203～231	303～331	②
4	合闸监视回路	5	105	205	305	
5	跳闸回路	33～49	133～149	233～249	333～349	②
6	跳闸监视回路	35	135	235	335	
7	备用电源自动合闸回路	50～69	150～169	250～269	350～369	③
8	开关设备位置信号回路	70～89	170～189	270～289	370～389	
9	事故跳闸音响回路	90～99	190～199	290～299	390～399	
10	保护回路	01～099				
11	发电机励磁回路	601～699				④
12	信号及其他回路	701～799				
13	断路器位置遥信回路	801～809				
14	断路器合闸线圈或操作机构电机回路	871～879				
15	隔离开关操作闭锁回路	881～889				
16	发电机调速电动机回路	T991～T999				
17	变压器零序保护共用电源回路	J01、J02、J03				

注：①　当同一安装单位内的断路器数多于 3 时，在不发生混淆的情况下，可用数字组 401～499 和 501～
　　　599 进行标号；如发生混淆，可在其数字标号前增注文字标号"QF"，以便区别。
　　②　当断路器合闸回路中的绿灯回路及跳闸回路中的红灯回路是直接自控制电源引下时，其回路标号应
　　　与控制电源相同。
　　③　在没有备用电源自动投入的安装单位系统图中，标号 50～69 可作为其他回路的标号。
　　④　发电机的励磁回路，包括复式励磁装置，强行励磁装置和电压校整器等设备的直流回路。

　　直流回路标号一般由 3 位或 3 位以下的阿拉伯数字组成，共分四个标号组，每个标号组按所对应的一次回路划分。例如：一座变电所有两回进线，第一回进线直流回路数字标号范围对应第一组，标号范围为 1～99；第二回进线对应第二组，标号范围为 101～199。

表 6.4　交流回路数字标号组

回路名称	用途	回路标号组				
		A	B	C	中性线	零序
保护装置及测量表计电流回路	TA	A401～A409	B401～B409	C401～C409	N401～N409	L401～L409
	1TA	A411～A419	B411～B419	C411～C419	N411～N419	L411～L419
	2TA	A421～A429	B421～B429	C421～C429	N421～N429	L421～L429

续表

回路名称	用途	回路标号组				
		A	B	C	中性线	零序
保护装置及测量表计电流回路	9TA	A491~A499	B491~B499	C491~C499	N491~N499	L491~L499
	10TA	A501~A509	B501~B509	C501~C509	N501~N509	L501~L509
	19TA	A591~A599	B591~B599	C591~C599	N591~N599	L591~L599
保护装置及测量表计电压回路	TV	A601~A609	B601~B609	C601~C609	N601~N609	L601~L609
	1TV	A611~A619	B611~B619	C611~C619	N611~N619	L611~L619
	2TV	A621~A629	B621~B629	C621~C629	N621~N629	L621~L629
经隔离开关辅助触点或继电器切换后的电压回路	6~10 kV	A（B、C）760~769、N600				
	35 kV	A（B、C、L）790~799、N600				
	110 kV	A（B、C、L、X_C）710~719、N600				
	220 kV	A（B、C、L、X_C）720~729、N600				
	330 kV	A（B、C、L、X_C）730~739、N600				
	500 kV	A（B、C、L、X_C）750~759、N600				
绝缘检查电压表的公用回路	用途	A700	B700	C700	N700	
母线差动保护共用电流回路	6~10 kV	A360	B360	C360		
	35 kV	A330	B330	C330		
	110 kV	A310	B310	C310		
	220 kV	A320	B320	C320		
	330 kV	A330	B330	C330		

表 6.4 中，交流电流（电压）回路要在回路标号前加表示相别的 A、B、C、N 等字母。TA1 表示第 1 组电流互感器，同理，TA2 表示第 2 组电流互感器。回路标号 A4001 中："A"表示相别，千位"4"表示电流互感器回路，百位和十位"00"表示第 00 组电流互感器，个位 1 表示电流互感器二次线圈连接的第一个电流负载。TV2 表示序号为 2 的电压互感器。回路标号 C641 中："C"表示相别，百位"6"表示电压互感器回路，十位"4"表示电压互感器的序号，个位"1"表示电压互感器二次线圈连接的第一个电压负载。

二次回路标号按"等电位"原则进行，即二次回路中连于同一点的所有导线为同一标号，标注按回路从上到下，每一回路从左到右的顺序进行。每一直流回路从正电源开始，以奇数顺序，每隔一个元件，标一个不同的回路标号，直到最后一个电压降元件；然后，再从负电源开始，按偶数顺序，每隔一个元件，标一个不同的回路标号，直到第一个电压降元件位置。

下面以图 6.3 为例说明 10 kV 线路过电流保护二次回路标号原则。由于电流互感器设备标号为 TA，从表 6.4 可知交流电流 A、B、C 三相回路标号范围：A4001~A4009、B4001~B4009、C4001~C4009、N4001~N4009。由于直流回路为保护回路，从表 6.4 可知直流回路标号范围：01～099。从最上面电流继电器触点回路开始，直流正电源回路标号为 01，经过触点 KA1 后回路标号为奇数 07，到最后一个电压降线圈 KT 为止。由于直流正电源回路标号为 01，所以负电源回路标号必为偶数 02。再对下面的跳闸回路标号，从直流正电源出发，经过触电 KT 后回路标号为奇数 03，经过线圈 KS 后回路标号为奇数 33，经过压板 XB 后回路标号为奇数 37，经过触电 QF 后回路标号为奇数 05，到最后一个电压降线圈 YT 为止。

展开接线图接线清晰，便于按图查线并寻找二次回路存在的缺陷，在发电厂、变电站及变电所中得到广泛采用。安装接线图是控制屏、保护屏制造厂生产加工和现场安装施工用的图纸，也是运行试验、检修等的主要参考图纸，是根据展开图绘制的。

第二节　安装接线图及二次回路读图方法

在安装变电所的二次设备时，需根据二次回路的安装接线图进行接线。在变电所运行中进行试验或故障处理时，需要根据二次回路展开图和安装接线图进行试验接线和故障点的查找，因此二次回路图是施工、运行、维护变电所二次设备的重要依据。要学习二次回路，首先要能看懂二次回路的图纸。

安装接线图是以展开式原理接线图为依据，按照安装图设计的有关具体要求绘制的，用于表明配电盘的类型、各二次设备在盘上的安装位置、设备间的尺寸及二次设备接线情况的图纸，是厂家制造控制保护屏柜及现场施工安装接线所依据的主要图纸，也是变电所运行维护和检查依据的主要图纸。安装接线图标明了屏上各个设备的文字符号、安装顺序号以及每个设备引出端子之间的连接情况和设备与端子排之间的连接情况。

常见的有屏柜的端子接线图、开关或端子箱的安装接线图。图中每个设备都有按一定顺序的编号、代号，设备的接线端子也有标号，此标号完全与产品的实际位置相对应。每个接线端子还注明有连接的去向。端子排图还有回路编号（与展开图对应），端子连接的电缆去向、电缆的编号，与现场实际设备的安装情况完全对应，是安装和核对现场不可缺少的图纸。安装接线图一般包括屏面布置图、屏后接线图和端子排图三种图纸。

一、屏面布置图

屏面布置图是指从屏的正面看到的屏中各设备的实际安装布置图。图上按比例画出了屏面上各二次设备的安装位置，并标注有具体外形尺寸，并应附有设备明细表，列出屏中各设备的名称、型号、技术数据及数量等，以便备料和安装加工。屏面布置图反映了一个屏上全部设备的安装位置，并指明了各设备在整个屏中的设备编号，用于了解一个屏的设备的布置情况，它表示了配电盘正面各安装单位二次设备的实际安装位置。

（一）屏面布置图的类型

经常用到的屏面布置图有保护屏面布置图、控制屏面布置图、开关柜保护小室屏面布置图等。屏面布置图是加工制造屏柜和安装屏柜上设备的依据。屏面每个元件的排列布置是根据运行操作的合理性，并考虑运行维护的方便而确定的。通过图纸可以看到这些屏面都装有哪些设备，它们是如何排列和安装的。在图中还列有设备表，可以了解所装设备的型号、技术参数和安装数量。

传统变电所控制室内有控制屏、中央信号屏、量计屏、继电保护屏等屏柜。控制屏由上至下通常布置对电路进行监测的仪表、光字牌，对开关电器进行距离控制及监视的控制开关、转换开关、红绿指示灯等，并设有相应颜色的模拟母线。综合自动化变电所的控制室内屏柜多为测控保护一体化的屏柜，如图 6.4 所示。

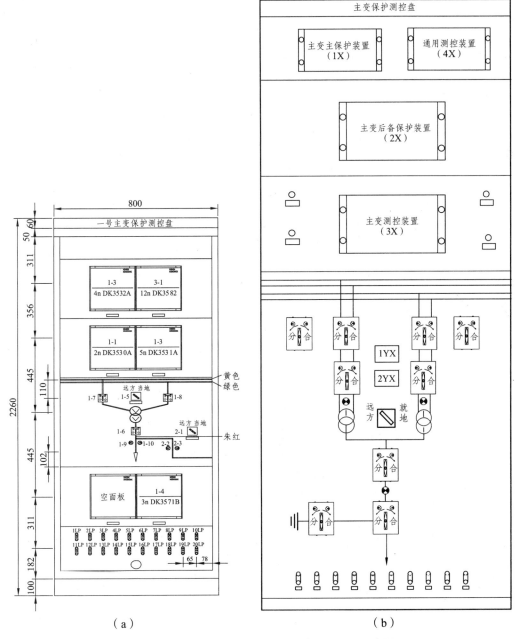

（a）　　　　　　　　　　（b）

图 6.4　综合自动化变电所主变保护测控屏屏面布置图

（二）屏面布置图的布置原则

屏面图布置的总原则是：便于监视、操作、检修、试验且保证安全；设备布置对称、整齐、美观、紧凑；留有余地，利于扩建。如图 6.4 所示，屏面布置图的布置原则是：

（1）同一水平线上应安装同样的仪表。

通常第一、二行安装电流表、电压表，第三行装功率表和频率表。最低一排仪表的中心线离地面高度应不低于 1 500 mm，最高一排仪表离盘顶要留 200 mm 的距离，最边一行仪表要离盘边至少 50 mm 的距离，以利走线。为便于观察，指示仪表应力求与下面的模拟接线相对应。

（2）盘上所有光字牌通常布置在仪表下面，并在同一高度上，并以下边为准对齐。光字牌的布置要适当照顾瞬时、延时信号的分类。

（3）同一电压等级的模拟母线应布置在同一水平上，其宽度一般为 12 mm。模拟母线要清晰，各盘要适当考虑连贯，并能简明地反映主接线类型。区别相别时，A、B、C 相分别用黄、绿、红色表示。

（4）辅助转换开关都应布置在同一高度，通常布置在光字牌下面，模拟母线上面。

（5）当断路器采用双灯制灯光监视控制回路接线时，红、绿灯应分别布置在控制开关的上部，红灯在右，绿灯在左。

（6）相同作用的控制开关、按钮应布置在相同的位置且其操作方向也应一致。在宽 800 mm 的控制盘上，控制开关每行一般不应超过 5 个。控制开关应装设标签框。控制开关布置高度应适合操作，一般其中心线应在离地面 800～1 000 mm 处，并与模拟母线相对应。

（7）为了检修、试验的安全方便，屏上各设备的间距应满足设备接线和安装的要求。对 800 mm 宽的控制屏，每行最多安装 5 个仪表或继电器，动作原理相关的保护继电器或成套的设备等应布置在一起。

（8）所有控制屏的仪表、光字牌、转换开关、按钮、模拟母线、红绿信号灯、控制开关的高度应一致。当仪表及光字牌在盘上的数量不同时，仪表应从上面取齐，光字牌则从下面取齐。

（9）不同安装单位的设备之间应有明显的分界线。不同安装单位的电气元件不允许混杂布置，以防止误操作。同一块盘上有两个安装单位的设备时，应按纵向划分清楚，对称布置。同一安装单位的二次设备应从上到下横向排列。

（10）设计屏面布置图时，要考虑屏后接线所需端子数目。

（11）相同安装单位的设备屏屏面布置应尽可能一致。同一屏上两个安装单位的设备也应尽量采用对称布置，且设备一般按纵向划分。

（12）屏上设备与屏顶净距不应小于 120 mm，左右净距（设备至屏边）不应小于 50 mm。

二、屏后接线图

屏后接线图是根据屏面布置图、二次展开图和端子排图而绘制的实际接线图。它具体地反映了屏内各设备的实际连接状况，是变电所施工安装、运行管理不可缺少的图纸。一般如果屏上装的设备少，就整屏绘制其屏后接线图；如果屏上装的设备太多，就按设备的安装单元分别绘制屏后接线图。

屏后接线图主要用于表示屏正面各设备在屏后面的接线端子间的连接状况。因屏上设备的相对位置尺寸已在屏面布置图确定，所以屏后接线图不要求按比例画出，但要保证每个设备间相对位置的准确。屏后接线图的布置相当于屏柜从背面按左、右、顶部展开后的位置进行安排的。横向分为左、中、右三部分，纵向分为上、下两部分。上部左、右两侧布置屏顶小母线。中间布置屏顶设备。下部左、右两侧布置端子排，中间布置屏面设备。图 6.5 是与图 6.4（b）所示屏面布置图相对应的屏后接线图。

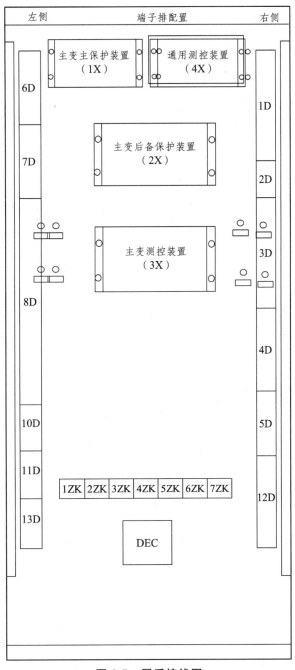

图 6.5　屏后接线图

（一）屏后接线图与屏面布置图的不同

屏后接线图与屏面布置图具有相同的设备内容、安装位置，它们的不同之处是：

（1）设备在屏后接线图中的位置与屏面布置图中相反，安装于屏后上部的设备（电阻、电铃等）与实际位置一致。

（2）屏后接线图设备图形内有设备内部接线和接线柱的实际安装位置和顺序编号。成套装置和仪表可以只画出外部接线端子的实际排列顺序。

（3）对安装在屏正面的设备，在屏后看不见设备轮廓者以虚线表示，在屏后看得见设备轮廓者以实线表示。

（4）设备图形上方一般设有设备的规格型号和设备的标志符号。

如图 6.6 所示，设备标志符号的内容有：与屏面布置图一致的安装单位编号及设备顺序号，如 I_1、II_2 等，其中罗马数字 I 表示安装单位代号，阿拉伯数字下标 1、2、3 表示设备安装顺序；与展开图相一致的该设备的文字符号和同类设备编号，如 KA 表示电流继电器，KA 前面的 1 表示第 1 块电流继电器；与设备表相一致的设备型号。

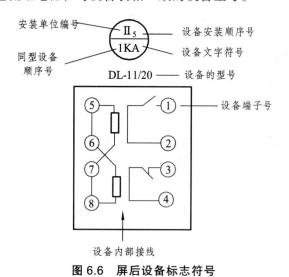

图 6.6　屏后设备标志符号

（5）屏后接线图中的连接导线用"相对编号法"或"等电位编号法"表示，并不画出连线。

（二）"相对标号法"和"等电位标号法"

安装接线图中各设备间的接线采用"相对标号法"和"等电位标号法"两种。

1. 相对标号法

相对标号法就是在每个接线端子处标明它所连接对象的编号，以表明二者间相互连接关系的一种方法。如 A、B 两个设备需要相互连接时，则在 A 设备的接线端标上 B 设备的端子标号；而在 B 设备的接线端标明 A 设备的端子标号，用符号标明该线段的连接去向。由于是相互标注连接对方的标号，故称为相对标号法。如图 6.7 所示为相对标号法。

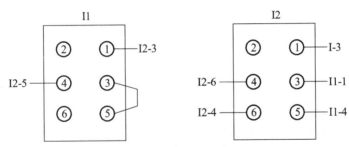

图 6.7　采用相对标号法标号的接线图

其中，I2-4 的含义是：I 表示安装单位，2 表示设备序号，4 表示设备端子号。

I-3 的含义是：I 表示安装单位，3 表示端子序号。

相对标号法具有表示简单、清晰，查线方便等优点，当二次接线复杂时尤为突出。因此，牵引变电所内的端子排、盘后接线图均采用相对标号法。

2. 等电位标号法

等电位标号法是指在接线端子处只注明它所连接对象在二次电路中的回路编号，不具体指明所连接的设备。因为二次回路编号是按等电位原则编制的，所以称为等电位标号法。这种标号法表示简单，与二次电路相对应，便于电路分析，但由于标出的回路号并不反映设备间实际的连接线段，故查线不方便。

三、端子排图

（一）接线端子和端子排图

接线端子简称端子，是二次回路中不可缺少的配件。单元内与单元外设备之间的连接是通过端子和电缆来实现的。许多端子组合在一起构成端子排。端子排有垂直布置方式，安装在屏后的左右两侧；有水平布置方式，安装在单元屏柜的下部。

1. 接线端子的类型和作用

目前国内通用的是 B_1、D_1 系列的接线端子。B_1 系列适用于交流 50 Hz，额定电压至 250 V，额定电流至 20 A 的低压操作控制电路，作线端连接分线和试验用。D_1 系列适用于交流 50 Hz 或 60 Hz，额定电压至 500 V，额定电流至 100 A 的配电设备、保护装置中作导线间的连接。

其基本结构由绝缘座和导电片组成。绝缘座一般由胶木粉压制而成，其作用是隔绝导电片与接线端子的固定槽板，而且可以避免端子接线时误碰到临近端子的导电部分。在绝缘座的下部有一个锁扣弹簧，供接线端子固定在端子槽内用。

接线端子按用途可分为以下几种类型：

（1）一般端子：用于连接单元内外导线或电缆。

（2）连接端子：用于端子间的连接。

（3）试验端子：用于需要接入试验仪表的电流回路中。一般交流回路应设置试验端子，可在不切断二次回路的情况下检校测量表计和继电器。

（4）连接型试验端子：它同时具有试验端子和连接端子的作用，用于在端子上需要彼此连接的电流试验回路中。

（5）终端端子：用于固定或分隔不同安装单位的端子排。终端端子不接线，上面打有文字符号，表明端子排的归属。

（6）特殊端子：用于需要方便地断开的回路中，如闪光母线、预告音响小母线等回路。

2. 端子和端子排的表示方法

（1）一般端子用图形符号"○"表示，可拆卸的端子用"∅"表示。接线图中的元件、器件、部件、组件和设备等项目，应尽量采用圆形、矩形等简化外形来表示。对于用简化外形表示项目时，其上的端子可不画符号，只用端子代号表示。

（2）表示各接线端子的组合及其与盘内外设备连接情况的图称为端子排图。它反映了配电盘上需要装设的接线端子数目、型号、导线去向，详细表明了各端子的接线情况，是变电所配电盘的生产、安装以及运行维护必不可少的图纸。

端子排图一般采用三格表示法，如图 6.8 所示。端子排的中格表明端子顺序号及端子类型。与电缆相连接侧标明所接盘外设备的二次回路标号和所接盘顶设备的名称符号。与盘内设备相连侧应标明所接设备的编号或回路标号。注意：端子排两侧的标记在安装接线中是标在连接导线所套的胶木头或塑料套管上的。端子排的起始、终端端子上，标注端子排所属的回路名称、文字符号及安装单位。同盘内有多个安装单位时，端子排按各安装单位划分成段，并以终端端子分隔。同类安装单位的端子排的结构、接线顺序相同。

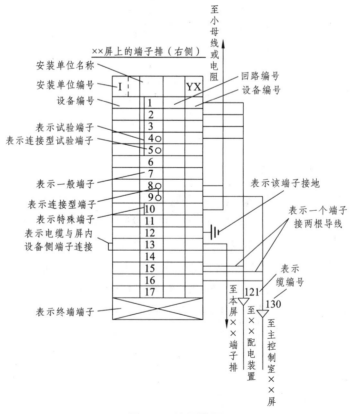

图 6.8　端子排图

3. 端子排端子的布置原则

端子排的配置应满足运行、检修、调试的要求，并适当与盘内设备的位置对应，一般布置在盘后的两侧。每一安装单位的二次电路都应有独立的端子排。端子排垂直布置时从上到下，水平布置时从左至右按照顺序依次排列。

端子排一般布置在屏后的两侧。二次接线是否经过端子排连接，应以检修、运行、接线和调试方便为原则进行。

（1）各安装单位之间的连接、屏内设备与屏外设备之间的连接以及需经本屏转接的回路，应经过端子排。屏外引入线接端子排外侧，屏内引出线接端子排内侧，屏内设备与屏顶设备间的连接需经端子排。

（2）端子排的设置应与屏内设备的位置相对应，如靠近屏左侧的设备接左侧端子排，右侧设备接右侧端子排，上方和下方的设备也应与端子排相对应，以便节省导线、便于查线和维修。

（3）同一屏内不同安装单位设备间的连接需经端子排。同一屏上相邻设备之间的连接不经过端子排；而两设备相距较远或接线不方便时，应经过端子排。

（4）各单元主要保护的正电源一般均由端子排上引接，保护的负电源应在屏内设备之间形成环形，环的两端应分别接至端子排。其他回路一般均在屏内连接。

（5）屏内设备与直接接至小母线的设备（如熔断器、小刀闸或附加电阻）的连接，一般应经过端子排。

（6）为节省控制电缆，需要经过本屏转接的回路（过渡回路）应经过端子排。

（7）端子排的上、下两端应装终端端子，且在每一安装单位端子排的最后预留 2 ~ 5 个端子作为备用。

（8）接线端子的一侧一般只接一根导线，在特殊情况下最多不超过两根。连接导线的截面一般不超过 6 mm²。

4. 端子排的排列方法

每一安装单位都应有独立的端子排。不同安装单位的端子应分别排列，不得混杂在一起，每排端子不宜超过 20 个，最多时不应超过 145 个。为接线方便，端子排垂直布置时按回路性质由上至下依次排列，水平布置时从左到右按排列，其顺序如下：

（1）交流电流回路，按每组电流互感器分组，同一保护方式下的电流回路一般排在一起，且按回路标号的顺序及相别 A、B、C、N 自上而下，数字由小到大排列。

（2）交流电压回路，按每组电压互感器分组，同一保护方式下的电压回路一般排在一起，其中又按回路标号的顺序及相别 A、B、C、N 自上而下排列。

（3）信号回路，按预告信号、位置信号及事故信号分组。每组按数字大小排列，先排正电源，后排负电源。

（4）控制回路按各组熔断器分组排列，即同一安装单位内按熔断器配置原则分组。按回路标号数字范围先排 100 系列，其次 200 系列，再次 300 系列等，其中每段里先排正极性回路（单号，由小到大），如 100 系列的 101，103，133 等，再排负极回路（双号，由小到大）142、140、142 等。

（5）其他回路和转接回路。先排本安装单位转接端子，再排其他安装单位的转接端子，最后排小母线连接用的转接端子。其他回路按远动装置、自动调整励磁装置的电流和电压回路、远方调整及连锁回路等分组。每一回路又按极性、编号和相序顺序排列。

端子排图中的连线和编号，也根据相对标号法的原则进行。

（二）电缆的标号

在变配电所里，屏内二次设备与屏外设备的连接，如屏内设备与室外互感器副绕组之间的连接，主控室内设备与高压室内设备的连接，一般是采用控制电缆连接的。二次回路的控制电缆有相当数量，为方便识别，便于安装检修和查找故障，需要对各种用途的每一根电缆都要按规定进行统一编号，并将编号悬挂于电缆根部。其编号是用不同范围内的三位数字组成。除数字编号外，还应标明电缆所属电缆安装单位、型号和电缆去向，以便和二次回路编号区别。

（1）打头字母表征电缆的归属。如"Y"就表示该电缆归属于 110 kV 线路间隔单元，若有几个线路间隔单元，就以 1Y、2Y、3Y 进行区分；"T"表示变压器；"2UYH"表示该电缆归属于 35 kV Ⅱ段电压互感器间隔。

（2）阿拉伯数字表征电缆走向。

如表 6.5 所示，121～125 表示该电缆是从控制室到 110 kV 配电装置的，130～149 表示该电缆是连接控制室内各个屏柜的，有时还在阿拉伯数字后面加上英文字母表示相别。180～189 表示该电缆是连接本台配电装置（TA、隔开辅助触点）和另一台配电装置（端子箱）的。

2T-118KVVP-10×2.5 表示 2 号主变压器，从控制室到 35 kV 配电装置的第三根电缆，型号规格为 KVVP，10 芯，每芯截面面积为 2.5 mm²。KVVP 表示铜芯聚氯乙烯绝缘聚氯乙烯护套铜线编织屏蔽控制电缆。

表 6.5　控制电缆编号

电缆用途	编号
主控制室到 6～10 kV 配电装置	111～115
主控制室到 25～35 kV 配电装置	116～120
主控制室到 110 kV 配电装置	121～125
主控制室到主变压器	126～129
主控制室内屏间联系	130～149
配电装置间联系或其他	150 ～199

三、识读二次回路图的基本方法

变电运行人员和二次设备的维护人员在阅读和使用二次回路接线图时往往感到比较困难，对于初学者更是如此。二次回路接线虽然比较复杂，但是它的逻辑性很强，其设计和绘制是按照二次设备的工作原理进行的，并遵循了一定的规律。如果按照以下的方法去学习、理解和阅读二次回路接线图，掌握起来就比较容易。

（一）熟悉一次设备和主接线图

牵引供电系统中二次回路和二次设备是在一次设备和主接线图的基础上设计和安装接线的。二次回路和二次设备是对一次设备进行保护、控制、测量和监视的，所以想要读懂二次回路接线图必须首先熟悉和了解牵引供电系统的结构及变电所的一次设备及一次主接线图。

继电保护是按由断路器分割成的电气单元来配置的，相应的控制、测量、监视也是按对应的断路器配置。每个电气单元都有对应的一套二次回路接线图，一个变电所有多少电气单元，就对应有多少套二次回路接线图。

控制回路主要的控制对象是断路器，故对断路器的结构和工作原理要有一个大概的了解。而对断路器操动机构的原理、结构和接线应有比较深入的了解，因为它是构成二次回路接线图的组成部分之一。

在无人值班变电所中，隔离开关、接地开关能够进行远方电气操作，是由电动机带动传动机构来完成分、合闸过程的。操动机构中的电动机有直流电动机，也有交流电动机，必须清楚其原理，才能进一步了解它的控制回路原理图。

测量回路主要是通过电流互感器和电压互感器来采集电气模拟量，监视内容主要有气压、液压、油面、温度、工作状态、电源监视、装置异常告警等，必须对监视对象的工作原理和结构有所了解。

（二）了解二次设备的工作原理

常用的二次设备有继电保护装置、自动装置及测控装置。它们的二次回路接线图是依照其工作原理绘制的。必须了解这些二次设备的工作原理，才能正确地识图。了解这些二次设备的工作原理时，应着重了解正常工作需要接入哪些电气模拟量，是从何处接入的；需要接入哪些开关量，是从何处接入的；二次设备之间有哪些联系；二次设备的执行输出回路如何连接；有哪些信号需要送出等。

（三）熟悉电气二次回路的图形符号、文字符号、回路编号及小母线编号

我国电力系统的电气二次回路的图形符号、文字符号、回路编号及小母线编号在苏联方式的基础上改革后，制定了国家标准，主要是文字符号及回路编号采用了汉语拼音字母。近年来对国家标准进行了大的修改，基本上符合了IEC标准。这些不同时期的电气二次回路的图形符号、文字符号、回路编号及小母线编号目前在现场中都有使用。使用比较广泛的是第二阶段的以汉语拼音为代表的符号和编号。

在推广使用新的国家标准方面，一次设备生产厂家做得较好，与一次设备相关的二次回路接线图基本都采用了新的国家标准。二次设备生产厂家为了适应现场的需要，一般采用的是IEC标准，也有一些是各国自己的标准。现场变电运行人员和二次设备的维护人员，在使用或阅读二次回路接线图时，应该判明它采用的是哪一种符号和编号，这样才能正确理解和识图。

（四）二次回路接线图的识图方法

与一次接线图相比，二次回路接线图的种类较多，而且比较复杂。所以，要想了解各种图纸的不同用途并掌握其表达的不同含义，要按一定的顺序识图。

　　首先，对一个变电所要有总体的了解。在了解变电所一次设备和主接线的基础上，要了解二次回路总的概况。例如：二次系统总的配置方式是常规方式还是综合自动化方式；继电保护和自动装置的配置方式；主控制室的保护屏位置布置；二次电缆的走向和排列；电流互感器的分配等。这些方面主要通过布置图和解释性图纸来说明。

　　对变电所一次和二次系统有了总体的了解后，就要按电气设备的单元，逐个去阅读二次回路接线图，如主变压器、馈线、电容补偿装置等。每个电气单元的二次回路接线图都包括原理接线图和安装接线图。

　　如前所述，原理接线图有归总式和展开式两大类。目前现场多采用整体的继电保护装置，它的构成比较复杂，用归总式原理图很难表述清楚，所以，已很少采用归总式原理图。被大量采用的是展开式原理图，现场一般简称展开图。一些设备生产厂家在出厂资料中提供的装置触点联系图、装置原理接线图也都属于展开图。展开图是以二次回路的每个独立电源来划分进行绘制的，如交流电流回路、交流电压回路、直流控制回路、继电保护回路、信号回路等。根据这个原则，必须将属于同一个仪表、继电器或装置的电流线圈、电压线圈及触点分别划入不同的回路中。为了表述清楚，属于同一个仪表、继电器或装置的电流线圈、电压线圈及触点等都采用相同的文字符号。在展开图中，每个元件和每个支路的作用都标注在右侧的文字框中。看展开图时，一般都是先看交流回路再看直流回路和信号回路，从上到下、从左到右逐行去看。同时，还要了解每个设备的实际安装位置和地点，不在同一处的设备需要连接在一起的，必须通过端子排由控制电缆将其连接。

　　安装接线图是二次设备安装及二次回路配线所使用的图纸，常用来表示二次电气设备型号、设备布置、设备间连接关系，也是二次回路检修、试验等主要参考图。

　　除常见的控制屏和保护屏的屏后接线图外，还有单元二次安装接线图。单元二次安装接线图多用于配电装置内，是以每个一次设备为单元绘制的二次安装接线图。它一般要求将一次设备单元的主接线及相应的二次设备画在图中。二次安装接线图要与实际位置、实际连线完全符合，如果设备是正面连接，图纸也一定按正面连接绘制。标号的要求也是采用相对标号法。

　　常用的单元二次安装接线图有断路器端子箱二次安装接线图、电流互感器端子箱二次安装接线图、电压互感器端子箱二次安装接线图等。

　　端子排图的内侧与屏内设备连接，外侧通过控制电缆与外部设备连接。外侧所接电缆的标号一般是回路编号，也可以标对侧的设备号。通过标号应该能清楚地看到电缆对侧所接的位置。

　　断路器及手车二次回路引出线分别接在航空插座的不同插头上，插座端的引线按照回路设计分别接在开关柜的端子排上。航空插座的插头位置编号一般为 X0。当断路器及手车需要拉出检修时，二次回路可以从航空插座处断开。

　　对于初学电气二次回路的人员，从原理展开图画出安装接线图是一种基本功，必须从简单到复杂逐渐熟悉，反复练习，才能达到熟练的程度。

（五）综合自动化变电所二次回路的特点

　　综合自动化变电所与传统变电所的二次回路相比，具有接线相对简单、设备相对减少、系统性强、接线方式更合理等特点。

　　传统变电所的二次回路是一个复杂的网络。这个网络包括了控制回路、信号回路、测量与监察回路、继电保护与自动装置回路、操作电源系统等。其中仅信号回路就包括位置信号、事故音响信号、瞬时预告信号、延时预告信号等。这些二次回路各系统之间全靠硬件连接，所以二次接线就比较复杂。而综合自动化变电所从基本原理上打破了原来的框框，原来靠硬件连接的系统可以通过数字通信的方式联系，原来屏内设备间的连线由装置内部的印制电路板取代，这样二次接线就简单多了。

　　传统变电所的二次设备都是一些装设在控制屏和保护屏上的分散设备，每个电气元件都要配置测量仪表、切换开关、控制开关、位置信号灯、光字牌等。而每一套继电保护系统都要由若干个交流测量继电器、中间继电器、信号继电器组成。一个变电所包括多个电气单元，就会有很多的二次设备。而综合自动化变电所一个电气单元的控制、信号及测量可以在同一个测控装置内实现，继电保护由一套微机保护装置构成。综合自动化变电所取消了中央信号屏和控制屏。这样，二次设备相应减少了许多。

　　综合自动化变电所中，二次设备是按每一个电气单元配置，二次接线也是按电气单元以一对一的方式连接。不同电气单元之间，只有保护之间需要配合的回路和操作闭锁回路需要连接，其他的连接已经没有了。对变电所的一些公用二次设备和一些不属于各个电气单元的二次设备组合为公用屏。这样从变电所整体来看，二次回路的接线比较合理，系统性强，也有规律，运行和维护人员也更容易掌握。

（六）国外进口电气设备二次回路图的特点

　　近年来我国电力系统大量引进了国外进口电气设备，由于其技术先进，设计合理，受到运行单位的欢迎。

　　进口电气设备二次回路图纸要求必须在有横竖坐标的图纸上进行绘制，以竖向布置画出各电气支路，而国内图纸普遍以横向布置画出各电气支路。如在图纸顶部横坐标为1-2-3-4……，在图纸左侧纵坐标为 A-B-C-D-E……，本页图纸编号在图纸右下侧，用ZZA/M1……表示。不在一张图纸上而相互连接的电气回路有特定的符号，标注其具体连接的页号与坐标位置。组成二次回路的设备由元件明细表说明其用途，其每个设备的各个部件绘制在哪种图纸哪个位置都有标注。有的公司在设计时，二次回路的原理图转换为安装接线图由专用的软件来完成，它的接线端子排不一定按自然序号排列，而是以程序设计排列的，在看图时要注意将原理图与端子排图一一核对。

　　例如，西门子公司的高压开关电器二次回路图包括元件布置图、控制原理图、元件明细表和接线端子图。元件布置图表明相关参数、一次设备布置及各二次元件在控制箱及操动机构箱中的位置。图纸中每一元件都有相应的标识及位置编号。如 Y1/ZM2，即在图纸 ZM2 中，对 Y1 有说明。

　　看图时首先要明确图纸中所标明的设备状态，预先了解设备状态，才能在后面图纸中清楚了解继电器、接触器、触点等设备的状态。

　　在控制原理图中，每对触点均可在原理图中找到相应元件，如在第一张原理图中有一对接触器触点，其标志为/M2.1，则可在第二张原理图的第一列中找到这个接触器。其元件均可在元件表中查到，每个元件下面有标志，如/ZM2，表示在第二张元件表。有时会出现几个R1，这时就需使用右下角的元件标志判定元件所处位置，如+TEA R1为隔离开关/接地开关操动机构箱中的加热电阻。

元件明细表中列出了控制原理图中所有元件型号参数及该元件在二次回路中相应的功能等，并与原理图一一对应。如一个接触器共有几对触头，其中每一对触头用于第几张控制原理图，每对触头下面均有标志。如=ZZA/M3.3表示这对触头用于第三张原理图的第三列。

接线端子图按不同的单元将端子分类，如X1为断路器引出接线端子，X11/X12/X13/X14为隔离开关/接地开关内部线过渡及引出接线端子，X15LA/LB/LC和X16A/LB/LC为电流互感器接线端子，X41（42）—X31（32）为断路器控制箱到其机构箱之间的连接电缆等。

四、二次回路图举例

二次回路图按不同的绘制方法，分为归总式原理图、展开图和安装图，这也是我国在电力生产中常采用的三种形式的工程图纸。相应的二次设备都用国家规定的统一图形符号和文字符号来表示，把这些图形符号相互连接，从而形成控制回路、继电保护回路、测量回路、信号回路、自动装置回路，以及交流电压和交流电流回路图。

（一）牵引变电所27.5 kV馈电线保护、测量及控制回路实例

图6.9是牵引变电所27.5 kV馈电线保护及测量回路的原理接线图实例。图中继电保护装

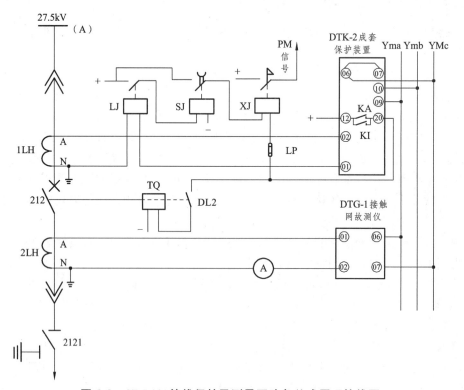

图6.9　27.5 kV馈线保护及测量回路归总式原理接线图

置的电路是通过电流互感器 1LH 与主电路的馈线联系起来的。27.5 kV 馈线的保护由成套保护装置和作为后备的电磁型过电流保护装置构成。成套保护装置由电流速断保护和阻抗保护组成，图中显示出电流继电器 LJ 和阻抗继电器 KI 的常开触点。电磁型过电流保护装置由电流继电器 LJ、时间继电器 SJ 和信号继电器 XJ 组成。TQ 是断路器的跳闸线圈，DL2 是断路器的辅助触点，LP 是连接片。

当靠近牵引变电所的接触网发生短路故障，且短路点位于电流速断保护区范围内时，由于短路电流超过电流速断保护的整定值而使该保护动作，馈线断路器跳闸。如短路点超出电流速度保护的保护范围，则由于馈线电流的增大和母线电压的降低，由阻抗保护测得的短路阻抗值下降，相角由负荷的相角变到短路的牵引网回路阻抗角，导致阻抗值和阻抗角落入整定值范围内，从而使之动作于断路器跳闸。

阻抗保护还可以作为电流速断保护的后备，当整个成套保护装置拒动时，则由电磁型过电流保护动作于断路器跳闸。它们之间的动作顺序（即选择性）是靠阶梯形的时限来保证的，即成套保护中的阻抗保护要比电流速断保护晚一个时限（Δt）动作，而电磁型过电流保护则又比阻抗保护晚一个时限（Δt）动作。在图 6.5 中，电磁型电流继电器 KA 启动后，因其触点闭合而启动时间继电器 KT，经过整定的时限后 KT 的延时闭合的常开触点闭合，这时断路器跳闸线圈 YT 的电源被接通，从而造成断路器跳闸；同时，由于跳闸线圈的电流通过信号继电器 KS 的线圈而使 KS 动作发出事故跳闸信号。如果成套保护装置动作正常，则电磁型保护的 KT 在尚未达到的整定时限之前，馈线断路器已由成套保护动作跳闸，从而因短路点被切除而使电磁型继电器 KA 返回，其触点断开亦使 KT 途中停止而返回。断路器跳闸后整套保护装置均恢复原状，为下次动作做好准备。

馈线的 2TA 是供给测量用的接触网故障点探测仪及电流表的电流互感器。

图 6.10 为牵引馈电线二次回路的展开图实例，是与图 6.9 的原理图相对应的展开图。

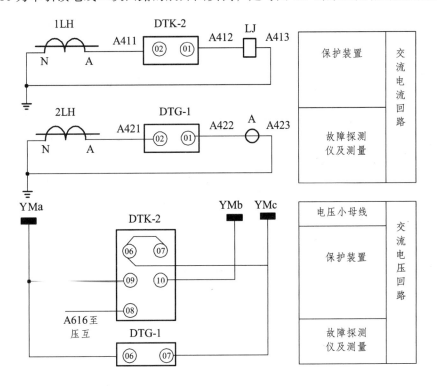

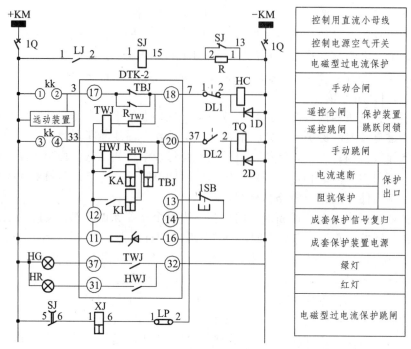

图 6.10 牵引馈电线二次回路展开图（交流电流、电压回路和控制回路）

其中包括交流电流回路展开图、交流电压回路展开图和断路器控制回路展开图。断路器控制回路采用直流电，直流操作电源由直流屏上直流馈线引出，构成正、负控制电源小母线 ±KM，经过电源小空开，所有回路分列于正、负电源之间。若电磁型过电流保护装置中的 LJ 动作后，其常开触点闭合接通 SJ 线圈，SJ 的瞬时常闭触点断开。在 SJ 动作过程中，回路通过电阻 R 而导通（因 SJ 启动电流大，启动后在电磁式时间继电器的钟表机构连动过程中则要求电流小），当 SJ 达到整定的时限后，其常开触点闭合，接通断路器跳闸线圈 TQ 的回路，使断路器跳闸。XJ 因跳闸线圈电流通过而动作后，在图 6.11 信号回路展开图中，XJ 的常开触点闭合，分别给出事故音响信号（3、8 触点）、掉牌未复归信号（2、7 触点）和该信号继电器动作的信号灯显示（10、5 触点）。

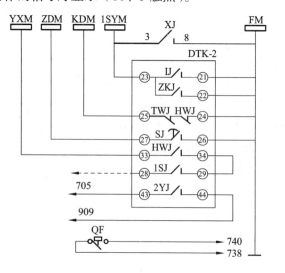

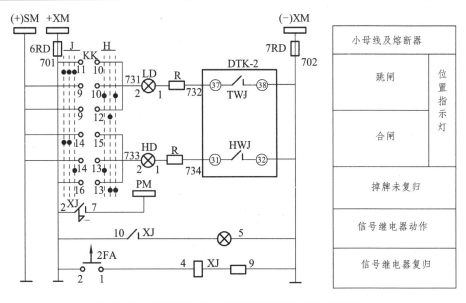

图 6.11　牵引馈电线二次回路展开图（信号回路）

作为实例，图 6.13 绘出了与图 6.10、图 6.11、图 6.12 相对应的与牵引馈电线电磁型过电流保护有关的保护屏端子排图的一部分。图 6.14 绘出了与图 6.10、图 6.11、图 6.12 及图 6.13 端子排图相对应的屏后接线图。

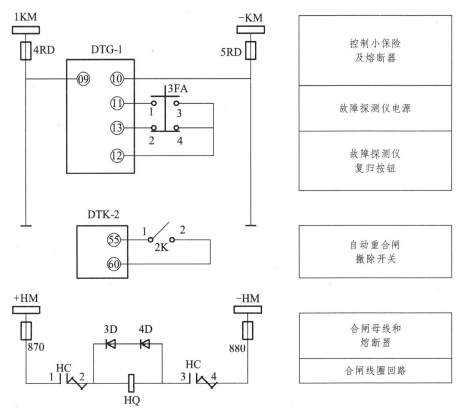

图 6.12　牵引馈电线二次回路展开图（其他回路）

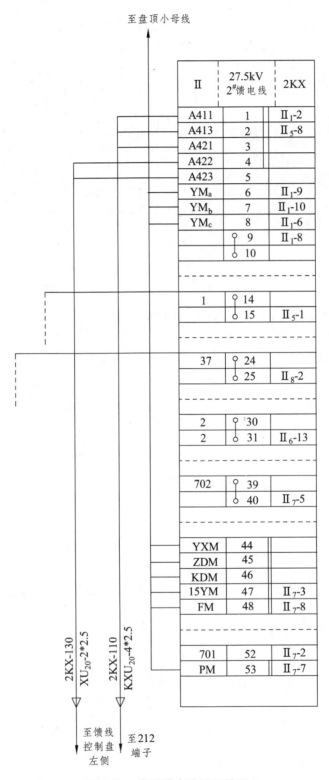

图 6.13　牵引馈电线端子排图

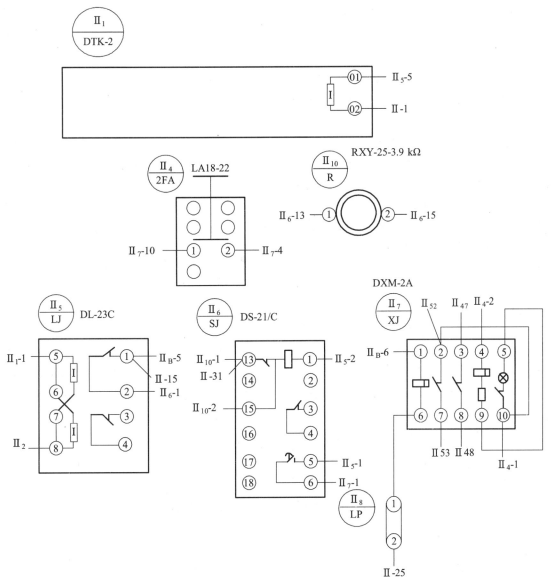

图 6.14　牵引馈电线屏后接线图

（二）识读二次展开图的要领

变电所的检修调试、运行维护和故障分析处理都离不开展开图，因此，从事变电运行相关工作的人员都要学会看展开图，并且熟练地掌握。当我们拿到一张比较复杂的展开图后，为了读懂展开图，可以按一下要领阅读。

（1）首先要了解各种控制电器和继电器的简单结构及动作原理。

若不清楚继电器、转换开关、形成开关等二次回路常见电器的动作原理，就不知道这些电器在什么情况下动作，动作时又有什么特点。

（2）展开图中各设备都有国家统一规定的标准图形符号和文字符号。

由于新旧符号在现场都有应用，所以既要了解现场广泛使用的以汉语拼音为代表的符号和标号，也要了解符合 IEC 标准的符号和标号。

（3）电路图上所示继电器触点和电气设备辅助触点的位置都是"正常状态"，即继电器线圈内没有电流，断路器没有动作时所处的状态。

因此，所谓常开触点是继电器在未通电时，其触点是断开的；所谓常闭触点是继电器在未通电时，其触点是闭合的。另外要注意有的触点具有延时性能，如时间继电器、DZS 型中间继电器，它们动作时其触点要经过一段时间（零点几秒到几秒）才闭合或断开，这种触点的符号与一般触点符号是有区别的。

（4）根据展开图右侧的文字说明，从上到下，一个回路一个回路地顺看通。

有时性质不同的回路是交错画在一起的，这就要跳过无关的回路，找到有关系的回路，在整张图中把与一个回路有关联的所有回路都找到。例如：合闸回路有手动合闸、自动重合闸或是备用电源自动投入合闸；跳闸回路有手动跳闸，还有保护装置动作自动跳闸。

（5）在看每个具体回路时，要先找到继电器线圈的启动回路，然后寻找该继电器的触点回路。

一个继电器往往有多对触点，所有与该继电器有关的触点回路都要找全，逐个回路找下去，逐个回路走通。

（6）对各个回路编号是为了便于了解各回路的用途和性质，便于读图。

编号方法遵循等电位原则，即连于同一电位的所有分支导线（包括接触连接的可拆卸线段）均标以相同的编号。同一条回路中的编号则以主要降压元件（如线圈、触点或电阻、电容、灯具等）为分界，由左向右标记不同的数字代号。在交流回路中，编连续增加的数字，并需在数字前加相别、序别；在直流回路中，编号从正极开始，依次编奇数顺序的数字，当改变了导线电位的极性后，才改换以偶数顺序的数字。

第三节　高压开关的控制回路

一、高压开关的控制方式和控制开关

在变电所中对断路器的跳、合闸控制是通过断路器的控制回路以及操动机构来实现的。控制回路是连接一次设备和二次设备的桥梁。通过控制回路可以实现二次设备对一次设备的操控，即实现低压设备对高压设备的控制。

断路器和隔离开关是变电所中最重要的开关设备。其作用是正常运行时接通和断开一次回路，改变一次设备和主系统的运行方式；在系统故障情况下能可靠地切断短路电流，保证主系统安全运行。

（一）断路器的控制方式

1. 按控制地点分类

（1）所内控制：被控制的断路器与主控制室之间一般都有几十米到几百米的距离，因此也称之为距离控制。在控制室的控制屏上用控制开关或按钮，通过控制电缆去接通在高压室或屋外配电场所中的断路器的合闸线圈（或分闸线圈），使断路器合闸（或分闸），从而实现对断路器的控制。

（2）就地控制：在开关柜上对断路器直接进行分、合闸操作（可手动或电动）。

（3）远方控制：也称遥控，是在电力调度端由电力调度通过计算机系统对断路器和隔离开关进行分、合闸操作。这种方式可实现变电所无人值班，有利于实现管理控制自动化。

2. 按控制电源的性质分类

（1）直流操作：一般采用蓄电池组和微机高频开关电源柜供电，用于大、中型变配电所。

（2）交流操作：一般采用所用变压器、电压互感器或电流互感器供电，常用于小型变配电所。

3. 按对断路器工作状态、控制电路完整性监视方式分类

（1）灯光监视控制回路。

（2）音响监视控制回路。

4. 按控制信号的传送过程分类

1）常规变电所的控制信号传递过程

由图 6.15 可以看出，断路器的控制操作，有下列几种情况：

① 主控制室所内操作：通过控制屏操作把手将操作命令传递到保护屏操作插件，再由保护屏操作插件传递到开关机构箱，驱动跳、合闸线圈。

② 就地操作：通过机构箱上的操作按钮进行就地操作。

③ 遥控操作：调度端发出遥控命令，通过通信设备、远动设备将操作信号传递至变电站远动屏，远动屏将空触点信号传递到保护屏，实现断路器的操作。

④ 开关本身保护设备、重合闸设备动作，发跳、合闸命令至操作插件，引起开关进行跳、合闸操作；母差等其他保护设备及自动装置动作，引起断路器跳闸。

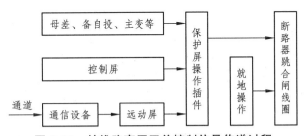

图 6.15　某线路高压开关控制信号传递过程

可以看出，前三项为人为操作，后一项为自动操作，因此断路器的操作据此可分为人为操作和自动操作。

根据操作时相对断路器距离的远近，可分为就地操作、所内操作、遥控操作。就地通过开关机构箱本身操作按钮进行的操作为就地操作。有些开关的保护设备装在开关柜上，相应的操作回路也在就地，这样通过保护设备上操作回路进行的操作也是就地操作。保护设备在主控室，在主控室进行的操作为所内操作。通过调度端进行的操作为遥控操作。

2）综合自动化自变电所的控制信号传递过程

图 6.16 所示为综合自动化自变电所的操作方式，与常规变电所相比，仅在所内操作和遥控操作时不同。

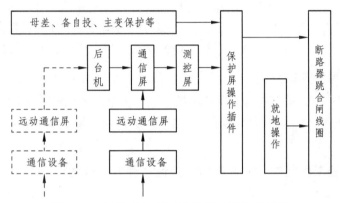

图 6.16　某线路高压开关控制信号传递过程

在主控室内进行所内操作，一般是通过后台机进行，操作命令传达到测控装置，启动测控装置跳、合闸继电器，跳、合闸信号传递到保护装置操作插件，启动操作插件手跳、手合继电器，手跳、手合继电器触点接通跳、合闸回路，启动断路器跳、合闸。当后台机死机或因其他原因不能操作时，可以在测控屏进行操作。

遥控操作由调度端发送操作命令，经通信设备发至站内远动通信屏，远动通信屏将命令转发至站内保护通信屏，然后保护通信屏将命令传输至测控屏，逐级向下传输。

需要指出，有些老式变电所的遥控命令是通过后台机进行传输的，如图中虚线所示，但由于后台机死机时，将不能进行遥控操作，因此，现在新式变电所的遥控通道不再经后台机，提高了遥控操作可靠性。

（二）对断路器控制回路的基本要求

通过以上分析，控制回路应具备以下功能：

（1）断路器可以用控制开关进行手动分闸和合闸，也可以由继电保护装置和自动装置进行自动分闸和合闸。并且当跳、合闸操作完成后，应能自动切断跳、合闸脉冲电流。操作机构的合闸线圈和分闸线圈都是按短时通过电流设计的，在手动（或自动）分、合闸操作完成后，应立即自动解除命令脉冲，断开分、合闸回路，避免线圈长时间带电而烧毁（由断路器辅助触点自动切断跳、合闸脉冲电流）。

（2）应具备防止断路器跳跃功能。此功能由防跳继电器实现。断路器应具有防止多次合、分闸闭锁措施。

（3）断路器的分、合闸回路应有灯光监视和音响监视，应能指示断路器的合闸与断路器的跳闸位置状态。主要设备有：跳闸位置继电器、合闸位置继电器、红绿灯。

（4）自动跳闸或合闸应有明显的信号。

保护屏操作箱上跳、合闸回路中串有信号继电器，用于指示保护动作、重合闸动作。

（5）断路器的控制回路应有短路保护和过负荷保护，同时还应具有监视控制回路中跳、合闸回路和操作电源的完整性的措施。

（6）开关压力异常时应能报信号，或者闭锁操作回路。保护屏操作箱中有开关压力监视继电器，实现闭锁操作功能。

（7）当隔离开关采用电动操作时，断路器与隔离开关控制电路中应设相应的闭锁措施，保证其联动操作顺序的正确性。

（三）控制开关

控制开关是运行值班人员进行直接操作发出控制命令，使断路器分闸或合闸，以改变设备运行状态的装置。控制开关的种类很多，牵引变电所中广泛采用 LW2-W/F6 型控制开关，如图 6.17 所示。

图 6.17　控制开关外形/触点状态表示图

控制开关手柄平时处于"零位置"。将控制开关手柄沿顺时针方向旋转 45°到"合闸"位置，SA_{1-3} 触点闭合，发出合闸命令脉冲。由于控制开关的合闸位是个不固定位置，当操作完毕后控制开关手柄在弹簧力的作用下，自动沿逆时针方向转 45°返回中间零位，SA_{1-3} 触点断开。分闸操作时，将控制开关手柄沿逆时针方向旋转 45°到"分闸"位置，SA_{2-4} 触点闭合，操作人员手松开后，控制开关自动恢复到中间零位，SA_{2-4} 触点断开。

为了看图方便，在展开图上将控制开关的 3 位置用 3 条虚线表示。中间的虚线表示"零位置"，左侧的虚线代表"分位置"，右侧的虚线代表"合位置"，并以小黑点"●"表示接通状态，即虚线上有黑点者表示开关转到此位置时该对触点接通，反之不接通。

二、电磁操动机构的断路器控制回路

在变电所的控制中，断路器的控制回路有多种形式，一般由分合闸回路、防跳跃回路、位置信号回路、事故跳闸音响信号回路等几部分组成。

图 6.18 是变电所中常用的 CD2 型电磁操作机构的断路器控制信号回路图。它由合闸回路、分闸回路、防跳跃回路、信号回路、事故音响信号回路组成。图中，+WC、−WC 为控制电源小母线，+WO、-WO 为合闸电源小母线。因合闸电流较大（几十安到数百安），所以与控制电源分开，设置专用的大容量合闸电源。+WF 为闪光电源小母线，+WAS 为事故音响小母线，+WS、−WS 为信号电源小母线。

图中，YC 是断路器的合闸线圈，YT 是断路器的分闸线圈。QF_1 和 QF_2 是断路器的辅助触点。QF_2 是动合触点，其通断状态与断路器的主触头一致，即断路器在合闸位置时它是接通的，在分闸位置时它是断开的。QF_1 是常闭触点，其通断状态与断路器的主触头相反。KMC是合闸接触器。1FU、2FU、3FU、4FU、5FU 和 6FU 是熔断器，起短路和过负荷保护作用。1SA、2SA 是控制开关。$1SA_{2-1}$ 接通表示断路器的控制操作在变电所进行，$1SA_{2-3}$ 接通表示断路器的控制操作在电力调度进行。KLA 是自动重合闸装置的闭锁合闸继电器。KML 是防跳继电器，它是一个双线圈中间继电器，电流线圈串联在分闸回路，电压保持线圈并联在合闸接触器线圈回路中。KTP 和 KCP 是高阻抗的分、合闸位置继电器。KC 是手动合闸继电器。KO 是手动分闸继电器。HLR 是红灯，灯亮表示断路器在合闸状态；HLG 是绿灯，灯亮表示断路器在分闸状态。

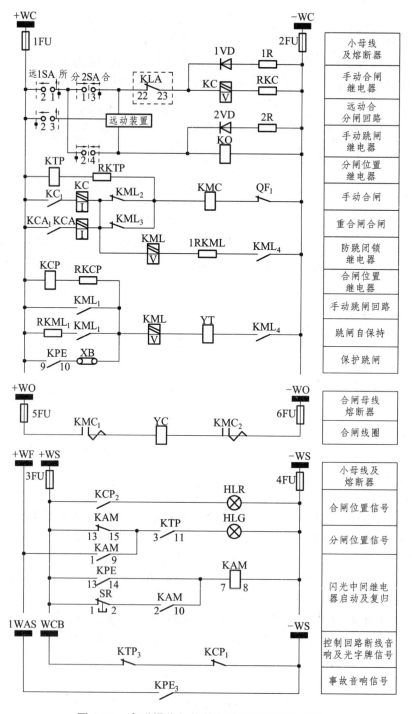

图 6.18　电磁操作机构的断路器控制信号回路

（一）控制回路原理

1. 合闸回路

（1）此时断路器处于分闸状态，控制开关 2SA 手柄在中间位，断路器常开辅助触点 QF_2 断开，常闭触点 QF_1 闭合，使+WC—1FU—KTP 线圈—RKTP—KMC 线圈—QF1—2FU——WC 电路接通。

由于分闸位置继电器 KTP 阻抗大，合闸接触器 KMC 电阻小，经分压使得 KMC 线圈两端电压较低，不足以使合闸接触器动作，故断路器不能合闸。但分闸位置继电器 KTP 线圈两端的电压较高，所以 KTP 受电动作，其常开触点 KTP_{3-11} 闭合；同时，由于馈线无故障，中间继电器 KAM 不受电，其常闭触点 KAM_{13-15} 闭合，使+WS—3FU—KAM_{13-15}—KTP_{3-11}—HLG—4FU——WS 电路接通。

绿色信号灯 HLG 亮，指示断路器在分闸位置。

（2）正常情况下，馈线上无故障，所以防跳继电器 KML 和闭锁合闸继电器 KLA 均处于正常状态，常开触点 KML_1、KML_4 断开，常闭触点 KML_2、KML_3 闭合，常闭触点 KLA_{22-23} 闭合。

（3）手动操作合闸。所内操作时，转换开关 1SA 处于"所内"位，$1SA_{2-1}$ 闭合，将控制开关 2SA 转至"合闸"位时，发出合闸操作命令脉冲，使+WC—1FU—$1SA_{2-1}$—$2SA_{1-3}$—KLA_{22-23}—KC 电压线圈—RKC—2FU——WC 电路接通。

手动合闸继电器 KC 电压线圈受电，常开触点 KC_1 闭合，使+WC—1FU—KC_1—KC 电流线圈—KML_2 和 KML_3—KMC 线圈—QF_1—2FU–WC 电路接通。

手动合闸继电器 KC 电流线圈受电，使常开触点 KC_1 一直闭合，对合闸电源进行自保持。由于手动合闸继电器 KC 电流线圈电阻较小，直流母线电压几乎全部加到接触器 KMC 的线圈上，KMC 受电动作，其常开触点闭合，使+WO—5FU—KMC_1—YC 线圈—KMC_2—6FU——WO 电路接通。

合闸线圈 YC 受电，操作机构驱使断路器合闸。断路器合闸完毕，常闭辅助触点 QF_1 断开，常开辅助触点 QF_2 闭合，使+WC—1FU—KCP 线圈—RKCP—KML 电流线圈—YT 线圈—QF_2—2FU——WC 电路接通。

由于合闸位置继电器 KCP 阻抗大，分闸线圈 YT、防跳继电器 KML 电流线圈阻抗小，使得分闸线圈承受的电压小于动作最小允许值，故断路器不分闸。而合闸位置继电器 KCP 受电动作，其常开触点 KCP_2 闭合，使+WS—3FU—KCP_2—HLR—4FU——WS 电路接通。

红色信号灯 HLR 亮，指示断路器处于合闸位置。

（4）断路器常闭辅助触点 QF_1 断开后，分闸位置继电器失电，各相应触点返回，绿灯熄灭，同时合闸接触器 KMC 失电，其触头断开合闸线圈回路，达到了命令脉冲自动解除的要求。

合闸操作结束后，红灯继续亮平光。

2. 分闸回路

（1）将控制开关 2SA 转至"分闸"位时，发出分闸操作命令脉冲，使+WC—1FU—$1SA_{2-1}$—$2SA_{2-4}$—KLA_{22-23}—KO 线圈—2FU——WC 电路接通。

手动分闸继电器 KO 电压线圈受电，常开触点 KO_1 闭合，使+WC—1FU—KO_1—KML 电流线圈—YT 线圈—QF_2—2FU－WC 电路接通。

防跳继电器 KML 电流线圈受电，其常开触点 KML_1 闭合，通过 $RKML_1$ 对 YT 线圈进行分闸电源自保持。由于防跳继电器 KML 电流线圈电阻较小，直流母线电压几乎全部加到分闸线圈 YT 上，YT 受电动作，操作机构使断路器分闸。

（2）断路器分闸后，其常开辅助触点 QF_2 断开，常闭辅助触点 QF_1 闭合，使+WC—1FU—KTP 线圈—RKTP—KMC 线圈—QF_1—2FU——WC 电路接通。

由于分闸位置继电器 KTP 阻抗大，使得合闸接触器 KMC 线圈承受的电压小于动作最小允许值，故断路器不合闸。而分闸位置继电器 KTP 受电动作，其常开触点 KTP_{3-11} 闭合，使+WS—3FU—KAM_{13-15}—KTP_{3-11}—HLG—4FU——WS 电路接通。

绿色信号灯 HLG 亮，指示断路器处于分闸位置。

断路器常闭辅助触点 QF_2 断开后，合闸位置继电器失电，各相应触点返回，红灯熄灭，同时合闸分闸线圈 YT 失电，达到了命令脉冲自动解除的要求。

分闸操作结束后，绿灯继续亮平光。

3. 事故自动分闸回路

当一次电路发生短路故障时，相应的继电保护装置动作，保护出口继电器的常开触点 KPE_{9-10} 闭合，使+WC—1FU—KPE_{9-10}—XB—KML 电流线圈—YT 线圈—QF_2—2FU－WC 电路接通。

断路器自动分闸并发出相应的事故信号。断路器事故分闸后，继电保护装置中的自动重合闸装置动作，自动重合闸中的 KCA_1 触点闭合，使+WC—1FU—KCA_1—KCA 电流线圈—KML_2 和 KML_3—KMC 线圈—QF_1—2FU－WC　电路接通。

KCA 电流线圈受电，KCA_1 自保持在动作状态。KMC 受电，断路器合闸。同时，保护装置中闭锁合闸继电器 KLA 受电动作，其常闭触点 KLA_{22-23} 断开，闭锁断路器人工合闸回路。延时 3 min 以后，KLA_{22-23} 触点返回闭合，断路器才能进行正常的合闸操作。

4. 事故信号

断路器事故分闸信号分为音响信号和灯光信号。音响信号利用蜂鸣器发出声音，但不指明哪台断路器跳闸，仅起提醒作用；灯光信号是利用断路器位置指示灯发出闪光信号，具体指明事故跳闸的断路器。

（1）闪光信号启动回路。

当保护动作于分闸时，保护出口继电器 KPE_{13-14} 触点闭合，使+WS—3FU—KPE_{13-14}—KAM 线圈—4FU——WS 电路接通。

中间继电器 KAM 受电动作，其常闭触点 KAM_{13-15} 打开，常开触点 KAM_{1-9}、KAM_{2-10} 闭合。断路器自动跳闸后，分闸位置继电器受电动作，常开触点 KTP_{3-11} 闭合，使 WF—KAM_{1-9}—KTP_{3-11}—HLG—4FU——WS 电路接通。

发出绿灯闪光信号，指示断路器事故跳闸。

闪光复归按钮 SR 不受外力时，常闭触点 SR_{1-2} 闭合，使+WS—3FU—SR_{1-2}—KAM_{2-10}—KAM 线圈—4FU— – WS 电路接通。

对中间继电器 KAM 电源进行自保持，使闪光继电器一直受电，绿灯不停发出闪光信号。若要解除闪光信号，运行人员只需按下闪光复归按钮 SR，SR_{1-2} 断开，KAM 失电，即可解除闪光信号。

（2）音响信号启动。

当保护动作于分闸时，保护出口继电器的触点 KPE_3 闭合，使事故音响小母线 1WAS 与 – WS 接通，发出音响信号。

5. 熔断器监视

只要 HLG 或 HLR 有一个亮，则表示熔断器是完好的。

6. 电气防跳回路

操作过程中，断路器在短时间内反复出现分、合闸的情况，称为断路器的"跳跃"。多次频繁跳跃不仅会使断路器损坏，而且还将扩大事故范围。因此，必须采取防跳措施。通常在控制回路中设置电气防跳措施。

断路器的跳跃现象一般发生在输电线路上或电气设备处于永久性短路故障而且合闸回路断不开的情况下。当断路器合闸送电至故障线路后，继电保护动作使断路器跳闸。若控制开关仍在合位而未转换或 KC_1 触点和重合闸出口点 KCA 发生故障未断开而处于接通状态时，断路器将再次合闸，保护又将使断路器跳闸……，如此反复分、合动作，即发生跳跃现象。

在电路中设置防跳继电器 KML 的目的是实现电气防跳。当断路器合闸于永久性故障点时，保护出口继电器 KPE 常开触点 KPE_{9-10} 闭合，使断路器跳闸。同时跳闸回路电流也经过防跳继电器 KML 的电流线圈，使 KML 受电动作，其常闭触点 KML_2、KML_3 断开，切断合闸回路；常开触点 KML_4 闭合，若此时 KC_1 或触点仍在接通状态时，使+WC—1FU—KC_1—KC 电流线圈—KML 电压线圈—1RKML—KML_4—2FU— – WC 电路接通。

防跳继电器自保持在动作状态。常闭触点 KML_2、KML_3 始终断开，切断合闸回路，避免了断路器再次合闸，从而起到了防止断路器跳跃的作用。只有当合闸脉冲消除后（如 KC_1 触点断开），防跳继电器电压线圈断电返回，电路才能恢复合闸功能。

事故分闸时，防跳继电器启动，若此时合闸回路正常，KCA_1 和 KC_1 触点处于断开状态，防跳继电器因电压线圈回路不通而不能自保持。断路器分闸完毕后防跳继电器即返回，常闭触点 KML_2、KML_3 闭合，为合闸回路做好准备。

保护分闸的同时启动重合闸装置，但由于断路器自动重合闸为延时动作，且延时时间大于断路器的分闸时间，当断路器刚分闸完毕时，自动重合闸的出口回路尚未接通。当自动重合闸出口回路接通时，防跳继电器已返回，做好了合闸回路的接通准备。故防跳设施不影响自动重合闸的正常工作。

当手动合闸于短路故障点时，防跳设施动作并有可能保持，但此时重合闸不动作，所以防跳与重合闸工作不矛盾。

三、应用弹簧储能操作机构的断路器控制信号回路

（一）ZN$_T$-1 弹簧储能操作机构的断路器控制信号回路

图 6.19 是变电所中常用的弹簧储能操作机构的断路器控制信号回路图。该电路采用双灯制音响监视控制方式。由于合闸电流小，一般为 5 A，合闸线圈直接串接于合闸回路中，省去了合闸接触器线圈回路，所以采用弹簧储能操作机构的断路器所配备的蓄电池容量小。

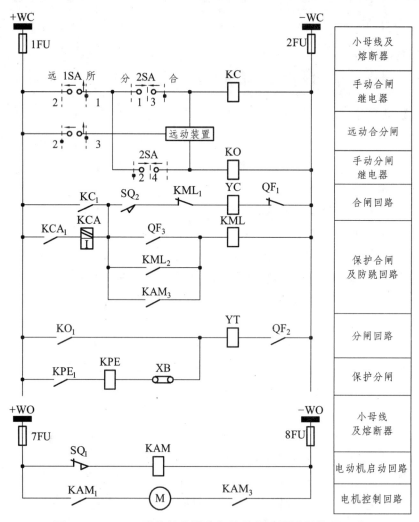

图 6.19　ZNT-1 弹簧储能操作机构的断路器控制信号回路

ZN$_T$-1 型断路器的操作机构正常工作时，分、合闸弹簧都处于压缩储能状态，限位开关 SQ$_2$ 闭合。而限位开关 SQ$_1$ 处于断开位置，中间继电器 KAM 不受电，其常开接点 KAM$_1$、KAM$_2$ 断开，储能电机不受电运转。断路器合闸操作时，合闸弹簧释放能量，断路器合闸到位后，限位开关 SQ$_1$ 闭合，中间继电器 KAM 线圈受电，其常开接点闭合，储能电机受电运转，当合闸弹簧储能到位后，SQ$_1$ 断开、储能电机停转。

储能回路与合闸回路之间经限位开关 SQ$_2$ 及中间继电器 KAM 实现电气闭锁。

当合闸弹簧未储能时，限位开关 SQ_2 断开，合闸线圈 YC 不能受电，断路器不能进行合闸操作。

若储能电机正在运转储能（即未储能到位）时，中间继电器的常开接点 KAM_3 闭合。此时，若人工合闸，合闸继电器的常开接点 KC_1 闭合，使 +WC—1FU—KC_1—KAM_3—KML 线圈—2FU— – WC 电路接通。

防跳继电器 KML 受电动作，常开接点 KML_2 闭合，对 KML 进行电源自保持。常闭接点 KML_1 断开，闭锁合闸回路，断路器不能进行合闸操作。

断路器合闸操作完成后，其辅助联动接点 QF_3 闭合，若 KC1 或 KCA_1 仍在接通状态，使 +WC—1FU—KC_1—QF_3—KML—2FU— – WC 电路接通。

防跳继电器 KML 受电动作，常开接点 KML_2 闭合，防跳继电器自保持在动作状态。其常闭接点 KML_1 断开，切断合闸回路，避免了断路器再次合闸，从而起到了防止断路器跳跃的作用。只有当合闸脉冲消除后（如 KC_1 接点断开），防跳继电器线圈断电返回，电路才能恢复合闸功能。

（二）应用弹簧储能操作机构的 110 kV SF_6 断路器控制信号回路

110 kV 电压等级中最常用的户外高压开关电器设备是 SF_6 断路器。三相交流高压 SF_6 断路器广泛应用于 110 kV 电压等级，采用自能灭弧结构，每极为单柱单断口，每台断路器由三个单极组成，三极同装在一个框架上，配用一台 CT20-1XP 型弹簧操动机构进行三极机械联动操作，具有一定的代表性。本书选用西高电气公司生产的 LW25-126 型 SF_6 绝缘弹簧机构断路器为例，介绍断路器的控制回路。其二次回路设备如表 6.6 所示。

弹簧操动机构利用已储能的弹簧为动力，来实现断路器的分合闸操作。由于不需要专门的操作电源，储能电机功率小，交直流两用，使用方便等优势，伴随着自能式灭弧技术的实现，减少了断路器所需操作功，弹簧操动机构被广泛应用于高压断路器。

LW25-126 型断路器控制回路及电机控制回路：

1）就地合闸回路

合上控制回路电源空气开关 8D，将方式选择开关 43LR 打至就地位置，方式选择开关 43LR 的 23、24 触点接通，合闸回路处于准备状态，按下合闸按钮 11-52C 即可合闸。

以下回路接通：

+KM—8D 的 1、2 触点—合闸按钮 11-52C 的 13、14 触点—方式选择开关 43LR 的 23、24 触点（闭合）—88M 的 21、22 触点（合闸弹簧已储能，限位开关 33hb 断开，88M 失磁，触点 21、22 闭合）—49MX 的 31、32 触点（闭合）—33HBX 的 31、32 触点（33HBX 失磁，触点 31、32 闭合）—断路器常闭触点 52b/1、52b/2（闭合）—跳闸线圈 52C—SF_6 低压闭锁继电器 63GLX 的 31、32 触点（63GLX 失磁，触点 31、32 闭合）—8D 的 3、4 触点— – KM。

合闸线圈 52C 接通，断路器机构合闸。

合闸回路由 11-52C、52Y 常闭触点、88M 常闭触点、49MX 常闭触点、33HBX 常闭触点、52b 常闭触点、52C、63GLX 常闭触点组成。需要满足以下条件：

表 6.6 应用弹簧操动机构的断路器二次回路设备表

符号	名称	备注
8D	就地直流电源自动开关	
R1、R2	电阻	
43LR	远方就地切换开关	
52a/1，52a/2	辅助开关	常开接点
52b/1，52b/2	辅助开关	常闭接点
63GL	SF_6 低气压闭锁接点	压力降低时，其接点闭合
63GLX	SF_6 低气压闭锁继电器	压力降低时，通电，常闭接点打开
33hb	合闸弹簧限位开关	弹簧未储能时，其接点闭合
33HBX	合闸弹簧状态监视辅助继电器	弹簧未储能时，通电，其常闭接点打开
52T	分闸线圈	
52C	合闸线圈	
11-52T	手动分闸操作按钮	
11-52C	手动合闸操作按钮	
52Y	防跳辅助继电器	
8M	电机控制自动开关	储能电机电源投入开关
88M	直流接触器	动作后接通电机电源
49M	电机热继电器	
49MX	辅助继电器	反映电机过流、过热故障
48T	电机时间继电器	

① 52Y 常闭触点闭合。

② 88M 常闭触点闭合。

③ 49MX 常闭触点闭合。

④ 33HBX 常闭触点闭合。

⑤ 断路器的动断辅助触点 52b 闭合。

断路器的辅助触点用于反映断路器的分、合闸位置，根据需要接入测控装置或保护及自动装置。电机电源一般取自直流合闸母线网络。照明与加热电源取自交流自用电网络。断路器的动断辅助触点 52b 闭合表示的是断路器处于分闸状态。从图 6.20 中可以看出，有两个 52b 的常闭触点串联接入了合闸回路，这和传统控制回路图纸中的一个常闭触点的画法是不一致的。这是因为，断路器的辅助触点和断路器的状态在理论上是完全对应的，但是在实际运行中，由于机件锈蚀等原因都可能造成断路器变位后辅助触点变位失败的情况。将两对辅助触点串联使用，可以确保断路器处于这种触点所对应的状态。

将断路器动断辅助触点 52b 串入合闸回路的目的在于，保证断路器此时处于分闸状态，更重要的是，52b 用于在合闸操作完成后切断合闸回路。

⑥ 63GLX 的常闭触点闭合。

63GLX 是一个中间继电器，它是由监视 SF_6 密度的气体继电器 63GL 的常闭触点启动的。由于泄漏等原因都会造成断路器内 SF_6 的密度降低，无法满足灭弧的需要，这时就要禁止对断路器进行操作以免发生事故，通常称为 SF₆低气压闭锁操作。63GLX 启动后，其常闭触点打开，合闸回路及跳闸回路均被断开，断路器即被闭锁操作。

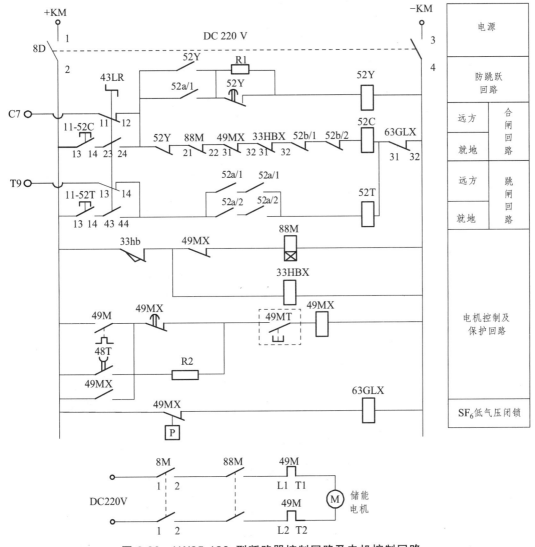

图 6.20 LW25-126 型断路器控制回路及电机控制回路

与前面几对闭锁触点不同的是，63GLX 闭锁的不仅仅是合闸回路。从图 6.16 中，我们可以明显地看出，这对触点闭锁的是合闸及跳闸两个回路，所以它的意义是闭锁操作。

将 63GLX 的常闭触点串入操作回路的目的在于，防止在 SF₆ 密度降低不足以安全灭弧的情况下进行操作而造成断路器损毁。

在满足以上六个条件后，断路器的合闸回路即处于准备状态，可以在接到合闸指令后完成合闸操作。

2）就地分闸回路

合上控制回路电源空气开关 8D，将方式选择开关 43LR 打至就地位置，43LR 的 23、24

触点接通，按下分闸按钮 11-52T，以下回路接通：

　　+KM—8D 的 1、2 触点—分闸按钮 11-52T 的 13、14 触点（闭合）—方式选择开关 43LR 的 43、44 触点（闭合）—断路器常开触点 52a/1 与断路器常开触点 52a/2—跳闸线圈 52T—SF$_6$ 低压闭锁继电器 63GLX 的 31、32 触点（63GLX 失磁，触点 31、32 闭合）—8D 的 3、4 触点——KM。

　　跳闸线圈 52T 接通，断路器机构跳闸。

　　跳闸回路由跳闸按钮 11-52T、52a 常开触点、52T 和 63GLX 常闭触点组成。跳闸回路处于准备状态（按下 11-52T 即可成功跳闸）时，断路器需要满足以下条件：

　　① 断路器的动合辅助触点 52a 闭合。

　　断路器的动合辅助触点 52a 闭合表示的是 "断路器处于合闸状态"。从图 6.16 中可以看出，跳闸回路使用了 52a 的四对常开触点。每两对常开触点串联，然后再将它们并联，这样既保证了辅助触点与断路器位置的对应关系，又减少了辅助触点故障对断路器跳闸造成影响的概率。将断路器动合辅助触点 52a 串入跳闸回路是为了保证断路器处于合闸状态，更重要的是，52a 用于在跳闸操作完成后切断跳闸回路。

　　② 63GLX 的常闭触点闭合。

　　3）远方分闸、合闸回路

　　将方式选择开关 43LR 打至远方位置，则 43LR 的 11、12 触点和 31、32 触点接通，远方分、合闸控制信号分别加在 C7、T9 上，远方分、合闸回路动作与就地分、合闸回路的动作过程相同。

　　对断路器而言，远方合闸是指一切通过微机操作回路插件发来的合闸指令，它包括微机线路保护重合闸、自动装置合闸、使用微机测控屏上的操作把手合闸、使用综合自动化系统后台软件合闸、使用远动功能在集控中心合闸等，这些指令都是通过微机操作回路插件的合闸回路传送到断路器机构箱内的合闸回路的。

　　这些合闸指令是一个高电平的电信号，也可以简单地认为它就是直流正电源。当 43LR 处于远方状态时，它通过 43LR 以及断路器机构箱内的合闸回路与负电源形成回路，启动 52C 完成合闸操作。

　　4）断路器防跳回路

　　防跳回路是为了防止在手合断路器于故障线路且发生手合开关触点粘连的情况下，由于 "线路保护动作跳闸" 与 "手合开关触点粘连" 同时发生，造成断路器在跳闸动作与合闸动作之间发生跳跃的情况。

　　断路器合闸后，合闸触点（远方或就地合闸触点）粘连，当保护装置动作时，保护动作跳闸 "命令" 与合闸触点粘连所致的合闸 "命令" 同时存在，导致断路器反复跳闸、合闸的跳跃现象。若未设备防跳回路，当断路器远方合闸或手动合闸后，由于合闸触点粘连未打开，此时若被保护设备发生故障时，保护动作，断路器跳闸；合闸回路又被接通，断路器再次合闸于故障线路，保护装置动作，断路器跳闸，如此反复。设置防跳回路后，若合闸触点粘连未打开，则防跳回路通过粘连的触点启动防跳继电器，其常闭触点打开，切断合闸回路，防止断路器出现反复跳闸、合闸现象。

断路器操作机构箱和保护装置的操作回路中都设置有防跳回路，一般只应用保护装置操作回路中的防跳回路，而把断路器操作机构箱中的防跳回路断开。

52Y 是防跳继电器。传统防跳回路起作用是由跳闸开始的，即跳闸这个动作启动了防跳回路，在合闸于故障线路且合闸触点粘连的情况下，断路器跳闸后就不可能进行第二次合闸操作；在合闸于故障线路而合闸触点不粘连的情况下，由于电压线圈未启动，所以防跳回路并没有被完整的启动，实际上无法形成对合闸操作的闭锁；但由于合闸触点未粘连，所以在值班人员再次发出合闸命令前，断路器也不会进行第二次合闸操作；在合闸于正常线路且合闸触点不粘连的情况下，防跳回路完全不启动。

断路器机构箱防跳回路由合闸动作启动，只要粘连就启动，与线路状态无关。所以 52Y 的动作原理与传统防跳继电器有些不同：将 52Y 的常闭触点串入合闸回路的目的在于可以在手合断路器后且发生手合开关触点粘连的情况下，断开断路器的合闸回路。

5）电机控制回路

电动机回路包括电动机控制回路和电动机电源回路。电动机控制回路由合闸弹簧限位开关 33hb 的动断触点和电动机接触器 88M 组成。88M 是由合闸弹簧限位开关 33hb 的常闭触点启动的。合闸弹簧释放后，33hb 动断触点闭合启动 88M，而后 88M 启动电动机开始运转给合闸弹簧储能。

电动机的直流 220 V 电源取自开关端子箱，合上电机电源空气开关 8M 即可。若合闸弹簧未储能，则限位开关 33hb 触点 C、NC 接通。

断路器机构内有两条弹簧，分别是合闸弹簧与跳闸弹簧。合闸弹簧依靠电机牵引进行储能（压缩），跳闸弹簧依靠合闸弹簧释放（张开）时的势能储能。断路器的合闸操作是通过合闸弹簧势能释放带动相关机械部件完成的。断路器合闸结束后，合闸弹簧失去势能，即合闸弹簧处于未储能状态，合闸弹簧限位开关 33hb 常闭触点闭合自动启动电机回路进行储能。即 88M 常开触点闭合接通电机电源使电机运转给合闸弹簧储能。同时，88M 常闭触点打开从而断开合闸回路，实现闭锁功能。电机转动将合闸弹簧压缩到一定程度后停止运转，储能完成，合闸弹簧由定位销卡死。即 33hb 常闭触点打开使 88M 失电，88M 常开触点打开从而断开电动机电源使其停止运转，同时，88M 常闭触点闭合，解除对合闸回路的闭锁。在下一次合闸弹簧释放前，电动机均不再运转。88M 常闭触点闭合表示电动机停止运转。

电动机在断路器合闸后开始再次运转储能。储能完成后，在第二次合闸前，合闸弹簧一直处于已储能状态，与断路器在此期间是否跳闸无关。如此即可保证在断路器合闸后，即使断路器机构在再次储能完成后失去电动机电源，仍然可以在断路器跳闸后进行一次合闸操作。例如 110 kV 线路在故障跳闸后的重合闸操作所需的能量，是在断路器第一次合闸后就开始储备并留存待用的，而不是在跳闸后才开始储备的。

在排除电机故障的情况下，电动机停止运转在一定程度上表示合闸弹簧已储能。将 88M 的常闭触点串入合闸回路的目的在于，防止在弹簧正在储能的那段时间内（此时弹簧尚未完全储能）进行合闸操作。合闸弹簧释放（即合闸动作完成）后，将自动启动电动机进行储能。

如果电动机存在故障，则合闸弹簧就不能正常储能，从而导致无法进行下一次合闸操作。在实际运行时，手合断路器成功后，如果电机故障造成合闸弹簧储能失败而断路器继续运行，则在发生故障时，断路器重合必然失败。例如手动合闸 110 kV 线路断路器成功后，如果电动机故障造成合闸弹簧储能失败而断路器继续运行，则在线路发生故障时，重合闸必然失败。

49MX 是一个中间继电器，是由电动机过流继电器 49M 或电动机超时继电器 48T 启动的，概括地说，它代表的是电动机故障。在电动机发生故障后，49M 或 48T 通过 49MX 的常闭触点启动 49MX，而后 49MX 通过自身常开触点及电阻 R2 实现自保持。同时，49MX 常闭触点打开从而断开合闸回路，实现闭锁功能。49MX 常闭触点闭合表示电动机正常。从图 6.16 中可以看出，在 49MX 的自保持回路接通以后，存在无法复归的问题。即使电动机故障已经排除，49M 和 48T 已经复归，49MX 仍然处于动作状态。所以在 49MX 的自保持回路中串接了一个复归按钮（如图 6.16 中虚线框内的 49MT），解决了这个问题。49MX 的常闭触点串入合闸回路的目的在于防止将合闸弹簧已储能但储能电动机已经发生故障的断路器合闸。

33HBX 是一个中间继电器，它是由合闸弹簧限位开关 33hb 的常闭触点启动的。33hb 常闭触点闭合表示的是合闸弹簧未储能，它同时启动电动机接触器 88M 和合闸弹簧未储能继电器 33HBX，88M 的常开触点接通电机电源回路进行储能，33HBX 的常闭触点打开从而断开合闸回路，实现闭锁功能。33HBX 的常闭触点闭合表示的是合闸弹簧已储能。将 33HBX 的常闭触点串入合闸回路是为了防止在弹簧未储能时进行合闸操作，若无此常闭触点断开合闸回路，则会由于合闸保持继电器的作用导致合闸线圈 52C 持续通电而被烧毁。

6）信号回路和加热器回路

所谓信号回路实际均是无源接点，可接入光字牌报警系统或微机测控装置，主要包括：SF$_6$ 压力降低报警、SF$_6$ 压力降低闭锁操作、电动机故障、合闸弹簧未储能等。

加热器回路由温湿度控制器 KT 自动控制。当断路器机构箱内温度偏低、湿度偏高时，KT 的动合触点闭合启动加热器，对断路器机构箱进行加热、除潮，避免环境原因对断路器机构运行造成影响。

四、应用液压操作机构的断路器控制信号回路

牵引变电所中 110 kV 断路器电磁操动机构的合闸功率很大，如 CD$_5$ 型电磁操动机构，直流电压为 220 V 时合闸电流可达 235 A。如此大的直流冲击负荷对无大功率蓄电池组的直流系统无疑是个沉重的负担，特别是全所停电后的复送电操作，受到较大影响。由于 SW6-110 断路器所配的 CY3 型液压操动机构合闸功率小，其合闸电流仅为 2.5 A（220 V），改善了直流系统的工作条件。

1. 110 kV 断路器的合闸条件

图 6.21 为 110 kV 液压操动机构断路器的主接线图，采用双 T 接线，跨条上有 2 组隔离开关，其中 1001 为手动操作机构，1002 为电动操动机构。101、102 分别是变压器一次侧的断路器，1011、1021 为进线侧隔离开关。

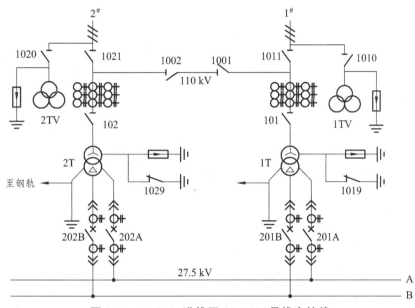

图 6.21　110 kV 进线至 27.5 kV 母线主接线

　　图 6.22 为 110 kV 液压操动机构断路器的控制信号电路。这种电路与 27.5 kV 断路器的控制、信号回路的区别是：合闸线圈的得电受电气联锁、闭锁制约因素多，只有在闭锁、联锁条件满足合闸要求时，断路器才能进行正常合闸；合闸线圈直接接入控制回路中，并在控制回路中增设了一套液压闭锁、油压信号装置和油泵电机启动回路。

　　（1）110 kV 进线电压正常，否则断路器合闸没有意义。$1^{\#}$110 kV 侧进线电压正常，隔离开关 1011 在合位。即 $1^{\#}$进线电压检测继电器 1KU 和 1011 合闸位置继电器 5KCP 受电动作，$1KU_{3-11}$、$5KCP_{1-9}$ 闭合。或者 $2^{\#}$进线电压正常，1021、1002 在合位（1001 为手动隔离开关，平时一直处于合位）。即 $2^{\#}$进线电压检测继电器 2KU、1002 合闸位置继电器 7KCP 和 1021 合闸位置继电器 6KCP 受电动作，$2KU_{4-12}$、$7KCP_{3-11}$、$6KCP_{2-10}$ 闭合。

　　（2）根据高压开关"先合电源侧，后合负荷侧"的倒闸操作原则，断路器 101 合闸操作前，主变压器二次侧断路器 201A、201B 应在分位。即合闸位置继电器 2KCP、3KCP 失电，其常闭接点 $2KCP_{14-16}$、$3KCP_{14-16}$ 闭合。

　　（3）变压器、断路器本体正常。即 101 不是因为变压器内部故障跳闸，也不是因为断路器油压（气压）过低而跳闸。因此闭锁继电器 KLA 不受电，KLA_{9-11} 闭合。

　　当变压器本体发生内部重故障（如差动、重瓦斯保护动作）时，保护装置动作，变压器内部故障闭锁继电器 1KLA（在变压器保护回路中）受电，$1KLA_{1-9}$ 闭合，闭锁继电器 KLA 的线圈 7-8 受电，KLA_{9-11} 打开，断路器不能进行合闸操作。在查明故障原因之前，禁止按动闭锁解除按钮 3SR。在查明故障原因并排除故障之后，方可按下闭锁解除按钮 3SR，使闭锁继电器线圈 KLA_{17-18} 受电动作（KLA 是双线圈双位继电器，线圈 7-8 为启动线圈，线圈 17-18 为复归线圈），KLA_{9-11} 闭合，断路器恢复正常的合闸操作。

　　当断路器本体发生重故障时，如油压系统的油压力过低，会对操作产生不良影响，合闸时会因功率不够而造成慢合现象，这是绝对不允许的。因此，断路器本体发生重故障时，断路器内部故障闭锁继电器 2KLA 受电动作，$2KLA_{1-9}$ 闭合，闭锁继电器 KLA 的线圈 7-8 受电，闭锁继电器接点 KLA_{9-11} 断开，闭锁断路器合闸回路。

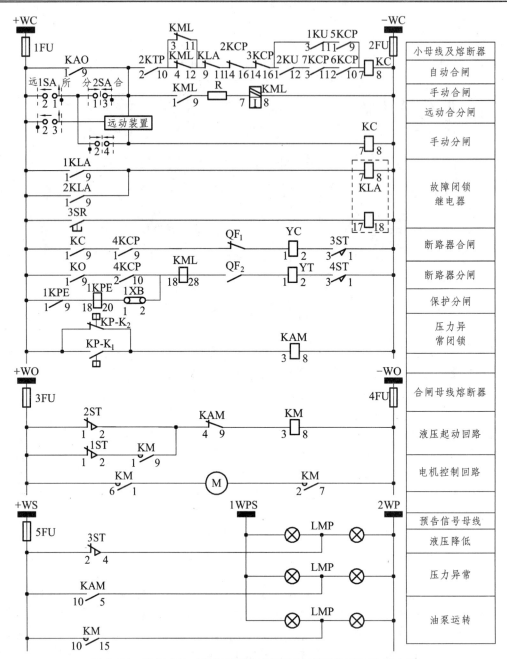

图 6.22 应用 CY3-V 型液压操动机构断路器的控制信号电路

2KCP—1011 合闸位置继电器；6KCP—1021 合闸位置继电器；7KCP—1002 合闸位置继电器；
ZKTP—2#系 102、202A、202B、1029 均在分位时总分闸位置继电器；
1KLA—变压器内部故障闭锁继电器；2KLA—断路器故障闭锁继电器；
KAO—自动装置合闸出口继电器

（4）由于设计时两台变压器不能并联运行，断路器 101 合闸前，2#系高压开关 102、202A、202B、1029 均应在分位，即它们的分闸位置继电器接点 ZKTP$_{2\text{-}10}$ 闭合。

（5）变电所主变压器的中性点是否接地，是根据电力系统的要求决定的，但为了防止操作过电压对变压器绝缘的损伤，在变压器原边断路器 101 合闸或分闸过程中，要求中性点接地。为此，在断路器 101 合闸前，中性点隔离开关 1019 应在合位，其合闸位置继电器接点 $4KCP_{1-9}$ 闭合。

2. 手动操作合闸

当断路器合闸条件满足要求时，以 1# 进线、1# 变压器的运行方式为例，分析断路器 101 手动合闸回路工作原理。

合闸前，断路器在分闸位置；断路器联动辅助常闭接点 QF_1 闭合。选择开关 1SA 手柄在"所内位"，$1SA_{2-1}$ 闭合。

合闸时，将控制开关 2SA 手柄打至"合闸位"，$2SA_{1-3}$ 闭合，发出合闸命令脉冲。使 $+WC$ — $1FU$ — $1SA_{2-1}$ — $2SA_{1-3}$ — $ZKCP_{2-10}$ — KML_{3-11} — KLA_{9-11} — $2KCP_{14-16}$ — $3KCP_{14-16}$ — $2KU_{4-12}$ — $7KCP_{3-11}$ — $6KCP_{2-10}$ — KC_{7-8} — $2FU$ — $-WC$ 或 KML_{4-12} — KLA_{9-11} — $2KCP_{14-16}$ — $3KCP_{14-16}$ — $1KU_{3-11}$ — $5KCP_{1-9}$ — KC_{7-8} — $2FU$ — $-WC$ 电路接通。

合闸继电器 KC 线圈受电，其常开接点闭合，使 $+WC$ — $1FU$ — KC_{1-9} — $4KCP_{1-9}$ — QF_1 — YC_{1-2} — $3ST_{3-1}$ — $2FU$ — $-WC$ 电路接通。

合闸线圈 YC 受电，操作机构驱动断路器合闸，断路器合闸完毕，常闭接点 QF_1 断开，合闸线圈失电复归。

3. 手动操作分闸

正常时，油压系统额定油压为 27.93 MPa，贮压器行程开关触点 $4ST_{3-1}$ 闭合。

分闸时，将控制开关 2SA 转至"分闸位"，$2SA_{2-4}$ 闭合，发出分闸命令脉冲，使 $+WC$ — $1FU$ — $1SA_{2-1}$ — $2SA_{2-4}$ — KO_{7-8} — $2FU$ — $-WC$ 电路接通。分闸继电器线圈受电，其常开接点闭合，使 $+WC$ — $1FU$ — KO_{1-9} — $4KCP_{2-10}$ — KML_{18-20} — QF_2 — YT_{1-2} — $4ST_{3-1}$ — $2FU$ — $-WC$ 电路接通。分闸线圈受电，断路器分闸。断路器分闸完毕后，常开接点 QF_2 断开，切断分闸线圈回路，达到了命令脉冲自动解除的要求。

4. 液压系统的工作原理

正常时，液压系统的额定油压为 27.93 MPa，各压力接点的动作压力整定值如表 6.7 所示。当压力高于整定值时，常开压力接点（凡是超过规定压力值闭合的接点规定为常开接点，凡是低于规定压力值闭合的接点定为常闭接点）闭合，常闭压力接点断开，即处于动作状态，反之将处于正常状态。故正常运行时，各接点的状态为：$2ST_{1-2}$、$3ST_{2-4}$ 断开，$1ST_{1-2}$、$3ST_{3-1}$、$4ST_{3-1}$ 闭合，$KP-K_1$、$KP-K_2$ 断开，压力异常闭锁中间继电器 KAM 不受电，其常闭接点 KAM_{4-9} 闭合，常开接点 KAM_{10-5} 断开。

表 6.7　压力接点的动作整定值表

接点编号	$1ST_{1-2}$	$2ST_{1-2}$	$3ST_{2-4}$	$3ST_{3-1}$	$4ST_{3-1}$	$KP-K_1$	$KP-K_2$
动作压力值（MPa）	27.93	27.2	24	24	23	34.3	15.7

1）分、合闸压力闭锁

液压系统的油压过低，会对操作产生不良影响，如合闸时会因功率不够而造成慢合现象，这是不允许的。因此在合闸回路中串入液压行程开关接点 $3ST_{3-1}$，分闸回路中串入液压行程开关接点 $4ST_{3-1}$，作为压力闭锁。

当油压小于 24 MPa 时，$3ST_{3-1}$ 断开，切断合闸线圈回路，断路器不允许合闸。当油压小于 23 MPa 时，$4ST_{3-1}$ 接点断开，切断分闸线圈回路，使断路器不能分闸。实现了合、分闸压力闭锁。值得注意的是，对于分闸压力闭锁，本电路采用了低于规定压力限度时不允许分闸的闭锁方式。在工程实践中视主电路系统运行情况的要求，也可采用低于压力限度时断路器自动分闸的方式。

2）油泵电机的启动

当油压小于 27.2 MPa 时，液压行程开关接点 $2ST_{1-2}$ 闭合，使 +WO—3 FU—$2ST_{1-2}$—KAM_{4-9}—KM 线圈—4FU— – WO 电路接通。

接触器 KM 受电动作，主接点闭合，使 +WO—KM_{6-1}—电机 M—KM2-7—4FU— – WO 电路接通。

油泵电机启动运转进行打压，接触器常开接点 KM_{10-15} 闭合发出油泵电机运转信号。同时接触器的另一对常开接点 KM_{4-9} 闭合，使 +WO—3FU—$1ST_{1-2}$—KM_{4-9}—KAM_{4-9}—KM_{3-8}—4 FU— – WO 电路接通。

+WO 通过 $1ST_{1-2}$ 接点向接触器线圈供电。当油压升到 27.2 MPa，$2ST_{1-2}$ 断开，但压力接点 $1ST_{1-2}$ 仍然闭合，油泵电机继续保持运转。油压继续升高到 27.93 MPa 后，$1ST_{1-2}$ 断开，接触器 KM 失电返回，油泵电机停止工作。

3）压力异常闭锁信号

当油压系统出了故障，使得油压急速下降或升高时，对油泵电机应采取压力异常闭锁。运行中若油压低于 15.7 MPa 时，接点 KP-K_2 闭合，使得中间继电器 KAM_{3-8} 受电动作，常闭接点 KAM_{4-9} 断开，切断油泵电机的启动回路，使电机停转。因为出现这种现象时，油泵电机继续运转也无法使油压恢复正常，必须采取必要的检修措施。若运行中油压高于 34.3 MPa 油泵仍继续工作，则接点 KP-K_1 闭合，使中间继电器 KAM_{3-8} 受电动作后切断油泵电机的工作回路，使其停。中间继电器 KAM 受电动作后，除切断油泵电机回路外，另一对接点 KAM_{10-5} 闭合发出"压力异常"的预告信号，指明液压机构内出了故障。

当压力低于 24 MPa 时（根据实际运行情况而定），$3ST_{2-4}$ 接点闭合，发出"液压降低"的预告信号，提醒值班员注意并及时排除。

五、电动操动机构的隔离开关控制回路

采用隔离开关实行距离控制时，它的合、分闸操作通过电动操作机构实现。

（一）采用 CJ_2 型电动操作机构的隔离开关控制和信号电路

1. 隔离开关控制电路的特点

（1）通过转换开关 1SA 的切换，隔离开关既可进行远动操作，又能进行所内距离操作。通过手动/电动行程开关 3ST 的转换，隔离开关既能在操作机构箱内通过控制按钮进行就地

分、合闸电动操作，又能通过机械手柄进行手动操作。

（2）依靠隔离开关控制回路中接触器的主触点切换，来改变直流串激式电动机励磁绕组的受电极性，使电动机改变转向而达到分、合闸目地。

（3）分、合闸完毕后，通过行程开关接点转换，能自动切断电动机控制回路。行程开关主要用于将机械位移转变为电信号，用来控制机械动作或用作程序控制和限位控制。图 6.23 中 ST 为 LX19-001B 型行程开关，共有两对接点，ST_{1-2} 为常闭接点（不受外力时闭合的接点），ST_{3-4} 为常开接点（受外力时闭合的接点），接点的打开或闭合由主轴的定位件控制。

由于分、合闸控制回路分别接在分闸行程开关 2ST、合闸行程开关 1ST 的常闭接点上，当隔离开关在合位时，主轴定位件接触并抵压合闸行程开关 1ST，$1ST_{1-2}$ 断开，2ST 不受主轴定位件抵压，$2ST_{1-2}$ 闭合，使控制回路为下次分闸做好准备。当隔离开关在分位时，则 $2ST_{1-2}$ 断开，$1ST_{1-2}$ 闭合，使控制回路为下次合闸做好准备。

3ST 是手动/电动操作转换行程开关，它受手摇分、合闸操作挡板控制。正常时，挡板处于电动位置，3ST 不受挡板抵压，$3ST_{1-2}$ 闭合，隔离开关能进行电动操作分合闸。当电气控制回路故障或检修时，把挡板转换至手动操作位，挡板抵压 3ST，$3ST_{1-2}$ 断开，切断电动操作分合闸回路。此时，隔离开关通过机械手柄能进行当地手摇分、合闸操作，而不能进行电动操作。

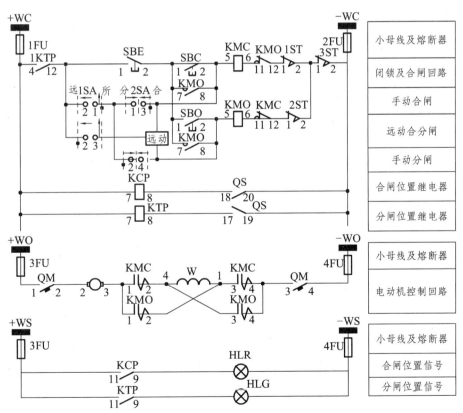

图 6.23　采用 CJ2 型电动操作机构隔离开关的控制信号回路

SBC—合闸按钮；SBO—分闸按钮；SBE—紧急停机按钮；QM—自动空气开关；
KMC—合闸接触器；KMO—分闸接触器

（4）断路器与隔离开关联动操作时，见图 6.24，断路器的分闸位置继电器常开接点 1KTP1-9 串入隔离开关的分闸回路，隔离开关的合闸位置继电器常开接点 2KCP$_{1-9}$ 串入断路器合闸回路，实现断路器与隔离开关的位置联锁，保证了联动操作顺序的正确性。

（5）断路器与隔离开关联动操作时，分、合闸继电器均有自保持回路，以保证断路器和隔离开关能可靠的分合闸操作。

（6）事故分闸时，只分断路器，不分隔离开关，以利于自动重合闸。

（7）断路器与隔离开关联动操作时，一般采用三灯制音响监视控制电路。断路器与隔离开关共用一套位置信号装置，断路器与隔离开关在合位时，位置信号灯亮红灯，断路器与隔离开关在分位时亮绿灯。当事故跳闸时，断路器在分位，隔离开关在合位，位置信号灯亮白灯。

2. 隔离开关所内距离操作

断路器与隔离开关的位置联锁是由断路器的分闸位置继电器常开接点接入隔离开关的控制电路来实现的。当断路器在合闸状态时，1KTP 不受电，隔离开关控制电路因 1KTP$_{4-12}$ 断开而闭锁。

所内距离操作时，"远动/所内"选择开关 1SA 处于"所内"位，1SA$_{2-1}$ 闭合。手动/电动选择开关 3ST 处于电动位，3ST$_{1-2}$ 闭合；同时，紧急停止按钮接点 SBE$_{1-2}$、电机电源空气开关 QM 处于闭合状态，为隔离开关进行距离操作做好了准备。

1）合闸操作

合闸前，断路器在分位，1KTP$_{4-12}$ 闭合。隔离开关在分位，分闸行程开关常闭接点 2ST$_{1-2}$ 断开合闸行程开关的常闭接点 1ST$_{1-2}$ 闭合；分、合闸接触器都不受电，KMC$_{11-12}$、KMO$_{11-12}$ 处于闭合状态。

合闸时，将控制开关"2SA"转至合闸位，2SA$_{1-3}$ 闭合，使+WC—1FU—IKTP$_{4-12}$—1 SA$_{2-1}$—2SA$_{1-3}$—KMC$_{5-6}$—KMO$_{11-12}$—1ST$_{1-2}$—3ST$_{1-2}$—2FU – WC 电路接通。合闸接触器线圈 KMC 受电动作，KMC$_{7-8}$ 闭合，对合闸接触器线圈进行电源自保持；同时，常开接点 KMC$_{1-2}$、KMC$_{3-4}$ 闭合，使+WO—3FU—QM$_{1-2}$—电机转子绕组—KMC$_{1-2}$—电机励磁绕组 W$_{4-1}$—KMC$_{3-4}$—QM$_{3-4}$—4FU— – WO 电路接通。

电动机沿顺时针方向旋转，通过机械传动装置，推动隔离开关合闸。隔离开关将合闸到位时，分闸行程开关 2ST 不再受主轴定位件的抵压，其常闭接点 2ST$_{1-2}$ 闭合，为隔离开关的分闸操作做好准备。同时，主轴上的定位件接触并抵压合闸行程开关 1ST，1ST$_{1-2}$ 断开，合闸接触器线圈失电，KMC$_{1-2}$、KMC$_{3-4}$ 断开返回，自动切断电机回路，使电机停转。隔离开关合闸到位时，隔离开关本体辅助接点 QS$_{18-20}$ 闭合，合闸位置继电器 KCP 受电，KCP$_{11-9}$ 闭合，位置信号灯 HLR 亮红光，指示隔离开关在合闸位置。

2）分闸操作

隔离开关分闸时，将控制开关，"2SA"转至分闸位，2SA$_{2-4}$ 闭合，使+WC—1 FU—1KTP$_{4-12}$—1 SA$_{2-1}$—2 SA$_{2-4}$—KMO$_{5-6}$—KMC$_{11-12}$—2 ST$_{1-2}$—3 ST$_{1-2}$—2 FU— – WC 电路接通。分闸接触器线圈受电动作，KMO$_{7-8}$ 闭合，对分闸接触器线圈进行电源自保持；KMO$_{1-2}$、KMO$_{3-4}$ 闭合，使+WO—3FU—QM$_{1-2}$—电机转子绕—KMO$_{1-2}$—电机励磁绕组 W$_{1-4}$—KMO$_{3-4}$—QM$_{3-4}$—4FU— WO 电路接通。由于接通的励磁绕组极性与合闸时相反，电动机逆时针方向旋转，使隔离开关分闸。

隔离开关分闸到位后，分闸行程开关 2ST$_{1-2}$ 断开，分闸接触器线圈失电，KMO$_{1-2}$、KMO$_{3-4}$ 断开返回，自动切断电动机回路，电机停止转动。

分闸完毕后，隔离开关辅助接点 QS_{17-19} 闭合，分闸位置继电器 KTP 受电，KTP_{11-9} 闭合，位置信号灯 HLG 亮绿光，表示隔离开关在分位。

正常运行时，通过牵引变电所主控室或远动中心对隔离开关进行距离操作，但在事故情况或者检修、试验时可以在操作机构箱内通过控制按钮进行当地分合闸操作，其工作原理与距离操作类似。

（二）隔离开关与断路器联动的控制信号回路

断路器与隔离开关联动操作时，两者的控制电路应能保证自动实现正确的操作程序，即在合闸操作时，应先操作隔离开关合闸，然后再操作断路器合闸；分闸操作时，应先操作断路器分闸，然后再操作隔离开关分闸，如图 6.24 所示。

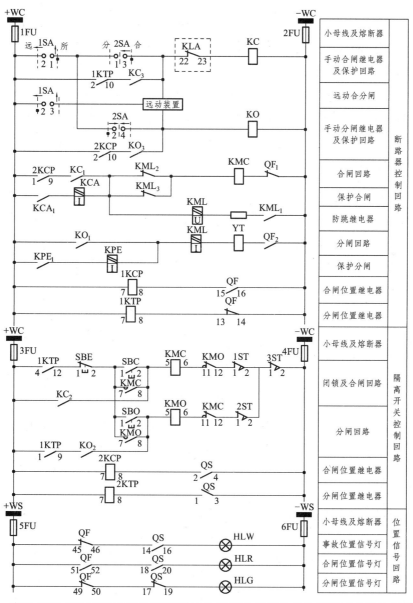

图 6.24　应用 CD2 型电磁操作机构断路器与 CJ2 型电动操作机构隔离开关的控制信号回路

1. 合闸操作

所内距离操作时，远动/所内选择开关 1SA 处于所内位，$1SA_{2-1}$ 闭合；再把控制开关 2SA 转到合闸位，$2SA_{1-3}$ 闭合，发出合闸命令脉冲，使+WC—1FU—$1SA_{2-1}$—$2SA_{1-3}$—KLA_{22-23}—KC 线圈—2FU—－WC 电路接通。合闸继电器 KC 受电动作，使：

（1）KC_3 闭合，通过断路器分闸位置继电器常开接点 $1KTP_{2-10}$ 对手动合闸继电器 KC 进行电源自保持。

（2）KC_1 闭合，由于断路器合闸回路中串入了隔离开关合闸位置继电器的接点 $2KCP_{1-9}$，隔离开关在未合闸完毕时 $2KCP_{1-9}$ 断开而闭锁断路器的合闸回路，断路器不能进行合闸，保证了二者操作顺序的正确性。

（3）KC_3 闭合，使隔离开关合闸（合闸原理同单独操作合闸）。隔离开关合闸到位后，合闸位置继电器 2KCP 受电，$2KCP_{1-9}$ 闭合。使+WC—1FU—$2KCP_{1-9}$—KC_1—KML_2 或 KML_3—KMC—QF_1—2FU—－WC 电路接通。断路器的合闸接触器线圈受电动作，其常开主接点闭合，使合闸线圈 YC 受电动作，断路器动作于合闸。

断路器合闸到位后，QF_1 断开使合闸接触器线圈 KMC 失电返回。QF_{13-14} 断开，断路器分闸位置继电器 1KTP 失电，$1KTP_{2-10}$ 打开，手动合闸继电器 KC 失电返回，同时，QF_2 闭合，为下次分闸操作做好准备。

2. 手动分闸

将 2SA 转至分位，$2SA_{2-4}$ 接通，发出分闸命令脉冲，使+WC—1FU—$1SA_{2-1}$—$2SA_{2-4}$—KO 线圈—2FU—－WC 电路接通。手动分闸继电器 KO 受电动作，使：

（1）KO_3 闭合，通过隔离开关合闸位置继电器接点 $2KCP_{2-10}$ 对手动分闸继电器进行电源自保持。

（2）KO_1 闭合，使+WC—1FU—KO_1—KML 电流线圈—YT 线圈—QF_2—2F—－WC 电路接通。断路器作用于分闸，各辅助接点相互转换。断路器分闸完毕后，QF_2 断开，分闸线圈 YT 失电返回。QF_1 闭合，为下次合闸操作做好准备。

（3）KO_2 闭合，当断路器分闸完毕后，QF_{13-14} 接点闭合，分闸位置继电器 1KTP 受电，$1KTP_{1-9}$ 闭合，使+WC—3FU—$1KTP_{1-9}$—KO_2—KMO_{5-6}—KMC_{11-12}—$2ST_{1-2}$—$3ST_{1-2}$—2FU—－WC 电路接通。分闸接触器受电，KMO_{1-2}、KMO_{3-4} 闭合，电动机逆时针旋转，隔离开关分闸。

隔离开关分闸完毕后，辅助联动接点 QS_{2-4} 接点断开，隔离开关合闸位置继电器 2KCP 失电，$2KCP_{2-10}$ 断开 KO 自保持回路，分闸继电器 KO 失电返回。

3. 保护分闸

由于牵引网保护装置设有自动重合闸，当断路器事故分闸后，重合闸装置动作强行合闸一次。此时，隔离开关随断路器分闸是无意义的。所以断路器保护分闸时，不应使隔离开关分闸。馈线发生短路故障时，馈线继电保护装置动作，保护出口继电器的常开接点 KPE1 闭合，使+WC—1FU—KPE$_1$—KPE 电流线圈—KML 电流线圈—YT—QF$_2$—2 FU— – WC 电路接通。断路器自动分闸并发出相应的事故音响信号。

4. 信号回路

隔离开关与断路器联动操作时，一般采用三灯制音响监视控制电路，即断路器与隔离开关共用一组三个位置信号灯。位置信号灯受断路器与隔离开关的辅助接点控制。事故音响采用保护出口继电器启动方式。

（1）断路器与隔离开关都在分位时，它们的辅助常闭接点闭合，使+ WS—5 FU—QF$_{49-50}$—QS$_{17-19}$—HLG—6 FU— – WS 电路接通。绿灯发光，指示断路器、隔离开关在分闸位。

（2）断路器与隔离开关在合位时，断路器与隔离开关辅助常开接点闭合，使+WS—5 FU—QF$_{51-52}$—QS$_{18-20}$—HLR—6 FU— – WS 电路接通。红灯受电发光，指示断路器与隔离开关在合位。

（3）馈线发生故障时，继电保护装置使断路器自动跳闸，其辅助常闭接点 QF$_{45-46}$ 闭合，此时，隔离开关在合位，其辅助常开接点 QS$_{14-16}$ 闭合，使+WS—5 FU—QF$_{45-46}$—QS$_{14-16}$—HLW—6 FU— – WS 电路接通。白灯 HLW 受电发光，指示断路器在事故跳闸位置。

六、微机测控装置断路器控制回路图举例

目前各大厂家多将微机保护和操作回路整合为一套装置，它取代了传统控制屏上的控制电路，用于对断路器进行操作，对电气设备进行保护。其中的操作回路主要由合闸回路、跳闸回路、"防跳"回路、断路器操作闭锁回路、断路器位置监视回路等组成，防跳回路与闭锁回路贯穿于合闸、跳闸回路之中。

图 6.25 为某综合自动化变电所微机测控装置断路器控制回路图。图中二次设备名称及其文字符号如表 6.8 所示，转换开关接点表如表 6.9 所示。读者可根据读展开图的方法结合图右边的文字说明自行分析此断路器控制回路工作原理。

表 6.8　二次设备名称及文字符号

文字符号	名称	文字符号	名称
M+、M –	正极和负极控制电源小母线	ZJ1、ZJ2	中间继电器
4Q1	空气开关	WK、WK2	万能装换开关
YTZJ	远方跳闸中间继电器	YHZJ	远方合闸中间继电器
STJ1、STJ2	手动跳闸继电器	CHJ	重合闸继电器
BHZJ	保护合闸中间继电器	TBJ1、TBJ2	防跳继电器
DL1～DL4	断路器辅助触点	LD、HD	绿灯、红灯
TWJ	跳闸位置继电器	HWJ	合闸位置继电器
HC	合闸线圈	TQ	跳闸线圈

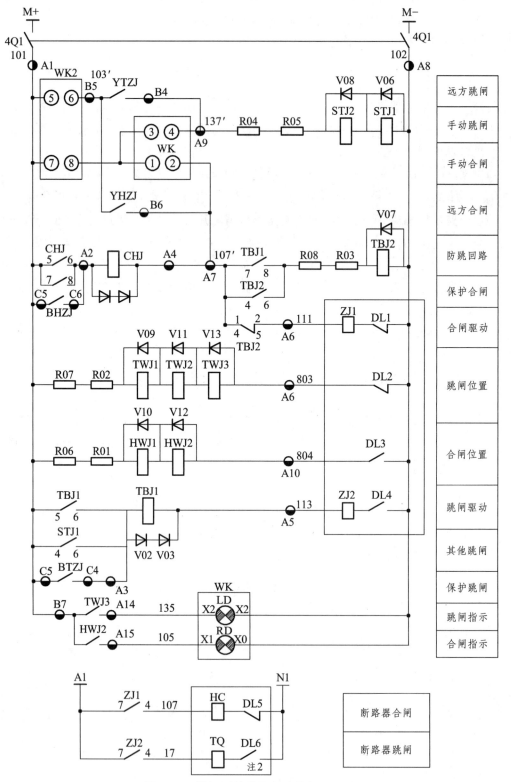

图 6.25 微机测控装置断路器控制回路

表6.9 转换开关接点表

开关型号	LW39A—16R33J/3		开关型号	LW39A—L16Z2002/2-gr28			
面板标志	远方	就地	面板标志	分	●	●	合
手柄方向	↖	↗	手柄方向	↙	←	↑	↗
手柄角度	45°	45°	手柄角度	135°	90°	0°	45°
1-2	×		1-2				×
3-4		×	3-4	×			
5-6	×		5-6				×
7-8		×	7-8	×			
9-10	×		C+ —G—	绿色指示灯			
11-12		×	C+ —R—	红色指示灯			

第四节 保护回路

一、综合自动化变电所二次设备

综合自动化变电所中的二次设备分为微机保护、微机测控、自动装置、远动设备等。微机保护、微机测控等装置由于采用了微型计算机作为核心，许多功能都由芯片运算完成，在保护原理的算法和实现上进行了很大的改进，对高等数学及计算机等专业知识水平要求较高。电磁式继电器保护装置的定型化程度很高，接线简明、原理清晰、易于理解。微机保护则是由不同厂家根据继电保护的基本原理独立开发的。各套产品之间在配置原则、保护算法等方面存在较大差异，虽然经过一定时间的运行实践已经总结出一定的经验，但是仍然很难确定地将某一种产品作为范例进行推广，这也导致了教学中对微机保护二次接线提及较少。本书以国内主要的微机保护厂家设备为例，结合图纸讲解二次回路的工作方式，较少涉及继电保护原理，力求浅显易懂。

（一）综合自动化变电所中各类二次设备的主要功能

1. 微机保护

微机保护是将电流量、电压量及相关状态量采集进来，按照不同的算法实现对电力设备的继电保护，并且根据计算结果做出判断并发出相应指令。

2. 微机测控

微机测控的主要功能是测量及控制，取代的是常规变电站中的测量仪表（电流表、电压表、功率表）、就地及远传信号系统和控制回路。

变电所必须具备对电气设备进行控制、测量、监视和调节的功能。传统变电所是采用万能转换开关对断路器直接进行操作控制，并由红绿信号灯监视断路器的位置；测量是通过电流表、电压表、有功功率表、无功功率表等强电仪表连接在电流互感器、电压互感器的回路中实现；信号是通过光字牌及中央信号系统与相关设备连接来构成，这些分散的设备装设在控制屏及中央信号屏上。在综合自动化变电所中，这些都属于监控子系统的功能。为了实现这一功能，在综合自动化变电所中设置了单元层，其中包括了测量控制装置，简称测控装置。

测控装置首先要能正确测量交流电流、电压、功率等。这些物理量不能直接接入计算机中，是因为这些量都属于强电，它们的高电压和大电流会烧坏计算机芯片。这些量都属于模拟量，即随时间连续变化的物理量。计算机无法识别模拟量。必须经过测控装置将电流互感器和电压互感器送出的电流、电压转换为弱电信号，并进行隔离，然后将这些模拟量转换为数字量。再通过通信网络将这些数字量传送到监控计算机中，然后通过数学运算得到所需要测量的电流、电压的有效值或峰值、相位、频率、有功功率和无功功率等量，并在计算机中进行存储、处理和显示。测控装置是模拟信号和计算机系统之间的桥梁。

在变电所中有大量的电气设备，如断路器、隔离开关、继电器的触点、按钮和普通的小开关等，它们都具有通、断或分、合两种工作状态，所以这些物理量都属于开关量。这些量也要通过测控装置经过通信网络送到监控计算机中。这些要传送的物理量的两种工作状态可以用 0、1 来表示，计算机可以直接识别。这些通、断的工作状态可以表示为数字量的输入，这些数字量按二进制数或 ASCII 的编码标准输入计算机，每 8 位、16 位或 32 位组合为一个数字或符号，这些不同的数字或符号表示了不同开关量的不同状态。

测控装置具有对电气设备进行控制的功能，如断路器、隔离开关的分合，变压器有载调压开关的升降等。这些控制命令一般也只是两种状态，当需要对电气设备进行控制时，从监控计算机发出指令，这些指令按照规定的编码标准，组合为若干二进制的数。经过通信网络的传输送入测控装置，在测控装置中将这些数字量还原为命令，通过开关量输出接口电路去驱动继电器。再由继电器触点接通跳、合闸回路或变压器有载调压分接开关的控制回路。

遥测的模拟量有各相母线电压、馈线电流的有效值和相位，有功功率、无功功率、功率因数和频率。需要采集的开关量有断路器的分、合状态，断路器的远方、就地操作状态，隔离开关的状态，接地开关的状态，断路器和隔离开关操动机构中的告警信号，保护装置中无法通过网络传输的信号等。

各厂家的测控装置的遥控开出量及遥信开入量按不同的一次设备形式可以有不同的配置。本书选用东方凯发公司的微机测控保护产品为例来说明。DK3520 电铁馈线测控保护装置侧遥信功能为：共有 20 路开入量，其中 12 路为采集外部遥信，8 路为内部开关量信号，另有 2 路为软件判断遥信。遥控功能为：可以完成 1 个断路器、2 路隔离开关的遥控分合操作。这些装置的液晶屏面板上可用汉字显示信息内容。当装置没有操作时，液晶屏上循环显示测控装置的交流量有效值、装置当前投入的连接片及主接线图。

3. 操作回路

断路器的操作回路用于执行微机保护、微机测控对断路器发出的操作指令。操作回路的配置与微机测控是类似的，即一台断路器有且只有一套操作回路。一般在同一电压等级中，所有类型的微机保护配备的操作回路都是一样的。在 110 kV 以上电压等级的二次设备中，由于操作回路相对复杂，要设置独立的操作箱；在 110 kV 及以下电压等级中，操作回路与微机保护整合在一台装置中。需要指明，尽管在一台装置中且有一定的电气联系，但是操作回路与保护回路在功能上是完全独立的。

操作回路一般安装在微机保护装置内，用于执行各种针对断路器的操作指令。这类指令分为合闸、分闸、闭锁三种，可能来自多个方面，例如本间隔微机保护、微机测控、外部微机保护、自动装置等。

开关柜中的手车式断路器的二次回路引出线分别接在航空插座的不同插头上，插座端的引线按照回路的设计分别接在开关柜的端子排上。当断路器及手车需要拉出检修时，二次回路可以从航空插座处断开。

4. 自动装置

牵引变电所内最常见的自动装置有备用电源自动投入装置和自动重合闸装置。自动装置的功能主要是维护整个变电所的运行，而不是像微机保护一样针对某一个间隔。例如备自投主要是为了防止全所失压而在失去工作电源后自动接入备用电源。与微机保护相比，自动装置的工作过程相对简单，虽然也采集电流、电压，但是只进行简单的数值比较或"有、无"判断，然后按照相对简单的固定逻辑动作。

（二）开入与开出

微机保护根据所需要的功能进行配置，微机测控则是对应于断路器进行配置的。微机保护和微机测控的工作方式可以概括为"开入"与"开出"两个过程。整个变电所综合自动化系统的所有设备也几乎都是以这两种模式工作，只是"开入"与"开出"的信息类型不同。

1. 开　入

微机保护和微机测控的开入量都分为两种：模拟量和数字量。

1）模拟量的开入

微机保护需要采集电流和电压两种模拟量进行运算，以判断其保护对象是否发生故障。变电站配电装置中的大电流和高电压必须分别经电流互感器和电压互感器变换成小电流、低电压，才能供微机型保护装置使用。

微机测控开入的模拟量除了电流、电压外，有时还包括温度量、直流量等。微机测控开入模拟量的目的主要是获得其数值，同时也进行简单的计算以获得功率等电气量数值。

2）数字量的开入

数字量也称为开关量，它是由各种设备的辅助接点通过"开/闭"转换提供，只有"开"、"闭"两种状态，也称为硬接点开入。针对 110 kV 及以下电压等级的设备，微机保护对外部数字量的采集一般只有"闭锁条件"一种，这个回路一般为弱电回路（直流 24 V）。对于 220 kV 设备而言，由于配置双套保护装置，两套保护装置之间的联系较为复杂。

微机测控对数字量的采集主要包括隔离开关及地刀位置、断路器机构信号等。这类开关量的触发装置（即辅助开关）一般在距离主控室较远的地方，为了减少电信号在传输过程中的损失，通常采用强电系统（直流 220 V）进行传输。同时，为了避免强电系统对弱电系统形成干扰，在进入微机运算单元前，需要使用光耦单元对强电信号进行隔离、转变成弱电信号。

2. 开　出

对于微机保护，"开出"是指微机保护根据自身采集的信息，加以运算后对被保护设备目前状况做出的判断以及针对此状况做出的反应，主要包括操作指令、信号输出等。微机保护的动作永远都是受设备故障状态激发而自动执行的，即是被动的。

对于微机测控，"开出"指的是对断路器、电动隔离开关及地刀发出的操作指令。与微机保护不同的是，微机测控不会产生信号，而且其操作指令也是主动的，即人工发出的。

1）操作指令

一般来讲，微机保护只针对断路器发出操作指令。对线路保护而言，这类指令只有两种，即"跳闸"或者"重合闸"；对主变保护而言，这类指令只有一种，即"跳闸"。

在某些情况下，微机保护会对一些电动设备发出指令，如"主变温度高启动风机"会对主变风冷控制箱内的风机控制回路发出启动命令；对其他微机保护或自动装置发出指令，如"本体保护动作闭锁合闸"、"差动保护动作闭锁合闸"等。微机保护是自动发出操作指令的。

微机测控发出的操作指令可以针对断路器和各类电动机构，这类指令有两种，对应断路器的"跳闸"、"合闸"或者对应电动机构的"分"、"合"。微机测控发出的操作指令是人为作业的结果。

2）信号输出

微机保护输出的信号只有两种："保护动作"、"重合闸动作"。至于"装置断电"等信号属于装置自身故障，不属于保护信号输出。

微机测控会将自己采集的开关量信号进行模式转换后通过网络传输给监控系统，起到单纯的转接作用。相对于微机保护的信号产生，微机测控不产生信号。

（三）微机保护、微机测控与操作回路的联系

对于每一个包含断路器的设备间隔，其二次回路需要微机保护、微机测控、操作回路来完成。有以下三种工作方式：

（1）在后台机上使用监控软件对断路器进行操作时，操作指令通过网络触发微机测控里的控制回路，控制回路发出的对应指令通过控制电缆到达微机保护里的操作箱，操作箱对这些指令进行处理后通过控制电缆发送到断路器机构的控制回路，最终完成操作。动作流程为：微机测控——操作回路——断路器。

（2）在测控屏上使用操作把手对断路器进行操作时，操作把手的接点与微机测控里的控制回路是并联的关系，操作把手发出的对应指令通过控制电缆到达微机保护里的操作箱，其

后与以上叙述相同。使用操作把手操作也称为强电手操，如上节所述，它的作用是防止监控系统发生故障时（如后台机"死机"等）无法操作断路器。所谓"强电"，是指操作的启动回路在直流 220 V 电压下完成，而使用后台机操作时，启动回路在微机测控的弱电回路中。动作流程为：操作把手—操作回路—断路器。

（3）微机保护在保护对象发生故障时，根据相应电气量计算的结果做出判断并发出相应的操作指令。操作指令通过装置内部接线到达操作箱，其后与以上叙述相同。动作流程为：微机保护——操作回路——断路器。

微机测控与操作把手的动作都是需要人为操作的，属于"手动"操作；微机保护的动作是自动进行的，属于"自动"操作。操作类型的区别对于某些自动装置、联锁回路的动作逻辑是重要的判断条件。

二、变压器保护装置及其二次回路

牵引变压器也叫主变压器，是牵引供电系统中十分重要的设备，也是牵引变电所中的主变压器。它的故障将对牵引供电可靠性和电气化铁路运行带来严重的影响，因此必须根据变压器的容量和重要程度装设完善可靠的继电保护装置。

（一）牵引变压器的故障

变压器的故障分油箱内部故障和油箱外部故障。

油箱内部故障主要有绕组相间短路、接地短路、绕组的匝间和层间短路及铁芯的烧损等。变压器的油箱内部故障具有危险的后果，因为短路所产生的高温电弧，不仅会烧坏线圈的绝缘和铁芯，而且会引起变压器和油箱其他绝缘物剧烈气化，以致造成变压器油箱的爆炸。因此，这些故障必须很快予以切除。

油箱外部故障是指变压器绝缘套管与引出线故障引起的相间短路与单相碰壳接地短路。运行经验表明，变压器油箱内部故障以绕组的匝间短路居多，油箱外部故障以引出线的相间短路、单相接地短路居多。

（二）牵引变压器的非电量保护和电气保护

1. 变压器的非电量保护

非电量保护也称为本体保护，它只反映变压器内部故障，主要有瓦斯继电器动作、油位异常、油温异常等。这些现象可能是变压器本身的故障造成的，如变压器漏油；也有可能是电气原因造成但是由非电气量反映的，如匝间短路导致油膨胀产生气体并启动瓦斯继电器。

（1）瓦斯保护。油浸式变压器是利用变压器油作为绝缘和冷却介质。当变压器内部发生短路故障时故障点局部产生高温，使油温升高体积膨胀，甚至沸腾，油内溶解的空气就会被排出变成气泡上升；故障点产生电弧，使绝缘物和变压器油分解而产生大量的气体。利用这种气体来实现保护的装置，称为瓦斯保护。

瓦斯保护能反映油箱内部故障与油面降低，对于 800 kVA 以上的油浸式变压器应装瓦斯保护。其中轻瓦斯动作于信号，重瓦斯动作于跳开各电源侧断路器。

（2）油温、油位异常。变压器本体一般都装设有温度测量设备，以监视变压器的油温，判断其运行时的工作状态。要求变压器在本体上装设温度计，以便在巡视中观察油温。对于综合自动化变电所，要求配置油温在线监测设备，以便于在远方监视变压器的油温。一般是在一台变压器本体内的两端装设两只热敏电阻，经过控制电缆将热敏电阻的三端接到温度变送器中，温度变送器将热敏电阻感应到的温度变换为 4~20 mA 直流量输出，送到测控装置的直流模拟量输入回路，直流电流在测控装置中变换为对应的温度，在后台中显示。

（3）压力保护。当变压器内部故障使油箱内压力增加时，装置接收压力释放信号，压力释放继电器动作，动作于信号或跳闸。

变压器非电量保护继电器分为两部分，一部分作用于断路器跳闸，另一部分用来发出预告信号。作用于断路器跳闸的继电器触点接入变压器的本体保护装置中。发预告信号的非电量继电器触点一般直接接入测控装置的信号开入回路。

作用于断路器跳闸的非电量继电器有：变压器本体的重瓦斯保护、压力释放器保护和变压器本体超温跳闸保护。

对于瓦斯保护，当变压器新安装、运输、大修换油后，变压器箱体内会聚集大量气体，如果此时变压器带电运行，瓦斯保护可能会发生误动作。因此一般要求变压器在新安装或大修投运后，将重瓦斯保护投在信号位置 24 h（即断开重瓦斯保护投入连接片），当无异常发生后，再将重瓦斯保护投入跳闸保护。

动作后发出信号的保护有：变压器本体轻瓦斯保护、变压器油温过高信号、变压器油位过低信号、变压器通风系统故障信号灯。这些保护都用来监视变压器运行中的不正常工作状态，当它们动作时，通过测控装置在后台中显示。

非电量保护装置的每一组保护开入接口有 2 个输入端，即同时启动 2 个继电器，非电量保护才可以正确动作。如果非电量保护的 2 个开入端只有一只继电器启动，非电量保护的跳闸出口继电器不会动作，仅有非电量告警继电器动作，发出告警信号，从而提高非电量保护动作的可靠性。

2. 变压器的电气保护

变压器的电气保护依靠采集相关电流量、电压量完成。电气保护主要包括纵联差动保护、电流速断保护、过负荷保护等。电气保护反映变压器高低压各侧断路器所配置的电流互感器之间设备的断路故障及接地故障，以及变压器外部断路故障引起的变压器过电流等。

（1）纵联差动保护及电流速断保护。

纵联差动保护及电流速断保护反映绕组及引出线的相间短路、中性点接地侧绕组及引出线的接地短路及绕组匝间短路。对于容量 6300 kVA 及以上并列运行的变压器、容量

10 000 kVA 及以上单独运行的变压器和容量 6300 kVA 及以上的发电厂厂用或工矿企业中的重要变压器，应设纵联差动保护。容量 2000 ~ 10 000 kVA 的变压器，如果采用电流速断保护灵敏度不满足要求，且过电流保护动作时限大于 0.5 s 时，也要装设纵联差动保护，保护动作后应反应瞬时跳开故障变压器各电源侧断路器。

纵联差动保护或电流速断保护与瓦斯保护作为变压器的主保护。

（2）过电流保护。

过电流保护反映变压器外部相间短路，并作为变压器主保护的后备保护。过电流保护包括复合电压启动的过电流保护、负序电流保护、单相低压启动过电流保护。过电流保护一般用于降压变压器，对于升压变压器或过电流灵敏度不满足要求的降压变压器，一般采用复合电压启动的过电流保护。牵引变电所三相主变压器采用一套装于高压侧的三相低电压启动过电流保护，一套装设在低压侧的单相低电压启动过电流保护。保护装置启动后，应有选择性地切除外部故障或跳开各电源侧断路器。

（3）零序电流保护。

零序电流保护反映中性点直接接地系统中外部接地短路的零序电流保护。在中性点直接接地的电网中，如果变压器的中性点接地运行，应设零序电流保护。零序电流保护装置安装在中性点接地电流互感器上。零序电流保护可以作为变压器主保护的后备保护，并兼作非相邻元件的后备保护，保护装置动作后，应有选择性地跳开变压器各电源侧断路器。

（4）过负荷保护。

过负荷保护反映变压器带过大负荷运行的情况。对于容量 400 kVA 及其以上的变压器，当数台并列运行或单独运行并作为其他负荷的备用电源时，应装设过负荷保护。对于三相对称负荷，过负荷保护一般接于一相上。保护装置动作后，延时动作于信号。牵引变电所三相主变压器的负荷往往是不对称的。因此，过负荷保护装置装设在两个重负荷相上。

由于保护装置的生产厂家和型号不同，保护装置的配置和功能也不相同。根据不同位置的变压器和不同的线路，不同的整定计算可以选择投入不同的保护功能。但是微机保护构成的基本原理大致是一样的，保护的逻辑部分都由 CPU 来完成；保护的信号开出、保护的出口回路都由装置内部的插件组成；保护外部的二次回路接线比较简单。

图 6.4（a）所示主变微机测控保护屏面布置图可知此产品包含 DK3530A 差动保护装置、DK3531A 主变后备保护装置、DK3532A 主变和 DK3571B 主变测控装置。以上装置和操作把手、切换开关、复归按钮等组成一面主变保护测控屏。

（三）牵引变压器的本体保护装置二次回路

从主变本体引来各种非电量保护信号主要有：本体重瓦斯、本体轻瓦斯、压力释放阀动作、油位异常、油温过高等信号。主变本体提供这些信号的无源接点，这些无源接点都接入 DK3532A 本体保护装置中。

本体保护装置的保护功能不是由模拟量经计算机而启动的，而是由外部状态量直接启动的，所以它没有电流、电压开入回路。本体保护装置实际上是将一些中间继电器和信号继电器组合在一起，作为各种非电量继电器或非电量触点的重动、增容和发信号来用的。它只是常规继电器的组合，一般没有网络通信的功能。装置内发出的所有信号不能直接送往后台机，必须经过测控装置转换后才能进入综合自动化系统，在后台机的显示器上显示。

装置由本体保护插件和操作插件组成，如图 6.26 所示。本体保护插件主要有本体瓦斯保护回路，压力保护、超温保护回路。操作插件有手动跳合闸回路、断路器跳闸回路、断路器合闸回路、防跳回路、压力监视回路、信号回路。本体插件安装着跳闸继电器 1CKJ、2CKJ，用于给出跳闸出口；信号继电器 11XJ、12XJ～41XJ、42XJ，用于发信号并点亮相应信号灯。

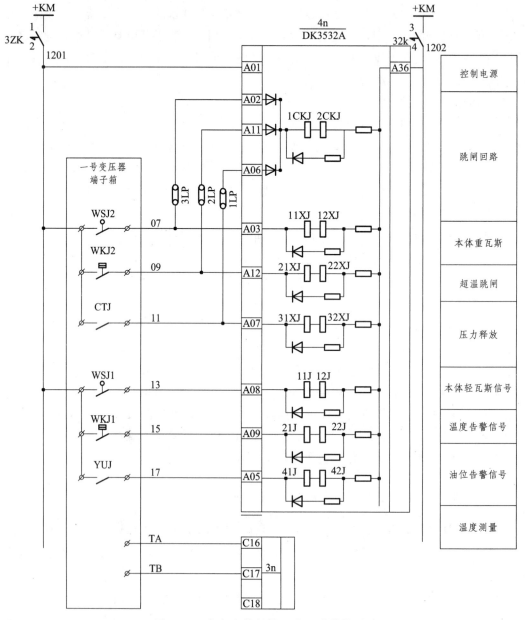

图 6.26　主变本体保护二次回路接线图

1. 本体瓦斯保护插件

油浸式变压器内部严重故障时,装置接收本体重瓦斯信号,重瓦斯回路继电器 11XJ、12XJ 动作,可以跳闸和发信号。本体重瓦斯跳闸信号可以自保持。

装置的本体轻瓦斯告警回路,反应变压器内部轻微故障情况。本体轻瓦斯回路继电器 11J、12J 动作发信号。本体轻瓦斯跳闸信号可以自保持。

2. 压力保护回路

当变压器内部故障使油箱内压力增加时,装置接收压力释放信号,压力释放继电器 31XJ、32XJ 动作,动作于信号或跳闸。压力释放器保护是新型变压器配置的一种非电量保护。以往的变压器在顶盖上安装有高出储油柜的防爆筒,在筒口处装嵌玻璃封口。当变压器内部发生严重故障时,会产生很大的压力,将封口玻璃冲破,释放变压器内部的压力,以免由于故障造成变压器壳体机械变形,从而减小变压器的破坏程度。现在生产的变压器已将防爆筒更换为在变压器顶盖面板上配置的压力释放器(简称释压器)。当变压器内部发生严重故障时,压力会将释放器的薄金属片冲破,释放变压器内部的压力。压力释放器就是将一个压力开关装嵌在释压器上,当释压器动作的同时压力开关的触点闭合,发出断路器跳闸命令。

3. 超温保护回路

冷却系统故障、变压器过负荷、变压器铁芯故障和变压器绕组故障等都会引起变压器温度升高,当温度超过允许值时,温度计触点闭合,超温跳闸继电器 21XJ、22XJ 动作,发出断路器跳闸命令。

4. 断路器操作回路

当变压器保护需跳闸动作于断路器时,可通过装置内的三个独立操作回路进行操作。如图 6.24 所示,DK3532A(4n)装置的 1CKJ、2CKJ 出口接点分别通过压板 1LP、2LP、3LP 的控制后直接接入到跳闸回路,实现断路器自动跳闸。

使用时通常将跳闸回路和相应的跳闸信号回路输入端通过连接片接在一起,即 A02 和 A03,A06 和 A07,A11 和 A12 短接在一起。选择一组或几组跳闸触点串入断路器操作回路用于跳开断路器。将信号触点串入灯光、音响和开入量采集回路中用以发出信号。

信号回路分为跳闸信号回路和告警信号回路。信号包括灯光信号和触点信号。跳闸信号包括本体重瓦斯、压力释放、超温和断路器跳闸四个信号。告警信号包括本体轻瓦斯、油位异常、温度过高三个信号。跳闸回路中的信号继电器为磁保持继电器,动作后点亮相应信号灯。信号复归包括手动复归回路和远动复归回路。

5. 装置的面板显示及操作插件

1)装置的面板显示

装置的面板上设有指示灯,反映装置的运行状态及动作指示;还设有跳、合闸按钮和本地/远动切换开关以及信号复位按钮。

正常运行时，面板上"电源"指示灯发绿色平光，"跳位"（绿色）、"合位"（红色）指示灯与断路器位置相对应，即"跳位"发平光表示在分闸位置，"合位"发平光表示断路器在合闸位置，其他灯灭。

跳位和合位的灯不亮表示失电或控制回路断线。当重瓦斯、压力释放、超温保护、本体轻瓦斯、温度过高、油位异常动作时，面板上相应的信号灯亮。确认故障后按复归按钮可将信号复归掉。保护跳（红灯）发平光表示保护装置启动跳闸；相应的信号灯亮，故障解除后信号灯灭。

2）操作插件

若需要进行手动跳、合闸操作，应首先将远动/手动旋钮开关置于本地位置。当此开关处于远动位置时，对装置进行不了任何操作。

图 6.27 为微机测控装置的 101 断路器保护控制原理图。装置的操作插件安装着手动跳闸继电器 STJ、手动合闸继电器 SHJ、防跳继电器 TBJ、合闸保持继电器 HBJ、跳闸保持继电器 TCJ、跳闸重动继电器 ZJ、跳闸压力闭锁继电器 TYJ、合闸压力闭锁继电器 HYJ、跳闸位置继电器 TWJ、合闸位置继电器 HWJ。

跳闸重动继电器 ZJ 实际和中间继电器的意义差不多，一般它选用的就是快速中间继电器，主要作用有两个，一是两个回路之间的电气隔离，二是提供了更多的接点容量。对于变压器的非电量保护，为了提高可靠性，不让瓦斯继电器等非电量继电器直接接通跳闸回路，所以在非电量保护接点（如瓦斯继电器或温度接点等）动作闭合后是去启动相应的重动继电器。若变压器本体重瓦斯、压力释放或油温高，则重动继电器分别输出两副接点，其一经连接片启动跳闸继电器，其二输出作为事件记录和发信号。本体轻瓦斯重动后分别输出一副接点作为事件记录和发信号。

手动跳合闸时，将本地/远动开关置于本地位置。合上自动开关 5ZK，端子 B11 与负电源短接。

按下手动合闸按钮或将 1WK 打至合位，手动合闸继电器 SHJ 动作，机构合上后迅速返回，跳闸位置继电器 TWJ 返回，跳位灯熄灭；合闸位置继电器 HWJ 动作并保持，面板的合位灯点亮；此时断路器动作，由跳闸状态切换到合闸状态，跳闸灯熄灭，合闸灯点亮。

按下手动跳闸按钮或将 1WK 打至分位，手动跳闸继电器 STJ 动作，机构跳开后迅速返回，合闸位置继电器 HWJ 返回，合位灯熄灭；跳闸位置继电器 TWJ 动作并保持，跳位灯点亮；此时断路器动作，由合闸状态切换到跳闸状态，合闸灯熄灭，跳闸灯点亮。

装置的跳闸回路采用小型大功率快速继电器，其固有动作时间不大于 5 ms，并且可以引出 4 个跳闸出口。跳闸回路包括本体重瓦斯、压力释放、超温跳闸三个输入端。

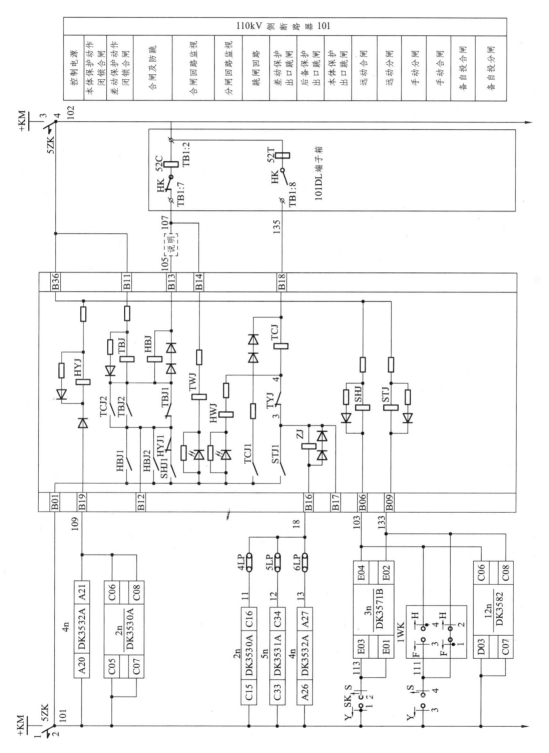

图 6.27　1 号主变 101 断路器保护控制原理图

6. 微机测控保护装置中断路器的控制回路与传统变电所控制回路的区别

（1）在综合自动化变电所中，将传统变电所中用于对断路器距离分合闸操作的控制开关保留，并和微机测控装置安装在一面屏上，在技术手段上通常称为"强电手操"。"强电手操"是指在综合自动化变电所中为了防止弱电操作系统（后台软件、远动装置等）故障造成无法对断路器进行操作而保留的"强电（直流 220 V）手动操作方式"，可以切实保证对断路器进行控制。

（2）传统的断路器操作回路中，合闸回路里是没有合闸保持继电器 HBJ 的，但是在微机操作回路中要增加合闸保持继电器。

要保证断路器合闸成功，必须保证使合闸回路中的电流持续一定的时间以启动合闸线圈。传统控制回路中采用的是 LW2 系列转换开关 KK、WK 或 SA。手动合闸时，在有值班人员操作的情况下，可以通过人力保证足够的合闸电流持续时间。

微机保护的发展思路是和变电所综合自动化系统及无人值班变电所紧密联系在一起的。遥控合闸指令是一个只有几十至几百毫秒的高电平脉冲，如果脉冲在合闸线圈启动之前消失，则合闸操作就会失败。所以，在微机操作回路中引入了合闸保持继电器 HBJ，依靠 HBJ 的自保持回路，可以保证在断路器合闸操作完成之前，断路器的合闸回路一直保持导通状态，确保断路器能够完成合闸操作。同时，HBJ 的自保持回路还保证了一定是由断路器的常闭辅助接点断开合闸回路，避免了不具备足够开断容量的转换开关接点或遥合接点断开此回路造成粘连甚至烧毁的危险。在 HBJ 启动以后，其常开接点闭合，在断路器合闸完成以前通过使合闸回路导通实现自保持。此时，转换开关的合闸接点或遥合接点断开都不会起到分断合闸电流的作用，只有在断路器合闸成功后，断路器常闭辅助接点打开才会切断合闸回路的电流。

在运行中也出现过由于增加了 HBJ 造成合闸线圈 HQ 烧毁的情况。合闸回路中断路器机构内的部分（虚线框内）只是一种示意画法，其实不只是一个断路器的常闭接点 DL 和合闸线圈 HQ，它还串联了断路器机构内的一些闭锁接点。但是，很多采用弹簧机构的断路器合闸回路中没有串联"弹簧已储能"的常开接点，只是将"弹簧未储能"作为预告信号引入中央信号系统进行告警。在这种状态下，如果操作回路在"弹簧未储能"时发出合闸指令，则断路器由于合闸弹簧没有足够的势能无法合闸成功，断路器常闭辅助接点无法断开合闸回路，HBJ 的自保持回路会一直导通，使 HQ 中长时间有电流通过而烧毁。此情况发生后许多断路器厂家都对产品设计进行了修改，在弹簧机构断路器合闸回路中都已串联了"弹簧已储能"的常开接点，运营部门对不符合要求设备也进行了改造。在以上条件均满足的情况下，旋转转换开关手柄合闸，即可使合闸指令到达连接端子，然后通过控制电缆到达断路器操作机构箱，实现合闸功能。

（3）在有些断路器保护控制回路中有 HYJ "禁止合闸"继电器。其中文名称应该是"合闸压力继电器"，最初是和"跳闸压力继电器"TYJ 配合使用来监测采用液压（或气动）机构的断路器的操作动力（即压力）是否满足断路器合闸、跳闸的要求。从操作回路来看，它可以反映一切应该禁止断路器合闸的情况，而且液压及气动机构逐渐退出运行，所以将 HYJ 称为"禁止合闸"继电器。一般情况下，断路器本身带有完善的闭锁功能，如图 6.16 中，将 SF_6 低气压闭锁继电器的常闭接点 63GLX 串联接入机构箱的操作回路，起到了闭锁合闸及跳闸的功能，所以，习惯上不再将闭锁接点引至操作回路启动 HYJ 以及下文将要提到的 TYJ

进行重复闭锁。也就是说，操作回路中 HYJ 和 TYJ 的常闭接点始终都是闭合的，其作用相当于导线。

（4）自动跳闸包括本体保护跳闸、外部跳闸和自动装置跳闸。"本体保护"指的"操作"这个操作箱的微机保护装置。微机操作回路是和微机保护装置配套使用的，微机保护负责对采集到的数据进行运算分析，确定是否要对断路器进行操作，操作回路则仅仅负责执行微机保护发出的对断路器的操作指令。所以，操作回路一个主要的功能就是执行其服务的微机保护的"跳闸"命令。

保护跳闸一般是由保护跳闸继电器 TJ 的常开接点启动的，而 TJ 是由继电保护 CPU 驱动的。"防跳"继电器 TBJ 常开接点的另一个重要作用就是：防止在自动跳闸时，保护出口继电器 TJ 常开接点先于断路器辅助常开接点断开时，起到切断跳闸电流的作用而烧毁。保护跳闸受"断路器本体禁止跳闸"继电器 TYJ1、TYJ2 的限制。外部跳闸和自动装置跳闸指的是由操作回路配套的微机保护之外的其他微机保护或自动装置发出的跳闸命令，例如母差保护动作、备自投动作等。操作回路中"防跳"回路的作用与断路器机构箱操作回路中的"防跳"回路的作用也是重复的，两套"防跳"回路同时运行时，会出现多种配合问题，保留一套即可。一般情况下，选择拆除断路器机构箱内的"防跳"回路，保留操作回路中的"防跳"回路。

（5）跳合闸启动回路不同。常规保护控制回路只在分相操作回路中有手跳、手合继电器及其自保持回路。常规三相操作回路中，手跳、手合直接由控制开关触点启动断路器线圈。与常规控制回路相比，微机保护控制回路在进行手跳、手合时，要启动手动跳闸继电器 STJ、手动合闸继电器 SHJ，手跳、手合继电器通过自保持回路启动跳、合闸回路。

（6）红绿灯启动回路不同。红绿灯启动回路不同，常规保护红绿灯直接由断路器辅助触点启动，微机保护控制回路中，红绿灯分别由合闸位置继电器和跳闸位置继电器启动。

（7）微机保护控制回路中均有自保持功能。

目前的微机保护控制回路全部带有跳、合闸自保持回路。不论是手动操作，还是自动操作（保护跳闸，重合闸动作），只要合闸命令发出以后，合闸回路就一直处于自保持状态，直到开关合上以后，依靠断路器辅助接点的切换，断开合闸回路合闸电流。如果开关由于种种原因开关没有合上，或者是合上以后断路器辅助接点没有切换到位，则合闸保持回路将一直处于保持状态，这样一直持续下去，将会把合闸线圈烧毁，对于电磁机构，将会同时烧毁合闸接触器线圈与大合闸线圈，有时甚至会烧毁保护装置操作插件。常规变电所三相操作回路中只有自动操作经过自保持回路，手动操作不经自保持回路。

三、牵引网馈线保护及其二次回路

（一）牵引负荷的特点

电气化铁道供电系统的交流牵引网采用单相工频交流供电方式。和电力系统的三相对称电网比较，牵引网的结构复杂。牵引网是由馈电线、接触网、轨道和大地、回流线、并联线、AT 供电方式的自耦变压器与正馈线等组成的特殊供电网。它的作用是把牵引变电所的电能安全可靠地输送给电力机车。接触网是牵引网的主要组成部分，其负载主要为机车负载（感性）和线路负载，牵引网馈线保护装置的保护对象主要为接触网和电力机车等。

单相交流供电网的正常工作相当于两相运行，牵引网的对地短路相当于两相短路。牵引网最大负荷电流值在一些区段往往和牵引网远端短路电流值相差不大，且负荷电流含有较大的谐波分量等特点。

牵引网本身结构和牵引网负荷电流的主要特点有：

（1）由于牵引网的结构复杂，运行条件差，因而发生故障的概率高。

接触网不仅应具备良好的导电性能，而且必须对电力机车有良好的取流条件，这样接触网的结构就纵横交错复杂起来。另外，负荷电力机车是移动的，接触网经常受到高速运行的电力机车受电弓的摩擦和撞击，电弧的烧损等运行条件的影响。牵引网短路故障比一般电网多，要求牵引网的保护装置能频繁而可靠地动作。

（2）牵引网负荷电流变化剧烈，与牵引网远端短路电流接近。

牵引负荷电流是电力机车牵引列车所需的电流。它受列车运行图、列车牵引重量及列车运行状态等各种因素的影响，而这些因素又在很大程度上发生着变化，所以说牵引网负荷电流的变化是剧烈的，它可由零至上千安变化不定。最大负荷电流很大，超过 1 000 A。

通常每一条馈线要供多点电力机车取流，负荷电流就很大。但由于牵引网的单位阻抗较大，在系统最小运行方式下，当供电臂远端短路时，短路电流较小，甚至与最大负荷电流值很接近。

（3）牵引网的负荷阻抗角较大，短路阻抗角较小。

整流型电力机车本身功率因数较低，形成牵引网负荷功率因数角大。正常负荷下牵引网功率因数一般为 0.8 左右。牵引网阻抗中的电阻成分较大，形成了牵引网的短路阻抗角较小。鉴于上述特点，牵引网的保护必须以阻抗保护为主保护，电流保护作为辅助保护。

（4）整流型机车和动车组的负荷电流为非正弦波，有大量高次谐波。

采用整流型电力机车后，牵引网负荷电流就有谐波分量。波形畸变可能导致保护装置误动作。故牵引网保护利用谐波分量构成闭锁回路消除谐波对保护的危害。

（5）空载时投入电力机车变压器或 AT 供电的自耦变压器会有励磁涌流。

从以上牵引负荷的特点可以总结出馈线保护存在的困难有：最大负荷电流和最小短路电流接近，电流保护的灵敏度不够；机车主变压器的励磁涌流较大，可能造成馈线的误动作；由于接触网故障频发，对保护的可靠性要求较高；瞬时性故障较多，一次自动重合闸有重要作用；保护对象无备用，需要精度较高的故障点探测装置。

为了提高牵引网供电的可靠性，在装设性能完善的保护装置的同时，均设有配套的自动重合闸装置和故障点测距装置。

（二）故障点测距（标定）装置

牵引网馈线故障点测距装置，俗称接触网故障探测仪（简称故测仪）。它的作用是当牵引网馈线发生短路故障时，能够自动而迅速地测量出故障点位置及短路故障时的电量值。

接触网无备用；架设低、扰动大、悬挂点多、分支线多、故障率高；接触网停电将严重干扰铁路运输生产，造成很大的损失；接触网线路较长，寻找故障点困难。牵引网的上述特点决定了必须采用故障点探测装置。牵引网供电系统的大多数故障是瞬时性短路，广泛采用故障点测距装置，并通过调试、输入电量使故障点测距装置准确地反映出故障位置和故障时的电量值。

（三）馈线保护的类型

牵引变电所的馈出线装置一般由以下几种保护构成：电流速断保护、阻抗保护、过电流保护、增量保护（高阻保护）、一次重合闸等。

1. 电流速断保护

电流速断保护在牵引网馈线上应用时是采用了延时较短的电流保护，它必须躲过电力机车故障时的动作时间。电流速断保护与过电流保护的主要区别在于它的动作电流是按照不同点发生的短路时的短路电流进行整定，并以此实现保护装置的选择性。

电流速断通常作为辅助保护，当系统发生严重故障时为消除阻抗保护动作死区而设置。获取最大负荷电流的方法是根据实测电流、所内实际最大负荷电流或根据牵引计算获得。

由于电流速断保护是按最大负荷电流进行整定，在供电臂较长，负荷重的线路，最大负荷电流接近供电臂末端的短路电流。因此电流速断保护不能作为馈线的主保护。对于重负荷线路，灵敏度往往达不到要求，只能采用谐波抑制，低压闭锁等来降低定值提高保护灵敏度。

2. 距离保护（阻抗保护）

① 距离保护的原理：距离保护反应保护安装处至短路点的距离。由于线路的阻抗正比于线路长度，故距离保护是由阻抗继电器完成电压、电流比值测量，通过测量短路点至保护安装处的阻抗实现的。

② 距离保护的特点：灵敏度高（反映电流、电压、相位变化）；受系统运行方式影响较小，保护范围稳定。

系统在正常运行时，不可能总工作于最大运行方式下，因此当运行方式变小时，电流保护的保护范围将缩短，灵敏度降低；而距离保护，它测量的是短路点至保护安装处的距离，受系统运行方式影响较小，保护范围稳定，是馈线的主保护。

③ 距离保护的范围：距离一段保护线路的85%；距离二段保护线路的全长。

④ 距离保护动作时限：距离一段典型时限取 0.1 s；距离二段典型时限取 0.5 s。

⑤ 距离保护的动作特性：距离保护的动作特性如图 6.28 所示。四边形上顶边即电抗线与 X 轴平行，按线路阻抗整定。右边为躲负荷电阻线，其与 R 轴交点（即 R 值）按最小负荷阻抗整定负荷整定。

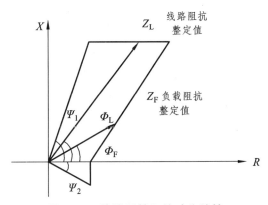

图 6.28　馈线保护阻抗动作特性

阻抗 R 按最低母线电压下，馈线最大工作电流进行整定，是以躲过线路中的最小负荷阻抗来考虑的。线路整定阻抗 X 是以保护范围末端故障时，保护有足够灵敏度或可靠性来计算的。供电臂空载投入运行时，空载线路的电容电流和负载变压器（机车变压器）的励磁涌流含有很多的二次谐波电流。为了保证阻抗保护在供电臂空载投入运行时不会误动，微机阻抗保护元件增加了二次谐波制动系数。

测量阻抗要用到电压（$Z = U / I$），当因某种原因电压断线时，阻抗继电器将会误动作，故必须采取电压断线闭锁措施，当发生电压断线时闭锁保护。DK3520A 装置采用 PT 断线告警，在保护未启动的情况下，装置设有 PT 断线告警的功能。投入 PT 断线后，检测到 PT 断线，即电压低于 30 V、保护二次电流大于 0.25 A（额定电流为 5 A）后，延时 3 s 告警点亮面板告警灯。只有当电压恢复到大于 30 V 时，告警自动解除，面板告警灯熄灭，告警返回。距离保护启动后如果装置检测到 PT 断线，则闭锁距离保护。

3. 电流增量保护

正常运行时，电力机车电路具有大电感作用，电流在短时间内增量不大；短路时，馈线电流急剧增加，速度比正常时高数倍或数十倍。距离保护是为了躲过线路的最大负荷，所以整定值一般较小，当线路短路接地电阻较大时，保护就无法动作，降低了供电系统的可靠性。此时要求装置设置电流增量保护。

比较短路与负荷两状态可知，无论是在牵引运行状态还是在再生制动状态，负荷电流中均含有大量的高次谐波（三次谐波为主），另外，当 AT 投入或机车变压器投入时，产生的励磁涌流含有很高的二次谐波分量，而短路故障时，故障电流基本是基波，故利用高次谐波抑制，二次谐波闭锁功能，并判断基波电流增量而动作的 ΔI 保护，可以不受机车再生负荷的影响，作为距离保护的后备保护对高阻接地故障能起到较好的保护作用。电流增量定值可按一台机车的启动电流进行整定，一般为 200 A，动作时限为 0.5 s。

4. 过电流保护

过电流保护一般作为牵引馈线的后备保护，根据实际的负荷电流时间曲线进行整定。

5. 反时限过流保护

当接触网因长期大电流发热达到一定程度时应切断馈线断路器，以保证行车安全。采用反时限过流保护完成此功能。

6. 三段过流保护

机车在线路上行驶时，负荷电流经常变化，即在任一电流值下运行的时间都很短。而故障电流只要一产生，就一直持续到故障切除后才完结。因此根据电流持续时间的不同可以鉴别故障。根据这一原理采用具有阶梯特性的三段过电流保护。保护根据实际的负荷电流时间曲线进行整定。此保护一般作为牵引馈线的后备保护。

7. 一次自动重合闸

（1）自动重合闸的意义。

统计表明：大部分线路故障为瞬时性故障，断电后故障可自行恢复，自动重合闸装置可以大大提高供电的可靠性、减少停电时间，可以提高电力系统的稳定性。瞬时性故障包括雷击引起的故障，大风引起的碰线，外界物体如树枝、鸟类、鸟粪等引起的及其他瞬时性故障。

（2）自动重合闸的处理。

一般采用控制开关的位置和断路器位置不对应启动，也可以由保护装置启动，还可采用加速避免合闸至永久性故障时对供电系统的冲击。

8. 二次重合闸

二次重合闸针对的是高速及重载电气化铁路负荷特点，设置两次重合闸以保证供电可靠性。第一次重合闸的启动方式有两种：一种是保护启动重合闸；另一种是开关偷跳启动重合闸。第一次重合闸必须在充电完成后（面板上重合允许指示灯亮）投入，重合闸充电时间可以整定。第二次重合闸启动是建立在保护启动第一次重合闸合闸于故障和第一次重合闸后加速跳闸成功并且无外部闭锁条件的基础上的。

距离保护、电流速断保护、过流保护、反时限过流保护、电流增量保护均可通过控制字独立投退重合闸。一次重合时间整定范围为 0 ~ 10 s，二次重合时间整定范围为 10 ~ 300 s，重合闸充电时间整定范围为 10 ~ 80 s。

为了防止重合闸元件误动作，装置还设置了重合闸闭锁条件，满足以下任一条件重合闸即放电：控制回路断线、闭锁重合闸开入信号为高电平、遥控分闸、手动跳闸。装置的外部开入还可以闭锁重合闸功能，该开入可用定值整定为各路开入中的任何一路。

（四）馈线保护装置二次回路举例

图 6.29 为某变电所馈线保护装置的主接线图及二次回路图，图 6.30 为测控装置开关量输入二次回路图。

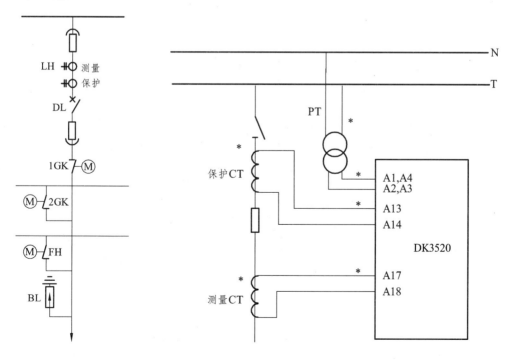

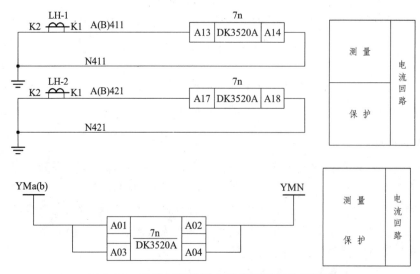

图 6.29　馈线保护装置主接线图及二次接线图

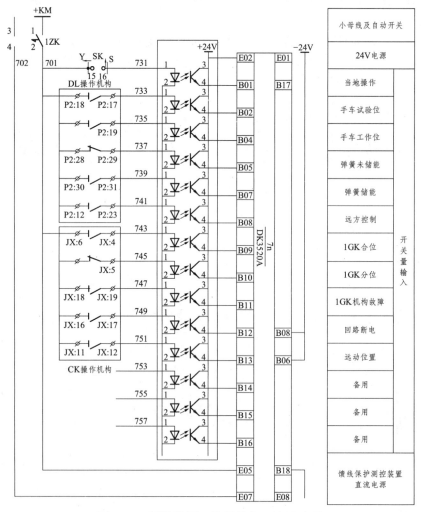

图 6.30　测控装置开关量输入二次回路图

DK3520 是线路保护测控装置。装置设有启动元件，启动元件动作的前提是保护投入工作（距离保护、电流速断、过电流、电流增量保护、后加速至少有一项投入），启动元件动作后开放出口 24 V 电源。

系统二次侧的交流电压和电流接入交流插件装置，经本插件的隔离互感器隔离变换为数字信号后，接入 CPU 插件。CPU 插件为 32 位工业控制用芯片，片外逻辑均通过 I/O 芯片隔离和 CPU 连接，抗干扰能力强。插件采用 14 位 A/D 转换芯片，可有最大 14 路模拟输入通道。模拟量经过两阶 RC 低通滤波电路接入数模转换回路。有 8 路开关量输入回路，开入量均经光耦隔离后接入 CPU。有多路开关量输出回路，用于驱动出口跳闸继电器和告警继电器。插件上有 RS-485 通信接口。通信媒介可以采用光纤或屏蔽电缆。通信规约采用 IEC870-5-103。

出口插件上设有启动继电器，用来闭锁跳闸继电器的 24 V 电源。保护动作后，由本插件的跳闸继电器跳开相应的断路器，并分别给出信号接点并点亮面板指示灯。检测到装置故障时，由本插件的装置故障继电器发出装置故障信号。插件设置有操作回路，可直接驱动断路器跳合闸。2 号出口插件可对两路电动隔离开关进行远方控制分合操作。

第五节　信号回路

在牵引变电所的运行中，除正常运行方式外，还有事故情况和不正常运行方式。为了及时发现异常及事故，并进行及时的分析处理，运行人员需要严密监视各电气设备的运行状态和运行参数，此外还必须借助更直观、更醒目、更能引起人们注意的各种音响和灯光信号来反映设备的运行状态和运行参数。

一、信号装置的分类

在牵引变电所中，必须安装有完善可靠的信号装置，以供运行人员经常监视所内各种电气设备和系统的运行状态。这些信号装置按其告警的性质一般可以分为以下几种：

事故信号：表示设备或系统发生故障，造成断路器事故跳闸的信号；

预告信号：表示系统或一、二次设备偏离正常运行状态的信号；

位置信号：表示断路器、隔离开关、变压器的有载调压开关等开关设备触头位置的信号；

继电保护及自动装置的启动、动作、呼唤等信号。

为了方便现场运行人员分析判断，不同的信号一般有不同的表示方式，如事故信号一般用电笛声表示，并伴有相应断路器变位的绿灯闪光信号；预告信号、继电保护及自动装置的启动、动作、呼唤等信号常发光字信号并伴有警铃声；断路器和隔离开关的位置常以红绿灯或机械位置变化等来表示；主变压器的有载调压开关位置则常以相应的数字显示。随着计算机监控系统的应用，信号系统变得越来越完善，它的分类更细，信息量更全，可以语言报警，并记录报警时间，这样对事故的追忆、分析更为方便。

二、对信号装置的要求

在变电所中，正常的操作和事故处理均由变电所的运行人员根据调度指令和对信号设备动作情况的分析判断来进行控制操作。其中信号装置的作用是把电气设备和牵引供电系统的运行状况变换成运行人员可以察觉的声光信号。虽然与控制装置相比信号装置不直接作用并改变设备的运行状态，但对变电所的安全运行同样重要。

变电所的信号装置必须满足以下要求。

（一）信号装置的动作要准确、可靠

信号装置作为一种信息变换设备，它的输入信息是电气设备和电力系统的各种运行状态，输出是运行人员可以感受的声光信号。这种变换是按人事先约定的对应关系进行的。例如，表示断路器正常合闸用红灯信号灯点亮；事故跳闸的声音信号是电笛声，而灯光信号是绿色信号灯闪光；直流系统接地时为警铃响，并有光字牌指示；等等。

信号装置的这种变换信息的功能一定要准确可靠，既不能误变换，也不允许不变换。否则，运行人员就不能准确地掌握电气设备和系统的运行工况，因而也就不能做出正确的判断和操作，甚至可能造成操作地延误或严重事故。例如，当小接地电流系统发生单相接地时，如果信号装置失灵而不能及时发出警报信号，运行人员就不可能做出停用电容器及沿路查找接地点决定和操作，结果系统发生长时间接地，造成设备绝缘损坏和故障停电事故。

（二）声光信号要便于运行人员注意

运行人员感受各种信号主要靠视觉和听觉。人感受光线的不同颜色、亮度，声音的不同频率及强度的灵敏度有所不同。因此，信号装置采用的声光信号必须适应人的要求，即明显、清晰，最有利于人的感官接收与判别，有利于对发生事件的判断。

三、中央信号回路

（一）常规变电所的中央信号回路

当电气设备或线路发生故障，断路器自动跳闸时，应发出事故音响信号和光字牌信号。此外，由已跳闸的断路器的绿色信号灯闪光表示故障发生的具体位置。

当变电所电气设备出现不正常运行情况时，也必须发出信号通知值班员，以便及时处理。不正常运行情况有：主变压器油温过高、过负荷、直流系统一点接地等。这时发出的音响是预告音响：警铃声信号，同时相应的光字牌有灯光显示，表明故障的性质和不正常运行设备的所在。

上述的事故信号和预告信号合称为中央信号。

中央信号系统设置在主控制盘上，是用以集中监视变电所电气设备故障和异常情况的音响与灯光信号装置机系统。中央信号系统通常由事故信号装置、预告信号装置（总称中央信号装置），以及断路器与电气设备各自的监视电路等部分组成。它的作用是便于值班人员和调

度人员及时了解和处理电气设备故障和异常状态，保证变电所的正常运行。

按其音响信号动作和复归方式的不同，区分为重复动作和不能重复动作、自动复归和手动复归等形式，从而构成不同功能的中央信号装置电路。牵引变电所和铁路变电所在一般情况下，因断路器和快速开关数量不多，大多采用中央复归、不重复动作的事故信号电路，而预告信号采用中央复归、重复动作的电路。

（二）综合自动化变电所的信号回路

常规变电所是将各保护装置的合闸、跳闸、装置告警、直流消失、控制回路断线等信号通过合闸位置继电器 HWJ 和跳闸位置继电器 TWJ 的空触点送往中央信号回路。对于综合自动化变电所，这些信号不再由触点传输，而是转换为数字量，通过网络送到测控装置的信号开入回路或监控主机，在综合自动化系统的后台机或集控中心的监控机进行报警显示。由于装置直流消失会造成系统通信中断，一般设计中将此信号汇集成小母线，送至公共测控装置，显示保护测控装置发生直流消失的报警。

中央信号回路的另一组成部分是在断路器控制电路中的位置信号。断路器的位置信号有灯光监视和音响监视两种。灯光监视通常设红绿灯，红灯表示合闸状态，绿灯表示分闸状态。音响监视信号一般用嵌在控制开关把手内的灯表示断路器位置。

四、牵引变电所中央信号装置的发展概况

牵引变电所常用中央信号装置由电磁型继电器或晶体管、集成逻辑电路组件构成。按照电路结构不同，经历了以下四个发展阶段。

（一）电磁式中央信号装置

该型装置以冲击继电器为核心，与其他相关电磁型继电器组成具有中央复归功能、可重复动作的中央信号电路。在这种电路中，冲击继电器的工作状况直接影响中央信号装置的工作可靠性，会出现漏发信号或烧坏冲击继电器的情况。此外，还有信号反映不完善、信号分辨率差的缺点。

（二）晶体管成套中央信号装置

晶体管、集成逻辑电路中央信号装置以 ZYX-1A 型晶体管成套中央信号装置为核心，配以辅助继电器箱构成，由脉冲形成回路、反相器、具有记忆作用的单稳态触发器、延时与复归回路与闪光电源组件等部分组成。以脉冲变流器为主体的脉冲形成回路接受输入电流并转换为脉冲信号；反相器和单稳发器构成启动环节，执行接通或经延时接通音响信号使其发声的功能，并在复归时通过它解除音响信号。延时和复归回路执行音响信号自动复归和手动解除音响的功能。装置可实现重复工作。这种中央信号装置的各组成环节，由自带稳压器电源供电。整个装置的功能、操作运行和试验情况与电磁型中央信号装置基本相同，但具有体积小、二次回路引出接点少、主要组成环节实现无触点化和工作可靠等优点。

　　电磁型继电器或晶体管、集成逻辑电路组成的中央信号装置按其音响信号动作和复归方式的不同，区分为重复动作和不能重复动作、自动复归和手动复归等形式，从而构成不同功能的中央信号装置电路。

　　牵引变电所在一般情况下，因断路器和快速开关数量不多，大都采用中央复归、不重复动作的事故信号电路，而预告信号采用中央复归、重复动作的电路。

1. 中央复归、不重复动作的电磁型中央信号装置

　　该装置由若干中间继电器、闪光继电器、音响器件（蜂鸣器和电铃）、若干信号小母线和各种按键开关组成的电路来实现。其中事故信号装置是由断路器事故自动分闸时，因其控制开关位置和断路器实际位置不对应（称为不对应原则），导致事故信号小母线带电而使事故信号继电器启动，蜂鸣器回路被接通而发音响。在中央信号装置盘按下接触音响信号按键开关（或由中间继电器触点的作用自动完成），则音响信号继电器电路被切断而解除音响（复归）。这种事故信号电路，因在解除音响信号按键开关回路中串入解除音响继电器的自保持触点的闭锁作用，同时刻如相继有第二台断路器发生事故跳闸，蜂鸣器不发声，因而是不重复动作的。但当断路器控制开关复位（与分闸位置对应）后，事故信号小母线失电，仍可再次接受新的事故信息。中央复归、不重复动作的电磁型中央预告信号装置电路原理与上述事故信号装置相类似，但预告信号继电器的启动是由设备处于异常状态的各种监视继电器动作而实现的。

2. 中央复归、重复动作的电磁型中央信号装置

　　保证重复动作的核心器件和启动元件是由脉冲变流器、灵敏弹簧继电器和出口继电器等组成的冲击继电器，并设置若干信号小母线，事故或预告信号则通过相应的小母线使冲击继电器动作而自动复归。之后若另一断路器发生事故分闸，或设备在异常状态下的另一监视继电器动作，由于串接在脉冲继电器输入回路的回路电阻（此时为两组并联的光字牌灯泡电阻）产生变化，致使脉冲变流器的脉冲电流突增，脉冲继电器再次启动，从而实现重复动作。

　　在设备出现故障发生事故音响信号的同时，事故跳闸的断路器位置信号灯发出闪光，表示事故发生的地点。另外，应能在中央信号装置的光字牌上直接显示事故性质，以便于运行人员及时判断和处理事故。

　　预告信号通常只设瞬时预告信息，当发生异常运行情况时，在发出音响信号的同时，光字牌显示灯光信号。对一些瞬时性的信号，例如直流电源短暂消失等，可能很快消除，如发出音响将干扰值班人员的注意力和思维，所以可使预告信号带有 $0.3 \sim 0.5\ \mathrm{s}$ 的延时。对个别需要长延时的信号，例如过负荷信号等，可以用外加时间继电器的方法来实现。预告信号的音响可以手动复归，也可以采用音响自动延时复归的接线。

　　事故报警信号和预告信号回路均设置试验回路。事故报警信号发生时也可以设停电时钟回路，以确定事故发生的时间。

（三）微机模块式中央信号装置

　　以微机为基础，辅以相关数字电路模块，通过与必要的固体继电器的配合，构成中央信号系统。该系统以小液晶屏幕以及小型组合式光字牌为信号窗口，显示变电所设备的各种运

行状态（不正常或故障状态）；对各种信号进行综合判断，发出事故、预告音响及停止数字时钟信号，并给出相应远动信号。其工作原理与晶体管成套中央信号装置相类似。

（四）计算机综合自动化监控系统

随着综合自动化系统对变电所传统二次系统的替代，中央信号装置的功能也被监控单元所替代，甚至其功能远远超过常规变电所信号系统功能。作为当地监控单元的备用和补充，在某些实现综合自动化的变电所中，传统的中央信号装置简化接线予以保留（如预告信号中只保留对变电所起安全作用的主要信号），而在无人值守变电所中，中央信号系统被完全取消，中央信号的功能由微机监控系统实现。

综合自动化变电所采用以微机为核心的分层分布式数字监控系统。由于电气设备和线路的数据采集模块与控制模块和监控主机能实时交互信息，对设备状态进行监视、控制，并能实现变电所主接线图运行工况的CRT画面监视与显示，当断路器事故分闸时，通过开关量变位处理和逻辑运算，CRT画面自动发出该断路器图形发出闪光的故障显示，并模拟光字牌发平光，事故分闸的同时还启动音响报警信号，发出事故音响，并启动打印机打印输出全部事故信息和参数，从而实现中央事故信号的各种功能。中央预告信号则是通过对电气设备的电量参数和电气量上、下限量值进行监视来实现的，在异常情况下和越限时，能发出越限报警，CRT画面自动显示有关参数并启动打印机打印输出。

与传统中央信号装置的功能比较，微机监控系统增加了画面显示和记录打印与储存等功能，为值班人员提供方便、科学的监控手段。中央信号与控制、监视、继电保护和RTU综合构成一体化综合自动化系统，可全面提高变电所自动化、智能化管理水平，并增强整体功能，是今后的发展趋势。

例如，"1号主变201断路器的弹簧未储能"信号回路原理图如图6.31所示。信号回路始于+XM信号正极母线，经空开、QF端子箱，接到断路器内辅助接点，再经光耦隔离接入测控装置信号负极。若断路器内辅助接点接通，则信号正负两极母线接通，测控装置发出相应告警信号。

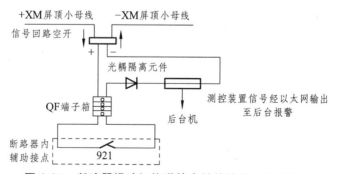

图6.31　断路器操动机构弹簧未储能信号回路原理图

五、信号输入回路

1. 信号输入回路（开关量信号输入，开入）回路举例

以图6.30为例，测控装置的开关输入有断路器分合闸位置、手车开关的试验位置和工作

位置、操动机构弹簧未储能、控制回路断线等信号。这些输入信号可以通过保护测控装置转换为数字量，经网络传输在监控主机的显示器上显示。

测控装置的直流电源一般从控制电源小母线 KM 接入，经 1ZK 小开关接到测控装置中。接入测控装置的信号分为两部分，一部分从本屏其他装置或元件直接接入，另一部分从配电装置经电缆接入。DK3520 测控装置所有的开入输入均为 24 V，如果需要接 110 V 或 220 V 的开入，则需外接光耦转接端子。装置的 E02 端子提供+24 V，隔离后再接入本装置。开入信号的输入电压有两类：一是弱电开入，接入的开入回路从测控装置上取 24 V 信号电源接入测控装置的背板端子，进入测控装置后经一级光电隔离后送入 CPU 微处理器，如当地操作开入；二是强电开入，开入回路从屏内取测控装置的 220 V 信号正电源，接入测控装置的背板端子，经过装置内两级光电隔离后再送入 CPU 微处理器。一般规定直流 24 V 电源不出屏，从屏外引入的信号必须经过两级隔离后才能接入装置 CPU。

弹簧储能、弹簧未储能、1GK 分位、1GK 合位等开入量信号，在软件编程中可以以报文形式出现，也可以在模拟图对应的图符中以变色或变位的形式出现。一般断路器位置变位在监控主机显示器上，以主接线图中图符的红、绿色变化及闪烁来表示，并同时出现事件报文。其他的保护动作信号、告警信号均以事件报文的形式出现。每路开关量均可设置为长延时或短延时，还可以设置为一般状态量，或 SOE 状态量（变位的同时也产生状态量信息）。每路信号开入量可定义当开关量变位时，是否响警铃或电笛。常规变电所的中央信号系统，出现事故信号时电笛响，出现预告信号时警铃响。综合自动化变电所也遵循这一原则，当出现断路器跳位变位时（发出事故信号）定义电笛响，当出现保护动作或告警信号的开入量变位时（发出预告信号）定义警铃响。

2. 光电隔离器（GG）

变电所的断路器、隔离开关、继电器等处于强电场中，电磁干扰比较严重，若要采集这些强电信号，必须采取抗干扰措施。抗干扰最简单有效的方法是采用光电隔离或继电器隔离。目前变电所大多采用的是光电隔离。光电隔离器也称光耦合器（Optical Coupler，OC），简称光耦。它是通过光线实现耦合来传输电信号的器件，通常把发光器件（如发光二极管）和光敏器件（如光敏三极管）封装在同一管壳内。当输入端加电信号时发光器发出光线，受光器接受光线之后就产生光电流，从输出端流出，从而实现了"电—光—电"转换。

普通光耦合器只能传输数字（开关）信号，不适合传输模拟信号。线性光电耦合器是一种新型的光电隔离器件，能够传输连续变化的模拟电压或电流信号，这样随着输入信号的强弱变化会产生相应的光信号，从而使光敏晶体管的导通程度也不同，输出的电压或电流也随之不同。以六脚光耦 TLP641J 为例，说明其原理，如图 6.32 所示。

光耦合器由一个光控晶闸管耦合一个砷化镓红外发光二极管组成。左边 1 和 2 脚是发光二极管的引脚，当外加电压后，驱动发光二极管（LED），使之发出一定波长的光，以此来触发光控晶闸管。光控晶闸管的特点是门极区集成了一个光电二极管，触发信号源与主回路绝缘，它的关键是触发灵敏度要高。光控晶闸管控制极的触发电流由器件中光生

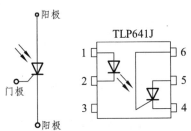

图 6.32　光控晶闸管及光耦

载流子提供。光控晶闸管阳极和阴极间加正压，门极区若用一定波长的光照射，则光控晶闸管由断态转入通态。为提高光控晶闸管触发灵敏度，门极区常采用放大门极结构或双重放大门极结构。小功率光控晶闸管常应用于电隔离，为较大的晶闸管提供控制极触发，也可用于继电器、自动控制等方面。大功率光控晶闸管主要用于高压直流输电。

在 1 和 2 脚加上 5 V 以上电压后，就能使发光管发光，驱动光控晶闸管进入通态，此时，5 和 4 脚构成一个电阻，阻值大约为 10 kΩ。当 1 和 2 脚未加电压时，则 4 和 5 可以看成一个无穷大的电阻。

由于光耦合器具有输入、输出间相互隔离，电信号传输具有单向性，输出信号对输入端无影响，抗干扰能力强，工作稳定，无触点等特点，所以它具有良好的电绝缘能力和抗干扰能力。

光耦合器在计算机实时控制中作为信号隔离的接口器件，大大提高了计算机工作的可靠性。光耦合器广泛用于电气绝缘、电平转换、驱动电路、开关电路及微机接口中。在光耦合器中，信息传输介质是光，输入和输出都是电信号，信息的传递和转换过程都是在不透光的密闭环境下进行的，它不受电磁信号和外界光的影响，因而具有良好的抗干扰性能。

综合自动化变电所中，光耦合器大多用于传输各类开关信号。保护测控装置强电输入的光电隔离器有的装设在保护装置外面，布置在屏柜面板或端子排上；有的装设在装置箱体内部。强电输入均采用直流 220 V，输出为直流 24 V。为了保证抗干扰的可靠性，要经过两级光隔离，即将变换为 24 V 的信号再经过一级光隔离，变换为 5 V 的信号送入 CPU 芯片。一般屏柜内部信号采用弱电输入，如保护装置的功能连接片、远方就地切换开关及信号复归按钮等，输入采用直流 24 V。

第六节　测量回路

变电所和供电装置中的测量系统是保证一次电气设备经济运行和一、二次设备安全可靠工作所必需的。监视、测量电路是变电所二次接线的重要组成部分，由各种电气测量仪表、监察装置、切换开关相互连接而成。

一、牵引变电所测量回路的作用

牵引变电所测量回路的作用是通过测量表计和监察装置指示、记录数据，监视、测量一次设备的工作状态，为运行人员及时调整、控制设备的运行和分析处理事故提供参数，保证变电所一次设备的安全和经济运行。

牵引变电所的测量电路主要测量电压、电流、有功电能、功率因数、有功和无功损耗等参数。

在变电所的二次设备电路中，设置有各种监视性和计量性表计。为便于运行人员的监视、观察与统计抄录，各种测量表计一般都装在控制室的控制、信号及计量等盘面上，有时也在室内配电间隔范围内就地设置，测量装置通过电流互感器或电压互感器与一次设备联系起来。

二、测量表计的类型

牵引变电所装设的测量表计按其功能可大致划分为下列两类：

（1）对各种电气设备的运行状况或供电质量进行监视性的测量的表计，如电压表、电流表、功率因数表等。

（2）对变电所供电运行要求的各种经济性指标进行计量性的测量的表计，如有功电能表、无功电能表以及主变压器的铜损表、铁损表等。

三、测量表计设置的一般原则

（1）不同的测量用途，对表计的精确度有不同要求。用作计量性测量的表计，其精确度要求较高，一般不低于 0.5 级。用作监视性测量的表计，其精确度较低，一般在 1～3 级之间。

（2）无特别规定或必要，一般可不在高压侧进行计量性测量，以便尽可能节省设置高压仪用互感器。但由于电力系统接线的需要及发展，往往要求高压侧设置计量性测量装置。

（3）为了减少连接导线电阻对测量表计准确度造成的误差，表计的设置应尽量靠近有关互感器。

（4）为降低造价、节能以及便于监视观察，应尽可能减少测量表计数量。

牵引变电所的测量表计及其用途如表 6.10 所示。有功功率表、无功功率表用以对系统功率分配进行监测。还可以根据有功功率表、电流表、电压表的瞬时值，经换算得到瞬时功率因数值。

表 6.10　牵引变电所测量表计及用途

电路名称	测量表计配置	用途
电源进线	三只或者一只电流表 一只三相有功功率表	监视三相负荷大小、平衡情况及三相功率
主变压器	三只或一只电流表 三只单相（或一只三相）有功电能表 三只单相无功电能表 铜损与铁损表	监视负荷大小、平衡情况及计量电能消耗等
牵引网馈电线	一只电流表	监视负荷情况
动力变压器	一只电流表、一只三相有功电能表	监视负荷情况及计量电能消耗
10 kV 动力馈线	一只电流表、一只三相有功电能表	监视负荷情况及计量电能消耗
10～110 kV 母线	三只或一只电压表	监视母线电压
牵引侧母线	每相一只电压表	监视母线电压
并联补偿电容器组	一只电流表、一只无功电能表	监视补偿电流及计量补偿无功电能

有功电能表用以统计用电能耗。根据有功电能表、无功电能表的累计数据，可以确定用户在一段时间的平均功率因数。

电压表用以监视母线或电源是否有电，并可按电压表指示的电压数值衡量、监视供电电压质量。

四、变电所计量屏二次回路图举例

图 6.33 是某牵引变电计量屏的二次回路设计图。（a）图中 1～5ZK 为空气开关，1WH、2WH、7WH 为三相普通数显有功电度表，3VARH、4VARH、8VARH 为三相普通数显无功电度表，5VARH、6VARH 为三相四象数显无功电度表，用以测量反送的无功电度。其中 1WH、3VARH、5VARH 为 1 号主变计量用表计，2WH、4VARH、6VARH 为 2 号主变计量用表计，7WH、8VARH 为动力变用表计。

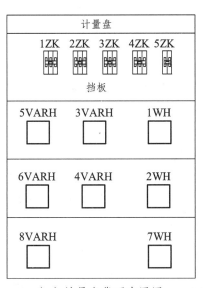

（a）计量盘背面布置图

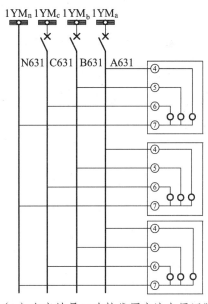

（b）主变计量二次接线图交流电压回路

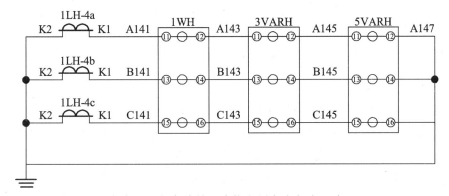

（c）1 号主变计量二次接线图交流电流回路

图 6.33　某牵引变电所计量屏布置图及主变计量二次接线图

（b）图是主变计量二次接线图交流电压回路。在设计图中，交流电压回路不画出电压互感器部分。在实际工程图中，凡是回路编号为 A（B、C）631（641）的线路均为从母线电压互感器二次回路引取电压的线路，如 A631 为 I 段母线电压互感器 A 相的二次电压，C641 为 II 段母线电压互感器 C 相的二次电压。

（c）图为 1 号主变计量二次接线图交流电流回路。1 号主变和动力变的计量二次接线图与此类似，图中未画出。

第七节　二次回路的故障处理

一、二次回路故障处理的一般原则和查找方法

（一）二次回路故障应急处理及防范措施

1. 二次回路故障的危害

二次回路故障有可能引起继电保护和自动装置以及断路器的误动或拒动，也可能引起各种信号显示、表计指示失常，难以监视一次设备的运行情况，进而对一次设备的运行、供电安全构成威胁。

2. 二次回路故障处理的原则

（1）根据故障现象、事故及预告信号显示情况、有关表计指示等进行综合分析，确认故障范围。

（2）各种回路的故障兼而有之时，应分清主次，从主要回路入手检查处理。若断路器拒分的同时未给出事故音响信号时，应先查找断路器拒分的原因，后查找事故音响回路的问题。若断路器拒合的同时信号显示也不正常，应按合闸回路、控制回路、信号回路的顺序查找各回路故障。

（3）查找某一具体回路故障时，应首先检查并排除电源部分的故障，再检查直流母线电压及熔断器等，最后检查容易发生故障的元件。

3. 处理措施及步骤

（1）确认故障范围，迅速排除或隔离故障，保证设备正常运行。

（2）根据故障现象、事故及预告信号显示情况、有关表计指示等进行综合分析，确认故障范围，关闭该回路电源，依据回路二次接线原理图逐一查找。

（3）对于无法查出的故障，将故障隔离后迅速上报电调和检修车间，并做好检修前的准备。

以控制回路断线为例，若信号显示控制回路断线故障发生，应巡视检查控制电源是否正

常，航空插头是否插好，断路器远方/就地转换开关是否在远方位，断路器储能是否正常，断路器闭锁杆是否完好。在进行简单巡视检查后若故障仍未消除，若此时断路器在合位，应投入备用断路器，再手动将故障小车在本体机械分闸；若此时断路器在分位，投入备用断路器即可。

4. 防范措施

（1）提高设备小修质量，减少因端子松动造成的二次回路故障。

（2）加强设备关键点的电位测量，保证电气回路正常，及早发现电气回路故障。

（3）加强理论学习，熟悉二次原理图，提高动手能力。

（二）二次回路故障的查找方法

1. 通断法

用通断法查找回路不通的故障时，将万用表置于蜂鸣器挡位，通过测某两点之间电阻值的变化来判别故障。对于接触良好的接触点，蜂鸣器发出响声。严重接触不良时或有一点、两点断开时，蜂鸣器不发出响声。检查时，必须先断开被测回路的电源，否则会烧坏仪表。对于有合闸按钮或者回路本身的断开点时，可以借助外力使其可靠接触，以便测量其回路的通断。注意不能使用兆欧表，因为兆欧表对回路中各元件接触不良或电阻元件变值的故障测不出来。

2. 测对地电位法

用测对地电位法查二次回路不通的故障时，无须断开相关电源。测量前应首先分析回路各点的对地电位，然后再进行测量，将分析结果和所测值及极性相比较。若所测值和极性与分析结果相同，误差不大，表明各元件良好；若相反或相差很大，表明这部分有问题。

测量各点对地电位时，应将万用表置于直流电压挡（量程应大于电源电压），将一支表笔接地（金属外壳），另一表笔接被测点。若被测点应带正电，则应将正表笔接被测点，负表笔接地；反之，将负表笔接被测点而正表笔接地。若表计指示为直流电源电压的一半左右（电源电压 220 V 时约为 110 V），则表明该点到电源正极或电源负极之间是通的。测对地电位时，读数为电源的 1/2 左右，是因为变电所直流系统中的绝缘监测装置的影响。

用测对地电位法检查回路不通的故障方便、准确，且不受元件和端子安装地点的影响，即使回路中有两个点不通也能准确查出（两断开点之间对地电位是零）。

3. 短路法

短路法是将万用表置于直流电压挡，测回路中各元件上的电压降。用此方法查回路不通的故障时无须断开相关电源。测量时所选用仪表量程应稍大于电源电压。短路法的原理是：在直流回路接通的情况下，接触良好的接点两端电压应等于零，若不等于零（有一定值）或为全电压（电源电压），则说明该触点接触不良或未接触；电流线圈两端电压应接近于零，过大则有问题；电阻元件及电压线圈两端则应有一定的电压，回路中仅有一个电压线圈且无串联电阻时，线圈两端的电压不应比电源电压低得多。线圈两端电压正常而其触点不动，说明线圈断线。

短路法同时适用于交流回路。将万用表置于交流电压挡，在交流回路接通的情况下，接触良好的接点两端电压应等于零，若不等于零（有一定值）或为全电压（电源电压），则说明该回路触点接触不良或未接触。对于配电动操动机构的隔离开关来说，不能电动分合闸时，就能用短路法很快地查找故障。

若回路中有两点不通，而两断开点之间电压降是零，就容易造成误判断。为了更有效地检查回路不通点或接触不良问题，可以将通断法、测对地电位法、短路法配合使用，这样更便于判别查找。

二、二次回路的巡视检查

二次回路的巡视检查往往会被值班人员忽视。运行经验证明，所有二次回路在系统运行中都必须处于完好状态，应能随时对系统中发生的各种故障或异常运行状态做出正确的反应，否则造成的后果是严重的。因此，在运行中应加强对二次回路的巡视检查。

（一）二次回路综合检查的内容

（1）检查二次设备有无灰尘，应使其保证绝缘良好。值班员应定期对二次线、端子排、控制仪表盘和继电器的外壳等进行清扫。

（2）检查表针指示是否正确，有无异常（每班抄表时进行）。

（3）检查监视灯、指示灯指示是否正确，光字牌是否完好，保护连接片是否在要求的投、停位置（交接班时进行）。

（4）信号继电器有无掉牌（在保护动作后进行）。

（5）检查警铃、蜂鸣器是否良好。

（6）检查继电器的交接点、线圈外观是否正常，继电器运行有无异常现象。

（7）检查保护装置的操作部件，如熔断器、电源小闸刀、保护方式切换开关、保护连接片、电流和电压回路的试验部件是否处在正确位置，接触是否良好。

（8）检查各类保护的工作电源是否正常可靠。

（9）断路器跳闸后，应检查保护动作情况，并查明原因。

值得注意的是，送电时必须将所有保护装置的信号复归。

（二）交接班时对二次回路的检查

（1）检查各断路器控制开关手柄的位置与断路器位置及灯光信号是否相对应。

（2）检查各同步回路的同步开关，其上应无开关手柄。检查主控室供同步开关操作的开关手柄，应只有一个，并且同步转换开关应在"断开"位置，同步闭锁转移开关应在"投入"位置，电压表、频率表及同步表的指示应在返回状态。

（3）检查事故信号、预告信号的音响及闪光信号、灯光及光字牌显示是否正常。

（4）检查测控保护屏是否清洁，屏上所有元件的标示应齐全。

（5）检查保护屏上的压板、组合开关的接入位置是否与一次设备的运行位置相对应，信号灯显示是否正常。

（6）检查继电器、表计外壳是否完整、是否盖好。

（7）检查端子箱、操作箱、端子盒的门是否关好，有无损坏。

（8）检查故障录波器是否正常。

（9）检查直流电源监视灯是否亮。

（10）用直流绝缘监测装置检查直流绝缘是否正常。

（11）检查二次设备屏是否清洁，屏上标识是否齐全，接线有无脱落和放电现象，各断路器的工作状态是否与实际相符，有无异常响声，各继电器铅封是否完好。

（12）检查表计指示是否正常，有无过负荷。

（三）值班中对二次回路的检查

1. 特殊巡视检查内容

高温季节应加强对微机保护及自动装置的巡视；高峰负荷以及恶劣天气应加强对二次设备的巡视；当断路器事故跳闸后，应对保护及自动装置进行重点巡视检查，并详细记录各保护及自动装置的动作情况。

2. 班中巡视检查内容

检查信号继电器是否掉牌或动作灯是否在恢复位置；检查屏上的表计指示是否正常，负荷是否超过允许值；检查并核对上一班改过的整定值，操作的保护压板和转换开关的位置是否符合要求；用直流绝缘监测装置检查直流绝缘是否正常；观察各断路器触点状态是否正常；当装置发出异常或过负荷信号时，要适当增加对该设备的巡视检查次数。

3. 班中的维护工作

（1）每天应清洁测控保护屏正面的仪表及继电器二次元件一次。

（2）每月至少做一次控制保护屏、开关柜、端子箱、操作箱的端子排等二次元件的清扫工作，最好用毛刷（金属部分用绝缘胶布包好）或吸尘器来清扫。定期对户外端子箱和操作箱进行烘潮处理。

（3）注意监视灯光显示和音响信号的动作情况。

（4）注意监视仪表的指示是否超过允许值。

（5）在夏季，装有微机型保护及自动装置的继电器室的室温应保持在 25～35 ℃ 之间，当开动空调降温时，应经常注意空调机的运转是否正常。

（6）保护及安全自动装置的整组动作试验由继电保护专业在定期检查时会同值班人员进行。值班人员配合设备停电，用短路继电器触点方法对 35 kV 及以下设备的电流电压保护及自动重合闸做整组动作试验（一个月内多次停电的只做一次）。

（7）在维护中，若带电清扫二次线时，禁止用水和湿布擦洗二次线，清扫工具应干燥，金属部分应包好绝缘，防止触电或短路；清扫标有明显标志的出口继电器时，应小心谨慎，不许振动或误碰继电器外壳，不许打开保护装置外罩；清扫高于人头的设备时，必须站在坚固的凳子上，防止跌倒触动保护装置。

4. 装置或机构动作后的处理

当继电保护和安全自动装置动作、开关跳闸或合闸以后，值班员应做的工作如下：恢复音响信号；根据光字牌、红绿灯闪光等信号及表计指示判明故障原因，恢复音响及灯光信号或将控制开关搬至相应的位置；在继电保护屏上详细检查继电保护和安全自动装置及故障录波器的动作情况并做好记录，然后恢复动作信号，并向当值调度员汇报，根据调度命令进行事故后处理；向主管领导及主管技术部门汇报事故情况。

5. 在继电保护、仪表等二次回路上工作的规定

（1）工作前应做好准备，了解工作地点一次及二次设备运行情况和上次的检验记录、图纸。

（2）在现场开始工作前，应检查已做的安全措施是否符合要求，运行设备与检修设备是否明确分开，还应查看设备名称，严防走错位置。

（3）在全部或部分带电的屏上进行工作时，应将检修设备与运行设备前后用明显的标志隔开（例如屏后用红布帘，屏前用"在此工作"标志牌等）。

（4）在保护盘上或附近进行打眼等振动较大的工作时，应采取防止运行中设备跳闸的措施，必要时经值班调度员或值班负责人同意，将保护装置暂时停用。

（5）在控制室的通道上搬运或安放试验设备时，要与运行设备保持一定距离，防止误碰运行设备，造成保护误动作。清扫运行设备和二次回路时，要防止振动，防止误碰，要使用绝缘工具。

（6）继电保护装置做传动试验或一次通电时，应通知值班员和有关人员，并由工作负责人或由他派人到现场监视，方可进行。

（7）所有电流互感器和电压互感器的二次绕组应有永久性的、可靠的保护接地。

（8）在带电的电流互感器二次回路上工作时，应采取如下安全措施：严禁将电流互感器二次侧开路；短路电流互感器二次绕组，必须使用短路片或短路线，短路应妥善可靠，严禁用导线缠绕；严禁在电流互感器与短路端子之间的回路和导线上进行任何工作；工作必须认真、谨慎，不得将回路的永久接地点断开；工作时，必须有专人监护，使用绝缘工具，并站在绝缘垫上。

（9）在带电的电压互感器二次回路上工作时，应采取如下安全措施：严格防止短路或接地；应使用绝缘工具，戴手套。必要时，工作前停用有关保护装置；接临时负载，必须装有专用的刀闸和熔断器。

（10）二次回路通电或进行耐压试验前，应通知值班员和有关人员，并派人到各现场看守，确认回路上无人工作后，方可加压。

电压互感器的二次回路通电试验时，要防止由二次侧向一次侧反充电，除应将二次回路断开外，还应取下一次熔断器或断开刀闸。

（11）检验继电保护和仪表的工作人员，不准对运行中的设备、信号系统、保护压板进行操作，但在取得值班人员许可后并在检修工作盘两侧开关把手采取防误操作措施后，可拉合检修开关。

（12）试验用刀闸必须带罩。禁止从运行设备上直接取试验电源。熔丝配合要适当，要防止越级熔断总电源熔丝。试验接线要经第二人复查后，方可通电。

（13）保护装置二次回路变动时，严禁寄生回路存在，没用的线应拆除，临时所垫纸片应取出，接好已拆下的线头。

三、二次回路异常运行及处理

（一）继电保护装置异常

1. 保护装置拒动

设备发生故障后，由于继电保护的原因使断路器不能动作跳闸，称为保护拒动。拒动的原因如下：

（1）继电器故障。

（2）保护回路不通，如电流回路开路，保护连接片、断路器辅助触点、继电器触点等接触不良及回路断线。

（3）电流互感器变比选择不当，故障时电流互感器严重饱和，不能正确反应故障电流的变化。

（4）保护整定值计算及调试中发生错误，造成故障时保护不能启动。

（5）直流系统多点接地，将出口中间继电器或跳闸线圈短路。

2. 保护装置误动

保护装置误动的主要原因如下：

（1）直流系统多点接地，使出口中间继电器或跳闸线圈励磁动作。

（2）运行中保护定值变化，使保护失去选择性。

（3）保护接线错误，或极性接反。

（4）保护整定值或调试不正确，如整定值过小，用户负荷增大过多。对于双回路供电线路，若其中一回线路停电，另一回线路运行，而保护未按规定改大整定值等可能造成断路器误跳闸。

（5）保护回路工作的安全措施不当，如未断开应拆开的接线端子或联跳连接片，误碰、误触及、误接线等，使断路器误跳闸。

（6）电压互感器二次侧断线（如电压互感器的熔断器熔断），则有些断线闭锁不可靠的保护可能误动。此情况下，一般会有"电压回路断线"信号、电压表指示不正确。

（二）自动装置异常

自动装置异常，通常是重合闸拒动，其主要原因如下：重合闸失掉电源；断路器合闸回路接触不良；重合闸装置内部时间继电器或中间继电器线圈断线或接触不良；重合闸装置内部电容器或充电回路故障；重合闸连接片接触不良；防跳中间继电器的常闭触点接触不良；合闸熔断器熔断或合闸接触器损坏；

（三）继电保护回路异常

常见异常现象有：继电器故障，线圈冒烟，回路断线；继电器触点粘连或接触不良；保护连接片未投、误投、误切；继电器触点振动较大或位置不正确。

继电保护回路出现上述异常时应立即停用有关保护及自动装置，并尽快报告调度员及保护专责人员，以便进行处理。

（四）中央信号装置异常

1. 事故音响信号不响

断路器自动跳闸后，蜂鸣器不能发出音响，其原因如下：蜂鸣器损坏；冲击继电器发生故障；跳闸断路器的事故音响回路发生故障，如信号电源的负极熔断器熔断、控制开关触点接触不良；直流母线电压太低。

检查时，首先按下事故信号试验按钮，如果喇叭不响，说明是事故信号装置故障，应检查冲击继电器及喇叭是否断线或接触不良，正、负电源熔断器是否熔断或接触不良。若按试验按钮时喇叭响，则应检查事故音响信号启动回路（断路器不对应启动回路）。该回路包括断路器辅助触点（或断路器跳闸位置继电器的触点）、控制开关触点及电阻等。实践证明，熔断器熔断或接触不良、控制开关触点接触不良、切换不准确及冲击继电器线圈断线等原因造成喇叭不响的概率较高，应重点检查。

2. 预告信号不动作

当电气设备发生异常时，相应的预告信号不动作，其原因如下：① 警铃故障。检查时，按下试验按钮，若警铃不响，说明警铃损坏。② 冲击继电器故障，预告信号回路不通。通常是光字牌中的两灯泡均已损坏或接触不良、信号电源熔断器接触不良或启动该信号的继电器的触点接触不良等。

检查时，若光字牌信号发出，警铃不响，首先按下预告信号试验按钮，若警铃还是不响，说明预告信号装置故障，这时应检查冲击继电器及警铃是否断线或接触不良；按下试验按钮后，若警铃响，则应检查光字牌启动回路电流是否太小，达不到冲击继电器启动电流值。

3. 信号电源异常

信号电源异常的主要现象及原因如下：

（1）光字牌信号与警铃响。当信号系统发出"事故信号电源熔断器熔断"光字牌信号，并伴随警铃声响起时，其原因是事故信号电源回路中的熔断器熔断或接触不良。

（2）白灯闪光。中央信号控制屏上的白灯闪光是由于预告信号电源熔断器熔断或接触不良所致。

（3）白灯熄灭。中央信号控制屏上的白灯熄灭是由于其回路中熔断器熔断或接触不良所致。

（4）光字牌起火冒烟。这种现象，通常是由电压过高、电流过大、光字牌质量差等原因引起。发生这种现象时，应立即断开该光字牌的直流电源，然后进行灭火，将其隔离，再恢复直流电源。注意勿造成直流短路或接地，同时通知继电保护专业人员处理。

（五）指示仪表无指示

指示仪表是运行人员的"眼睛"，如果指示有错误，将会造成运行人员的错误判断。仪表无指示的原因如下：回路断线，接头松动；指示电压的仪表熔断器熔断；表针被卡住或损坏。

本章小结

一、二次回路是指变电所的测量仪表、监察装置、信号装置、控制和继电保护和自动装置等所组成的电路。二次回路的任务是反映一次系统的工作状态，控制一次系统并在一次系统发生事故时能使事故部分迅速退出工作。

二、二次回路图按工作性质分为控制回路、保护回路、信号回路、测量回路、自动装置、通信回路等几个部分。二次回路图一般分为归总式原理接线图、展开式原理接线图和安装接线图。安装接线图是作为二次设备安装及二次回路配线所使用的图纸，常用来表示二次电气设备型号、设备布置、设备间连接关系，也是二次回路检修、试验等主要参考图。

三、中央信号装置是监视变电所电气设备运行中是否发生了事故和异常的自动报警装置。当电气设备或系统发生事故或异常时，相应的信号装置将会发出各种灯光及音响信号，以使运行值班人员能迅速准确的判断处理。中央信号装置按用途可分为事故信号、预告信号和位置信号三类。事故信号包括音响信号和灯光信号，例如当断路器跳闸后，蜂鸣器发出音响，通知值班人员有事故发生，同时跳闸的断路器位置指示灯闪光，光字牌亮，显示出故障的范围和性质。预告信号包括警铃和光字牌，例如当电气设备发生危及安全运行的情况时，警铃响，同时光字牌显示电气设备异常的种类。位置信号是监视断路器的开合状态及操作把手的位置是否对应等。

四、二次回路故障的查找方法有通断法、测对地电位法、短路法。在运行中应加强二次回路的巡视检查，掌握二次回路异常时的处理方法。

思 考 题

1. 二次回路图有何用途？牵引变电所常用的二次回路图有哪几种？

2. 画出展开接线图中常用设备的图形符号，并写出新旧文字符号。

3. 识读二次展开图的要领有哪些?

4. 读图 6.34 所示的主变测控保护屏的端子排图,分析此端子排在屏后的位置、电缆的数目及每根电缆的芯数,熟悉端子排的表示方法。

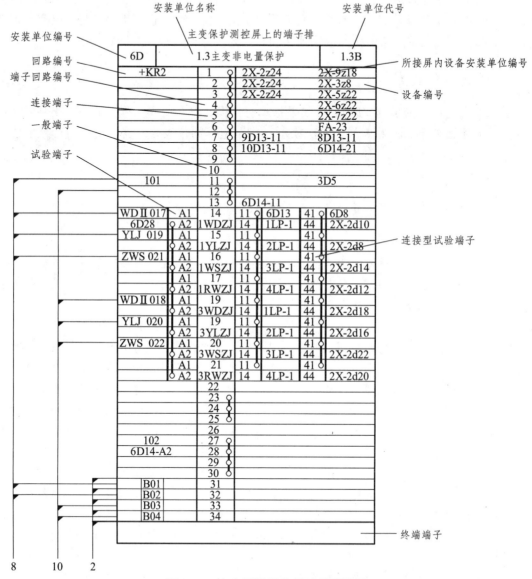

图 6.34　主变测控保护屏的端子排图

5. 分析应用电磁操动机构的断路器的控制回路的工作原理。

6. 分析应用弹簧操动机构的断路器的控制回路的工作原理。

7. 分析应用液压操动机构的断路器的控制回路的工作原理。

8. 分析电动隔离开关控制回路的工作原理。

第七章　自用电系统

本章要点：

　　本章将介绍牵引变电所自用电系统的作用，交直流负荷的分类，交流自用电系统的运行方式和工作原理，微机控制型高频开关直流电源统的主要组成及工作原理，以及直流自用电系统中有关蓄电池的基本概念和使用、维护方法。

　　变电站中的一次电气设备（如断路器、隔离开关、变压器调压开关等）和二次设备（如保护测控装置、通信设备等）的操作控制或工作电源是由专设的交流电源或直流电源提供。

　　在牵引变电所中，交流自用电主要用作主变压器通风、设备加热、室内外及柜内照明、动力、空调、电采暖、直流装置的充电、消防等设备的电源。直流自用电系统指直流配电系统和目前广泛采用的微机控制高频开关直流电源装置（其中包括充电机和蓄电池组）。直流电源主要向开关电器的操作、控制、信号、保护、自动装置等回路供电。当变电所发生故障，甚至交流电压全部消失时，要求直流电源仍能保证对控制、信号、保护等直流负荷及事故照明负荷的供电。为确保上述变电所内部自己消耗的交直流负荷用电，通常装设专用供电系统，称为自用电系统。

　　自用电系统中的交流和直流两部分各自独立，自成体系，都是低电压的。自用电系统在供电系统中处于及其重要的地位，它的工作正常与否直接影响主电路的正常运行。因此，要求无论主电路处于何种工作状态，自用电源均应安全可靠地持续供电。

第一节　交流自用电系统

　　为了可靠地向交流自用电设备供电，牵引变电所通常设有两台容量为 $50 \sim 100 \, kV \cdot A$ 的自用电变压器，一台工作，另一台备用。每台变压器都应能单独承担变电所的自用电负荷。此外，牵引变电所还应装有备用电源自投装置，当运行的自用电源发生故障时，备用电源能够自动投入运行。自用变压器一般从牵引侧母线取电，若有独立于牵引变电所交流系统的地方 $10 \, kV$ 三相交流电源时，则自用电变压器中的一台应由该电源供电。

一、牵引变电所自用电变压器的绕组接线方式

　　牵引变电所自用电变压器的绕组接线方式和结构随主变压器接线方式的不同而异，可分为以下情况：

（一）主变压器采用三相变压器

此情况下，自用变压器一般使用普通的三相（27.5/0.4 kV）变压器。如主变压器采用 YN，d11 接线时，自用电变压器采用 D11，Yn 接线方式。其中高压侧的一个出线端可以直接与钢轨及地相连，另两个出线端则与 27.5 kV 母线相连，从而取得三相对称电源。

（二）主变压器采用三相-二相变压器

可以根据具体情况，采用主变压器的反接线方式取得三相对称电源。如主变压器采用斯科特接线时，自用电变压器可采用逆斯科特接线方式。

（三）主变压器采用 V 形接线

自用电变压器也相应由两台单相变压器连接成 V 形接线方式。但这种牵引变电所应当备有可以应急使用的单相-三相电源，例如劈相机（一种输入单相、输出三相交流电的分相电机）、劈相变压器（一种输入单相、输出三相交流电的分相变压器）或者直-交逆变器，以防止牵引变电所中一旦有一相缺电时，仍可从单相电源上取得三相电源，从而使交流自用电负荷得到不间断供电。

二、交流自用电系统工作原理

如图 7.1 所示，1#电源和 2#电源分别来自两台自用电变压器，自用电变压器采用 YN，d11接线。正常运行时，两台自用电变压器由两台隔离开关投入，分别接入 27.5 kV 两段母线。副边由低压开关 1QF 和 2QF 控制。1SA、2SA 为同投与互投转换开关，1ST、2ST 为电源启动按钮。多路交流负荷由低压开关控制，图中省略。

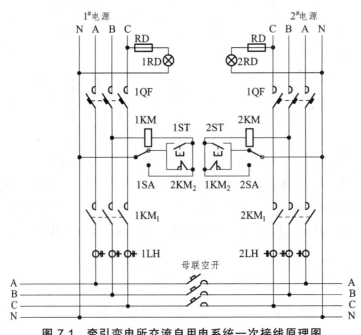

图 7.1　牵引变电所交流自用电系统一次接线原理图

（一）互投操作

1. 1号电源工作，2号电源备用工作原理

将图 7.1 中互投/同投转换开关 1SA、2SA 置于上侧"互投"位置。合上开关 1QF，则接触器 1KM 受电（B 相火线→1KM 线圈→2KM2→1SA→N 线），动合触点 $1KM_1$ 闭合（接触器主触头，有灭弧能力），交流电源通过动合触点 $1KM_1$ 送一路电源至母线。

动断触点 $1KM_2$ 断开，闭锁接触器 2KM 不能受电。同时，图 7.2 中的动合触点 $1KM_3$ 闭合，交流电源信号灯 1HL 亮红灯，指示 1 号自用电变压器运行。

合上开关 2QF，接触器 2KM 由于 $1KM_2$ 断开而不能受电，动合触点 $2KM_1$ 断开，二号交流电源不能送至交流母线，而处于热备用状态。

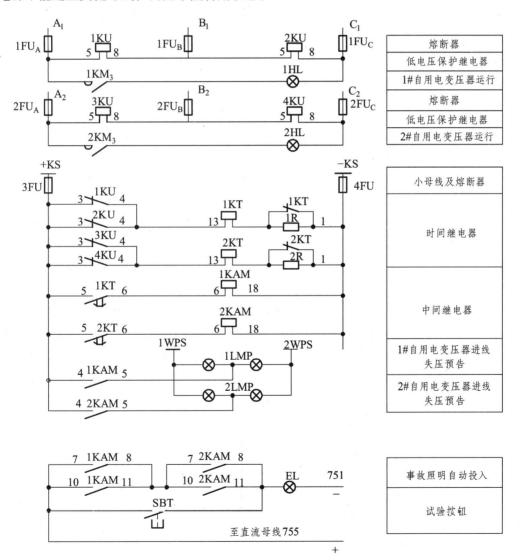

图 7.2 牵引变电所交流自用电系统二次接线原理图

2. 1 号电源倒至 2 号电源工作过程

当 1 号自用电变压器进线失压，或变压器因故障致使低压侧失压时，接触器 1KM 线圈失电，其动合触点 1KM$_1$ 断开，动断触点 1KM$_2$ 闭合；接触器 2KM 受电动作（1 号交流电源主用时 2 号交流电源处于热备用工作状态，只等 1KM$_2$ 一闭合，其线圈就会受电），2KM$_1$ 主触头闭合，交流电源通过动合触点 2KM$_1$ 送一路电源至母线。图 7.2 中的动合触点 2KM$_3$ 闭合，交流电源信号灯 2HL 亮红灯，指示 2 号自用电变压器运行。同时，低电压保护继电器 1KU 或 2KU 失压，动断触点 1KU$_{3-4}$ 或 2KU$_{3-4}$ 闭合；时间继电器 1KT 动作，其触点 1KT$_{5-6}$ 延时闭合，中间继电器 1KAM 受电动作，1KAM$_{4-5}$ 闭合，光字牌 1LMP 亮灯而发出 1 号自用电变压器失压预告信号。

3. 2 号自用电变压器手动投入运行

正常运行时，若需 2 号自用电变压器手动投入运行，1 号自用电变压器退出检修，只要按下电源启动按钮 2ST（常开按钮），使接触器 2KM 受电动作，其动合触点 2KM$_1$ 闭合，向交流母线供电。同时，接触器 1KM 因 2KM$_2$ 断开而失电，其动合触点 1KM$_1$ 断开，1 号自用电变压器停止向交流母线供电。

（二）同投操作

当牵引变电所交流自用电系统负荷增加而导致 1 台自用电变压器运行容量不足时，两台自用电变压器可以同时投入运行。送电时，先将互投/同投选择开关 1SA、2SA 置于下侧"同投"位置，合上开关 1QK 和 2QK，则接触器 1KM、2KM 受电动作，动合触点 1KM1、2KM1 闭合，两台自用电变压器同时向交流母线供电。两台自用电变压器并联供电时，通常将交流母线联络空开断开，此时在交流馈线发生短路故障时，可缩小事故范围。

（三）全所失压

当牵引变电所全所停电时，低压继电器 1KU、2KU、3KU、4KU 失压，它们的动断（常闭）触点闭合，时间继电器 1KT、2KT 受电动作，动合（常开）触点 1KT$_{5-6}$、2KT$_{5-6}$ 延时闭合，这样可以躲过线路瞬间失压重合成功的时间。中间继电器 1KAM、2KAM 受电动作，1KAM$_{4-5}$、2KAM$_{4-5}$ 闭合，使光字牌 1LMP、2LMP 亮灯，发出自用电变压器进线失压信号。

三、交流自用电系统举例

图 7.3 所示为某分区所、开闭所交流电源屏系统图。所内交流自用电系统一般有两路进线，一般为一台 27.5 kV 的自用电变压器供电，另一台电源取自贯通线的 10 kV 自用电变压器。这两台自用电变压器二次电压一般为 0.4 kV（或 220 V）。两台自用电变压器的副边采用分开供电或一主一备的供电方式。

分开供电时，两路进线均有电时，每台自用变各负担自己的负荷。若采用互投操作：当其中一台失电时，母联开关自动投入，由另一台自用变担负全部负荷。当失电的自用变来电时，母联开关自动断开，重新回到原来的运行方式。

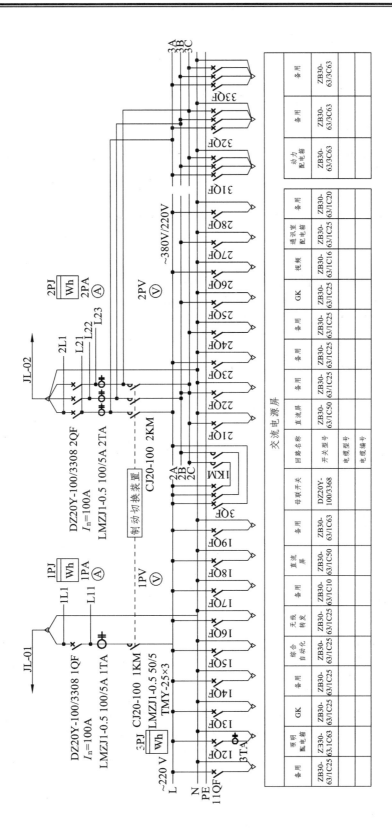

图 7.3 某分区所、开闭所交流电源屏系统图

一主一备方式时，两路进线均有电。正常运行时，一台主变担负所有的负荷，当这一台主变失电时，另一台主变担负起所有的负荷。

如果电力机车的谐波含量过大，使用 27.5 kV 的自用变会使低压设备工作极不正常。为保证设备运行安全，一般可采用 10 kV 自用变担负主用，不得已才使用 27.5 kV 的自用变供电的方式。

当两路交流均失电时，可以自动启动事故照明系统。

自用变本体配置温度显示装置，可实现电子测温及超温报警等功能。

第二节　直流自用电系统

牵引变电所的直流自用电系统包括蓄电池组、直流充电装置及直流配电系统等。直流配电系统主要是向断路器的操作、控制、保护及信号回路供电。蓄电池组则能在变电所发生任何故障，甚至交流电压全部消失时，仍能保证对上述负荷及事故照明负荷的供电，断路器可靠分合闸并发出分合闸信号。蓄电池组由多个蓄电池串联组成，其电压等级一般为 110 V 或 220 V，近年来以采用 220 V 居多。

一、对变电所直流系统的基本要求

（1）具有独立性且供电安全可靠。

（2）在牵引变电所正常或事故情况下均能满足各类直流负荷需要。

变电所一次电路正常带电运行时，直流系统有额定电压输出，保证各种正常操作和监视；一次电路停电时，直流系统仍要求有额定电压输出，保证送电前的各种操作和监视；一次电路发生短路事故时，直流系统的输出电压和容量应满足保护装置动作及断路器事故分闸的要求。

（3）能提供事故检修、事故照明等直流电需要。

二、直流负荷和直流母线的分类

（一）直流负荷的分类

牵引变电所中由操作电源供电的直流负荷，按其用电特性一般有下面三种：

（1）经常性负荷。经常性负荷是指在各种运行状态下，由直流母线不间断供电的负荷，例如，经常带电的继电器、信号灯、经常性的直流照明、计算机、巡回检测装置的逆变电源等。

（2）事故负荷。事故负荷是指牵引变电所失去交流电源时，应由直流系统供电的负荷，例如，事故照明、自动，远动装置，计算机、巡回检测装置等负荷。

（3）冲击负荷。冲击负荷主要是指断路器合闸时的短时冲击电流和此时直流母线所通过电流（包括经常和事故负荷在内）的总和。冲击负荷应按牵引变电所中合闸电路最大的一个断路器的合闸电流统计，并考虑同时合闸的断路器合闸电流的总和。

（二）直流电源母线的分类

（1）合闸母线，提供给合闸回路负载的直流电源母线。断路器的合闸由大功率整流装置提供合闸电源。

（2）控制母线，提供给控制回路负载的直流电源母线。

三、与蓄电池有关的基本概念

（一）充电装置对蓄电池的充电方式

充电装置对蓄电池的充电方式有初充电、浮充电和均衡充电三种方式。

（1）初充电：蓄电池组装完成后的最初充电，一般由生产厂家来完成。

（2）浮充电：直流电源系统在正常运行时，充电装置承担经常负荷，同时向蓄电池组补充充电，以补充蓄电池的自放电（蓄电池不与外电路连接时，由内部自发反应引起的电池容量损失，以每月或每年容量损失的百分数表示），使蓄电池以满容量的状态处于备用。

（3）均衡充电：蓄电池在正常使用过程中会产生端电压不均衡的情况，为了防止这种不均衡扩展为电压过低，应在一定时间内及时进行均衡充电，使每个电池达到均衡一致良好状态。为补偿蓄电池在使用过程中产生的电压不均匀现象，使其恢复到规定范围内而进行的充电，以及大容量放电后的补充充电通称为均衡充电。

下列情况应及时均衡充电：过量放电使端电压低于规定终了电压；放电后未及时充电电池；交流电源中断，连续浮充电池放出近一半容量电池；长期静置不用的电池。

（二）蓄电池的容量

蓄电池的存储能力用容量表示。蓄电池的容量是指蓄电池放电到某一最小容许电压时，放电电流值与持续放电时间的乘积。

当放电电流恒定时，蓄电池的容量 Q 的计算公式如（7.1）所示。

$$Q = I \times t \ (\text{A·h}) \tag{7.1}$$

四、直流自用电系统的组成和工作原理

变电所直流系统从最早的直流发电机、磁饱和稳压、硅整流、晶闸管整流（相控）发展到现在广泛应用的微机控制高频开关整流直流电源装置。直流装置一般包括直流充电柜、馈电柜和电池柜。通用型号为 GZDW 的直流电源柜采用高频开关电源，也可将充电馈电安装在一个柜内，该电源柜可为控制、信号、通信、保护及事故照明等提供直流电源。

（一）微机控制型高频开关直流电源柜的作用、特点、型号及分类

1. 微机控制型高频开关直流电源柜的作用和特点

微机控制型高频开关直流电源柜是一种智能型高频开关直流电源装置，可以提供对电源

系统的"遥测、遥控、遥信、遥调"的支持，实现无人值守，能满足正常运行和保障在事故状态下对继电保护、自动装置、高压断路器的分合闸、事故照明及计算机不间断电源等提供直流电源，或在交流失电时，通过逆变装置提供交流电源。它具有高可靠性和高智能化的特点。

2. 微机控制型高频开关直流电源柜的型号和分类

微机控制型高频开关直流电源柜的型号如下：

GZDW ☐1 - ☐2 / ☐3 - ☐4

GZDW——G 表示柜，Z 表示直流系统，D 表示电力系统，W 表示微机控制。

1——系统接线方式。

2——蓄电池容量。

3——直流输出电压。

4——电池种类：F 表示防酸隔爆式蓄电池，M 表示阀控式铅酸蓄电池，G 表示高倍率镉镍蓄电池，Z 表示中倍率镉镍蓄电池，C 表示低倍率镉镍蓄电池。

如 GZDW33-100Ah/220-M 表示蓄电池容量为 100 A·h、直流电压为 220 V 的阀控式铅酸蓄电池。

直流电源柜按容量可分为：

① 大系统：蓄电池容量大于 200 A·h，适用于 35 kV、110 kV、220 kV、500 kV 变电所及发电厂。

② 小系统：蓄电池容量小于 100 A·h，适用于 10 kV、35 kV 变电所及小水电所等场所。

③ 壁挂式直流电源：适用于开闭所、配电网自动化、箱式变压器等场所。

直流电源柜的充电模块共有 5 种型号，可归为两类：20 A 充电模块和 10 A、5 A 系列充电模块。

（二）直流自用电系统的主要组成及工作原理

直流自用电系统主要由交流配电、充电模块、监控模块、母线调压（降压硅链）、直流馈电（包括合闸回路、控制回路）、绝缘监测、蓄电池组等几大部分组成。直流系统较重要的负荷一般采用双回环形供电网络，以保证供电的可靠性。其原理框图如图 7.4 所示。

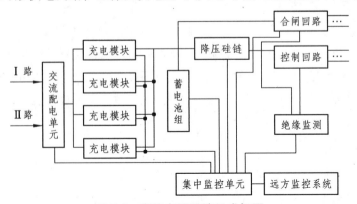

图 7.4　直流电源系统组成框图

1. 主要组成

1）交流配电部分

交流配电部分将交流电源引入并分配给各个充电模块，扩展功能为实现两路交流输入的自动切换，以提高直流系统供电的可靠性。为防止过电压损坏充电模块，交流配电设有防雷装置。

2）充电模块

为了使蓄电池能作为直流电源正常向外供电，还必须设有充电装置。国内电力工程中常用的有高频开关充电装置和晶闸管充电装置。高频开关充电装置以模块形式组成，模块电流为 5～40 A，可以根据设计容量进行组合，具有体积小、质量轻、效率高、自动化水平高及可靠性高，整流模块可以更换，且有冗余等优点，目前被广泛采用。配置高频开关充电模块时，原则上可以不设整套装置的备用，即一组蓄电池配一套充电模块，两组蓄电池配两套充电模块。在实际运用中，为了进一步提高可靠性，一组蓄电池也可以配两套充电模块。

充电模块一般运行于浮充电状态，每隔 720 h 系统自动进行一次强充电（均衡充电），以使各电池的状态一致。每单元铅酸蓄电池在浮充电状态下的电压为 2.25 V。蓄电池过充或过放均会造成寿命缩短，影响其正常使用。

充电模块提供蓄电池所需要的 AC/DC 智能高频开关变换器发出的电压，其输出连接在电池母线上。充电模块的基本功能是完成 AC/DC 变换，以输出稳定的直流电源。

3）直流馈电部分

直流系统一般设置控制母线和合闸母线两段母线。合闸母线一般与蓄电池电压相同。控制母线与合闸母线间有调压装置进行自动调压，使控制母线电压维持在标准电压值。直流馈电部分将直流电源经断路器、刀熔开关分配到各直流用电设备，包括合闸（动力）回路、控制回路和闪光回路以及绝缘监测装置等，扩展功能为馈线故障跳闸报警。

4）降压硅链单元

因为直流电源在对蓄电池组进行均衡充电和浮充电时，充电模块的输出电压为 254 V 和 243 V，会高于控制回路的额定电压值，为保证控制母电压为 220（1±10%）V，需要在合闸母线与控制母线之间采用降压硅链调压装置，以保证控制母线的电压在正常范围内。

由于高压断路器的 220 V 直流操动机构一般采用弹簧操动机构，分、合闸电流小，可在 220（1±10%）V 范围内正常工作。大系统直流电源装置中蓄电池采用 103 只、2 V/只，蓄电池的均充电压和浮充电压分别为 242 V 和 232 V，能满足控制电压 220（1±10%）V 的范围，因此，在大系统直流屏中可取消调压装置。

5）监控模块

监控模块是电源系统的控制、管理核心，具有四遥功能，可使电源系统达到无人值守。该模块采用以微处理器为核心的集散模式对充电模块、馈电回路、电池组、直流母线对地绝缘情况实施全方位监视、测量、控制，完全不需人工干预。它包括各种电量参数模块、蓄电池电压巡检模块、自动调压模块、各种开入、开出量模块等。

6）蓄电池组

蓄电池组是直流系统的重要组成部分，主要作用是在交流输入电源正常时储存电能，并在交流停电时释放电能，保证直流系统不间断地向负载供电。目前电力系统广泛采用阀控式密封铅酸蓄电池，其优点是：自放电小；内阻小、输出功率高；具有自动开启、关闭的安全阀（蓄电池在正常使用时保持气密和液密状态，当内部气压超过预定值时，安全阀自动开启，释放气体，当内部气压降低后安全阀自动关闭，同时防止外部空气进入蓄电池内部，使其密封）。蓄电池在使用寿命期限内，正常使用情况下无须补加电解液。

7）绝缘监测仪

其主要功能是在线监测母线和馈线支路的绝缘下降情况，当在线检测出有绝缘下降的支路和绝缘电阻时，发出告警信号。直流系统如存在两点接地，会造成保护误动或拒动，甚至造成设备烧坏、电池短路等重大事故的发生。因此，在直流装置中设置绝缘监察装置，当直流系统中存在一点接地时，该系统会报警，并指示接地电阻等参数，以便于接地故障的查找。

2. 系统工作原理

系统交流输入正常时，两路交流输入经过交流自动切换控制选择其中一路输入，并通过交流配电给各个充电模块供电。充电模块将输入三相交流电转换为高质量的 220/110 V（电池屏中的电池一般是由 2~12 V 的电池以 9 节到 108 节串联方式组成，对应的电压输出也就是 110 V 或 220 V）直流电，经隔离二极管隔离后输出，一方面给电池充电，另一方面给合闸负载供电。此外，合闸母线还通过降压硅链装置为控制母线提供电源。

1）降压硅链装置工作原理

直流柜中常用的调压方法有利用斩波无级降压的方法。下面重点介绍目前直流系统中应用最广泛的降压硅链装置。电压调整装置的工作原理图如图 7.5 所示。硅链和硅降压模块调压原理相同，硅降压模块调压性能优于硅链，但价格较高。

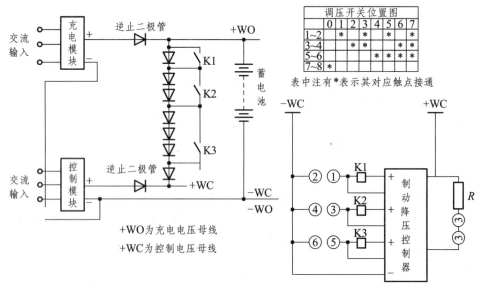

图 7.5　七级硅降压模块电压调整装置原理图

在直流电源系统正常运行（当交流正常供电）时，调整硅降压模块加在逆止二极管 D1 阳极上的电位低于控制高频开关电源模块输出的+极电位，逆止二极管 D1 处于截止状态，硅降压装置不工作，控制电压由控制高频开关电源模块直接提供稳压精度为 ± 0.5% 的 220 V 的控制电压。当控制模块故障或交流失电时，控制模块停止工作，控制母线+WC 的电压可通过蓄电池经降压单元来提供。因蓄电池组的均、浮充电压通常高于控制电压，因此需采用电压调整装置进行调压，保证控制母电压为 220(1 ± 10%) V。

图中 K1、K2、K3 是三个直流调压接触器，它们的常开接点分别与一个、二个和四个硅降压模块相连（每一个降压模块可降压 5.6 V，7 个降压模块最大降压值为 39.2 V），它们的线圈可由自动降压控制器自动或通过调压万能转换开关手动控制。自动降压控制器由取样单元实时监测控制母线电压，当控制电压过高或过低时，自动降压控制器可根据电压的高低自动地分别使 K1、K2、K3 三个调压继电器接通或断开改变串入降压回路的降压模块数量，从而使控制电压达到 220(1 ± 10%) V。

当交流失电时，若蓄电池处于浮充状态，此时蓄电池组电压为 243 V，为保证控制母线电压为 220 V 则应降压 23 V。此时，自动降压控制器自动接通 K1 和 K2 线圈，K1 和 K2 的接点闭合短接 3 个降压模块，蓄电池经 4 个降压模块降压，降压值为(4 × 5.6) V = 22.4 V，实际控制电压为(243 – 22.4) V = 220.6 V，从而保证控制电压为 220(1 ± 10%) V 的范围内。

在正常运行时，调压万转开关应置于自动挡（0 挡）调压万能转换开关的触点 7-8 接通，自动降压控制器电源接通，调压单元自动工作。当自动降压控制器故障时（直流电源系统发出声光报警，光字牌发出控制母线电压异常），此时可用手动调压并观察控制电压表使控制电压达到要求值。

2）监控装置工作原理

系统中的监控部分对系统进行管理和控制，信号通过采集处理后，再由监控模块统一管理，在显示屏上提供人机操作界面，并可以接入到远程监控系统。系统还配置有绝缘监测仪或绝缘监测继电器，用于监测母线绝缘情况。

交流输入停电或异常时，充电模块停止工作，由电池向负载供电。监控模块监测电池电压、电流和放电时间，当电池放电到一定程度时，监控模块发出告警。交流输入恢复正常以后，监控模块根据电池放电情况自动选择充电方式，控制充电模块对电池进行充电，使电池恢复到满容量状态。

直流系统中一般按每组蓄电池或每组充电装置设置一套微机监控装置。微机监控装置具备四种基本功能，即：① 测量功能。测量直流系统母线电压，充电装置输出电压和电流，蓄电池组电压和电流。② 信号功能。发出直流系统母线电压过高和过低，直流系统接地，充电装置运行方式切换和故障等信号。③ 控制功能。控制充电装置的开机、停机和运行方式切换。④ 接口功能。通过通信接口将信息传至变电所综合自动化系统。直流电源系统各装置的报警信号及其他信息，均应先传至直流系统的监控装置，然后通过通信接口传至上位机。

3）事故照明原理

如图 7.6 所示，交流屏供给直流屏的两路电源分别是 X11、X12、X13 交流一路三相电源和 X21、X22、X23 交流二路三相电源，经交流自动切换模块（直流屏背面 PM4A1 交流监控单元）来实现两路交流电源的互相切换。交流监控单元正常工作时右下角扳把开关打在"自动"位置。

日常巡视时应注意该扳把开关打在"自动"位置，小修清扫维护也注意防止误动该扳把开关；两路交流电源只要有一路电源正常时，通过 KM1 或 KM2 三相交流接触器选通一路三相交流电源即 X51、X52、X53（供四个充电机模块工作的电源），在此电源并接了一个交流接触器 KA，正常情况下交流接触器 KA 受电，其常闭接点打开，断开了事故照明馈出回路，故事故照明空开虽然在合位，但没有直流馈出，事故照明指示灯不亮。

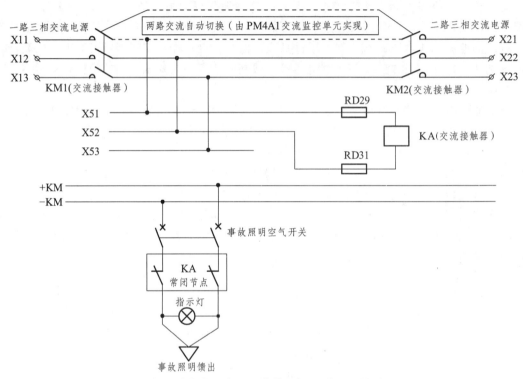

图 7.6　某变电所直流屏事故照明回路原理接线图

当两路交流电源消失或 KM1（KM2）三相交流接触器同时故障时，X51、X52、X53（供四个充电机模块工作的电源）电源无电，交流接触器 KA 失电，其常闭接点闭合，接通了事故照明馈出回路，事故照明有直流电源馈出，事故照明指示灯，高压室及控制室的事故照明灯点亮。

事故照明检查试验步骤为：

① 测量直流屏背面右侧端子排 X11、X12、X13，X21、X22、X23 两路三相交流电源是否正常（用万用表交流 500 V 挡位测量相间是否有 380 V 交流电压）。

② 检查两组蓄电池组与 HM 电源空开（保险）是否在合位并且状态良好。

③ 检查直流屏事故照明空开是否在合位。

④ 拉下直流屏正面两组充电模块交流电源空开，并确认直流馈出是否正常。

⑤ 拉下交流屏供直流屏两路交流电源空开（模拟两路交流断电），观察直流屏事故照明空开馈出指示灯亮并且高压室及控制室事故照明灯点亮。

⑥ 试验完毕将两组充电模块交流电源空开合上，并确认充电机及直流馈出是否正常。

测量直流系统电压的位置：测量直流系统电压时，不得在直流屏内测试，必须在控制屏内控制开关处测试控制母线电压，在高压室断路器端子箱合闸母线端子接线处测试合闸母线电压。

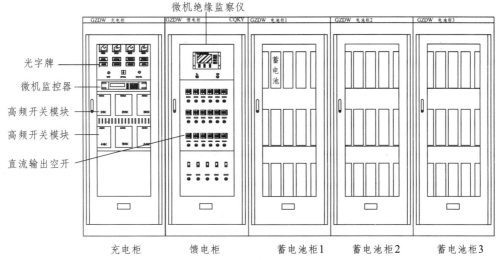

图 7.7 微机控制高频开关直流电源柜

4）绝缘监测装置

绝缘监测装置主要监测变电所的直流系统对地绝缘情况。监视、测量电路对保证供电质量、保证变电所的安全运行，具有重要作用。

变电所直流系统接线分布较广，接线复杂并且外露部分较多，工作环境多样，易受外界环境因素的影响，造成直流系统绝缘水平降低，甚至可能使绝缘损坏而发生接地。一点接地虽不会影响到直流系统的正常工作，但它是一个非常危险的不正常状态，必须及时发现和处理。否则，在此状态下，其他地方又出现另一点接地，造成两点接地，可能引起控制回路、信号回路、继电保护和自动装置等不正确的动作，甚至熔断器熔断，使直流系统供电中断，造成严重后果，因此，在直流系统中装设绝缘监察装置是非常必要的。

对于直流系统绝缘监察装置，其基本要求是：能正确反映直流系统中任一极绝缘电阻下降。当绝缘电阻降至 15～20 kΩ及以下时，应发出灯光和音响预告信号；能测定绝缘电阻下降的极性（正极或负极），以及绝缘电阻的大小；有助于绝缘电阻下降点（接地点）的查找。

微机直流系统绝缘监测的设备主要由主机、CT 采集模块以及绝缘监测电流变送器（简称 CT）组成。绝缘监测仪主机采用电桥原理，实时监测正负直流母线的对地电压和绝缘电阻，当正负直流母线的对地绝缘电阻低于设定的报警值时，自动启动支路巡检功能。

实时绝缘监测分为母线检测和支路巡检两部分。常规检测是在系统正常运行时实时监测正负母线的对地电压，得到绝缘电阻值；在发生绝缘下降时发出报警信号，点亮故障灯，并将故障标志上送监控上位机，同时投入低频信号，进入支路巡检状态。支路巡检是对各支路进行巡回检测，分别计算各个支路的接地电阻的分布电容。支路巡检方法是在正负母线平衡投入低频交流信号，利用每一支路穿套在正负母线上的互感器感应出此交流信号，此信号即反应了该支路的接地阻抗的大小，再从中分离出阻性和容性电流即可得出该支路的接地电阻值。

直流母线对地绝缘电阻的检测可采用平衡电桥法和不平衡电桥法（见图7.8）。传统的绝缘监测装置多采用平衡电桥法，在双端接地时，测量误差较大，且不能检测正负极平衡接地。

K1闭合，K2断开，测得 V_1、V_2，得方程：

$$\frac{V_1}{R_1 /\!/ R_X} = \frac{V_2}{R_2} \tag{7.2}$$

K1断开，K2闭合，测得 V_1、V_2，得方程：

$$\frac{V_1}{R_X} = \frac{V_2}{R_2 /\!/ R_Y} \tag{7.3}$$

解联立方程（7.2）和（7.3）即可求得接地电阻 R_X、R_Y。

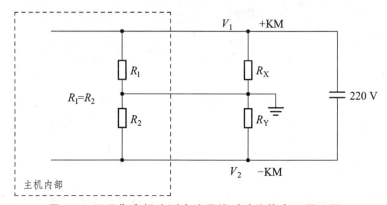

图7.8　不平衡电桥法测直流母线对地绝缘电阻原理图

平衡电桥法属于静态测量，即测量正负母线对地的静态直流电压，因此母线对地电容的大小不影响测量精度；由于不受接地电容的影响，因此检测速度快。不平衡电桥法对于任何接地方式均能准确检测，但是在测量过程中，需要正负母线分别对地投电阻，因此母线对地电压是变化的。为了获得准确的测量结果，每次投入电阻后需要延时，待母线对地电压稳定后，再测量，因此检测速度比平衡电桥法慢，且受母线对地电容的影响。

有交流法和直流法两种方法检测对地绝缘电阻。交流法采用交流无源CT，需要向母线注入交流信号，当出现接地时，交流CT便可检测到不平衡电流即漏电流。交流法CT结构简单，成本低，但是需向母线注入交流信号，且接地电容影响测量精度，不能识别接地母线的极性。双端接地时，测量值为 $R_X /\!/ R_Y$。采用直流有源CT，不需注入交流信号。当出现接地时，直流CT将直流漏电流变换为 $0 \sim 5$ V 或 $4 \sim 20$ mA 的电信号。该方法无须向母线注入交流信号，受接地电容的影响小，能识别接地母线的极性，能测量双端接地，但是成本高于交流CT，并且环境温度和工作电压的波动影响测量精度。

五、直流电源系统举例

图7.9所示为某地铁直流系统接线原理图，将其与图7.5比较，可以更全面更具体地了解直流电源系统的组成。该直流系统的直流主母线采用单母线分段的接线方式。交流侧由所

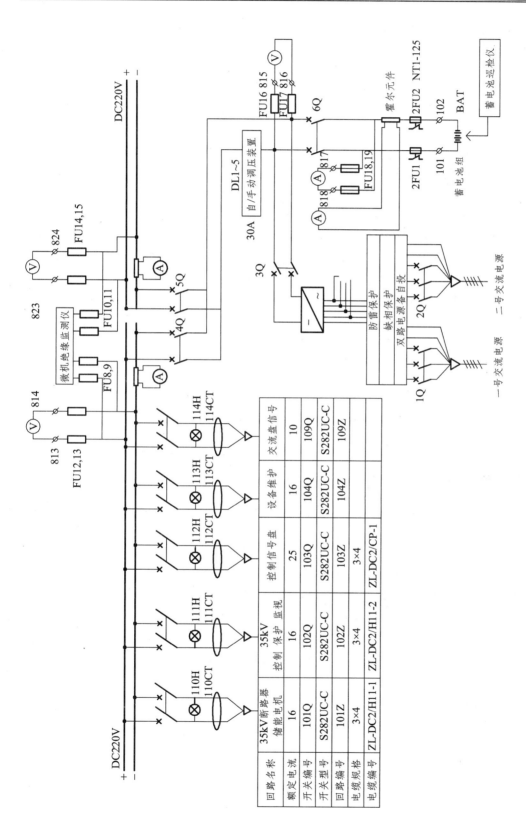

图 7.9 某地铁直流系统接线原理图

内低压配电柜引入两路三相交流 0.4 kV 输入电源，两路进线电源互为备用，并设置进线电源自动投切装置。正常供电时，充电单元对蓄电池组进行充电或浮充电，同时为全所的经常性直流负荷提供电源。由蓄电池向冲击负荷供电。交流失电后，由蓄电池向所内全部负荷，包括经常性负荷、冲击负荷供电。

直流系统由交流监控单元，智能高频开关充电模块，蓄电池组，直流母线自动（手动）调压装置，馈电单元，绝缘故障巡检单元、电池巡检单元、智能监控单元等组成。所有设备分别安装在充电柜、馈电柜、电池柜。充电机配置 5 或 6 块 10 安培的整流模块，充电机最大输出电流可以达到 50 或 60 A。充电机的最大输出电压可以达到 290 V 左右。采用霍尔元件构成的霍尔电流传感器监测大容量蓄电池组的剩余电量、基本参数等，为蓄电池组的日常维护提供重要的依据，并保证了蓄电池组的可靠运行。

阀控式密封铅酸蓄电池正常充电程序是：先采用恒流充电，电压达到均充电压整定值（2.30～2.35）$V \times n$（n 为单体电池节数）时，微机控制充电浮充电装置自动转为恒压充电；当充电电流逐渐减小，达到设置值时，微机开始计时，3 h 后，微机控制充电浮充装置自动转为浮充电状态运行，电压为（2.25～2.30）$V \times n$。

长期浮充充电程序为：在正常运行浮充状态下每隔 1～3 个月，微机控制充电浮充电装置自动转入恒流充电状态运行，按阀控式密封铅酸蓄电池正常充电程序进行充电

正常浮充电运行状态时，若电网事故停电，这时充电浮充电装置停止工作，蓄电池通过降压模块，无间断地向控制母线送电。当电池电压低于设置的告警限值时，系统监控模块发出声光告警。

交流电源恢复送电运行时，微机控制充电装置自动进入恒流充电状态运行，按阀控式密封铅酸蓄电池正常充电程序进行充电。

本章小结

变电所中交流自用电主要用作主变压器通风、设备加热、室内外及柜内照明、动力、空调、电采暖、直流装置的充电、消防等设备的电源。

直流电源主要向开关电器的操作、控制、信号、保护、自动装置等回路供电。

直流系统接地可能引起控制回路、信号回路、继电保护和自动装置等不正确地动作，甚至使直流系统供电中断，造成严重后果，因此必须在直流系统中装设绝缘监测装置。

GZDW 微机控制高频开关整流直流电源装置包括直流充电柜、馈电柜和蓄电池柜，采用高频开关电源，该电源柜可为控制、信号、通信、保护及事故照明等提供直流电源。

思 考 题

1. 为何有独立于牵引变电所交流系统的地方 10 kV 三相交流电源时，自用电变压器中的一台应由该电源供电？

2. 同投操作时为何要先断开母线联络空气开关？

3. 直流自用电系统的作用和基本要求是什么？

4. 电池串、并联使用时，总容量和总电压是如何确定的？

5. 什么是浮充电运行方式？什么是均衡充电运行方式？

第八章　牵引变电所典型故障处理案例分析

第一节　电气设备常见故障应急处理

牵引变电所是牵引供电系统的可靠动力，牵引变电所一旦发生故障，迫使行车中断或运输能力下降，将直接影响运输生产。为了在发生事故后能尽快处理，需要掌握常见故障的现象、原因、处理措施和应急处理流程。

一、馈线断路器跳闸应急处理

现象为馈线断路器跳闸，重合成功或重合失败。若重合成功，则属于供电臂存在瞬时短路故障，重合失败则可能是供电臂存在永久性短路故障。

（一）处理措施

应加强设备巡视，采取各种措施尽快恢复供电。供电恢复后要在跳闸断路器馈线出线侧验明有电。

（二）应急处理流程

对于跳闸后重合失败的，应确认并复归信号，确认跳闸时间，记录保护动作相关数值，对相关设备进行巡视，确认所内设备是否正常。值班人员通过保护启动情况、故障测距参数等进行故障点的基本分析判断，确定是接触网发生短路故障、保护误动还是馈线过负荷跳闸等。

（1）如所内设备正常，向供电调度报告跳闸及重合失败情况，按供电调度命令进行强送。如强送不成功，则应再次汇报后等待供电调度命令再次强送或组织事故抢修。

（2）如检查跳闸或重合失败是本所设备故障原因引起，则应向供电调度报告跳闸、重合失败及设备异常情况，申请倒换断路器送电；向相关部门报告情况，并迅速组织人员查明故障原因进行处理，自行无法处理及时报检修人员处理。

（3）对于短时间内发生两次及以上跳闸的还要分析是否是同一故障点引起的跳闸，如是供电臂上同一故障点引起的，则要立即向供电调度汇报情况并立即通知网工区。

（4）跳闸处理完毕后应将保护名称，重合闸动作情况，保护动作时的电压、电流、阻抗，故障测距值等内容记入保护装置动作和断路器自动跳闸记录和值班运行记录中。

上述流程如图 8.1 所示。

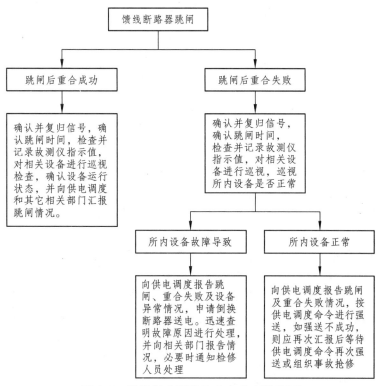

图 8.1　馈线断路器跳闸应急处理流程图

（三）防范措施

（1）加强日常巡视，重点巡视馈线保护装置各保护压板投入状态及保护跳闸、保护合闸连片状态是否良好，隔开法兰盘焊接有无开裂，传动杆状态是否良好，传动杆上下销钉状态是否良好。

（2）重点巡视隔开机构箱内"远动/近动"转换开关位置是否正确，"急停"按钮是否弹出。

（3）加强馈线隔离开关关键点电位测量，保证电气回路正常，馈线重合闸时开关能可靠动作。

二、馈线隔离开关拒动应急处理

馈线隔离开关拒合或拒分后，可能是馈线隔离开关存在电气回路或机械回路故障。处理时要保证在最短的时间内将电送出去，不中断供电。

（一）电气回路故障

馈线隔离刀关直接位拒合或拒分，可尝试在隔离开关本体进行合、分。室外电动隔离开关本体分、合闸步骤：① 将控制盘相应断路器"远、直、单"转换开关打至"单独位"，无"单独位"则打至"直接位"；② 将隔离开关面板"远动/近动"转换开关打在"近动"位；③ 根据隔开实际分合状态，按下"合"、"分"按钮"观察隔开合闸、分闸情况。

馈线隔离开关直接位拒合或拒分，本体操作也拒合或拒分，采取紧急手摇分、合闸操作。紧急手摇分、合闸步骤：① 将手摇摇把插入手摇孔内（此时摇把将控制回路电源已切断）；② 根据隔离开关实际分合状态，按照标示分合方向转动，观察隔离开关分合情况，直至隔离开关分合到位；手摇分隔离开关前先要确认相应断路器在分位。

（二）机械回路故障

电动隔离开关机械回路的常见故障有隔离开关传动杆上下销钉折断、法兰盘焊接开裂、电动机烧损、隔离开关内部传动装置故障等。

（1）隔离开关传动杆下销钉折断、法兰盘焊接开裂、电动机烧损、隔离开关内部传动装置故障，可将隔离开关机构箱法兰盘螺丝松开，借助管钳转到传动杆将隔离开关分合到位，若隔离开关合闸送电则应采取一定的安全措施后将隔离开关动静刀头用铁丝绑扎固定。

（2）隔离开关传动杆上销钉折断，停电时可将断路器拉至试验位不再分隔离开关。合闸送电前则必须采取一定的安全措施后将隔离开关动

变电所发生隔离开关机械回路故障后申请投入备用断路器和隔离开关即可。

馈线隔离开关无论存在电气回路或机械回路故障，应在应急处理后及时报告相关部门，并通知检修人员及时彻底解决故障。

三、馈线送电后接触网无电

（一）馈线送电后接触网无电的原因

若馈线送电后接触网无电，应再次在馈线外侧验电确认，再根据以下故障原因分别进行处理。

（1）馈线隔离开关及其连接母线故障。

① 若是隔离开关两侧母线故障，则向电调申请停电，采取必要的安全措施后对隔离开关两侧软母线进行绑扎、补强或换线。

② 若是馈线隔离开关合闸不到位，应向电调申请先断开已处于合位的馈线断路器，然后采用手摇隔离开关，使隔离开关合闸到位，再合馈线断路器并验明馈线有电。

（2）馈线断路器存在问题。

① 若是断路器故障，向电调申请先先合上备用断路器，再将故障断路器断开，并拉至试验位，并验明馈线有电。

② 若是由于断路器在试验位，向电调申请先断开在试验位馈线断路器，将断路器推至运行位后再次合闸，并验明馈线有电。

③ 如果是因为错合了其他断路器，向电调申请先断开已错合的馈线断路器，合上处于正确的馈线断路器，并验明馈线有电。

（二）馈线送电后接触网无电应急处理及防范措施

天窗结束后，馈线送电后接触网无电，原因可能是馈线隔离开关合闸不到位或隔离开关两侧母线故障，倒闸操作后未确认馈线隔离开关及引线的状态；馈线备用断路器处于试验位，

合闸时错合备用断路器；馈线断路器故障，虽断路器信号转换但断路器实际未真正合闸。

（1）处理措施：迅速查明原因，尽快恢复供电。

（2）防范措施：

① 落实标准化作业，作业中执行呼唤应答，值班人员在操作隔离开关或断路器后要确认其状态是否正常，馈线送电后必须进行验电。

② 发现馈线隔离开关合、分闸不到位时要及时进行检修恢复其技术状态。

③ 加强设备巡视，做到设备状态心中有数。

第二节　变电运行典型故障案例分析

一、由于检修试验时未监控设备状态造成的故障

（一）故障概况

××年 3 月 28 日 11 时 40 分，××检修车间根据调度命令在××变电所做自投试验，11 时 45 分试验结束，自投试验全部成功。

12 时 15 分左右，变电所值班人员对变电所设备进行班中巡视，发现 1011 隔离开关支持瓷瓶自根部折断。12 时 20 分申请 1#进线停电及撤除 1#B、1#进线自投。13 时 13 分 1#进线停电，电调下令合 1010 地刀。同时立即联系由××检修车间派车自其他变电所带一只同型号支持瓷瓶。16 时 40 分，支持瓷瓶送到变电所，17 时 18 分更换完毕。1011 隔离开关分合正常。

（二）原因分析

（1）根据现场情况分析，支持瓷瓶是在隔离开关分闸时折断的。因为当时 1#进线有电，如果合闸折断，自投试验时系统就会发 1#进线失压，而当时并没有发失压信号。

（2）瓷瓶折断的原因：经过与其他触指进线比对，其他触指顶部与触指槽间有 2 mm 间隙，对拆除的触指进行检查，触指顶部在触指槽内没有间隙，直接顶在触指槽内，造成触指活动受限，隔离开关分闸时，触头不能顺利从触指间滑出，同时隔离开关本身分合闸角度没有调整到位，自投试验时需要多次分合操作，造成瓷瓶受扭力过大而折断。

（3）××变电检修班自投试验时，没有安排检修人员在室外检查设备动作情况，未能及时发现瓷瓶折断情况。

（三）应吸取教训

（1）检修人员要对所有隔离开关按工艺标准进行调试，要求调试后的隔离开关触指动作灵活，分合闸时触头应平稳进出触指，支持瓷瓶不得出现明显晃动。

（2）做自投试验或设备投运时，必须安排人员对现场设备动作情况进行观察，发现问题及时处理。

二、由于维护保养不良造成的设备故障

（一）故障概况

　　××年11月10日A变电所母线支持瓷瓶放电污闪构成局定责任设备故障，××年9月20日B变电所母线支持瓷瓶延面放电污闪构成局定责任设备故障。

（二）原因分析

　　A变电所设备故障原因是，由于213断路器静触头支持绝缘子脏污闪络对地放电，A相母线接地，引起1#主变201A断路器低压侧a相过流保护动作，在分闸瞬间大电流侵入二次回路，将201A断路器控制回路-KM保险熔断，直流屏信号回路总空气开关跳闸，201A断路器低压侧过流保护出口但未跳闸成功，导致1#主变高压侧三相过流保护越级动作，101、201B断路器跳闸，231、232失压跳闸，交流盘两路进线失压，同时在放电时引起213断路器接地，电流速断保护动作跳闸。

　　B变电所2121穿墙套管室外端头在雨滴斜率较大的降雨时进水，内部填充的干燥剂粉末遇水融化后从套管内侧端头流出滴至支持瓷瓶金属底座上。干燥剂溶液具有较强的腐蚀性，从底座溅起的干燥剂溶液带有腐蚀的铁锈，污染了2121穿墙套管正下方的支持瓷瓶。9月20日××地区为大雾天气，空气湿度大，在天窗停电时间该已受到污染的支持瓷瓶受潮，送电后发生延面放电污闪，引起跳闸，送电成功后，因绝缘性能下降，致使瓷瓶持续性放电，要作停电处理。

　　B变电所设备管理制度落实差。一是雨中、雨后设备巡视检查制度落实不到位，在降雨时未发现2121穿墙套管高压室内侧端头滴漏水的问题；二是每日5次值班巡视制度落实差，未能发现支持瓷瓶附着黄色异物的污染问题；三是故障跳闸巡视制度不落实，天窗送电后212开关跳闸，没有对保护范围内的变电所设备进行巡视，支持瓷瓶已延面闪络的严重隐患没能发现，进行了强送，险些造成故障扩大的严重后果；四是设备周期检修制度落实差，××年春检工作中计划未兑现高压室母线设备检查、检修及清扫维修，但在××年8月1日和8月18日厂家SVC施工两次该段母线停电时××供电车间、变电所没有安排对母线进行检修，造成设备失修，致使设备隐患问题未能及时发现并处理，最终导致设备故障的发生。

　　防范措施：精检细修，盯控检修人员将设备维修好，变电所按照要求及时做好维护保养工作，并做好巡视工作。

三、由于试验项目不全，检查不到位造成的故障

（一）主变差动保护动作

　　××年12月7日××变电所1号主变差动保护动作构成A类设备障碍。原因是：××互感器有限责任公司生产的A相流互一次绕组有两组线圈，接线方式应两组串联，出厂时一次绕组在与接线柱连接时产生交叉，实际只有一组绕组接入了导电回路，致使流互变比变大，远远大于铭牌上的300/5，实际变比约为1000/5。

由于××检修车间在进行更换流互的作业过程中，简化了流互的各项试验项目，未发现流互变比错误的问题，主变投运后一、二次差流值大于整定值，引起主变比率差动保护动作，是造成问题发生的主要原因。

（二）负荷开关合闸不到位

××年4月21日××变电所2181、2191负荷开关合闸不到位构成A类设备障碍。原因是：检修人员对2181、2191负荷开关性能不熟悉，对2181、2191真空负荷断路器是否合闸不清楚。××修试工区在对 2181、2191 负荷开关检修过程中，对设备性能不掌握，在操作2181、2191负荷开关分合闸时，只从2181、2191负荷开关的隔离开关合闸角度达到180°的表面现象就认为2181、2191负荷开关已经合闸到位，没有真正发现负荷开关的真空开关未合闸到位的问题（该负荷开关在正常情况下操作方法：用"手摇把"将负荷开关的刀闸合呈一条直线时，刀闸限位不再旋转，继续摇动触发真空开关弹簧，使真空开关合闸），导致在2161、216合闸后，馈线负荷开关外侧无电。

（三）断路器拒动

1. ××年8月18日××变电所201B开关拒动构成A类设备障碍

××年8月16日，检修车间对201B断路器进行检修试验时，未对闭锁杆定位孔进行检调，定位孔与闭锁杆存在卡磨问题。在值班员恢复安全措施过程中，闭锁杆操作手柄卡箍嵌入困难，在将小车及闭锁杆晃动后，将手柄卡箍嵌入槽内，但闭锁杆未完全进入定位孔（从外观看手柄卡箍嵌入槽内，闭锁杆进入闭锁孔内），使合闸联锁杆过高，将合闸掣子顶住，造成合闸掣子与凸轮滚子无法解扣，机械闭锁未解除。

8月18日××变电所值班员从直接位手合201B开关后，合闸闭锁继电器动作，合闸自保持回路接通，合闸线圈受电，在受电后因机械闭锁未解除合闸不成功，辅助开关未断开，合闸自保持回路一直接通。因合闸闭锁继电器为电流线圈，短接跳位继与合位继，使之都无法动作而复归，发生 201B 控制回路断线，在合闸线圈一直受电过程中，线圈内部绝缘发热冒烟，伴有糊焦味，线圈膨胀，使得外部有细小裂纹。当电调下令退出101断路器后，合闸自保持回路断开，合闸线圈失电，跳位继受电动作，201B控制回路断线复归，线圈冷却后，糊焦味消失，恢复绝缘及导电性能，试验良好。

××年春检工作中，××检修车间未对××变电所断路器轨道及闭锁孔进行检修，设备漏检、失修。

2. ××变电所1021隔开拒动构成B类设备障碍

××年10月2日6时51分由于线路电压波动造成××变电所2#进线失压自投启动，在自投过程中因1021隔开机构箱内分闸接触器接点接触不良造成隔开分闸拒动，进线自投进程终止。

3. ××年9月15日××配电室302断路器跳闸构成B类设备障碍

原因是：① 重合闸启动条件是：母线有压（KV3、KV4常开接点闭合），线路无压（KV1、

KV2 常闭节点闭合），控制手柄在合后位，断路器在分闸位。只有满足以上 4 个条件重合闸才能启动。9 月 15 日××配电室 302（贯通）断路器跳闸后，因 KV1 继电器舌片卡滞导致线路失压时 KV1 常闭接点无法闭合，造成重合闸无法启动。② ××变电检修班人员×××、××在××年对××配电室春检过程中，设备检修质量不到位，没有及时发现电压继电器存在的异常情况，造成设备在检修周期内发生故障。

4. ××年 11 月 27 日××变电所 2111 隔离开关支持瓷柱断裂构成 A 类设备障碍

原因是：2111 隔离开关安装时等径杆距墙体较近，同时引线在与穿墙套管连接时又采用了过渡连接板，造成安装时截取的 LGJ-240 钢芯铝绞线长度过短。因 LGJ-240 钢芯铝绞线过短且其弯曲应力较大，造成隔离开关支持瓷柱向穿墙套管侧受力过大，在外力长期作用下，最终造成隔离开关支持瓷柱根部产生裂纹致使其断裂。

5. ××年 9 月 8 日×××变电所 21B 断路器故障构成 B 类设备障碍

原因是：①××电器有限责任公司生产的 ZN42-27.5 型真空断路器分闸线圈接线端子为插接式接线，9 月 8 日在 21B 断路器合闸时该插接端子因振动松脱，虽然 21B 断路器已合闸，但因分闸回路不通，所以控制盘红灯不亮，同时发生控制回路断线，直接位、单独位电动分 21B 断路器拒动。②××变电检修班人员×××、××在当年 7 月 7 日对 21B 断路器检修时，检修设备质量不高，未对 21B 断路器分闸线圈接线端子进行检查紧固，造成设备在检修期内发生故障。

6. ××年 4 月 26 日××变电所 2#进线瞬间失压构成 B 类设备障碍

原因是：××检修车间春检项目不全，检修工作不细致，未能根据前期隔离开关辅助接点接触不良的问题中得到启示，对该段安排对二次回路进行重点检查的工作不重视，在春检过程中未能对隔离开关及断路器辅助开关接点进行重点检查，致使隔离开关及断路器辅助接点虚接，最终导致开关拒动。

7. ××年 9 月 6 日××变电所 211 馈线断线故障构成局定设备故障

原因是：××检修车间由于检修不到位，造成××变电所 211 馈电线与隔开引线"T"型线夹处接触不良，经过长时间通过较大负荷电流造成接触面逐步发热氧化，造成线夹与馈线间接触电阻增大，最终烧断主馈电线。断线后，因线索自重作用将靠穿墙套管和墙面耐张线夹侧馈线触碰在 211 穿墙套管左上方墙面上，造成短路接地，致使 211 断路器跳闸。

8. 12 月 14 日××变电所 1021 隔离开关拒动构成 A 类设备障碍

原因是：××检修车间在春检检修电动隔离开关时，只进行开关分合试验，检查信号指示是否正确，未对电动隔离开关机构箱内辅助开关转换、传动部分及二次回路的电气闭锁情况的可靠性进行检查，是造成本次 1021GK 拒动的主要原因。

9. ××年 3 月 28 日××变电所 1011 隔开瓷瓶断裂故障

原因是：检修人员对隔开机构、触头调整不到位，造成在做自投试验多次分合时，开关瓷瓶底座断裂。当时室外没有安排检修人员进行监控。

10. ××年5月25日×××变电所2161隔离开关传动杆销钉断裂构成B类设备障碍

原因是：××检修车间变电检修班对隔离开关触指压力调整过大，造成隔离开关分合时传动杆销钉受力增大变形。

11. ××年6月28日××变电所直流屏两组蓄电池中各有1块蓄电池内部开路造成整组蓄电池无输出，全所没有直流电

原因是：对蓄电池状态的检查不到位，失修。

12. ××年11月1日××配电室蓄电池长期未充电使电池容量逐步下降，直至造成1日倒闸作业时开关"拒动"与位置信号灯不亮的严重后果

原因是：检修人员对蓄电池状态的检查不到位，失修。

防范措施：检修人员严格按照检修工艺进行检修，检修完毕后进行多次试验，工作领导人及现场盯控人员进行严格的质量把关。

四、变电运行故障案例分析

（一）××变电所2#主变跳闸故障（带地线合闸）

1. 故障概况

××年1月25日，××检修车间变电检修班按照车间安排对××变电所2#B进行补油。12时19分段调度给令批准执行*号工作票，作业内容：2#B补油。12时40分变电所值班员、助理值班员安全措施办理完毕后会同工作领导人对安全措施进行了检查确认，12时45分在工作票上进行了签认。12时46分检修作业开始，工作领导人为确保安全，将值班员放在102网栅前的地线拿起来挂在了102开关负荷侧的B相引线上。13时06分作业完毕，工作领导人未将加挂的接地线取下，也未告知值班人员就在工作票上签字消令。13时35分变电所值班员向调度汇报，作业已结束，安全措施已恢复，消除了作业命令。14时38分，调度向A变电所值班员下令将1#进线1#B运行倒为1#进线带2#B运行，14时39分合102断路器时，2#B差动保护动作。

2. 原因分析

① ××检修车间变电检修班作业人员在未通知值班员的情况下擅自将值班人员放在地上的接地线挂在了设备上；作业完成后违反《牵引变电所安全工作规程》第63条及《C供电段牵引变电所检修作业程序》的相关规定，未组织清理作业地点，未拆除自己加挂的接地线，未会同值班员检查修后设备，也未现场监督变电所值班员恢复安全措施，简化作业程序，是造成问题发生的主要原因之一。

② ××变电所值班员、助理值班员违反《牵引变电所安全工作规程》第63条及《C供电段牵引变电所检修作业程序》的相关规定，简化作业程序，检修作业结束后，未会同工作领导人检查修后设备；恢复安全措施时，未按工作票要求逐项拆除接地线，未组织清点接地

线数目和核对接地线号码，未清理作业地点，接地线未拆除盲目消除作业命令，改变设备运行方式之前未对将投运的设备进行检查，是造成问题发生的另一主要原因。

3. 应吸取教训

① 在变电设备检修作业中，检修人员要严格遵守安全防护的有关规定，当安全措施或现场条件不能满足安全保证时，绝对不许作业。在作业过程中如果对安全措施有异议，应及时向值班人员提出，值班人员不允许时不得擅自变更，如在作业过程中采取辅助防护措施，要告知作业组每一名成员，且在作业结束后应完全撤除自己所采取的安全措施。

② 值班人员在恢复安全措施时要对作业现场进行检查确认，设备完毕需要投运前，必须再次对设备进行巡视检查，并对关键点电位进行测量，确保设备状良好。

（二）××变电所主变断路器跳闸（二次接线松动）

1. 故障概况

××年 10 月 30 日，××检修车间完成 E 变电所 1#主变保护改造工作，16 时 05 分投入 1#主变，18 时 41 分，1#主变高压 C 相过流保护动作引起跳闸，18 时 45 分 2#主变压器投运。

跳闸发生后，检修人员通过将故障报告与测量数据比较，查出 1#主变二次侧电压 ULab 不稳定，有时正常有时为 0，追踪发现中央信号盘上 1YMa 端子松动，紧固端子后电压恢复正常。

2. 原因分析

由于中央信号盘上 1YMa 端子松动，1#B 低压过流保护失去低电压闭锁，在负荷增大超过过流保护定值时保护误动作；1YMa 端子松动的原因是保护改造接线完成并试验合格后，因主变保护测控盘与中央信号盘盘面不整齐，需要对其进行调整，在调整盘面时产生震动致使盘内 1YMa 接线端子松动。

3. 应吸取教训

① 设备改造结束投入运行后，施工人员必须认真核对装置运行参数是否正常，防止设备带病运行，并至少观察通过一趟列车时的负荷情况，及时发现装置存在的异常情况；

② 设备施工改造和检修作业完毕需立即投入运行的，检修人员必须在设备投入运行观察无异常后方可离开作业现场。新安装或改造的不需立即投入运行的设备必须经过上电试验无异常后才能算工作结束。

（三）××变电所 201A/B 断路器跳闸故障（违章作业）

1. 故障概况

××年 4 月 17 日，按照春检春试计划，××变电检修班对××变电所动力变及 241A、241B、301、303 断路器进行检修试验，因检修人员前期发现 241B 断路器的上、下动触头与分间内墙上的上、下静触头位置有偏差，需要调整。13 时 55 分，检修作业组成员在 241B 分间外开始对 241B 断路器的上、下动触头进行调整，16 时 45 分，调整完毕。

16 时 53 分，根据检修作业组人员的要求，××变电所值班员与助理值班员将 241B 断路器从分间外推至运行位，以便检查断路器上、下触头调试是否到位时，201A、201B 分别跳闸，馈线失压断电，相应供电臂停电。

2. 原因分析

① 当日断路器检修负责人在 241B 断路器动触头调试完毕后，没有严格按照作业标准程序（在完成 241B 断路器进行真空度、断口绝缘、整体绝缘、分合闸时间等试验项目，将地线撤除后，才能把断路器推至运行位），盲目认为 241B 断路器刚退出运行不久，设备应该完好，违章指挥变电所值班人员将 241B 断路器推到运行位查看触头位置情况，造成了接地短路。

② 因 241B 断路器真空泡发生泄露，真空度严重降低，达不到绝缘和灭弧的效果，使断路器真空泡内的两触指之间导通，当 241B 断路器推至运行位时，高压电通过墙上下部静触头—241B 断路器下部动触头—241B 断路器电流互感器—241B 断路器上部动触头—墙上上部静触头—穿墙套管—接地封线构成通路，造成接地短路，201B 断路器因低压过电流保护动作跳闸。因动、静触头接触不牢固，电弧灼伤 241B 断路器的上、下动触头及上、下静触头；同时 B 相短路接地形成过电压对地放电，使下静触头左侧棒式绝缘子周围墙面有明显的电弧放电痕迹，241B 断路器电流互感器表面有黑色灰尘，下触头支撑绝缘杆烧黑。241B 断路器分间内的 B 相短路接地形成过电压形成的电弧击穿了 A、B 相间的空气，使顶部 27.5 kV 硬母线 A、B 相相间短路，造成了 201A 断路器因低压过电流保护动作跳闸，并灼伤硬母线。

③ 检修小组负责人违反了《牵引变电所安全工作规程》（铁运〔1999〕101 号）中第 66 条规定"对停电作业的设备，必须从可能来电的各方向切断电源，并有明显的断开点"及第 57 条第二款"由值班员将该停电范围内所有的工作票收回，拆除妨碍送电的临时防护栅、接地线及标示牌，回复常设防护栅和标示牌"之规定，在检修作业未结束的情况下，要求变电所值班员将 241B 断路器推至运行位，消除了这一"明显的断开点"，给检修安全造成了隐患。

④ ××变电所值班员、助理值班员违反了《牵引变电所安全工作规程》（铁运〔1999〕101 号）中第 57 条第二款"由值班员将该停电范围内所有的工作票收回，拆除妨碍送电的临时防护栅、接地线及标示牌，回复常设防护栅和标示牌"之规定，在未拆除接地线的情况下，将 241B 断路器推至运行位，同时对检修人员提出的违章操作没有提出疑问和制止。

⑤ ××变电检修班的制度流于形式，在碰头会、预想预防分工会中未将 241B 断路器动触头位置调试作业列入会议内容，对作业中可能出现的问题没有进行事前预想，未根据检修、试验项目制定出有针对性的安全卡控措施和作业组织流程，检修方案不完整。

3. 应吸取教训

① 变电检修班要将检修试验的内容和设备缺陷处理内容全部详细列出，并在预想预防分工会上进行详细分工，对各作业小组的作业顺序和试验顺序详细的说明，确保各作业组熟知本小组的作业顺序和内容。

② 对变电所设备检修试验时，有可能触及附近带电设备的操作，必须在工作票中明确并记录，并且严格遵守如下规定：一是对断路器触头进行测试、调整时，必须将断路器拉至分间外进行，在确认各项规定的试验项目全部完成，且设备各项技术参数符合规定，方可进行

设备的试投入运行；二是必须将所有的安全措施全部恢复完毕，方可将断路器推入运行位；三是运行设备退出后，严禁未进行检查盲目投运的现象。

③ 检修、试验和设备改造期间，供电车间主管技术员和变电所所长应该全过程盯控，对不符合规定及存在隐患的操作及时制止并组织整改，并对检修、试验完成的每台设备进行验收，对处理完的设备缺陷及时销号。

（四）××变电所故障处理不力（违章操作）

1. 故障概况

××年6月5日，××变电所正在进行春检作业，17时30分值班人员交接班巡视设备进行对地绝缘测试时，发现变电所直流接地故障（正接地）时，立即停止交接班，并将发现的故障通知B检修车间负责人，检修人员开始查找直流接地原因。

17时40分，段值班调度员接行调通知：××次××机车乘务员反映×地区三道没电，二道有电。段值班调度员立即通知××网工区出动巡视接触网设备，与××车站值班员联系询问机车情况，询问变电所值班员设备状况。17时51分，检修人员发现211断路器在分位，检修车间主任确认保护装置无保护动作记录及巡视设备后，直接指挥技术员合上了211断路器，安排变电所值班员在2111隔开外侧进行验电，验明有电。

2. 原因分析

从跳闸记录可确定211开关在17时38分跳闸，但没有任何保护动作信息和报警信息。20时20分，进行直流接地检查，在开关直流电源时，211、22B保护装置发"开出光隔失效"信号，22B保护装置信号可复归，但211保护装置"开出光隔失效"信号不能复归，开关装置电源也不能复归，键盘无效。打电话询问厂家设计人员后打开装置面板对内部排线重新安装后，打开装置电源信号恢复。再次进行试验未再发现异常，分析认为211开关跳闸原因为保护装置误动作。

21时45分，查明直流接地处所为301开关柜内的3LJ 1#端子与底板接触接地，造成直流电源正接地，接地原因为底座与柜体底板间的绝缘垫在开关分合过程中振动脱落，且该接地在开关分合闸操作过程中时断时续。

3. 应吸取教训

① 值班人员必须坚守工作岗位，不得擅离职守，控制室要时刻留人值班，值班期间不得做与值班工作无关的事情。值班人员值班期间要不断地监视设备仪表、信号的显示情况，正确计算并填写各种报表记录，按时巡视检查设备。本次故障在17时38分211断路器发生跳闸，信号灯由红变绿时未及时发现，直到17时48分询问时才发现211断路器跳闸。

② 要严格遵守各项标准化作业制度的规定：B检修车间主任、技术员违反《牵引变电所安全规程》第18条"牵引变电所自用电变压器、额定电压为27.5 kV及以上的设备，其倒闸作业以及撤除或投入自动装置、远动装置和继电保护，除第37条规定的特殊情况外，均须有供电调度的命令方可操作"之规定，在发现211断路器跳闸后，未经段值班调度员允许，擅自合上211断路器。

③ 检修人员在检修作业中要对发现的异常情况高度敏感。本次故障中在检修试验 301 开关过程中发生柜内二次回路打火和开关自动分闸情况，但检修操作人未引起重视，没有认真查找原因，也没有向工作领导人汇报，导致造成隐患未及时得到消除，致使直流电源频繁接地影响保护装置正常运行，最终造成严重后果。

④ 检修人员在作业过程中要随时监视设备运行情况，发现任何异常都要查清原因，发生故障后要立即停止作业，认真对有关设备进行检查分析，及时消除设备缺陷，保证设备运行安全。

（五）××变电所主变差动故障

1. 故障概况

××年×月×日 21 时 50 分××变电所 1# 主变差动保护动作，101、201A、B、232、271、272 断路器跳闸，2# 主变自投。

2. 原因分析

造成差动保护动作的原因是：201A 穿墙套管发生沿面放电，造成主变二次侧接地短路，致使主变差动保护动作。

（六）××变电所 1 号主变差动保护动作故障

1. 事故概况

××年 12 月 07 日 23 时 05 分 07 秒，××变电所 1# 主变比率差动保护动作，23 时 05 分 13 秒主变备自投装置备自投成功动作，1# 进线 2# 变代 1# 进线 1# 变运行。

2. 现场调查

① ××年 9 月 18 日××变电所 1 LH A 相发生故障，××检修车间组织检修人员对 1 LH 三相同步进行了更换，并返厂对故障 LH 进行修理。LH 生产厂家为××互感器有限责任公司。

② ××年 12 月 7 日 12 时 05 分至 21 时 05 分××变电检修班组织对××变电所 1 LH 进行更换。更换前，××检修车间对要更换的三只流互进行了绝缘、介损、直流耐压试验及极性检查，与出厂试验报告基本一致，但未对流互变比进行检查试验。

③ 12 月 8 日技术科主管人员组织××检修人员及流互厂家对 1 LH 变比进行校验，发现 1 LH A 相变比有误（铭牌上为 300/5，现场测试约为 1000/5，）。厂家人员现场对 1LH A 相一次绕组接法进行调整后，校验流互变比正确，19 时 35 分投运 1LH 及 1# B 后运行正常。

3. 原因分析

××互感器有限责任公司生产的 A 相流互一次绕组有两组线圈，接线方式应两组串联，出厂时一次绕组在与接线柱连接时产生交叉，实际只有一组绕组接入了导电回路，致使流互变比变大，远远大于铭牌上的 300/5，实际变比约为 1000/5，由于××检修车间在进行更换流互的作业过程中，简化了流互的各项试验项目，未发现流互变比错误的问题，主变投运后一、二次差流值大于整定值，引起主变比率差动保护动作，是造成问题发生的主要原因。

（七）××变电所211开关跳闸（保护误动）

1. 故障概况

2010年8月5日01时41分，××变电所211开关跳闸，电流速断保护动作，重合成功。跳闸参数：电流741A，母线电压25.562 kV，故障距离21.22 km。

2. 原因分析

2010年6月22日××检修车间作业人员在对211开关进行试验时，因试验需要将"电流速断低电压闭锁"保护退出，同时将电流速断保护整定值调整为"4 A"，而在试验结束后检修人员没有恢复原有保护定值，工作领导人未进行核对，值班员也未进行检查确认，造成211开关保护装置输入定值与该变电所保护整定书中内容不一致（保护配置中"电流速断低电压闭锁"在"退出"位），致使211开关误动作。

3. 应吸取教训

① 检修车间应认真学习相关文件，严格执行检修作业制度。当涉及保护定值的调整、试验作业前必须认真核实作业内容并征得当班值员的同意方可开始作业。

② 检修车间要将保护定值试验流程及注意事项纳入到《试验指导书》中，并在作业前召开"预想预防分工会"时向作业组成员进行宣讲。作业中作业人员要集中精神，一次完成，如无特殊情况不得中途打岔或中断作业，同时工作领导人需加强监护；作业结束后，必须认真核对装置中的保护定值，确保定值输入、保护压板投退及定值区投入无误后方可结束作业。作业结束后必须通知值班员对装置中的定值进行复核。

③ 变电所值班人员要认真学习保护定值调阅、查询方法，确保每个值班员都能熟练掌握定值的查询，保护定值区的切换，检修班试验检修结束后必须按照程序认真进行检查验收，严禁未经检查确认即对工作票、检修记录进行签字。

（八）××变电所202A/B开关跳闸故障（27.5 kV B相高压母线接地）

1. 故障概况

××年9月14日8时28分，××变电所值班员向段值班调度员汇报：8时27分，2#B低压过流保护动作，202A、202B断路器跳闸，动力变失压保护动作，241A、241B断路器跳闸；跳闸参数：主变二次侧a相电流3960.6A、b相电流3990A，主变二次侧a相电压2.16 kV、b相电压0.20 kV。段值班调度员立即通知了××变电所值班员巡视设备。

8时32分，××变电所值班员汇报：27.5 kV高压室内2002隔离开关、241B断路器高压分间的241B断路器引线（纵向硬母线）的2个支持瓷瓶绝缘子表面成黑色，有严重放电痕迹，绝缘子底座墙面有放电痕迹；241B断路器引线（纵向硬母线）边缘有一处指甲盖大小的烧伤缺口；1#、2#高压室之间墙上A相母线2个支持瓷瓶有放电痕迹，其他设备正常； 8

时 46 分，202A、202B 断路器合闸成功，2#B 恢复运行。8 时 47 分，214 断路器合闸成功，××变电所右供电臂恢复供电。9 时 20 分，拆除损坏的支持绝缘子作业完成。9 时 23 分，2001GK、2002GK 合闸，214 断路器合闸成功，××变电所左供电臂恢复供电。

2. 原因分析

（1）因××变电所正在进行更换主变施工改造，中铁××局集团电气化公司××线电力工程项目施工人员在高压设备未停电的情况下，强硬抽取安装在 27.5 kV Ⅱ 高压室墙面上的 2002GK 至 4YH、6YH 间两根旧 4（mm^2）×2 低压电缆时，将电缆墙面固定装置拽脱后，低压电缆搭接在 241B 断路器引线（纵向硬母线）和支持瓷瓶上，造成 B 相高压母线接地，202B 因低压过流保护动作跳闸；因接地短路电弧击穿 A、B 相母线间空气，形成相间短路；相间短路构成的过电压造成 A 相母线支持绝缘子（与被击穿的支持绝缘子并排的）闪烁接地，202A 因低压过流保护动作跳闸，导致全所失压。因 202A、202B 断路器相继跳闸，27.5 kV 母线无电，造成动力变失压保护动作，241A、241B 断路器跳闸。

（2）因故障点在 Ⅰ、Ⅱ 段 27.5 kV 母线连接隔离开关 2001、2002 中间，在故障未消除前，只能先完成 Ⅱ 段 27.5 kV 母线供电。同时，由于 1 号主变在 9 月 6 日已拆除，用两个主变分别给 Ⅰ、Ⅱ 段 27.5 kV 母线供电的方案无法实施，耽误了抢通时间。

（3）施工人员正在高压室进行电缆更换施工，高压室内电缆沟盖板全部掀起，绝缘胶垫被撤出，场地较为混乱，干扰变电所值班人员正常故障抢修，耽误了抢通时间。

3. 应吸取教训

（1）变电所施工改造时必须加强施工监管：从此次故障调查过程中发现，从施工单位作业人员 8 时 23 分进入 27.5 kV 高压室内开始作业时至故障发生期间，变电所值班人员未在现场盯控，变电所所长不在所内，××检修车间施工盯控人员、供电车间盯控干部、技术人员均不在所内，施工现场监管、盯控出现"真空"，给施工人员野蛮施工作业创造了条件，最终导致设备故障的发生。

（2）必须加强对职工应急故障处理的培训力度，提高各班组应急抢修能力。设备故障发生后，××变电所值班人员对现场设备损坏情况叙述不清，故障原因反馈错误，在实施临时故障处理中慌乱无序，延长了故障抢修时间。

（3）设备改造施工、春检检修时变电所要加大对所内设备及作业场所的巡视检查频次，特别是对施工场地要安排人员进行认真、仔细观察巡视，发现隐患及时汇报处理。

本章小结

选择典型的真实故障的部分案例，学习和分析发生故障时现场人员处理过程和原因分析以及应该吸取的教训，可以加深对课程内容的理解，学以致用，更进一步提高变电运行与维护的业务能力。

参考文献

[1]　林永顺. 电气化铁道供变电技术（一次系统）[M]. 北京：中国铁道出版社，2006.

[2]　李学武，等. 电气化铁路牵引供变电技术[M]. 北京：化学工业出版社，2012.

[3]　陈海军. 电力牵引供变电技术[M]. 北京：中国铁道出版社，2008.

[4]　贺威俊，高仕斌. 电力牵引供变电技术[M]. 成都：西南交通大学出版社，2005.

[5]　杨扩武. 牵引变电所[M]. 北京：中国铁道出版社，2008.

[6]　方彦. 基于工作过程的牵引变电所运营与维护教程[M]. 成都：西南交通大学出版社，2013.

[7]　贺威俊，高仕斌，等. 轨道交通牵引供变电技术[M]. 成都：西南交通大学出版社，2011.

[8]　赵莉. 牵引变电所一次设备检修[M]. 成都：西南交通大学出版社，2013.

[9]　王国光. 变电站二次回路及运行维护[M]. 北京：中国电力出版社，2011.

[10]　张希泰. 陈康龙. 二次回路识图及故障处理指南[M]. 北京：中国水利水电出版社，2005.

[11]　天津东方凯发电气自动化技术有限公司. 天津凯发综合自动化保护装置技术说明书. 2006.

[12]　郑新才，蒋剑. 怎样看 110 kV 变电站典型二次回路图[M]. 北京：中国电力出版社，2009.